Harry Valentin von Haurowitz

Das Militärsanitätswesen der Vereinigten Staaten von Nordamerika

Harry Valentin von Haurowitz

Das Militärsanitätswesen der Vereinigten Staaten von Nordamerika

ISBN/EAN: 9783743614499

Hergestellt in Europa, USA, Kanada, Australien, Japan

Cover: Foto ©ninafisch / pixelio.de

Weitere Bücher finden Sie auf **www.hansebooks.com**

Das

Militärsanitätswesen

der

Vereinigten Staaten von Nord-Amerika

während des letzten Krieges

nebst

Schilderungen von Land und Leuten

von

Dr. H. v. Haurowitz,

Kaiserlich Russischem Geheimerath und General-Inspector des Sanitätswesens der Kaiserlichen Marine.

Stuttgart,

Verlag von Gustav Weise.

1866.

Seiner Kaiserlichen Hoheit

dem Grossfürsten

Constantin Nicolajewitsch,

Grossadmiral der Kaiserlichen Marine etc. etc. etc.

ehrfurchtsvoll gewidmet.

Ew. Kaiserliche Hoheit!

Seit Ihrer Kindheit habe ich das Glück gehabt, durch
meine Dienstverhältnisse Ihnen nahe zu stehen. — Für
die Marine erzogen, haben Sie von Ihrer frühesten Jugend
an den Dienst auf der Flotte kennen gelernt. Als Sie
später, durch Erfahrungen gereift, die Leitung der Kaiserlichen Marine als Grossadmiral selbst in die Hand nahmen,
haben Sie in einer langen Reihe von Jahren derselben mit
aller Vorliebe Ihre ganze Thätigkeit gewidmet. Sie kann-
ten die Bedürfnisse des Seemannes, Sie hatten Sinn und
Herz für Alles, was auf sein Wohl Bezug hat.

Die wesentlichen Verbesserungen in allen Zweigen der Marineverwaltung sind Ihr Werk.

Was ich für das Sanitätswesen der Kaiserlichen Marine angestrebt, war Ihnen bekannt; was ich zu einer zweckmässigeren Organisation desselben beigetragen habe, ist mir nur durch Ihr Vertrauen möglich geworden.

Ueberdiess hatte ich im Kriege und auf dem Schlachtfelde das Glück, mich in Ihrer nächsten Umgebung zu befinden und somit wurde mir mannigfaltige Gelegenheit gegeben, meine Erfahrungen im Militärsanitätswesen zu erweitern.

Endlich habe ich es gleichfalls Ihnen zu verdanken, dass mir der ehrenvolle Auftrag wurde, dessen Resultate ich in diesen Blättern niedergelegt habe.

Mögen Kaiserliche Hoheit, wie in meinem ganzen bisherigen Wirken, so auch in der vorliegenden Arbeit das Bestreben, das physische Wohl des Kriegers zu fördern, gnädigst anerkennen.

In treuester Hingebung

Ew. Kaiserlichen Hoheit

allerunterthänigster

Dr. v. Haurowitz.

Inhalt.

Inhalt der ersten Abtheilung.

Inhalt der zweiten Abtheilung.

Das Militärsanitätswesen

der Vereinigten Staaten von Nordamerika

während des letzten Krieges.

Einleitung.

Während der langen Friedenszeit, welche auf die grossen napoleonischen Kriege folgte, hat sich nach und nach die Nothwendigkeit einer Reform in dem Heerwesen aller europäischen Staaten herausgestellt.

Trotz aller Umgestaltungen und theilweisen Verbesserungen, sowohl in der Organisation, als in der Administration der Armeen ist man noch in keinem Staate zu einem befriedigenden Resultate gelangt. Kostspielige Versuche sind gemacht worden, die nach längerer oder kürzerer Zeit durch neue verdrängt wurden.

Es sind meines Erachtens hauptsächlich drei Ursachen, die eine dem Zeitgeiste und den Ansprüchen unseres Zeitalters angemessene Umgestaltung des Heeres bedingen, aber auch gleichzeitig erschweren:

1) *Die Constitutionelle Regierungsform*, wodurch nicht nur die Entscheidung über Krieg oder Frieden, sondern auch die Einrichtungen des Heeres und alles zu demselben Gehörige, nicht mehr unbedingt von dem Willen des Monarchen, als obersten Feldherrn, abhängt;

2) *Die Conscription*, welche jeden Staatsbürger in einem gewissen Alter militärpflichtig macht, und dadurch die Theilnahme für das Heer in der ganzen Nation erregt;

3) Die Verbesserungen des Kriegsmaterials, und die neuen Erfindungen von Schusswaffen, wodurch nicht bloss alle Angriffs- und Vertheidigungs-Systeme sowohl zu Wasser als zu Lande voll-

1

ständig umgestaltet werden, sondern überhaupt die ganze Kriegs-
führung wesentlich eine andere geworden ist.

Das Sanitätswesen der Armee konnte von diesen Veränderungen nicht unberührt bleiben. Zu jener Zeit, als die Heere nur
aus Söldlingen bestanden, die ihre Gliedmassen den Feldherrn verkauften, als es dem Soldaten im Felde oft überlassen wurde,
selbst für sich zu sorgen, sich seinen Lebensunterhalt zu verschaffen, wo und wie er konnte, damals hatte der Feldherr auch weniger
die Verpflichtung, sich um das körperliche und moralische Wohl
seiner Soldaten zu kümmern. Die Aufgabe war einfach die, den
Feind zu vernichten; war diese erfüllt, so beachtete man wenig
die Mittel, durch welche der Sieg erfochten worden. Menschenleben
galt nur so viel, als der Werbeofficier für seine Rekruten bezahlt
hatte. — Unser Zeitgeist ist ein anderer, die besten Söhne des
Volkes treten unter die Fahnen, um ihr Vaterland zu vertheidigen; der Soldatenrock ist ein Ehrenkleid geworden; nicht um
dem Ehrgeize oder den Launen eines Einzelnen zu fröhnen, wird
der Soldat in die Schlacht geführt, nicht um erbärmlichen Sold
verspritzt er sein Blut; er ist sich seiner heiligen Aufgabe bewusst, die Ehre seines Vaterlandes, das Leben und das Wohl
seiner Angehörigen sind es, für die er sein Leben hingibt.

Durch die Pflichten, die der Staat hiemit dem Soldaten auferlegt, erhält dieser aber auch Rechte, die gleich heilig sind
und zu deren gewissenhafter Erfüllung der Staat verpflichtet ist,
und dazu gehört in erster Linie die Sorgfalt für die Verpflegung
des Soldaten im gesunden, wie im kranken Zustande. Der Krieg
ist schliesslich nichts, als Vernichtung des Feindes durch physische
Gewalt; daraus folgt, dass physische Kraft der Träger aller Heeresmacht ist, und es bedarf dieser Satz gewiss keiner weiteren Belege.
Schon desshalb ist es in jeder wohlorganisirten Armee eine der
wichtigsten Aufgaben, für die Erhaltung der Gesundheit des Soldaten, so wie für die Entwicklung seiner physischen Kräfte Sorge zu
tragen, und wenn diese durch Krankheit oder Verwundung gestört
sind, sie so gut als möglich und in so kurzer Zeit als möglich
wieder herzustellen.

Diese grosse Aufgabe ist der Zweck des Sanitätswesens der

Armee, und aus diesem Gesichtspunkte ist die Wichtigkeit und Thätigkeit desselben zu betrachten.

Nicht Krankheiten zu heilen, sondern Krankheiten vorzubeugen, ist die Hauptaufgabe des Militärarztes. Jeder Sachkundige weiss aus eigener Erfahrung, und die Kriegsgeschichte beweist es mit traurigen, aber unzweifelhaften Belegen, dass die Armee verloren ist, in der Krankheiten einreissen, und in die der Würgengel der Epidemie eingebrochen ist.

Um aber diese Aufgabe vollständig lösen zu können, ist es nothwendig:

1) dass der Militärarzt ausser einer gründlichen wissenschaftlich ärztlichen Bildung alle die moralischen Eigenschaften besitze, welche ihn zu der ihm anvertrauten Aufgabe befähigen;

2) muss seine Dienststellung derart sein, dass sie ihm die zur Erreichung seines Zweckes erforderlichen Mittel an die Hand gibt.

Wenn wir unser Zeitalter oft als ein höchst materielles charakterisiren hören, so lässt sich andererseits nicht läugnen, dass kaum in einer früheren Zeit so viel Theilnahme für das Unglück unserer Mitmenschen bewiesen worden ist, wie sich solche namentlich in den neueren grossen Kriegen in der Krim, in Italien und zuletzt in dem vierjährigen furchtbaren Bürgerkriege in Nordamerika kund gegeben hat. Nie hat die Kriegsgeschichte so viele Thaten aufzuzeichnen gehabt von einer bis zur Todesverachtung gesteigerten Selbstaufopferung Tausender von Männern und Frauen, die sich freiwillig dem Dienste der Kranken und Verwundeten auf dem Schlachtfelde, wie in den Hospitälern widmeten. Millionen sind gespendet worden an Geld und Gegenständen, um den kranken und verwundeten Soldaten Linderung ihrer Leiden und Pflege zu verschaffen.

Ein Privatmann, der zufällig das Schlachtfeld von Solferino besuchte, Henry Dunant, hat in einem Buche »Souvenir de Solferino«, das im November 1862 erschien, eine so eindringliche Schilderung des menschlichen Elendes, welches er auf diesem mit Blut getränkten Schlachtfelde vorfand, geliefert, dass eine früher nie erhörte Theilnahme für diesen Gegenstand sich wie mit Blitzesschnelle über ganz Europa verbreitete. Unter dem Vorsitze des Schweizer Ge-

nerals Dufour bildete sich in Genf eine eigene Commission, um die
Ideen Dunant's zu verwirklichen. Beseelt von der edelsten Men-
schenliebe, hatten diese Männer sich die Aufgabe gestellt, ein System für die Pflege des im Felde verwundeten Soldaten zu begrün-
den, und mit Aufwendung aller ihnen zu Gebote stehenden Mittel
ist es ihnen gelungen, eine Convention zu Stande zu bringen
(22. August 1864), die unter dem Namen der »Convention Internationale« von den meisten Regierungen Europa's gebilligt und
angenommen worden ist.

Das grosse Verdienst, das alle Männer, die an diesem Werke
mitgearbeitet, sich erworben haben, besteht hauptsächlich in der
lebhaften Theilnahme für das Schicksal des verwundeten Soldaten,
die dadurch bei Volk und Regierung angeregt worden ist. Was
nun aber die Convention selbst betrifft, so halte ich die thatsäch-
liche Ausführung der einzelnen Bestimmungen für höchst schwierig,
unter gewissen Umständen für gänzlich unmöglich. Die ganze
Convention erscheint mir daher trotz ihres edlen, menschenfreund-
lichen Charakters als eine doctrinäre Illusion, der man sich zwar
in der besten Absicht hingegeben hat, die aber um so hemmender
wirken kann, als man sich leicht beruhigt fühlen dürfte, damit das
Mittel zur Abhülfe eines grossen Theiles des menschlichen Elends
auf dem Schlachtfelde gefunden zu haben.

Indem ich die einzelnen Paragraphen dieser Convention in der
Originalsprache wiedergebe, um durch Uebersetzung keine Miss-
verständnisse zu veranlassen, werde ich zugleich die Gründe aus-
einandersetzen, die mich zu der ausgesprochenen Ueberzeugung in
dieser wichtigen Angelegenheit geführt haben.

Article premier. Les ambulances et les hôpitaux militaires
seront reconnus neutres et comme tels protégés et respectés par
les belligérants, aussi longtemps qu'il s'y trouvera des malades ou
des blessés.

La neutralité cesserait, si les ambulances ou les hôpitaux
étaient gardés par une force militaire.

Worin die Neutralität der Hospitäler eigentlich bestehen soll,
ist nicht klar einzusehen; soll diess so viel heissen, dass die Armee

im Besitze ihrer Hospitäler bleibt, selbst wenn dieselben vom Feinde genommen sind, folglich auch die Kosten und die Erhaltung derselben bestreiten muss, oder soll die geschlagene Armee das Recht haben, ihre Ambulancen und Feldhospitäler, die vom Feinde genommen wurden, sich nachkommen zu lassen? Beides wäre unausführbar und würde schon durch die einzige Thatsache widerlegt, dass jeder Militärchef sicher berechtigt ist, die genommenen Ambulancen und Hospitäler zu benützen und zu verwalten, wie und so lange er es für seine eigenen Kranken und Verwundeten für nöthig hält — trotz aller Conventionen. Dass irgend ein Militärchef ein Hospital vorsätzlich beschädigen oder vernichten werde, weil es feindlich ist, können wir zur Ehre der Menschheit in unserem Zeitalter nicht annehmen, folglich braucht es auch desshalb keiner besonderen Convention.

Dass die Neutralität aufhört, wenn das Hospital Militärbewachung hat, hebt alles Vorhergesagte auf, weil kein grösseres Militärhospital ohne Bewachung bleiben kann, selbst nicht in Friedenszeiten, hauptsächlich aber nicht im Felde, wenn dasselbe an einem von der Garnison oder von Truppen entfernten Orte angelegt ist, wie diess oft aus Sanitätsrücksichten der Fall sein kann.

Article second. Le personnel des hôpitaux et des ambulances, comprenant l'intendance, les services de santé, d'administration, de transport de blessés, ainsi que les aumôniers, participera au bénéfice de la neutralité lorsqu'il fonctionnera et tant qu'il restera de blessés à relever ou à secourir.

Article 3. Les personnes désignées dans l'article précédent pourront, même après l'occupation par l'ennemi, continuer à remplir leurs fonctions dans l'hôpital ou l'ambulance, qu'elles desservent, ou se retirer pour rejoindre le corps, auquel elles appartiennent.

Dans ces circonstances, lorsque ces personnes cesseront leurs fonctions, elles seront remises aux avant-postes ennemis, par les soins de l'armée occupante.

Im dritten Artikel ist die Erläuterung des zweiten, über den eigentlichen Sinn der Neutralität der Sanitäts-Offiziere und der übrigen Beamten gegeben. Es soll ihnen nämlich freigestellt sein, entweder bei ihren Kranken zu bleiben, oder sie im Stiche zu lassen, ausdrücklich gestattet werden, ihren Posten zu verlassen, um sich zu ihren respectiven Armeekörpern zu begeben. Derjenige Militärarzt, der so handelte, das heisst: seine Kranken verliesse, verdiente vor ein Kriegsgericht gestellt zu werden, und der Militärchef, welcher es zugeben würde, wäre eben so straffällig.

Bei dieser Veranlassung kann ich nicht umhin, einer Frage zu erwähnen, die während des letzten Krimkrieges im militärärztlichen Comité des Kriegsministeriums in St. Petersburg zur Berathung vorgelegt wurde: 'ob nämlich gefangene Militärärzte verpflichtet wären, in den Hospitälern des Feindes ärztliche Hilfe zu leisten, wenn solche von ihnen verlangt würde. Die Frage wurde von allen Mitgliedern einstimmig und unbedingt mit »ja« beantwortet und zwar aus dem Grunde, weil der erkrankte oder verwundete Krieger aufhört, Feind zu sein.

Article 4. Le matériel des hôpitaux militaires demeurant soumis aux lois de la guerre, les personnes attachées à ces hôpitaux ne pourront en se retirant emporter que les objets, qui sont leur propriété particulière. Dans les mêmes circonstances au contraire l'ambulance conservera son matériel.

Wenn das Kriegsgesetz dem Feinde gestattete, das Material eines Hospitals, das heisst also doch wohl: Betten, Wäsche, Kleidungsstücke, Medicamente, Proviantvorräthe, Kücheneinrichtungen, Gelder u. s. w. wegzunehmen, oder in anderer Weise darüber zu verfügen, was bliebe denn von dem neutralen Hospital übrig, als die vier Wände?

Article 5. Les habitants du pays, qui porteront secours aux blessés, seront respectés, et demeureront libres (von was?). Les généraux de puissances belligérantes auront pour mission de prévenir les habitants de l'appel fait à leur humanité, et de la neutralité qui en sera la conséquence.

Tout blessé recueilli et soigné dans une maison, y servira de sauvegarde. L'habitant qui aura recueilli chez lui des blessés sera dispensé du logement des troupes, ainsi que d'une partie des contributions de guerre, qui seraient imposées.

So wohlklingend dieser ganze Artikel lautet, so wenig davon wird bei grossen dringenden Veranlassungen — und von solchen kann doch wohl nur die Rede sein — in Ausführung kommen. Der Umstand, dass einige Hundert Kranke oder Blessirte in einem wohlhabenden Städtchen oder District aufgenommen und verpflegt worden sind, kann doch noch kein gerechter Grund sein, dem Orte so grosse Vergünstigungen zu Theil werden zu lassen, in Folge deren den Nachbarörtern, die sich bei der Aufnahme und Pflege der Kranken vielleicht nicht haben betheiligen können, eine um so schwerere Bürde auferlegt werden müsste. Man denke sich noch dazu die Lage eines commandirenden Offiziers, der sich mit seiner Truppe auf dem Marsche befindet und durch die dringendste Nothwendigkeit gezwungen, die Hilfeleistung eines solchen Ortes in Anspruch zu nehmen, von der Ortsbehörde abgewiesen würde, weil durch den 5. Artikel der Convention Internationale der Ort von jeder Dienstleistung befreit ist. Es lässt sich leicht voraussehen, wie oft dieser Artikel aus Eigennutz oder zu selbstsüchtigen Zwecken gemissbraucht werden kann, und zuletzt bleibt es doch nur dem Rechts- und Ehrgefühle des commandirenden Generals überlassen, in wie fern er im Stande ist, die Hilfeleistungen der Einwohner anzuerkennen, um sie von schweren Kriegslasten zu befreien oder nicht. Hier, wie bei so vielen andern Veranlassungen im Kriege, kann nur der Moment entscheiden.

Article 6. Les militaires blessés ou malades seront recueillis et soignés, à quelque nation qu'ils appartiennent.

Les commandants en chef auront la faculté de remettre immédiatement aux avant-postes ennemis, les militaires ennemis blessés pendant le combat, lorsque les circonstances le permettront et du consentement des deux partis.

Seront renvoyés dans leur pays ceux qui, après guerison, seront reconnus incapables de servir.

Les autres pourront être egalement renvoyés, à la condition de ne pas reprendre les armes pendant la durée de la guerre.

Les évacuations, avec le personnel qui les dirige, seront couvertes par une neutralité absolue.

Dieser ganze Artikel enthält eigentlich keine einzige Bestimmung, die nicht schon längst bei allen civilisirten Völkern ausgeübt würde. Es wäre traurig und gäbe von dem sittlichen Zustande einer Armee ein schlechtes Zeugniss, wenn es in unserem Zeitalter noch eines besonderen Vertrages bedürfte, um kranke Kriegsgefangene menschlich zu behandeln. Dem Feinde seine Verwundeten nachzuschicken, liegt zu sehr im eigenen Interesse, um es zu unterlassen, soweit es ausführbar ist. Nach einer grossen Schlacht, wo die Verwundeten nach Tausenden zählen, ist solches oft eine Unmöglichkeit. Das Nachhausesenden derjenigen, die zum Kriegsdienste untauglich geworden sind, würde keiner Schwierigkeit unterliegen, wenn die Mittel dazu vorhanden wären. Ein anderes aber ist es mit der Bestimmung, dass der geheilte Soldat, der noch dienstfähig ist, ebenfalls in seine Heimat entlassen werden muss, wenn er sein Wort gibt, nicht mehr im selben Kriege dienen zu wollen. Ich glaube nicht, dass der Soldat, der noch dienstpflichtig und diensttüchtig ist, das Recht hat, dem Feinde ein solches Versprechen zu geben. Jedenfalls gehört dieser Gegenstand mehr zu den Bestimmungen über die Auswechslung der Gefangenen.

Die Artikel 7, 8, 9 und 10 unterliegen keiner Besprechung und glaube ich mit dem gesagten hinlänglich dargethan zu haben, dass die Convention Internationale von Genf ein schöner Gedanke ist, der in den Herzen aller fühlenden Menschen Anklang gefunden und das lebhafteste Interesse für die Leiden des Soldaten im Felde angeregt hat. aber in einem grossen Kriege in seiner Ausführung auf unüberwindliche Schwierigkeiten stossen wird. Die Convention Internationale von Genf und die Art, wie sie aufgenommen worden, ist der schlagendste Beweis von der Nothwendigkeit einer Reform des ganzen Militär-Sanitätswesens, wie sich solche jetzt fast in allen europäischen Heeren herausgestellt hat.

Seit einer langen Reihe von Jahren an die Spitze des Sanitätswesens der kaiserlich russischen Marine gestellt, mit einer reichen Erfahrung aus der ungarischen und Krim-Campagne, so wie aus dem letzten polnischen Revolutionskriege, habe ich mir diesen Gegenstand zur Aufgabe meines Lebens gemacht. Im Dezember vorigen Jahres hatte ich das Glück, Seiner Majestät dem Kaiser von Russland ein Programm zu überreichen, in welchem meine Ideen über eine zeitgemässe Reform des Militär-Sanitäts-wesens entwickelt waren. In Folge dessen erhielt ich den Auftrag, die Sanitäts-Einrichtungen der verschiedenen Armeen in Europa kennen zu lernen, um durch Zusammenstellungen und Vergleichungen nützliches Material für meinen Reformplan zu sammeln. Zu demselben Zwecke wurde mir später durch die Verwendung Seiner kaiserlichen Hoheit des Grossfürsten Constantin im Frühjahre 1865 der ehrenvolle Auftrag zu Theil, nach Nordamerika zu reisen, wo grossartige Sanitäts-Einrichtungen während des furchtbaren Krieges 1861—1865 bei der Unions-Armee eingeführt worden waren. Hindernisse, die zu beseitigen nicht von mir abhing, waren die Ursache, dass ich Europa erst Anfangs Mai verlassen konnte; als ich in Boston landete, war durch die erfolgte Uebergabe der confö-derirten Armee durch General Lee der grosse Krieg zwar beendigt, so dass ich keiner Schlacht mehr anwohnen konnte, doch fand ich das Heer noch im Felde auf dem Kriegsfusse und somit war mir die Möglichkeit gegeben, Alles was ich zu meinem Zwecke brauchte, in voller Aktivität kennen zu lernen. Durch die freundliche Aufnahme, die ich bei der Armee fand, durch die Zuvorkommenheit, mit der nicht blos die Militärchefs und Behörden, sondern überhaupt Alle, mit denen ich in Berührung kam, mir ihre Erfahrungen und Erklärungen bereitwilligst mittheilten, wurde es mir möglich, in verhältnissmässig kurzer Zeit nicht nur von Jeglichem, was auf meinen eigentlichen Zweck Bezug hatte, Kenntniss zu nehmen, sondern es war mir auch die Gelegenheit geboten, von dem Heere, dem Volke, dem Lande und den Verhältnissen, wie sie sich bei dem Schluss des blutigen Drama's, dessen Gleichen die Geschichte keines aufzuweisen hat, darstellten, volle Einsicht zu gewinnen.

I.

Nord und Süd.

Die Veranlassung zu diesem Kriege, die colossalen Dimensionen, in denen sich derselbe während der 4 Jahre seiner Dauer entwickelte, bieten des Ausserordentlichen und nie Erhörten so vieles, dem wir unsere ungetheilte Bewunderung nicht vorenthalten können. Dass diese Armee von fast einer Million Streiter mit einer musterhaften Ruhe, Besonnenheit und Ordnung gleich nach Beendigung des Krieges sich auflöste, auseinanderging und zu den ruhigen bürgerlichen Beschäftigungen heimkehrte, von denen sie ins Feld gerufen ward, ist eine Erscheinung, die wohl einzig in der Geschichte dasteht. Dass ein Volk enthusiastisch zu den Waffen greift, um seine Nationalehre zu retten, seine Existenz zu wahren und freudig dafür Gut und Blut hergibt, das ist begreiflich, aber gross und bewunderungswürdig ist es, wenn ein solches Volksheer gleich nach blutig errungenem Siege ruhig die Waffen niederlegt, wenn jeder Soldat als freier Bürger im freien Staate seine frühere Beschäftigung wieder aufnimmt; anspruchslos, ohne anderen Lohn, als den des eigenen Bewusstseins, dazu beigetragen zu haben, das Vaterland zu retten; ohne andere Auszeichnung, als den Beifallruf seiner Mitbürger und die Blumenkränze, die bei seiner Heimkehr von den Jungfrauen seiner Vaterstadt ihm gespendet wurden. Auf diese Weise sind in wenigen Monaten nach Beendigung des Krieges 700,000 Mann in ihre Heimath zurückgekehrt. Meines Dafürhaltens wird diese Auflösung des Heeres eines der schönsten Blätter in der Geschichte des jetzt geendeten Krieges bilden.

Ueber die Ursachen des Krieges ist viel geschrieben und gesprochen worden; die Meinung, welche allgemein verbreitet ist und in Europa den meisten Anklang gefunden hat, als ob der Norden zu den Waffen gegriffen hätte, um die Sklaverei der Neger zu vernichten, ist ein grosser Irrthum. Das Vorurtheil gegen den Neger ist in den Nordstaaten, wo er schon seit vielen Jahren frei ist, wo möglich noch grösser, als im Süden. Bis jetzt ist dem Neger in den Nordstaaten das wichtigste Recht eines freien Bürgers nicht gestattet — das Wahlrecht. Der Neger kann kein öffentliches Amt bekleiden, seine Kinder werden in Negerschulen erzogen, er wohnt in abgelegenen Stadttheilen und wird gewöhnlich nur als Bedienter oder zu sonstigen niederen Beschäftigungen verwendet. In Familienkreisen von Weissen, in Gesellschaften, Clubs u. s. w. wird kein Neger aufgenommen, selbst in den Regimentern will man keine Neger als Soldaten dulden, und es ist aus dieser Veranlassung mehrmals zu blutigen Auftritten gekommen. Die Regierung hatte sich deshalb genöthigt gesehen, sie auszuschliessen und eigene Regimenter aus ihnen zu formiren. Ich glaube kaum, dass sich im Norden eine einzige weisse Familie finden würde, die selbst den gebildetsten Neger bei sich als Ihresgleichen aufnehmen oder ihm eine Tochter zur Frau geben würde.

Den Neger frei zu machen, war nicht die Ursache, wesshalb der Norden zu den Waffen griff. Trotzdem eine grosse politische Partei, die Abolitionisten, seit mehr als hundert Jahren mit allen möglichen Mitteln für die Aufhebung der Sklaverei gewirkt hatte, würde das Volk des Nordens nie und nimmer einen Krieg gegen den Süden aus diesem Grunde begonnen haben. Mit Ausnahme von verhältnissmässig sehr wenigen Männern, die aus moralischer Ueberzeugung den Grundsatz festhalten, dass die Würde und die Rechte des Menschen nicht nach der Farbe seiner Haut bestimmt werden dürfen, strebte der grösste Theil der Abolitionisten einem ganz anderen Ziele nach, als bloss der Freimachung der Neger — die Aufhebung der Sklaverei war nur das Mittel, um die Macht und den Einfluss des Südens zu lähmen. Ueberhaupt gehört das Getriebe der politischen Parteien und Intriguen zu den Schattenseiten der neuen Welt, worin sie die alte Welt schon weit übertroffen hat.

Der Norden griff zu den Waffen, um die Union zu retten, wie
es in dem Congress-Beschlusse auch ausdrücklich gesagt war:
»wir führen diesen Krieg zur Vertheidigung der Suprematie und
»Aufrechterhaltung der Constitution, Erhaltung der Union, unbe-
»schadet der Würde, der Gleichheit und der Rechte der Einzel-
»staaten.«

Jeder besonnene Bürger Nordamerika's, zu welchem Staate
er auch gehöre, ist vollkommen überzeugt von dem Grundsatze,
dass die Macht und die Grösse des gemeinsamen Vaterlandes, wie
verschieden die Interessen der einzelnen Staaten auch sein mögen,
nur einzig und allein in dem politischen Verbande, der alle zu
gegenseitigem Schutz und Trutz verpflichtet, in der Union zu finden
sei. Das Austreten eines einzelnen Staates ist eine Schwächung des
Ganzen; das friedliche Zugeben einer solchen Ausscheidung aus
der Union würde ein verführendes Beispiel für die selbstsüchtigen,
eigennützigen Bestrebungen in den anderen Staaten und die Folge
die endliche Auflösung der Union sein, durch welche die Vereinigten Staaten Nord-Amerika's in so unerhört kurzer Zeit zu einer
Grösse, einer Machtstellung herangewachsen sind, wie in der Weltgeschichte noch kein zweites Beispiel vorhanden ist.

In wie fern die Südstaaten gesetzlich berechtigt waren, die
Trennung von der Union zu verlangen, ob die von ihnen mit allen
anderen Staaten gemeinschaftlich beschworene Constitution von
1787 ihnen gestattet, diese nicht länger als bindend anzuerkennen,
als ihre Privat-Interessen sie wünschen lassen, wie weit sie durch
Eingriffe und Verletzung in ihren persönlichen Rechten und in
ihrem Eigenthum (Negersklaven), so wie durch andere Umtriebe
aus dem Norden, gereizt und zum Aeussersten gebracht worden
sind, dieses auseinander zu setzen würde mich zu weit von meinem
eigentlichen Ziele ablenken.

Der Staat Süd-Carolina erklärte am 20. Dezember 1860 seine
offizielle Ausscheidung aus der Union in einer Proclamation, die
mit den Worten anfängt: »Wir, das Volk von Süd-Carolina, im
»Congress versammelt, erklären hiemit die in der Convention
»vom 23. Mai 1788 erlassene Ordonnanz, gemäss welcher die Con-
»stitution der Vereinigten Staaten von Nord-Amerika ratificirt

»wurde, für null und nichtig. Die Union zwischen Süd-Carolina »und den übrigen Staaten unter der Benennung der Vereinigten »Staaten von Amerika ist hiemit aufgelöst« u. s. w. — Im Verlaufe des Jahres 1861 fassten folgende Staaten, jeder für sich, denselben Beschluss, nämlich: Alabama, Georgia, Louisiana, Texas, Mississippi, Virginia, Tennessee, Arkansas und Nord-Carolina. Am 11. Mai desselben Jahres wurde die neue Constitution für diese Staaten angenommen und Jefferson Davis zum Präsidenten der conföderirten Staaten — wie sie sich jetzt nannten — erwählt.

Der Norden protestirte zwar in Schrift und Wort gegen diese Verletzung der Union, war aber so weit entfernt von dem Gedanken, dass der Süden mit bewaffneter Hand sich sein Recht zu erobern suchen würde, dass selbst, als die Sachen schon bis zum Aeussersten gelangt waren, noch keine einzige ernste Massregel getroffen wurde, um die Integrität der Union zu wahren. Da geschah es, dass in Charleston auf ein nordamerikanisches Schiff gefeuert wurde, welches aus New-York abgeschickt war, um dem Fort Sumter, das die Einfahrt von der See vertheidigte, Munition und Lebensmittel zuzuführen. Damit hatten die Südstaaten die Kriegs-Initiative ergriffen. Am 12. April fingen sie die Beschiessung des Forts Sumter an, das in schlechtestem Vertheidigungs-Zustande, mit einer geringen Garnison und ohne Lebensmittel, schon am 14. April capituliren musste.

Mit dieser That war die blutige Kriegsfackel entzündet, die 4 Jahre lang die schönsten Länder der Welt verwüstete, beinahe einer Million Menschen das Leben gekostet und eine enorme Schuldenlast über die Vereinigten Staaten gebracht hat, an welcher das Land noch lange Zeit zu leiden haben wird.

Es gehört zu den unbegreiflichsten Thatsachen, dass die Nordstaaten es so weit kommen liessen, ohne Vorbereitungen zu treffen, der drohenden Gefahr zu begegnen. Unter der verrätherischen Regierung des Präsidenten Buchanan und seines Cabinets ging schon die Rebellion mit unverhülltem Haupte am hellen Tage in den Strassen von Washington umher. Die geringe Zahl regulärer Truppen, ungefähr 12000 Mann, war im Lande zerstreut und an die äussersten Grenzen verlegt, vorgeblich gegen die feindlichen.

Indianer-Stämme; die Garnisonen in den verschiedenen Forts waren unbedeutend, die Befestigungen im verfallensten Zustande, fast ohne Artillerie und Munition; die nach dem Süden verlegten Waffen-Depots waren ohne militärischen Schutz; die wenigen Kriegsschiffe, welche die Union damals besass, hatte man in alle Welttheile zerstreut; die bis dahin blühenden Finanzen systematisch geschwächt; leidenschaftliche Parteisucht, Aufreizung und verrätherische Umtriebe aller Art wirkten vergiftend und zerstörend auf die Moralität eines grossen Theils des Volkes, während ein anderer Theil nur mit seinem materiellen Interesse beschäftigt, mit cynischer Gleichgiltigkeit die Sachen gehen liess, wie sie eben wollten.

So war der Zustand des Nordens beim Ausbruch des Krieges, während im Süden schon seit einer langen Reihe von Jahren Alles systematisch vorbereitet war, um loszuschlagen, sobald der Zeitpunkt sich als günstig erweisen würde. Zwar ist nicht zu leugnen, dass in den Südstaaten das Hauptmotiv zur Lostrennung von der Union in der Sklavenfrage lag. Der Neger war das Eigenthum des Weissen, ob dieser nun durch Erbschaft oder Kauf dazu gelangt war; in dem gesetzlichen, folglich rechtmässigen Besitze seines Eigenthumes, wollte er Niemanden das Recht einräumen, mitzureden; am allerwenigsten aber dem Bewohner anderer Staaten, deren Interessen von den seinigen ganz verschieden waren. Ausserdem aber, dass der Sklavenhalter des Südens durch die oft gewaltsame und intriguante Einmischung in seine Privatangelegenheiten sich auf das Tiefste beleidigt fühlte, und, was für ihn noch wesentlicher war, sich in seinem Wohlstande auf das Drohendste gefährdet sah, waren noch eine Menge anderer Gründe vorhanden, die den Hass gegen den Norden aufstachelten; dazu gehört die gänzliche Verschiedenheit zwischen dem Süden und Norden, was Temperament, Character, Lebensweise, Gesinnungen und Gefühle betrifft.

Die Bewohner der Südstaaten stammen grösstentheils aus den aristokratischen Familien, so wie von angesehenen Hofleuten Englands und Frankreichs aus dem 17. und 18. Jahrhundert. Die Mehrzahl sind Ländereibesitzer, deren Hauptcultur, Baumwolle — wie sie behaupten — nur durch Negersklaven betrieben werden kann. Die Gewohnheit, über ihre Neger absolut zu herrschen, gibt ihnen etwas Befehlshaberisches, Uebermüthiges, Stolzes, das sich in ihrem ganzen Benehmen, wie in ihrer Politik ausspricht; desshalb ihr Bestreben, ihre politischen Candidaten überall vorzudrängen, im Congress die mächtigsten Stimmen für ihre eigenen Interessen zu gewinnen, mit rücksichtsloser Geringschätzung gegen die Yankee's.

Die Bewohner der Nordstaaten hingegen stammen grösstentheils von den rauhen Puritanern ab, von denjenigen Familien, die wegen Religionsverfolgungen zur Zeit der Königin Elisabeth aus England auswanderten. In der Mitte des 17. Jahrhunderts hatten holländische Seefahrer und Kaufleute schon bedeutende Niederlassungen hier gegründet, hauptsächlich um Tauschhandel in Pelzwerken mit den Indianern zu betreiben; der religiöse Fanatismus, der im 17. Jahrhunderte in so vielen Ländern Europa's wüthete, trieb Tausende von den Besten ihrer Kinder nach dem fernen Lande jenseits des Oceans, um sich das Recht zu wahren, Gott nach ihrem besten Gewissen zu verehren. Der feste, entschlossene Charakter dieser Leute, die hier im rauhen Norden und in einem wenig fruchtbaren Lande ihr Leben durch Jagd, Fischerei und Handel fristen mussten, wurde durch diese Beschäftigungen gehärtet und erprobt. Anfangs waren die Ansiedler in beständiger Fehde verwickelt mit den Ureinwohnern, später mit den Nachbar-Colonien, bis sie sich endlich mit diesen zu einem gegenseitigen Schutz- und Trutz-Bündniss vereinigten — und zuletzt, als das Bewusstsein ihrer eigenen Macht ihnen das Verlangen nach Unabhängigkeit eingab, trennten sie sich gewaltsam von dem Mutterstaate und erkämpften sich ihre Unabhängigkeit und ihre Freiheit mit dem Schwerte in der Hand.

II.

Die Armee.

Seit dem Befreiungskampfe hatten die Vereinigten Staaten das Glück gehabt, alle ihre Kräfte dem inneren Wohl, der Entwicklung und dem Emporblühen der Agricultur, der Industrie, des Handels und den mannigfaltigen Gegenständen, die damit in Verbindung stehen, ausschliesslich widmen zu können. Der Krieg mit England in den Jahren 1812 — 14 war zwar kein glücklicher, endete aber doch mit dem Frieden von Gent (24. Decbr. 1814), ohne dass grosse Opfer gebracht werden mussten.

Der verhältnissmässig unbedeutende mexicanische Krieg wurde in den Jahren 1846 — 1848 unter dem alten General Scott erfolgreich geführt, bot aber in militärischer Beziehung zu wenig Interesse, um auf den Gang der Ereignisse im Innern einzuwirken oder um die Nothwendigkeit einer grösseren Heeresmacht hervorzurufen. Zur Besetzung der Küstenforts und zur Bekämpfung feindlich gesinnter Indianerstämme waren 12—15,000 Mann hinreichend, die durch Werbung aufgebracht und von Offizieren commandirt wurden, die auf der vortrefflichen Militär-Akademie zu West-Point eine vorzügliche Ausbildung erlangt hatten.

Amerika, durch den atlantischen Ocean von Europa getrennt, konnte zwar von den politischen Ereignissen der alten Welt nicht unberührt bleiben, auch war zu verschiedenen Zeiten der gegenseitige Einfluss ein nicht unbedeutender; hauptsächlich aber waren es nur die grossen Handels-Interessen, welche der amerikanischen Politik zu Grunde lagen, und so lange diese nicht wesentlich gestört wurden, war keine Ursache vorhanden, sich gegen Europa militärisch zu rüsten. Von den Colonien England's in Canada hatte die Union nichts zu befürchten, noch weniger von den Zerwürfnissen der Nachbarstaaten in Südamerika, daher dem Volke auch der Sinn für Militär - Einrichtungen fehlte. Durch das Beispiel von Europa gewarnt, wo der grösste Theil der Staats-Einkünfte zur Erhaltung stehender Heere verwendet und dadurch die Schuldenlast der grossen Staaten von Jahr zu Jahr gesteigert wird, fiel es Niemand ein, die Vergrösserung der Armee anzuregen. Die Milizorganisation der Einzelstaaten bot — wie man sich versichert hielt — die Möglichkeit, in kürzester Zeit 3 Millionen Streiter unter die Waffen zu rufen und in diesem Glauben fühlte man sich stark genug, jeden äusseren Feind zurückwerfen zu können. Dass ein solcher Feind im Innern der Union selbst aufstehen könne, dass die Bürger der Vereinigten Staaten sich gegenseitig in einem vierjährigen grausamen Kriege bekämpfen würden, das hatte man nicht für möglich gehalten und für diesen Fall keine Mittel vorbereitet. Damit entschuldigt sich auch der Amerikaner gegen den Vorwurf, dass er durch seine Antipathie gegen eine grosse Heeresmacht einem Kriege nicht vorgebeugt habe, der so vielen Tausenden von Menschen das Leben gekostet und so viele Tausend Millionen Geld verschlungen hat. Der Widerwille des amerikanischen Volkes gegen ein stehendes Heer ist jetzt noch so stark, dass man schwerlich im nächsten Kongress die Zustimmung zu einer bedeutenden Vermehrung der regulären Armee erhalten würde.

Die Gründe dagegen liegen nicht bloss in dem bürgerlich friedliebenden Charakter des Volkes, der übrigens durch den letzten Krieg doch vielleicht eine schärfere Spitze erhalten hat, auch nicht so sehr in der Abneigung gegen die dadurch vermehrten Staats-Ausgaben, sondern — wie ich von bedeutenden Männern habe erklären hören — hauptsächlich darin, dass eine Armee, sei sie auch aus dem Volke selbst hervorgegangen, ihrer Natur nach ein für sich abgeschlossenes, dem Volke gegenüber stehendes Ganzes bildet und beider Interesse nicht immer zusammenfällt. Die Organisation und disciplinarische Gestaltung einer Armee ist mit dem Geiste des Volkes zu sehr im Widerspruche, ihre nothwendigen Privilegien und die Ausnahmsstellung verletzen das Gleichheitsgefühl des Amerikaners, zudem kann eine starke Armee in der Hand eines einzigen ehrgeizigen Mannes unter gewissen Umständen der Freiheit des Volkes gefährlich werden.

Die reguläre Armee bestand nach dem „Official army register" von 1863 aus 19 Regimentern Infanterie zu 10 Compagnien, aus 6 Regimentern Cavallerie und 4 Regimentern Artillerie und zählte ohngefähr 31,500 Mann Gemeine, mit 2423 Offizieren, worunter 5 Generalmajore (nur der alte emeritirte General Scott und der jetzige Chef der ganzen Armee, Grant, haben Generallieutenants-Rang) und 9 Brigadegenerale sich befinden. Zu demselben Range werden noch gerechnet: der Generalquartiermeister, die Chefs des Generalstabes und der Departements der Verpflegung, des Sanitätswesens, des Genie- und des Ordonnanzwesens. Jedes Infanterieregiment zählt 1 Oberst, 1 Oberstlieutenant, 2 Majore, 10 Capitaine, 1 Adjutanten, 1 Regiments-Quartiermeister, 10 Premier- und 10 Second-Lieutenants, 1 Sergeant-Major, 1 Regiments-Fourier, 1 Musik-Chef, 10 Sergeanten erster Classe, 30 zweiter Classe, 40 Corporale, 40 Musikanten und 1000 Gemeine. Die Cavallerie-Regimenter sollten ebenfalls jedes 1000 Mann stark sein und die Artillerie aus 3450 Mann bestehen. Es ist übrigens sehr zu bezweifeln, ob die reguläre Armee diese Stärke erreicht habe, da die Kriegslustigen sich bereitwilliger in die Freiwilligen-Regimenter aufnehmen liessen, wo sie ein grösseres Handgeld bekamen. Die Organisation und Administration der regulären Armee war beim Ausbruche des Krieges dem alten englischen Systeme nachgebildet, dagegen die Taktik hauptsächlich nach französischer Schablone zugerichtet.

Als der Präsident Lincoln im April 1861 die ersten 75,000 Mann unter die Waffen rief, glaubte man sich hinlänglich stark, um mit dieser Macht in 3 Monaten die Rebellion niederwerfen zu können.

Nachdem man sich bald darauf genöthigt sah, 500,000 Mann Freiwillige aufzubieten, fehlte es an Allem, was zur Ausrüstung und Verpflegung einer solchen Armee nothwendig ist. Man besass weder einen hinlänglichen Generalstab, noch Train-, Ponton-, Lager-, Verpflegungs- und Lazareth-Einrichtungen; es fehlte die schaffende und ordnende Hand, um die grossen Hilfsmittel, welche das Volk mit enthusiastischer Bereitwilligkeit darbrachte, zweckmässig zu verwenden. Ein grosser Theil der in West-Point militärisch gebildeten Männer, aus den Südstaaten gebürtig, traten aus dem Dienste der Union in dem Augenblicke, als der Conflict entstand, um ihre Kräfte dem engeren Vaterlande darzubieten. Die verhältnissmässig geringe Zahl der wissenschaftlich geschulten Militärs, die dem Norden angehörte, wurde gleich auf höheren Posten in dem neugeschaffenen Heere der Freiwilligen verwendet, trotzdem viele von ihnen noch sehr junge Männer waren, denen es gänzlich an Erfahrung und praktischer Tüchtigkeit fehlte.

Die reguläre Armee, wenn auch im ersten Kriegsjahre bis auf 40,000 Mann verstärkt, hat in diesem Kriege fast nichts leisten können. Verhältnissmässig viel zu gering an Zahl, wurde sie nie als geschlossenes Ganzes verwendet. Zersplittert in den verschiedenen Corps, um dort als Anhaltspunkt für die Ausbildung der Freiwilligen zu dienen, verschwand sie in der grossen Masse des Heeres.

Der Enthusiasmus und die Kampfbegier, von der beim Ausbruche des Krieges das ganze Volk ergriffen wurde, war so gross, dass ganze Schaaren Freiwilliger nach Washington eilten, um ins Feld geführt zu werden, und die Regierung sich Anfangs genöthigt sah, viele zurückzuweisen, weil man die aufgebotene Macht als genügend betrachtete und ausserdem für die kriegsmässige Ausrüstung eines solchen Heeres noch nicht gesorgt war. Später, als man durch ungünstige Erfolge und grosse Niederlagen im Felde, endlich zu der Erkenntniss gelangte, dass man den Feind weit unterschätzt habe, kühlte sich diese Kampflust bedeutend ab. In vielen Staaten wurde die Aufbringung der Mannschaft für die ihnen auferlegten Contingente nicht so leicht, und zuletzt sah sich der Präsident genöthigt, für diejenigen Staaten, die ihr Contingent nicht zur bestimmten Zeit gestellt hatten, Conscriptionen vom 18. bis zum 45. Lebensjahre einzuführen; eine Massregel, die grosse Missstimmung erregte. Der Preis für Stellvertretung, — die gestattet war — stieg von 500 Dollars bis auf 1000 und darüber. Die Frauen und Kinder der verheiratheten Soldaten erhielten eine monatliche Unterstützung von der Regierung, und das Versprechen einer lebenslänglichen Pension, wenn ihre Männer im Felde fallen sollten. Mangel an Leuten, die sich zu den Fahnen meldeten, trat demnach niemals ein; das ganze Volk war zu sehr durchdrungen von der absoluten Nothwendigkeit, den angefangenen Krieg zu Ende zu führen und brachte freudig alle Opfer an Gut und Menschen, um die Union wieder herzustellen.

Es ist fast nicht möglich, einigermassen mit Bestimmtheit anzugeben, wie gross die Heeresmacht war, die gleichzeitig im Felde stand. Die officiellen Berichte schwanken zwischen 700,000 bis 800,000 Mann. Doch wird allgemein angenommen, dass zu einer Zeit über eine Million Soldaten sich unter den Waffen befand. Da die Dienstzeit für die verschiedenen Truppenkörper von sehr ungleicher Dauer war (9 Monate bis 3 Jahre); da die Einzelstaaten die von ihnen ausgerüsteten Regimenter oft zu den verschiedensten Armeecorps sandten, ohne darüber rechtzeitige Meldung an das Kriegsministerium nach Washington zu machen; da die Verluste in den grossen Schlachten oft enorm waren, was man vorsätzlich zu verheimlichen suchte; ausserdem aber nicht selten zu den verschiedenen Kriegsoperationen grosse Truppenkörper von einem Armeecorps zum anderen übergeführt wurden, so lässt sich leicht erkennen, wie unmöglich es war, eine genau bestimmte Angabe über die Grösse des Heeres festzustellen. Nach dem officiellen Armee-Register vom Jahre 1863 bestand die Armee in Folge der verschiedenen Aufgebote in ihrer grössten Höhe aus 1,097,452 Köpfen; darunter 40 Generalmajore, 200 Brigadegenerale und 43,000 Oberoffiziere. Die Anwerbungen in allen vier Kriegsjahren sollen sich auf über 2 Millionen Mann belaufen haben, ausserdem waren 178,975 Neger in Regimenter formirt.

Um einen Armeestand von 500,000 Mann jährlich zu erhalten,

waren durchschnittlich 123,000 Rekruten erforderlich, davon 83,000 als Ersatz für Todte und aus dem Dienste Entlassene; — 34,000 für Deserteure und im Gefechte Vermisste, und 6000 aus verschiedenen anderen Gründen.

Die Regimenter erforderten zu ihrer Rekrutirung im Durchschnitte 6 Wochen; kürzeste Zeit 10 Tage — längste 3 Monate.

In Beziehung auf die Nationalität kann man annehmen, dass 76 1/2 Procent eingeborene Bürger der Vereinigten Staaten waren, 6 1/2 Procent Deutsche, 5 1/2 Procent Irländer, die übrigen 11 1/2 Procent Fremde aus verschiedenen Ländern. Das Alter der Rekruten war durchschnittlich zwischen 23 und 25 Jahren.

Desertion kam erstaunlich häufig vor: man zählte 27,000 von 500,000. — Mangel an Disciplin und Ungeschicklichkeit der Offiziere trugen das meiste dazu bei.

Das Heer war in 23 Armeecorps eingetheilt, die aber von sehr verschiedener Stärke waren und keine gleichmässige Gliederung in Divisionen, Brigaden und Regimenter besassen. Von dieser Heeresmacht standen bei Beginn des Jahres 1863 9 Armeecorps auf dem östlichen, 4 auf dem mittleren, und 5 auf dem westlichen Kriegsschauplatze; 4 an den Küsten und 1 an der Mündung des Mississippi. Jedes Armeecorps war aus Infanterie, Cavallerie und Artillerie zusammengesetzt und bestand meist aus 3—4 Divisionen, jede zu 3—4 Brigaden à 2—4 Regimenter; doch war diese Eintheilung nie eine feste, sondern wurde häufig nach den augenblicklichen Verhältnissen geändert. Die Stärke jedes einzelnen dieser Armeecorps war ebenfalls eine sehr verschiedene und schwankte von 40—100,000 Mann, je nachdem die Kriegs-Operationen zeitweise Vergrösserungen nothwendig machten.

Das Offiziercorps dieser Heeresmacht bestand aus den verschiedenartigsten Elementen; von der Gesammtzahl der 43,000 Oberoffiziere — die Offiziere der regulären Armee mit inbegriffen — hatte schwerlich mehr als der achte Theil eine militärische Vorbildung genossen; der Rest, aus den mannigfachsten Lebensstellungen in die Armee eingetreten, musste sich erst im Felde militärische Ausbildung erwerben. Junge Techniker, Ingenieure, Juristen, Kaufleute, Studenten erhielten in der Armee Anstellungen

als Offiziere und zwar häufig in höheren Chargen, zu denen sie
nichts weniger als geeignet waren. Durch politischen Einfluss,
Begünstigungen und Parteiintriguen wurden nicht selten Männer
zu Generälen ernannt, die durch ihre vollständige Unwissenheit
in diesem Berufe das Leben ihrer Untergebenen auf die unver-
antwortlichste Weise hinopferten; dann aber fehlte es wieder nicht
an Beispielen, dass einzelne solcher Männer in kurzer Zeit im
Felde sich alle Eigenschaften aneigneten, durch welche sie sich
später als Militärchefs auszeichneten, denen die Welt ihre Bewunderung nicht versagen konnte.

Die Uniformirung der Truppen im Felde war eine sehr einfache, aber nicht kleidsame, und bestand für die Infanterie aus
einem blauen, bis an die Kniee reichenden Tuchrocke — Cavallerie und Artillerie trugen kürzere Jacken — mit niederen stehenden Kragen, Pantalons von hellblauer Farbe, einem Mantel
von dunklem Tuch mit langem Kragen, der über den Tornister
hing, einer dem französischen Käppi nachgeformten Feldmütze,
auf welcher für die Infanterie ein kleines Horn aus Metall,
für die Cavallerie zwei gekreuzte Säbel, für die Artillerie zwei
gekreuzte Kanonen angebracht waren. Ausserdem waren diese
Mützen auf der Vorderseite mit Corps- oder Divisions-Abzeichen
aus farbigem Tuche, oder aus Metall, in der Form von Kreuzen,
Sternen etc. versehen, ganz nach Willkür der Chefs. Einzelne
Regimenter aus Newyork waren als Zuaven in den buntesten Far-
ben gekleidet. Die verschiedenen Waffengattungen unterschieden
sich durch die Farbe der Tuchlitzen an den Krägen und durch
die Passepoils der Röcke, die bei der Infanterie hellblau, bei der
Cavallerie gelb und bei der Artillerie roth waren; ausserdem
wurde für den leichten Dienst eine Art Blouse aus blauem Flanell
getragen. Die Offiziere trugen dieselbe Uniform mit dem Grad-
unterschied: dass die Generale und Stabsoffiziere 2 Reihen Knöpfe
auf der Brust hatten; bei dem Generalmajor 9 in jeder Reihe,
zu 3 und 3 zusammenstehend, bei dem Brigadegeneral 8 zu 2 und
2, bei dem Oberst, Oberstlieutenant und Major 7 in gleichem
Abstande; alle anderen Offiziere hatten eine Reihe von 9 Knö-
pfen. Auf den Schultern trugen die Offiziere kleine Querstreifen

von Tuch oder Sammt von der Farbe ihrer Waffengattung mit verschiedenen gold- oder silbergestickten Gradabzeichen. In Paradeuniform wurden ein runder, auf der einen Seite aufgekrämpter Filzhut mit einem Federbusch, Epaulettes und carmoisinrothe Seidenschärpe getragen.

III.

Die Bewaffnung.

Die Arsenale und Waffendepots vor dem Ausbruche des Krieges waren durch verrätherische Anordnungen des Präsidenten Buchanan zum Theile nach dem Süden verlegt und ohne hinlänglichen Schutz gelassen, so dass sich die Conföderirten beim Ausbruche der Rebellion alles Kriegsmaterial und alle Waffenvorräthe aneigneten. Es blieb daher kein anderer Ausweg, als Waffen in Europa anzukaufen; so wurden im ersten Jahre des Krieges 300,000 Gewehre und eine Menge Kanonen, oft von der schlechtesten Beschaffenheit mit enormen Kosten angeschafft; später beschäftigten sich alle Eisenfabriken ausschliesslich nur mit diesen Gegenständen. Bei der Geschicklichkeit der Amerikaner in dieser Industrie war man bald im Stande, dem Mangel abzuhelfen; es wurden Tag und Nacht in allen Fabriken des ganzen Landes Waffen geschmiedet, vom schwersten Kanonenkaliber bis zur Revolverpistole, so dass im zweiten Jahre des Krieges die ganze Armee hinlänglich und zweckmässig bewaffnet war. Die Infanterie wurde mit der sogenannten Springfield-Büchse armirt. Die Gewehrfabrik Springfield lieferte allein 19,000 Stück monatlich; die Scharfschützen erhielten sogenannte Teleskop-Rifles, die mit kleinen Fernröhren und Diopter versehen waren, und in den Händen der ausgezeichneten, aus früheren Trappern und Hinterwäldlern bestehenden Schützen, dem Feinde furchtbar wurden. Der Infanterist trug Bajonet und Patrontasche an der Leibkuppel; das Lederzeug war schwarz. Die Cavallerie, die erst später formirt werden konnte,

bestand am Ende des Jahres 1863 aus 5 regulären und 116 freiwilligen Reiterregimentern.

Die Regimenter sollten ursprünglich 1000—1200 Mann stark
sein und waren in 10—12 Schwadronen eingetheilt, sanken aber
bald auf 400—500 Pferde herab. Die Bewaffnung bestand aus
einem Korbsäbel mit etwas gekrümmter Klinge, einer an der Leibkuppel getragenen Revolverpistole und einem Karabiner. Anfangs
waren viele Cavallerie-Regimenter mit Infanterie-Gewehren bewaffnet, die sie an Riemen über der Schulter hängend auf dem Rücken
trugen. Im Verlaufe des ganzen Krieges sind übrigens sehr wenige Cavallerie-Attacken vorgekommen. Im Gefechte sass die Cavallerie gewöhnlich ab und wurde als Infanterie verwendet.

In dem letzten Jahre des Krieges ward bei dem grössten
Theile der Cavallerie des Generals Sherman der neuerfundene
Spencer-Carabiner eingeführt, eine Waffe, deren ausgezeichnete
Brauchbarkeit für die Cavallerie von vielen Militär-Autoritäten
bestätigt worden ist. Die Construction dieses Gewehres besteht
darin, dass die Ladung von sieben Stück Patronen durch die
untere Fläche des Kolbens in denselben hineingebracht wird,
worauf eine Spiralfeder, die in einem eisernen Cylinder steckt,
in den Kolben nachgeschoben wird. Durch das einfache Herab-
drücken und Aufheben eines kleinen Bügels, tritt die vorderste
Patrone in den Lauf und das Gewehr ist zum Abschiessen fertig.
An der Patronenhülse, die aus dünnem Kupferblech verfertigt
ist, ragt an dem Vorderende der Conus der Spitzkugel hervor, während der Zündsatz am hinteren Ende sich unter der
Pulverladung befindet. Es sind daher keine besonderen Kapseln
nothwendig, indem beim Abdrücken der Hahn auf eine kleine
Klinge schlägt, wodurch der Zündsatz in der Patrone sich entzün-
det. Bei den damit angestellten Versuchen ergab sich von 500
Schüssen nur ein Versagen; gewiss ein ausgezeichnetes Resultat,
da bei den gewöhnlichen Springfield-Infanterie-Gewehren 6 Versagen auf 100 Schüsse kommen. Die Quantität Pulver in jeder
Patrone beträgt nur die Hälfte der gewöhnlichen und doch trägt die
Kugel bis auf 2000 Yards. Die Erklärung liegt hauptsächlich in der
Vollkommenheit der einzelnen Bestandtheile des Gewehres, wodurch

die Entweichung selbst der kleinsten Quantität Gas verhindert wird. Bei einer Entfernung von 150 Fuss dringt die Kugel durch einen Balken von 10 Zoll Dicke; übrigens ist die Schnelligkeit des Ladens und Feuerns (bei diesem Karabiner 7 Schüsse in 10 Secunden) nicht unbedingt zweckmässig. Junge Truppen, welche die Bluttaufe noch nicht erhalten haben und desshalb nicht mit der nöthigen Ruhe und Besonnenheit zielen, verschiessen sich leicht, und die Verschwendung von Munition ist daher eine sehr bedeutende.

Im Ganzen war die Cavallerie gut beritten, die Pferde stark, feurig und ausdauernd, aber durch schlechte Behandlung und Mangel an Pflege war der Abgang an Pferden ein enorm grosser. Bei der Potomac-Armee allein, die im Jahre 1862 ungefähr einen Effectivbestand von 14,000 Pferden hatte, wurden innerhalb 6 Monaten 35,000 Pferde verlangt und gestellt.

Die Cavallerie wurde Anfangs escadrons- und regimentsweise den Infanterie-Brigaden und Divisionen zugetheilt; erst als man durch Erfahrung im Felde dazu bewogen wurde, grössere Cavallerie-Corps von 3000 bis 6000 Pferden zu formiren, und diese tüchtige Führer erhielten, wurde diese Waffe eine bedeutende und der Cavallerie der Conföderirten überlegen, während diese beim Beginne des Krieges eine ausgezeichnete gewesen war.

Trotzdem dass die Bildung einer tüchtigen Feldartillerie mit viel grösserer Schwierigkeit verbunden ist, als die der Infanterie und Cavallerie, gelang es doch in der Unionsarmee in verhältnissmässig kurzer Zeit eine sehr starke Artillerie zu formiren, vorzüglich sowohl in der Construction der Stücke, als in Bespannung und Bemannung. Die grosse Masse von Mechanikern, Technikern und Fabrikarbeitern eignete sich besonders zu dieser Waffe. Ende 1862 waren schon 450 Feldbatterien vorhanden, in Bataillone von je 3 Batterien eingetheilt. Jede Batterie bestand aus 6 Geschützen. Unter den 60 Batterien, die zur regulären Armee gehörten, waren einige Regimenter reitender Artillerie.

Die grössere Anzahl der Geschütze, die sich beim Ausbruche des Krieges in den Depots und Arsenalen der Südstaaten vorfanden, wurden von den Conföderirten — wie schon gesagt — weggenommen, so dass die unirte Armee mit den in Europa aufgekauften, verschiedenen und schlechten Geschützen fast keine einzige Batterie von gleichmässigem Caliber und gleichmässiger Construction besass. Eben so mannigfaltig und mangelhaft war die Bespannung und Bemannung. Durch die Umwandlung aller Privatgiessereien und Maschinenfabriken in Waffenfabriken konnte schon im zweiten Jahre der ganze Bedarf mit eigenem Fabrikate gedeckt werden. Ausserdem wurden mannigfaltige Erfindungen und Verbesserungen in den Geschützen gemacht, die vielleicht auch in Europa massgebend sein werden.

Parrott-, Dalgreen-, Rodmann-Geschütze sind schon jetzt jedem wissenschaftlich gebildeten Artilleristen bekannt; die Feldartillerie wurde durchgängig mit 10- und 12pfündigen gezogenen Parrott-Kanonen versehen, welche von Gusseisen waren, mit einem schmiedeisernen Mantel am hinteren Ende, um diesem Theile, welcher durch die Expansionskraft der Gasentwicklung am meisten zu leiden hat, die grösste Widerstandsfähigkeit zu verleihen.

Zur Vertheidigung der Küsten, sowie zur Armirung der Monitors und Panzerschiffe wurden 10-, 12- und 15zöllige glatte Kanonen gegossen, in deren Fabrication der Major Rodmann eine wesentliche Verbesserung eingeführt hat durch das sogenannte Abkühlungs-System von innen vermittelst ununterbrochenen Durchströmens von kaltem Wasser. Da ich den Major Rodmann persönlich kennen gelernt habe und in der Kanonengiesserei zu Boston zugegen war, als ein 15zölliges Geschütz nach diesem Systeme gegossen wurde, so erlaube ich mir, einige Details hierüber mitzutheilen.

Schon seit 10 Jahren hatte sich Major Rodmann mit verschiedenen Verbesserungen in der Kanonengiesserei beschäftigt, dieselben aber erst in den letzten 4 Jahren zur Ausführung gebracht. Der Hauptunterschied bei dem Rodmann'schen Verfahren besteht darin, dass das Geschütz hohl gegossen wird, und durch Abkühlung mit Wasser von innen eine stärkere Cohäsionskraft erhält. Dies geschieht folgendermassen: Genau in der Mitte der Form wird ein eiserner Cylinder, der aber an seinem unteren Ende solid geschlossen ist, hineingelassen; die Oberfläche des Cylinders ist der ganzen Länge nach canellirt und mit nassem Tau dicht umwickelt, damit durch die Furchen die Gase ausströmen können, die sich beim Einlassen des glühenden Metalls entwickeln, und die sonst die Form zersprengen könnten. Die ganze äussere Fläche des Cylinders wird mit einer Masse aus Lehm und Sand glatt zugestrichen. Gleich, nachdem die Form mit dem geschmolzenen Metall gefüllt ist, wird durch hydraulischen Druck kaltes Wasser in einem beständigen Strome durch den Cylinder geleitet, welches dann von unten nach oben zurück steigend durch eine Oeffnung am oberen Ende wieder abfliesst. Durch diese Abkühlung des glühenden Metalls von Innen nach Aussen, welches stets in ringförmigen Lagen geschieht, wird also bewirkt, dass jede äussere Metalllage durch ihren höheren Wärmegrad auf die unter ihr liegende kühlere Metallmasse komprimirend einwirkt und dadurch eine festere Cohäsion in derselben hervorbringt, während bei der gewöhnlichen Abkühlungsmethode durch die athmosphärische Luft das Abkühlen von Aussen nach Innen geschieht, demnach die inneren Metallschichten, die bei dem Abfeuern des Geschützes in Folge der Gasexpansion den grössten Widerstand zu leisten haben, die schwächsten im Rohre sind. Ausserdem hat diese Methode noch den grossen Vortheil, dass die Abkühlung durch Wasser gleichmässiger und in viel kürzerer Zeit bewirkt wird: bei einem 12zölligen Geschütz in 4 Tagen, bei einem 15zölligen in 6—7; während sonst 30—40 Tage dazu erforderlich sind; also ein enormer Zeitgewinn. Die Nachbohrung eines solchen hohl gegossenen Geschützes beträgt nur 1 bis 1 ½ Zoll; das Bruttogewicht einer 15zölligen Kanone ist 83,500 Pfund; vollkommen fertig gearbeitet 49—50,000 Pfund. Während des Krieges bis August 1865 sind 120 Stück 15zöllige Kanonen auf diese Art hier gegossen worden, deren Preis sich auf 6000—7000 Dollars per Stück belief.

Das grösste Geschütz, das bis jetzt existirt, hat Major Rodmann nach diesem Systeme giessen lassen; es ist die berühmte 20zöllige Kanone, welche auf der Batterie Hamilton bei der Einfahrt vom Ocean nach New-York in der Mitte einer langen Reihe von 15zölligen Geschützen paradirt. Nach den eigenen Angaben des Majors Rodmann sind die Verhältnisse dieser Monstrekanone folgende: das Gewicht beträgt 116,000 Pfund, der

Durchmesser des Kanals 20 Zoll, die Länge desselben 210 Zoll; die ganze Länge des Rohrs 20 Fuss 3 ½ Zoll; das Maximum des äusseren Durchmessers am Hintertheile 64 Zoll; das Minimum an der Mündung 34 Zoll; die Dicke der Wände hinten 22 Zoll; das Gewicht der Ladung 1080 Pfund; die Pulverladung 100 Pfund. Das dazu nöthige Pulver ist nicht körnig, sondern besteht aus flachen Stücken von ½ Zoll. Es sind übrigens nur 5 Schüsse mit derselben versucht worden. Bei 25 Grad Elevation und mit 100 Pfund Pulver reichte die Kugel auf 3 englische Meilen; die Elevation kann bis zu 30 Grad gesteigert werden; zu ihrer Bedienung sind 20 Mann erforderlich. Die Laffette ist von Eisen, die Achse geht so genau durch den Schwerpunkt, dass ein Mann mit einem Hebel die Elevation bewirken kann. Die 15zölligen Geschütze sind ebenfalls mit solcher Genauigkeit auf ihren Laffetten placirt, dass nur 2 Mann erforderlich sind, um sie im Kreise zu bewegen.

Da der praktische Nutzen eines derartigen enormen Geschützes in keinem Verhältnisse zu den Kosten desselben steht, so wird wahrscheinlich die 20zöllige Kanone auf dem Fort Hamilton als einziges Curiosum ihrer Art dort stehen bleiben.

Unter den vielen Erfindungen, welche während des Krieges in der Construction der Schusswaffen gemacht worden sind, von denen aber wieder der grösste Theil wegen des einen oder des anderen wesentlichen Mangels als unpraktisch verworfen wurde, verdient die sogenannte Gatling-Batterie einer besonderen Erwähnung; sie besteht aus 6 gezogenen Röhren, die an ihrem hinteren Ende an einem soliden, 100 Pfund schweren eisernen Cylinder im Umkreise befestigt sind, der durch eine, an seiner äusseren Seite angebrachte Handhabe in drehende Bewegung gesetzt werden kann. Die Patronen werden in diesen Cylinder gebracht und die Ladung geschieht durch einen sehr einfachen Mechanismus, der sich aber ohne Zeichnung schwer beschreiben lässt. Es erfolgt beim Abfeuern kein Rückstoss und — einmal gerichtet — wirkt das Geschütz mit grosser Sicherheit. Die Schnelligkeit des Ladens und Feuerns ist so gross, dass 200 Schüsse in der Minute geschehen können. Das Geschütz ist auf einer sehr leichten Laffette befestigt, und kann, mit einem Pferde bespannt, den schnellsten Bewegungen der Truppe folgen. Zur Unterstützung der Cavallerie, zur Vertheidigung von Brücken, Eisenbahnen, Transporten etc. scheint dieses Geschütz sehr geeignet zu sein. Mehrere ausgezeichnete Artillerie-Offiziere haben sich günstig über diese Waffe ausgesprochen.

Die Verwendung der Artillerie in diesem Kriege war eine ausserordentlich mannigfache; in fast allen grösseren Schlachten diente sie als Kern und Halt aller Infanteriemassen und gab oft allein den Ausschlag.

IV.

Der Generalstab.

Von einem wohl organisirten Generalstabe, wie ihn europäische Armeen besitzen, konnte hier natürlich nicht die Rede sein; es fehlte dazu durchgehends an wissenschaftlich gebildeten Offizieren. Die verhältnissmässig sehr geringe Zahl derselben, die in der Academie zu West-Point ihre Studien gemacht hatte, reichte lange nicht aus; auch war man genöthigt, ihnen active Commandoposten anzuvertrauen. Einzelne Theile des Generalstabes hatten sich trotzdem im Verlaufe des Feldzuges zu grosser practischer Vollkommenheit ausgebildet, so z. B. das topographische und das Signalcorps. Bei dem gänzlichen Mangel an militärisch topographischen Karten zu Anfang des Krieges waren die Schwierigkeiten bei allen Bewegungen und Operationen der Armee fast unüberwindlich, bis endlich auch diesem Mangel durch ein einfaches, practisches Verfahren abgeholfen wurde.

Die Topographen zeichneten während des Marsches, oft zu Pferde, auf einem vorn auf dem Sattel befestigten Brette auf einem sehr dünnen, dazu bereiteten Papier (Tracing-paper) nach dem Augenmasse die Gegend und corrigirten dann die Zeichnung nach Aussagen der Bewohner, die man darüber ausfragte. Da mehrere Offiziere sich oft mit der Aufnahme derselben Gegend beschäftigten, so wurden später im Bivouac die verschiedenen Zeichnungen verglichen und daraus eine berichtigt und zusammengestellt, welche hierauf mit einem besonders präparirten photographischen Papiere bedeckt und dem Sonnenlichte einige Minuten ausgesetzt wurde. Dadurch erhielt man ein scharfes, negatives Bild, von dem dann

das positive abgenommen werden konnte. Auf diese Art gelang
es, grössere Karten anzufertigen, die auf Leinwand geklebt wurden. Wenn solche Karten auch nicht auf grosse mathematische
Genauigkeit Anspruch machen konnten, so wurde doch durch dieselben dem ersten dringenden Bedürfnisse abgeholfen.

Das Signalcorps bewies sich bei vielen wichtigen Gelegenheiten
als höchst nützlich. Durch ein sehr einfaches System von Flaggen etc. bei Tage, sowie durch gewisse Feuerzeichen bei Nacht,
gelang es, die Verbindung und Verständigung zwischen Truppen,
die weit auseinander lagen oder zwischen diesen und den Kriegsschiffen an den Küsten zu unterhalten und somit zu dem Gelingen
wichtiger Operationen viel beizutragen.

V.

Das Verpflegungswesen.

Zu den schwierigsten Aufgaben einer jeden grösseren Armee im Felde gehört ohne Zweifel das Verpflegungswesen, und zwar weil es fast eine Unmöglichkeit ist, ein festes System oder einen bestimmten Plan zu entwerfen, nach welchem grosse Truppenkörper überall und zu jeder Zeit hinlänglich und zweckmässig verpflegt werden können. Wie viele Ereignisse können im Verlaufe eines grossen Krieges eintreten, die keine menschliche Klugheit vorauszusehen im Stande war. Durch Localschwierigkeiten, unvorhergesehene Marschdispositionen, plötzliches Zusammenziehen grosser Truppenmassen, Dazwischenkommen feindlicher Armeen, klimatische Störungen und durch Naturereignisse verschiedener Art kann eine Armee in Gefahr kommen, kürzere oder längere Zeit ohne Lebensmittel zu bleiben, oder in die Nothwendigkeit versetzt werden, sich mit schlechtem oder nicht hinreichendem Proviant nähren zu müssen. Die unglücklichen Folgen eines solchen Zustandes kennt jeder Sachverständige, und dass solche Ereignisse im Felde nicht zu den Seltenheiten gehören, bezeugt die Kriegsgeschichte fast aller grossen Feldzüge. Dass Habgier und Eigennutz der Lieferanten so weit geht, das Unglück des Krieges zu benützen, um sich auf Kosten der Gesundheit und des Lebens der Soldaten durch Vertheuerung und schlechte Qualität der Lebensmittel zu bereichern, ist leider eine Erfahrung, die sich überall wiederholt, wo Krieg geführt wird.

Trotz der grossen Bereitwilligkeit, mit der das ganze Volk der Union Alles hergab, um die Armee hinlänglich mit Kleidern und

3

Nahrung zu versorgen, fehlte es doch Anfangs auch hierin an Ordnung und System, um die angeschafften Vorräthe so zu verwenden, dass nirgends Mangel eintreten konnte. Es gebrach eben auch hier wie in allen den anderen Zweigen der Kriegsverwaltung an Verständniss der Sache, an Uebung und practischer Erfahrung, und dazu kam noch die Versuchung für Einzelne, sich in kürzester Zeit grosse Reichthümer zu erwerben, welche Gelegenheit für den geldspeculirenden Americaner zu verlockend war, um sie nicht oft auf die schamloseste Weise auszubeuten.

Erst im weiteren Verlaufe des Krieges hatte sich ein System ausgebildet, das seinem Zwecke so ziemlich entsprach und mit weniger Missbräuchen verbunden war, als bei der Verpflegung einer Armee von über einer Million Menschen zu erwarten stand. Dadurch dass die Armee während des ganzen Krieges alle ihre Vorrathskammern im Rücken hatte, sowie durch ein grosses Netz von Eisenbahnen, das sich fast über das ganze Land erstreckt, durch eine zahlreiche Flotte von Dampfschiffen auf allen Flüssen und Seen, war es möglich, eine stete gesicherte Communication mit dem Heere zu unterhalten, um alle Lebensmittel und übrigen Requisiten in hinlänglicher Menge und zu rechter Zeit überallhin nachsenden zu können, ohne genöthigt zu sein, grosse Massen derselben in Depots und Magazinen aufgespeichert zu halten. Schon dadurch allein waren bedeutende Ersparnisse an Geld, Zeit und Menschen erreicht.

Jedes Armee-Corps versorgte sich mit Proviant nur auf 3 Monate. Das Proviant-Departement in Washington, bestehend aus 1 Director mit nur 23 Offizieren leitete sowohl alle Operationen, als auch die Administration und die Controle in den einzelnen Bezirken und die Agenturen in den verschiedenen Städten. Der Geschäftsgang war folgender: Das Armee-Corps sendet Anfangs des letzten Monats eines Quartals seinen Bericht an das Proviant-Departement, in welchem der Bestand der Vorräthe und das Bedürfniss für die nächsten 3 Monate angegeben wird, berechnet nach der effectiven Stärke des Armee-Corps.

Das Departement in Washington unterrichtet, oft nur telegraphisch, ihren Haupt-Agenten in New-York über das Verlangte und zu welcher Zeit die Lieferungen geschehen müssen; dieser, in genauester Geschäftskenntniss, fragt, ebenfalls oft nur telegraphisch, bei den Haupthandelshäusern in den verschiedenen Staaten, die in den verlangten Artikeln grosse Geschäfte machen, an, ob und zu welchen Preisen sie die Lieferungen übernehmen wollen; die Antwort erfolgt in kürzester Zeit — ebenfalls thelegraphisch — und der Hauptagent in New-York rapportirt darüber nach Washington. Da nun aber in Amerika alle solche Regierungsgeschäfte mit der grössten Oeffentlichkeit betrieben werden, so theilen die verschiedenen Zeitungsblätter das Geschäft fast zur gleichen Zeit Allen, die sich daran betheiligen wollen, mit, wodurch eine Concurrenz und gleichzeitig eine ziemlich strenge Controle erzielt wird. Das Departement in Washington, dadurch vollständig über den Gang des Geschäftes unterrichtet, acceptirt die Angebote oder nicht. Die in den einzelnen Hauptstädten angestellten Proviantagenten haben nur darüber zu wachen, dass die übernommenen Lieferungen in gehöriger Qualität und Quantität zu rechter Zeit versendet werden, ohne dass sie bei dem Ankaufe selbst betheiligt sind. Die ganze Operation geschieht daher ohne Dazwischenkunft von Aufkäufern und Lieferanten, unmittelbar zwischen dem Departement und den grossen Handelshäusern, und da diese ehrenhafte, weltbekannte Firmen sind, so ist dadurch eine grössere Sicherheit gegeben, dass die Geschäfte mit so viel Ehrlickeit betrieben werden, als es die kaufmännische Natur der Sache gestattet.

Durch eine Generalordre des Kriegsministeriums vom 8. Juli 1864 ward folgendes Reglement für die Rationen im Felde festgesetzt:

Für je 100 Rationen täglich:

Schweinefleisch oder Schinken . . .	75	Pfund.
Rindfleisch	125	,,
Mehl	137 ½	,,
Reis	10	,,
Mais	10	,,
Kaffeebohnen, rohe 10 Pfund, geröstete	8	,,
Thee	1 ½	,,
Zucker	15	,,

3 *

Weinessig . . .	4	Quart.
Stearin-Lichter .	1 ¼	Pfund.
Seife . . .	4	,,
Salz . .	3 ¾	,,
Kartoffeln . .	30	,,
Melasse	1	Quart.
Pfeffer	4	Unzen.

Auf dem Marsche oder auf Transportschiffen besteht die Brod-Ration aus 1 Pfund getrocknetem Zwieback. Statt Bohnen, Erbsen, Reis u. s. w. können Kartoffeln, gepresste Vegetabilien, getrocknete Früchte, frische Gemüse oder überhaupt solche Nahrungsmittel angeschafft werden, welche leichter an Ort und Stelle zu haben sind; nur muss der Geldeswerth derselben den im Reglement bestimmten nicht überschreiten. Geistige Getränke, als Bier, Wein, Branntwein werden als Ration nicht verabfolgt, nur bei sehr grossen Anstrengungen und in seltenen Ausnahmsfällen wird eine geringe Quantität Whisky gereicht und zwar dann eigentlich mehr als Medicament. Bei der grossen Neigung des Amerikaners zu geistigen Getränken ist diese Massregel von Wichtigkeit; wenn auch das Verbot übertreten wurde, und der Missbrauch bei einigen Truppencorps nicht zu vermeiden war, so haben doch wieder andere Militärchefs mit unbeugsamer, rühmlichster Strenge das Verbot des Branntweintrinkens durchgeführt, und dadurch ihren Leuten gewiss eine grosse Wohlthat erwiesen *).

Um das Colossale der Operationen zur Verpflegung des Heeres durch Zahlen darzustellen, erlaube ich mir den Ausweis zu

---

*) Bei meiner Ankunft in Washington im Mai lagerten 200,000 Mann in der Stadt und deren Nähe. — Um Unordnungen in Folge von Missbrauch geistiger Getränke, die bei einer solchen Masse nicht zu verhindern gewesen wären, vorzubeugen, liess General Grant alle Schänken und Branntweinläden in Washington und im ganzen Districte Columbia schliessen, und zwar während der ganzen Zeit, dass hier grosse Truppenmassen lagerten — über zwei Monate lang, ohne dass die mindeste Einwendung oder Widersetzlichkeit von Seiten der Wirthe gemacht worden wäre, obschon diese durch ein solches Verbot in ihrem gesetzlichen Erwerbe, für den sie Steuer zahlten, bedeutende Verluste erlitten. Man war klug genug, einzusehen, dass Opfer gebracht werden müssen, wenn das allgemeine Wohl oder höhere Rücksichten es erfordern.

veröffentlichen, der mir auf Befehl des Kriegsministeriums mitgetheilt wurde.

Durchschnittliche Uebersicht der Operationen

des Proviant-Departements der Armee der Vereinigten Staaten während der Rebellion von 1861—1865.

Von dem Congress wurde für den Dienst des Proviant-Departements für das Fiscaljahr — das am 30. Juli endet — folgendes Budget angenommen:

1862	. . . .	52,246,683 Dollars,	50	Cents.
1863	. . . .	96,550,098 „	—	„
1864	. . . .	140,132,689 „	20	„
1865	. . . .	91,425,426 „	30	„
Für alle 4 Jahre	380,354,897	„	—	„

Dadurch, dass der Krieg Mitte 1865 endete, ersparte der Staat 34 Millionen. Netto-Ausgaben in den 4 Jahren 346,354,897 Dollars, im Durchschnitte jährlich 86,588,724 Dollars, 25 Cents.

Durchschnittspreis einer Ration . . 1861: 16.5 Cents.
1862: 17.7 „
1863: 19.9 „
. 1864: 29.4 „

Durchschnittspreis in den vier Jahren . . 20.875 Cents.

Durchschnittszahl der jährlichen Rationen
während der 4 Jahre 414,796,283
der täglichen Rationen 1,136,424

In dieser Zahl sind übrigens hinzugerechnet die Rationen für alle Civilpersonen, die bei der Armee verwendet wurden, als bei Eisenbahnen, Dampfbooten und den weitläufigen Transporten aller Art; ausserdem noch die Rationen für Kriegsgefangene, befreite Neger, verarmte Familien u. s. w., deren Zahl eine sehr bedeutende war.

Es wurden täglich verbraucht:
Schweinefleisch . . . . 234,387 Pfund.
Schinken . . . . 213,080 „

Rindfleisch	Frisches	. . .	596,622	Pfund
	Gesalzenes	. . .	49,717	,,
Mehl	. . . .		728,731	,,
Zwieback	. . . . . .		465,933	,,
Maismehl	. . . . . .		28,410	,,
Bohnen	. . . .		98,868	,,
Erbsen	. . . .		8,523	,,
Reis	. . . .		15,909	,,
Maisgries	. . . .		14,773	,,
Getrocknete Kartoffeln und andere Vegetabilien	. . . .		7,102	,,
Kaffee	. . . .		76,710	,,
Thee	. . . .		2,982	,,
Zucker	. . . .		170,463	,,
Weinessig	. . . . . .		11,364	Gallons
Lichter	. . . .		14,205	Pfund
Seife	. . . .		45,456	,,
Salz	. . . .		42,605	,,

Der jährliche Bedarf an diesen Artikeln belief sich auf:

Schweine	. . . . .	906,822	Stück
Ochsen	. . . . . .	474,208	,,
Mehl	. . . . .	2,357,414	Barrels
Zwieback	. .	3,401,170	Kisten à 50 Pfd.
Mais	. . . . . .	51,830	Barrels
Bohnen	. . . .	511,155	Bushels à 60 Pfd.
Erbsen	. . . . . .	51,830	,,
Reis	. . . . .	5,806,785	Pfund
Maisgries	. . .	5,392,145	,,
Getrocknete Kartoffeln und Vegetabilien		2,592,230	,,
Kaffee	. . . . .	27,999,150	,,
Thee	. . . . .	1,088,470	,,
Zucker	. .	62,218,995	,,
Weinessig	. . .	4,147,860	Gallons
Lichter	. . . .	5,184,825	Pfund

Seife .   . 16,591,440 Pfund

Salz 15,550,825   „

Hiebei ist zu bemerken, dass ausserdem noch eine grosse Masse von anderen Nahrungsmitteln verbraucht wurde, als frische Kartoffeln, Rüben, Zwiebel, rothe Rüben, Kohl, Sauerkraut, Schaffleisch u. s. w. In den grossen Generalhospitälern wurde die Beköstigung für die Kranken und Verwundeten nach derselben Rationsskala berechnet, und ausserdem wurden noch bedeutende Massen von Hühnern, Milch, Butter, Eiern, Macaroni, Citronen, Bier, Wein, frischen und eingemachten Früchten u. s. w., unter dem Namen Extra-Diät verabreicht, deren Anschaffung aber den etatmässigen Preis für die gewöhnliche Ration nicht überschreiten durfte.

Da regelmässiger und reichlicher Genuss von Fleisch für den Amerikaner ein Bedürfniss ist, das er nicht entbehren kann, so war es eine grosse und wichtige Aufgabe für das Proviant-Departement, die Armee täglich mit frischem oder wenigstens gesalzenem Fleische zu versorgen; es wurden, wo es nur möglich war, grosse Heerden von Ochsen der Armee nachgesandt. Verschiedene Versuche sind angestellt worden, Rindfleisch für längere Zeit frisch zu bewahren, da, wie bekannt, der anhaltende Gebrauch von eingesalzenem Fleische der Gesundheit nicht zuträglich ist.

Das grosse Schlachthaus in Washington, von dem die dort campirende Armee täglich ihr frisches Rindfleisch bezog, war ein Muster von Reinlichkeit und Zweckmässigkeit. Es lag auf einer kleinen Insel, die von einem Arme des Potomacflusses und einem Kanale gebildet wurde. (Auf derselben Insel steht das unschöne, noch nicht vollendete Monument Washington's.) Das Hauptgebäude des Schlachthauses, von Holz aufgeführt, ist gross und luftig, und steht in der Nähe des Ufers. Es hat unter dem Dache ein grosses Reservoir, in welches das Wasser aus dem Kanale hinaufgepumpt wird; nach dem Abschlachten der Thiere werden jedesmal alles Blut und alle Unreinlichkeiten durch Wasserströme in eine breite Rinne gespült, die vom Boden des Schlachthauses ungefähr 100 Fuss schräg hinab in ein Boot geleitet wird, das am Ufer zur Aufnahme bereit liegt, und sobald es angefüllt ist, gleich mit seiner Ladung in's Meer abgeht, wo es den Inhalt auswirft. Durch dieses beständige Abspülen und das freie Durchströmen der Luft von allen Seiten werden jede Verwesung und deren üble Folgen verhindert, so dass nirgends der mindeste üble Geruch bemerkbar war, trotzdem dass bei einer Hitze von 90⁰ Fahrenheit täglich 30—40 Ochsen geschlachtet wurden. In den letzten drei Monaten waren bei 3000 Thiere geschlachtet und 25,000 lebende Ochsen per Eisenbahn der Armee nachgeschickt worden; es gab deren einzelne Exemplare, die 1119 Pfund netto Fleisch gaben; das Mittelgewicht ist 1052 Pfund. Die Regierung zahlt ungefähr 11 Dollars für 100 Pfund netto Gewicht Fleisch. Der Abfall, bestehend aus Horn, Kopf, Füssen, Eingeweiden, wird kontraktmässig verkauft für 11—12 Dollars per Stück. Bei dem Ankaufe der Rinder ist folgende Berechnung gesetzmässig festgestellt: Wenn das Stück lebend über 1300 Pfund wiegt, so wird das netto Gewicht Fleisch mit 45 % angerechnet; wenn weniger, aber nicht unter 800 Pfund, mit 50 %; unter 800 Pfund werden Thiere nicht angenommen.

Seit einigen Monaten hatte man hier Versuche angestellt, durch Einspritzen und schnelles Trocknen nach Morgan's Methode das Fleisch frisch zu conserviren. Ich war zugegen bei einem solchen Verfahren, welches in Folgendem besteht: Das Thier wird durch ein spitzes Beil mit einem Streiche in die Mitte der Stirn todt niedergestreckt, dann wird ein langes, spitzes Eisen durch Gehirn und Rückenmark gestossen, um dadurch die heftigen, convulsivischen Bewegungen so schnell als möglich aufhören zu machen, weil es hauptsächlich darauf ankömmt, die ganze Operation in kürzester Zeit zu vollbringen, um das Gerinnen des Blutes zu verhindern. Sodann wird in der Mitte der Brust ein Einschnitt gemacht und der Brustknochen durchgesägt; durch Holzpflöcke werden die Rippen auseinandergebogen, der Herzbeutel geöffnet und alles Blut durch Einschnitte in die Ventrikeln ausgeleert, darauf wird eine messingene Röhre von 1 Zoll Durchmesser durch den Ventrikel in die Aorta hineingebracht, ein Kautschukschlauch wird an die Röhre angeschraubt, dieser Schlauch von 35 Fuss Länge steht in Verbindung mit einem Behälter, der unter dem Dache angebracht ist, und diejenige Flüssigkeit enthält, die zur ersten Einspritzung verwendet wird und aus einer schwachen Auflösung von Kochsalz besteht. Durch den Druck der Flüssigkeit von oben wird alles Blut, das sich noch in den Adern befindet, ausgetrieben, hierauf wird der rechte Ventrikel durch eine feste Ligatur geschlossen und auf dieselbe Weise, wie oben beschrieben, eine zweite Flüssigkeit, bestehend aus einer Auflösung von Kochsalz mit 12 Pfund Salpeter und 20 Pfund Zucker, in Allem 30—40 Gallons durch die Aorta in alle Gefässe bis in die feinsten hineingetrieben; alsdann wird das Thier in Stücke zu 20—30 Pfund zerlegt und in die Dörrkammer gehängt, wo das Austrocknen durch einen hohen Wärmegrad in zwei Tagen zu Stande gebracht wird. Das auf solche Weise präparirte Fleisch wird in Tonnen verpackt und soll sich nach vielfachen Versuchen, die in England angestellt worden sind, Jahre lang in demselben Zustande erhalten. Man zeigte mir einige Stücke, die schon zwei Monate offen in einem Holzschuppen bei 90° Fahrenheit gelegen hatten; die äussere Fläche zeigte sich etwas gebräunt; unter derselben war das Fleisch vollkommen gut erhalten, ohne den mindesten Geruch und von frischem, etwas süsslichem Geschmacke. Man hatte in diesem Kriege übrigens keine Veranlassung, solches Fleisch zu benützen, da die Armee mit wenig Ausnahmen während der ganzen Kriegszeit hinlänglich mit frischem Fleisch versorgt wurde.

VI.

Das Sanitätswesen.

Das Sanitätswesen der regulären Armee vor dem Ausbruche des letzten Krieges war so wie die ganze Organisation der kleinen Armee dem englischen nachgebildet.

Der Generalarzt an der Spitze seines Bureau's in Washington leitete alle Geschäfte, die auf das Sanitätswesen Bezug hatten, nach dem Reglement, welches damals in Kraft war und das jedenfalls für die kleine Truppe und ihre geringe Verwendung so ziemlich genügte.

In dem vorhergegangenen mexicanischen Kriege, wo das ganze Expeditionscorps der Vereinigten Staaten zur See nach Vera-Cruz gebracht wurde und von dort auf Mexico marschirte, bot sich den Aerzten hinlängliche Gelegenheit dar, ihre wichtigen Dienste sowohl gegen den mörderischen Einfluss des Klima's, als auch in den verschiedenen Gefechten zur Geltung zu bringen.

Der Chef der Expedition, Generallieutenant Scott, hatte bei verschiedenen Anlässen dem Sanitätscorps für die geleisteten Dienste seine höchste Anerkennung öffentlich ausgesprochen.

Nach Beendigung dieses Krieges hatten die Militärärzte eben so wenig, wie die anderen Offiziere der Armee Gelegenheit, sich hervorzuthun. Die ganze Zahl der bei der regulären Armee angestellten Militärärzte belief sich auf 107. Anders gestalteten sich die Verhältnisse bei dem letzten Kriege. Die colossalen Dimensionen, die dieser annahm, die schnell nacheinander folgenden Aufgebote zu den Waffen, wodurch der effective Stand des

Heeres schon im ersten Jahre auf 500,000 Mann stieg, machte es dringend nothwendig, das Sanitätswesen im selben Verhältnisse zu entwickeln, und doch fehlte es Anfangs an Allem, was dazu gehörte, um selbst nur den einfachsten dringendsten Bedürfnissen abzuhelfen. Der gänzliche Mangel an Aerzten, Gehilfen, Krankenpflegern, Hospitälern, Medicamenten, Instrumenten und allem Erforderlichen zur Aufnahme und Verpflegung der Kranken und Verwundeten erregte Schrecken und Verwirrung nicht nur im ganzen Heere, sondern auch im Volke; um so mehr, da die ganze Armee aus Vätern, Brüdern und Söhnen bestand, die so plötzlich aus ihren friedlichen bürgerlichen Beschäftigungen herausgerissen, Anfangs den ungewohnten, mannigfaltigen Beschwerden des Kriegslebens unterlagen. Unter solchen Umständen entstand die so berühmt gewordene Sanitäts-Commission, die durch ihre rastlose Thätigkeit dem Uebel zu steuern bemüht war.

Ich werde später Gelegenheit haben, über die Organisation und Thätigkeit dieser Commission mich auszusprechen.

Während der ersten zwei Jahre des Krieges wurde mehrmals mit den Chefs des Sanitätswesens gewechselt, weil sie der grossen Aufgabe nicht gewachsen waren. Da endlich übernahm die Leitung desselben ein Mann, der sowohl durch seine praktische Frfahrung, durch seine früheren Dienste bei der regulären Armee, als auch hauptsächlich durch seinen entschiedenen, energischen Charakter und durch das volle Vertrauen, welches der Kriegsminister in ihn setzte, dazu geeignet war, eine vollständige Reform des Militär-Sanitätswesens in's Leben zu rufen; eine Reform, die in den letzten zwei Jahren des Krieges bei einer Armee von über einer Million Streitern und in den blutigsten Schlachten, welche die Kriegsgeschichte verzeichnet, sich vollständig bewährt hat.

Die Principien, auf welche die neue Sanitäts-Organisation gegründet ist, sind folgende:

Erstens: Das Sanitätscorps bildet ein geschlossenes Ganzes als integrirender Theil der Armee mit seinem eigenen Chef, der nur dem Kriegsminister untergeordnet, selbstständig und von jeder anderen Behörde unabhängig seine Thätigkeit ausübt.

Zweitens: Jeder Soldat, der krank oder verwundet, nicht

mehr im Stande ist, seinen Dienst zu erfüllen, tritt, so lange er sich in diesem Zustande befindet, aus dem Verbande der Truppe, zu der er gehört, in das Sanitätscorps über. Von dem Augenblicke an, wo er in das Hospital kömmt, oder auf dem Schlachtfelde verwundet daniederliegt, übernimmt der Militärarzt nicht bloss die Pflichten des Transportes, der Pflege und Heilung, sondern auch die vollständige Handhabung der militärischen Disciplin mit aller Machtvollkommenheit und allen Rechten eines commandirenden Offiziers.

Drittens: In Folge dessen liegt die ganze Einrichtung der Hospitäler, Feldlazarethe, Ambulanzen, Krankentransporte auf Eisenbahnen wie auf Dampfschiffen, kurz die ganze administrative Thätigkeit im weitesten Sinne des Wortes mit vollster Verantwortung dafür in der Hand des Chefarztes; er ist der Vorgesetzte, sowohl in ärztlicher, administrativer, wie in militärischer Beziehung und alle Angestellten vom Militär, wie vom Civil, die bei Hospitälern, Feldlazarethen, Krankentransporten verwendet werden, stehen unter seinem Befehle und sind ihm Gehorsam schuldig.

Viertens: Der Militärarzt als Offizier der Armee hat dieselben Rechte und Privilegien, wie jeder andere mit ihm im selben Range stehende Offizier; er trägt dieselbe Uniform, dieselben Abzeichen seines Grades, geniesst dieselben Ehrenbezeugungen, Vortheile u. s. w.

Fünftens: Die Dienstverwendung aller Sanitätsoffiziere höheren oder niederen Grades sowohl bei den Regimentern, wie bei den Hospitälern geschieht auf Anordnung des Chefs des Sanitätscorps, des Generalarztes, der Art, dass sie zu dem Sanitätsdienste in der Truppe oder in den Hospitälern nur zeitweise befohlen werden, ohne einverleibt zu sein. (Bei den Freiwilligen-Regimentern der verschiedenen einzelnen Staaten, die von ihrer Regierung formirt und ausgerüstet waren, sind die Aerzte dem Regimente zugetheilt, während der Dauer im Felde).

Die Vorzüge, die aus einer solchen Organisation hervorgehen, sind so einleuchtend, dass man glauben sollte, es bedürfe keiner weiteren Empfehlung, um sie in allen grösseren Heeren in's

Leben zu rufen, und doch finden sich Widersacher, die grösstentheils aus den nichtigsten Gründen die Einführung zu verhindern suchen.

Dieser Gegenstand ist beinahe seit einem halben Jahrhunderte in fast allen europäischen Heeren vielfach berathen; viele Schriften wurden darüber verfasst, die Klagen über die Unvollkommenheit des Militär-Sanitätswesens verlauten überall, die Nothwendigkeit einer gründlichen Reform hat sich in den letzten Kriegen in der Krim und in Italien so dringend herausgestellt und ist mit so traurigen Belegen erläutert worden, dass man es den Vereinigten Staaten Amerika's nicht genug danken kann, die Organisation so gründlich, so rationell und mit so glücklichem Erfolge durchgeführt zu haben.

Die Zweckmässigkeit der Vereinigung aller Sanitätskräfte in einem geschlossenen Ganzen (Sanitätscorps) lässt wohl keinen Zweifel zu. Das Einregimentiren der Aerzte ist mit so vielen wesentlichen Nachtheilen verbunden, dass man sich nur wundern kann, wie bis jetzt in allen europäischen Heeren dasselbe System beibehalten worden ist. Der junge Arzt, einem Regimente einverleibt, verliert sich leicht in den kleinlichen, wenn auch nothwendigen Formdienst, durch welchen fast seine ganze Zeit in Anspruch genommen wird; praktische Erfahrung und Uebung ist das Laboratorium, aus welchem der Arzt sein Wissen schöpft, aber nur in grossen Hospitälern kann er diese Erfahrung sammeln, und desshalb wird derjenige, welcher viele Jahre seines Lebens bei seinem Regimente zubringt, mit jedem Jahre an Erfahrungen ärmer, folglich zu seinem Berufe untauglicher. Schon aus diesem einen Gesichtspunkte geht hervor, wie viel rationeller es wäre, wenn alle Aerzte in einem Corps vereinigt, von ihrem Chef dorthin beordert würden, wo sie Erfahrungen sammeln könnten, und ihnen dann wieder Gelegenheit geboten würde, dieselben in Anwendung zu bringen. Eine solche abwechselnde Verwendung des Arztes in Hospitälern, bei Untersuchungen, als Mitglied verschiedener Commissionen, bei den Regimentern, in Cantonnements, auf dem Marsche, im Lager u. s. w., würde dem jungen Arzte alle diejenigen Eigenschaften geben, die nothwendig sind, um ihn für höhere Posten im Felde auszubilden, und die Armee besässe dann ein Corps von Sanitätsoffizieren, die ihren Beruf überall zu erfüllen im Stande wären.

Aber auch aus einem anderen Gesichtspunkte ist die feste Anstellung der Aerzte bei den Regimentern eine fehlerhafte. Es liegt in der Natur des ärztlichen Berufes, dass sich der Arzt eine gewisse Unabhängigkeit wahren muss, nicht blos in der Behandlung der Kranken, sondern auch in den Anordnungen zur Erhaltung der Gesundheit. Wenn nun auch im Militär Vieles durch Reglement geordnet und bestimmt ist, das keine Willkür zulässt, so können doch Umstände eintreten, die so dringend sind, dass es sich dabei um die Erhaltung von Menschenleben handelt, und eine gewisse selbständige Thätigkeit für den Arzt eine Nothwendigkeit wird, die er mit einigem Takt handhaben kann, ohne die strengen Militärformen zu verletzen. Wenn aber der Arzt dem Regimente einverleibt und der absoluten Willkür des Regimentschefs untergeordnet ist, dann begreift man leicht, wie unmöglich es ihm wird, anders zu handeln, als es ihm sein Vorgesetzter gestattet. Jeder unparteiische Sachkundige weiss, was davon zu halten ist.

Was die Uebernahme der Kranken und Verwundeten von Seiten des Sanitätscorps betrifft, so ist diese Massregel eine ausserordentliche Erleichterung für den Militärchef im Felde, indem er es dadurch nur mit einer marsch- und kampftüchtigen Truppe zu thun hat, während alle Pflichten und die Verantwortung für die Uebernahme, den Transport, die Verpflegung und die Heilung der Verwundeten dem Sanitätscorps anheimfallen, welches am meisten dazu befähigt ist.

Die Einwendung, dass dadurch der Arzt von seinem eigentlichen Berufe, die Kranken zu heilen, abgehalten werde, ist nur scheinbar und beruht auf einer falschen Auffassung oder auf einer vollkommenen Unwissenheit in der Sache selbst. Der Zustand des Kranken ist abgesehen von seiner Krankheit oder Verwundung noch von der Art und Weise abhängig, wie er aus dem Gefechte gebracht und auf den Ambulanzplatz transportirt wird; ferner von den Mitteln, die ihm zur Stärkung gereicht werden, von dem Weitertransport, oft auf langen beschwerlichen Wegen; von seiner

Verpflegung — körperlich und geistig — endlich von der Sorgfalt, mit der er gegen Hitze und Kälte und alles Ungemach der Witterung geschützt wird und zwar, ehe er noch in die eigentliche ärztliche Behandlung gelangt.

Sehr oft hängt der ganze Erfolg der Behandlung davon ab, wie der Kranke in das Hospital gebracht worden ist; die Erfahrung hat tausendfach gelehrt, dass diese Nebenumstände oft die Hauptsache sind und die Erhaltung des Lebens bedingen; wem läge nun aber die Sorgfalt für den Kranken und die Erfüllung aller dieser Obliegenheiten näher, als dem Arzte, dessen Beruf es ist, nicht nur alles anzuordnen, was zur Wiederherstellung der Gesundheit nothwendig, sondern auch darüber zu wachen, dass die Anordnungen so vollständig als möglich ausgeführt werden. Dazu gehören keine Kenntnisse, die nicht jeder Arzt sich schnell und leicht erwerben könnte; dazu gehört vor Allem Theilnahme und Liebe für den kranken und verwundeten Soldaten — und wer besässe diese mehr, als der Arzt?

Dass der Arzt Herr in seinem Hospitale sein muss, wenn er das leisten soll, was man von ihm verlangen kann, ist eine Thatsache, die wohl keinem Zweifel unterworfen ist; daher wird auch in neuester Zeit in den meisten Militärhospitälern dem Chefarzte eine solche Stellung und eine solche Machtvollkommenheit eingeräumt, dass er dadurch in den Stand gesetzt wird, seinen Posten mit Erfolg zu verwalten. Wo dieses aber bis jetzt noch nicht der Fall ist, sind die Gegengründe: starres Anhängen an veralteten Institutionen, Missbräuche verschiedener Art, die man nicht abstellen will, Neid und Eifersucht von einer Classe Beamter, die ihrer Machtstellung nicht entsagen will, oder aber Untauglichkeit und Mangel an Befähigung des Arztes, dem eben desshalb ein solcher Posten nicht hätte anvertraut werden sollen.

Damit der Militärarzt im Stande sei, seine verschiedenartigen Pflichten vollständig zu erfüllen, muss ihm eine Stellung verliehen werden, die ihm ermöglicht, zum Heile der Armee wirken zu können. Beschränkungen, die man ihm als Nicht-Combattant auflegt, Entziehung von Vorrechten, die jedem anderen Offiziere der Armee zu Theil werden, sind eben so ungerecht, als sie für den Dienst

selbst nachtheilig sind; — ungerecht, weil der Militärarzt sein Leben auf dem Schlachtfelde nicht minder preisgibt, als der tapferste
Offizier; ist doch die Zahl der verwundeten und getödteten Aerzte
in vielen Kriegen sogar grösser gewesen, als die der Linien-Offiziere;
dem Dienste nachtheilig, weil das Zutrauen und der Gehorsam
des Soldaten sich nach dem Range und der Achtung richtet, die
der Vorgesetzte in der Armee geniesst.

Ueber das medizinische Studium und die wissenschaftliche
Bildung der Aerzte in der Unionsarmee werde ich in einem später
folgenden Artikel bei der Darstellung der Unterrichtsanstalten Aus-
führliches mittheilen. Jeder Arzt, der in die Armee eintreten will,
muss sich, trotz seines schon erlangten Doctordiplomes, einem
strengen Examen unterwerfen, für welches auf Anordnung des Generalarztes eine Prüfungs-Commission ernannt wird, die nach
dem Bedürfnisse der Armee an Aerzten ein- oder zweimal im Jahre
in einer der grossen Hauptstädte zusammentritt. (Armee-Reglement vom 14. Juni 1865.) Die Prüfungs-Gegenstände werden nach
Belieben der Commission aus allen Zweigen der ärztlichen Wissenschaft gewählt und theils mündlich, theils schriftlich vorgenommen; ausserdem werden in einem der grossen Hospitäler praktische
Uebungen in der Behandlung innerer und äusserer Krankheiten,
sowie chirurgische Operationen an Lebenden oder an Leichen angestellt. Bei der Aufnahme des Candidaten, der nicht unter 21,
und nicht über 28 Jahre alt sein darf, wird sowohl auf seine moralische, wie auf seine physische Beschaffenheit Rücksicht genommen. Schwächliche oder mit solchen Krankheiten behaftete Individuen, die sie zum Ertragen der Beschwerden und zu Anstrengungen im Felde untauglich machen, werden nicht zugelassen. Der Candidat, der nicht fähig befunden worden, kann
sich im Verlaufe eines Jahres zu einem zweiten Examen melden,
aber nicht öfter. Diejenigen Aerzte, die das Examen bestanden
haben, treten dann im Falle einer Vacanz als Assistenzärzte
in die Armee ein. Um zum Surgeon befördert zu werden, muss
der Assistenzarzt wenigstens fünf Jahre als solcher in der Armee
gedient haben und sich dann einem zweiten Examen unterwerfen,
in dem hauptsächlich praktische Vervollkommnung und admini-

strative Tüchtigkeit nachgewiesen werden muss. Studirende der
Medizin können sich noch während der Studienzeit als Cadetten in
das Sanitätscorps aufnehmen und als solche zum Hospitaldienste
verwenden lassen, bis sie sich praktisch und theoretisch hinlänglich ausgebildet haben, um sich zum Examen zu melden; wenn
solches bestanden ist, werden sie bei eintretender Vacanz zu
Assistenzärzten befördert. Die Zahl der im letzten Jahre des
Krieges in dem Sanitätscorps angestellten Aerzte belief sich auf
500; ausserdem aber waren 2000 Civilärzte auf Contract bei den
Truppen und Hospitälern engagirt. In dieser Zahl ist nicht mit-
gerechnet die Masse von Aerzten und Unterärzten bei den Freiwilligen-Regimentern, welche von den Regierungen der betreffenden
Einzelstaaten den Regimentern zugetheilt, aber unabhängig von
dem regulären Sanitätscorps waren.

Die Hauptchargen des Sanitätscorps der regulären Armee sind:

1 Surgeon-General (Generalstabsarzt), als oberster Chef des
ganzen Sanitätswesens*) mit dem Range eines Brigadegenerals,
wird vom Präsidenten ernannt, erhält seine Befehle direkt vom
Kriegsminister und rapportirt an denselben, ohne sonst jemand
untergeordnet zu sein; er trägt die Uniform und die Auszeichnung des Brigadegenerals und erhält auch Gehalt und Vortheile
eines solchen.

1 Assistant-Surgeon-General (Generalstabsarztgehilfe), Oberst,
trägt die Uniform der Obersten des Generalstabs, nur ist die Schärpe
von grüner Seide, wie bei allen anderen Offizieren des Sanitätscorps ebenfalls, während jene der Offiziere der Linie von carmoi-
sinrother Seide ist. Gehalt und Emolumente sind dieselben wie bei
den Obersten der Cavallerie.

Medical-Director, deren es zwei Classen gibt. Der *Medical-*

---

*) Der jetzige Surgeon-General Dr. J. Barnes wurde für seine vorzüglichen
Leistungen bei der Organisation des Sanitätswesens zum »breveted« Generalmajor befördert, eine Auszeichnung, die bei der regulären Armee bedeutend
ist und selten verliehen wird. Das Wort breveted wird dem Militärrang hinzugefügt, wenn derselbe durch aussergewöhnliche Verdienste und nicht blos
durch Ernennung zum Posten oder durch Avancement erworben wird, ist
sonst aber mit keinen wesentlichen Vortheilen verbunden.

4

Director des Armeecorps führt den Oberbefehl über alle Sanitäts-einrichtungen im Felde; das ganze Ambulanzwesen mit Mann-schaft, Pferden und Wagen steht unter seinem Befehl. Die Ver-wendung der Aerzte im Felde hängt von ihm ab; bei der Vorbe-reitung zur Schlacht ordnet er in Uebereinstimmung mit dem Militärchef die Ambulanzstationen in erster Linie, sowie die Ein-richtung der Feldlazarethe; während der Schlacht und nach der-selben muss er persönlich gegenwärtig sein, wo seine Anwesenheit nothwendig ist; er hat die Controle und die Oberaufsicht über alle Lazarethe, die zu seinem Armeecorps gehören, alle Requisitionen werden von ihm bestätigt, er ist nur dem Armeecommandanten und dem Generalstabsarzte untergeordnet.

Alle Sanitäts-Offiziere des Armeecorps stehen unter ihm und erhalten von ihm Befehle. Er hat den Rang, Gehalt und die Emolumente eines Obersten der Cavallerie;

Medical-Director des Militär-Departements, als Sanitätschef dem commandirenden Departements-General beigegeben, hat die Oberaufsicht und die Controle der Generalhospitäler, aller Vor-räthe, Magazine u. s. w., die sich in dem Rayon seines Militär-Bezirks vorfinden. Die Zahl der Medical-Directors, sowohl im Felde, wie in den Departements, richtet sich nach der Zahl der letzteren und der Armeecorps.

Medical-Inspector-General; Rang, Gehalt und Emolumente eines Cavallerieobersten, steht zur Verfügung des Generalstabsarztes und führt die Oberaufsicht über alle Sanitätseinrichtungen in der activen Armee.

16 Medical-Inspectors; Rang, Gehalt und Emolumente der Oberstlieutenants in der Cavallerie; sie sind die Gehilfen des Ge-neralinspectors.

50 Surgeons (Oberärzte), Rang, Gehalt und Emolumente der Majore in der Cavallerie. Ihre Dienstleistungen sind verschie-dener Art und werden vom Generalstabsarzte bestimmt; ausser bei den Regimentern, werden sie als Medical-Directors, als Medical-Purveyors (med. Commissäre), als Mitglieder der Prüfungs- oder anderer Commissionen, endlich als Vorstände der Generalhospitäler verwendet.

114 Assistant-Surgeons; Rang, Gehalt und Emolumente in den ersten fünf Jahren als Premierlieutenants, dann nach bestandenem Examen als Capitäne.

Ausserdem gab es einen besonderen Sanitätsstab für die Frei-willigen-Armee, bestehend aus 240 Surgeons und 120 Assistant-Surgeons.

Die Freiwilligen-Regimenter, unbestimmt an Zahl und Stärke, haben gewöhnlich, wenn sie 800 bis 1000 Mann zählen, jedes 1 Surgeon und 2 Assistant-Surgeons, die als eingetheilt zu be-trachten sind und ziemlich unabhängig von der Sanitätsbehörde in Washington höchst unvollständige Berichte über die Sanitäts-ereignisse in ihren Regimentern abstatteten; ein grosses Uebel, wo-durch die genaue Abfassung von statistischen Sanitätstabellen in diesem Kriege so sehr erschwert worden ist.

Dass unter einer so enormen Zahl von Aerzten sich viele In-dividuen befinden, die dem Stande keine Ehre machen, ist leicht einzusehen. Grosse Ansprüche auf wissenschaftliche Bildung darf man überhaupt bei einem Volke nicht machen, dessen politische Exi-stenz nur nach Jahrzehnten zählt, wenn es auch Thatsache ist, dass Amerika in allen Theilen des menschlichen Wissens einzelne Männer aufzuweisen hat, die den Ausgezeichnetsten ihres Faches in Europa nicht nachstehen. Bei der Leichtigkeit, mit der man hier zu Lande ein ärztliches Gewerbe ausüben kann, ohne wissenschaftlich dazu berechtigt zu sein, lässt es sich leicht denken, was für Missbräuche aus einem solchen fehlerhaften Zustande entstehen. Doch ist es wieder auf der andern Seite zu bewundern, mit welcher Schnellig-keit sich solche Aerzte alle technischen Fertigkeiten und ausge-zeichnete administrative Eigenschaften anzueignen. wissen. Als Operateure haben sich viele von ihnen grossen Ruf erworben. Dass so manche Menschenleben diesem Erlernen im Felde zum Opfer gefallen sind, muss auf die grosse Rechnung des Kriegs-unglückes gestellt werden.

Die Anordnung und Ueberwachung aller hygienischen Massregeln zur Erhaltung der Gesundheit in der Armee ist eine der wichtigsten Obliegenheiten des Sanitätsoffiziers, haupt-sächlich der höheren Chargen. Bei der grossen Oeffentlichkeit, mit der alles betrieben wird, bei der lebhaften, warmen Theilnahme, die das ganze Volk für das Wohl und Wehe seinen Angehörigen im Felde fortwährend bezeigte, würde kein Militärchef es wagen, etwas in dieser Beziehung zu vernachlässigen oder zu unterlassen, wofür er dann allein die ganze schwere Verantwortung der öffentlichen Meinung gegenüber zu tragen hätte. Daraus erklärt sich denn auch die grosse Bereitwilligkeit, mit der die Anordnungen der Sanitätsoffiziere überall ausgeführt wurden.

VII.

Ambulanzen- und Hospital-Organisation.

Wenn man bedenkt, dass die reguläre Armee beim Ausbruche des Krieges kein einziges grosses Militärhospital besass, und dass während des Krieges allein 195 sogenannte Generalhospitäler errichtet wurden mit 195,000 Betten, ausgerüstet mit allen möglichen Erfordernissen in vorzüglichster Qualität, ausserdem aber noch eine weit grössere Zahl an Feldlazarethen, Krankendepots, Ambulanz-Stationen, so gibt das, wenn auch nur annähernd, einen Begriff von den colossalen Ausdehnungen der Thätigkeit des Sanitätswesens in diesem Kriege. Ich habe fast alle Generalhospitäler von Boston, New-York, Philadelphia, Baltimore, Washington und Richmond persönlich besichtigt und kann nur meine Bewunderung aussprechen über die vollkommene Zweckmässigkeit ihrer Anlage und Einrichtung, über die Ordnung, musterhafte Reinlichkeit in ihrem Inneren, über die vorzügliche Verpflegung und Behandlung, die den Kranken zu Theil wurde. In sämmtlichen genannten Eigenschaften übertreffen diese Hospitäler Alles, was ich in Europa gesehen habe.

Bei der enormen Zahl der in den vielen grossen Schlachten Verwundeten (in der Schlacht bei Gettysburg wurden 30,000 Mann verwundet!) verlangte es die Nothwendigkeit, einen hinlänglich grossen Ambulanz-Train zu schaffen, um die Verwundeten so schnell als möglich vom Schlachtfelde fortzubringen, ohne die streitende Mannschaft dazu zu verwenden. Wenn man annimmt, dass im Durchschnitt auch nur 2 Mann zur Fortbringung eines Verwundeten gebraucht werden, so würden bei 2000 Verwundeten, die sehr oft vorkamen, 4000 Mann in Anspruch genommen, von denen, wie bekannt, viele nicht wieder in den Kampf zurückkehren, oder man müsste die Grausamkeit begehen, die Verwundeten stunden- ja tagelang ihrem Schicksale preis zu geben. Desshalb wurde nach dem Armee-Reglement ein so grosser Ambulanz-Train gebildet, u. z.:

für jedes Commando, das aus weniger als 3 Compagnien bestand:

1 zweiräderige Ambulanz für jede Compagnie,
1 zweiräderiger Transportkarren für Medicinal-Gegenstände;

für jedes Commando, aus 3 oder 4 Compagnien bestehend:

1 zweiräderige Ambulanz für jede Compagnie,
2 zweiräderige Transportkarren;

für jedes Bataillon von 5 Compagnien:

1 vierräderige Ambulanz,
4 zweiräderige Ambulanzen und
2 zweiräderige Transportkarren.

Ausserdem wird für jede Compagnie über fünf noch

1 zweiräderiger Transportkarren hinzugeschlagen.

Für ein Regiment aus 10 Compagnien:

2 vierräderige Ambulanzen,
5 zweiräderige Ambulanzen und
4 zweiräderige Transportwagen.

Für grössere Commandos wird die Zahl verhältnissmässig vermehrt.

In Berggegenden, wo Räderwagen nicht fortgebracht werden können, wird die entsprechende Anzahl von Tragbahren auf Pferden und Mauleseln verwendet, wie sie bei der französischen Armee in Afrika gebraucht werden.

Die Construction der Ambulanzen, die ich gesehen habe, ist eine sehr einfache: Der Wagenkasten ruht auf vier starken, liegenden Federn und ist mit einem Zeltdache aus Wachsleinwand versehen, das von den Seiten herabhängt und zugemacht oder aufge-

schlagen werden kann. Im Innern finden 6 Mann sitzend oder
2 Mann liegend Platz. Ich habe diese Ambulanzen oft auf holperigen Wegen versucht, fand sie aber sehr unbequem und der Transport in denselben muss für Schwerverwundete höchst peinlich sein.
Eine Menge verbesserter Constructionen solcher Fuhrwerke ist versucht worden, von denen sich keine bewährt hat; sie waren entweder zu complicirt, zu schwer oder zu kostspielig, und man sah sich
genöthigt, auf die oben beschriebene einfachste zurückzukommen.

Es versteht sich von selbst, dass die Truppen nicht überall
ihren ganzen Ambulanz-Train mit sich führen, sondern verhältnissmässig nur so viel davon, als zum nächsten Gebrauche nothwendig erachtet wird; der Rest verbleibt in den Ambulanz-Train-Depots, die an geeigneten Orten gebildet sind.

Wenn die Armee in Schlachtordnung formirt und die Feldlazarethe, aus Zelten bestehend, errichtet sind *), werden die verschiedenen Ambulanz-Trains der Truppenkörper in der Art vereinigt, dass jedes Feldlazareth 30 Ambulanzwägen zugetheilt erhält. Jede Ambulanz hat ihren Trainknecht und 2 Krankenwärter.
Der ganze Train eines Feldlazareths wird von 1 Capitain, 1 Lieutenant nebst mehreren Corporalen commandirt; sie stehen aber
insgesammt unter dem Befehle des Generalarztes jedes Armeecorps,
der ihre Vertheilung und ihre Dienstleistung anordnet.

Das System, welches bei dem Transporte der Verwundeten
vom Schlachtfelde befolgt wurde, bestand in Folgendem: Die Ambulanzen, die unmittelbar hinter der Schlachtlinie aufgestellt sind,
gehen während des Gefechtes auf das Schlachtfeld, um die Verwundeten fortzubringen, sei es, dass solche zu gehen im Stande sind,
oder in der Ambulanz sitzend oder liegend, oder auf Tragbahren
fortgeschafft werden müssen. Bei den sogenannten Ambulanzstationen angelangt, die in Zelten nahe dem Gefechte, aber wo

---

*) Die Zelte, aus starker, wasserdichter Leinwand verfertigt, sind 14' lang,
15' breit und haben bis 11' Höhe im Centrum, die Seitenwände 4½'; 8—10
Kranke finden bequem darin Platz; sie sind so construirt, dass mehrere mit
einander vereinigt werden können, um dadurch ein Zelt von grösseren Dimensionen herzurichten.

möglich in geschützter Stellung, der ganzen Schlachtlinie entlang errichtet sind, werden die Erschöpften mit stärkenden Mitteln, als Wein, Branntwein, Bier, Citronen u. s. w., erfrischt und nur auf die einfachste Weise verbunden; bei Blutungen werden die nothwendigen Tourniquets und Ligaturen angelegt u. s. w. — Operationen werden hier nicht ausgeführt. Diese Ambulanzstationen, nahe der Schlachtlinie, bilden so zu sagen die erste Linie in dem ganzen Hospitalsystem. Sie sind von unschätzbarem Nutzen. Die Erfahrung lehrt, dass der Soldat, sehr oft nach einem anstrengenden Marsche, oft noch zur Nachtzeit, auf dem Schlachtfelde angelangt, stundenlang im Gewühle der Schlacht zubringt, erhitzt von körperlicher Anstrengung und innerer Aufregung; in einem solchen Zustande verwundet, werden seine Lebenskräfte durch die erfolgende Blutung so geschwächt, dass eine Operation unter diesen Umständen unternommen, oft einen ungünstigen Erfolg haben muss, selbst wenn sie von dem geschicktesten Operateur ausgeführt worden wäre.

In den Ambulanzstationen ruhen die Verwundeten kurze Zeit aus und werden dann in die Feldlazarethe, welche die zweite Linie bilden, weiter zurücktransportirt. Die Feldlazarethe müssen wo möglich so weit vom Schlachtfeld entfernt sein, dass sie von den feindlichen Kugeln nicht erreicht werden können; aber doch wieder nahe genug, damit die Schwerverwundeten nicht zu weit transportirt zu werden brauchen und dadurch die günstige Zeit für die Operation nicht verloren geht. Es gehört Erfahrung im Felde und Geschicklichkeit des Chefarztes dazu, um die richtigen Punkte für die Aufstellung der Feldlazarethe zu wählen. Dieselben bestehen aus grossen Zelten, mit Allem versehen, was dazu gehört, um die Verwundeten aufzunehmen, zu verpflegen und die nothwendigen Operationen vorzunehmen. Die gehörige Anzahl guter Operateure mit ihren Gehülfen erwarten hier die Verwundeten.

Die ganze Einrichtung dieser Feldlazarethe ist übrigens derart, dass sie die Verwundeten und selbst die Operirten nur so lange bei sich behalten, bis die Gefahr der Nachblutung vorüber und der Schwächezustand einigermassen überwunden ist; dann erfolgt der weitere Transport in die dritte Linie: die Kranken-Depots.

Die Feldlazarethe mit ihren Zelten und allem Zugehör werden auf eigenen Transportwagen überall der Armee nachgeschickt. Durch die telegraphischen Linien und Eisenbahnen war es möglich, vor jeder Hauptschlacht, oft auch während derselben, ärztliche Hilfe aus anderen Orten herbei zu ziehen und die geschicktesten Operateure sind auf diese Weise dorthin geeilt, wo ihre augenblickliche Hilfe am nothwendigsten war.

Die Kranken-Depots der dritten Linie, in festen Gebäuden, in Häusern oder von Holz aufgebauten Baracken mit Betten, Wäsche, Kücheneinrichtungen, Apotheke und allem Nothwendigen versehen, sind wo möglich in der Nähe von Eisenbahnen oder Flüssen angelegt. Auch hier verbleiben die Verwundeten nur so lange, bis die Gefahr vorüber ist, um ihre Weiterbeförderung auf Eisenbahnen oder Dampfschiffen nach den Generalhospitälern bewerkstelligen zu können *).

Die Generalhospitäler, welche die vierte Linie bilden, sind die eigentlichen Heilanstalten für die Kranken und Verwundeten. Der oft Wochen lang· dauernde Transport der Kranken und Verwundeten, bis sie in den Generalhospitälern anlangen, hat sich so wenig nachtheilig gezeigt, dass Todesfälle oder Verschlimmerungen während des Transportes zu den Seltenheiten gerechnet wurden.

Wie schon früher erwähnt, besass die Armee beim Ausbruche des Krieges kein einziges grosses Militärhospital. Die Kranken der kleinen Truppen von 500 bis 1000 Mann, welche gegen ·die Indianer an der Grenze standen, wurden unter Zelten untergebracht oder in Gebäuden, die man nothdürftig zu Lazarethen einrichtete, wenn keine Civilhospitäler in der Nähe waren. Gleich nach dem Ausbruche des Krieges wurden in und um Washington zur Aufnahme der Kranken und Verwundeten der Potomac-Armee

---

*) Bei dieser Veranlassung mache ich auf das vorzügliche Werk des jetzigen General-Stabsarztes der k. k. österreichischen Armee, Ritter von Kraus aufmerksam, das unter dem Titel: »Das Kranken-Zerstreuungs-System« etc. Wien 1861 herausgegeben worden ist. Es muss dem Herrn Verfasser angenehm sein, dass seine Erfahrungen, die er in diesem gehaltvollen Werke niedergelegt hat, sich in dem grossen Kriege in Nordamerika vollständigst bestätigt haben, ohne dass man dort, wie ich mich erkundigt habe, von seinem Werke Kenntniss hatte.

alle grossen öffentlichen Gebäude in Hospitäler umgewandelt. Kirchen, Seminarien, Clubhäuser, Ställe, Baracken wurden in Beschlag genommen und in grösster Hast mit Betten und anderen Utensilien versehen; die Einrichtung war äusserst mangelhaft und kostete trotzdem viel Geld. Nach und nach wurde auch dieser wichtige Theil der Kriegsverwaltung geordnet; grosse Hospitäler wurden angelegt, die ihrem Zwecke in jeder Beziehung vollkommen entsprachen. Ein Reglement des Kriegsministers vom 20. Juli 1864 verordnet Folgendes über den Bau der Generalhospitäler:

Die Lage der Hospitäler muss eine solche sein, dass sie alle der Gesundheit zuträglichen Bedingungen erfüllt; alle General-hospitäler müssen nach dem Systeme der detachirten Pavillons erbaut werden; jeder Krankensaal für sich ein abgesondertes Gebäude mit Betten für 60 Kranke bilden. Ausser den Kranken-pavillons müssen besondere Gebäude vorhanden sein für folgende Bestimmungen: ein allgemeines Administrations-Gebäude, Speisesaal und Küche für die kranken Soldaten, Speisesaal und Küche für Offiziere, Waschhaus, Commissariats- und Quartiermeister-Magazine, Aufbewahrungsort für die den Kranken gehörenden Effekten, Operationshaus, Kapelle, Todtenhaus, Wohnung für das Wärterpersonal, Wachhaus, Arrestlocale, Ställe u. s. w. Die Krankenpavillons müssen durch gedeckte Corridore mit dem Administrations-Gebäude, mit der Küche, dem Speisesaale und der Kapelle in Verbindung stehen. Für die innere Einrichtung der verschiedenen Localitäten wird kein bestimmter allgemeiner Plan festgestellt; es wird dem Ermessen und Gutachten jedes Chefarztes überlassen, nach der besonderen Bestimmung des Hospitals oder aus Localitätsgründen, die nicht im Voraus bekannt sind, entsprechende Einrichtungen zu treffen.

Die Pavillons können rangirt werden »en echellon«; in zwei convergirenden Linien dieser Form $\bigvee$, und in diesem Falle kömmt das Administrationsgebäude an der Spitze zu stehen, die anderen Baulichkeiten zwischen den zwei Hauptlinien; oder die Pavillons laufen als Radien von dem Centrum eines Cirkels, einer Ellipse oder ähnlicher Form und das Administrations- sowie die anderen Gebäude befinden sich dann in der Mitte; oder auch die Pavillons können parallel mit einander laufen, in welchem Falle das Administrationsgebäude in die Mitte zu stehen kommt und die anderen Wirthschaftsgebäude hinter demselben.

Diese Bestimmungen sind übrigens nicht absolut massgebend und können nach den Localverhältnissen in zweckmässiger Form abgeändert werden; nur sollen die Pavillons eine solche Richtung bekommen, dass die Ventilation jedes einzelnen nicht gehindert wird, und dass wenigstens 30 Fuss freier Zwischenraum zwischen je zweien verbleibt.

Jeder Pavillon bildet einen Krankensaal mit Ventilation an der Decke, 187 Fuss lang und 24 Fuss breit; an jedem Ende sind 2 kleine Abtheilungen, 9 Fuss lang, 11 Fuss breit, durch einen Gang in der Mitte getheilt; in der einen Abtheilung ist Raum für den Aufseher des Pavillons, für Wäsche, Tischzeug u. s. w.; auf der anderen Seite für Badewanne, Water-Closet u. s. w.

Der absolute Raum für die Kranken beträgt sonach 165 auf 24 Fuss. Die Höhe der Seitenwände von der Diele bis zum Dachstuhle ist 14 Fuss, jene des Dachstuhles variirt von 10 bis 12 Fuss, so dass die Höhe des Krankensaales in der Mitte 24 — 26 Fuss misst.

Die Diele des Pavillons muss wenigstens 18 Zoll von der Erde erhöht sein, um freie Ventilation unter derselben zu erhalten. Ein Krankensaal von dieser Construction mit 60 Betten gestattet jedem Kranken über 1000 Kubikfuss frischer Luft. — Die Zahl der Pavillons richtet sich nach der Grösse des Hospitals, so dass für 1200 Kranke 20 Pavillons gebaut werden.

Das Administrationsgebäude für ein Hospital von 600—1200 Betten muss zweistöckig sein, von 132 Fuss Länge auf 38 Fuss Breite, die untere Etage 14 Fuss, die obere 12 Fuss hoch; in demselben befinden sich die verschiedenen Bureaux, die Wäsche, Inventarienmagazine, die Apotheke, Wohnungen für die Beamten und die verschiedenen Aufseher u. s. w.

Der Speisesaal wird am bequemsten in der Form eines länglichen Parallelogrammes gebaut, mit einer zur Küche führenden Thüre; diese ist in zwei Theile getheilt; in dem grösseren wird die gewöhnliche Kost zubereitet, in dem kleineren die Extra-Diät.

Ein kleineres Gebäude enthält Küche und Speisekammer für die Offiziere.

Das Waschhaus von 2 Etagen mit Wohnungen für Wäscherinnen; das Dach ist flach mit Pfosten und Stricken zum Aufhängen und Trocknen der Wäsche.

Kommissariats- und Quartiermeister-Magazin von 2 Etagen mit Abtheilungen im Innern für Proviant und weitere Gegenstände, sowie für Bettzeug, Kleidungsstücke und andere Utensilien; mit demselben ist das Eishaus verbunden mit dem Vorrathe von Eis für die Kranken, sowie zur Aufbewahrung von Fleisch, Milch u. s. w. Im oberen Stockwerke können Wohnungen für Köche und niedere Bedienstete eingerichtet werden.

Ein kleines Gebäude für die den Kranken gehörigen Effekten hat im Innern Fächer von je 2 ☐Fuss in der Zahl der im Hospitale befindlichen Betten.

Das Wachhaus an einem dazu geeigneten Orte gelegen mit einem Arrestlocale; dann das Todtenhaus mit 2 Kammern, so angelegt, dass es von den Pavillons aus nicht gesehen werden kann; ferner eine dem religiösen Zwecke gemäss ausgestattete Kapelle, mit einer kleinen Bibliothek verbunden, nebst einem Lesezimmer, das unter der Aufsicht des Geistlichen steht; der Operationssaal, aus 2 Räumen bestehend, der eine grössere für die chirurgischen Operationen mit Beleuchtung von oben durch ein Glasdach und ein kleinerer für die Besichtigung und Untersuchung dienstunfähiger Kranker. — Stallraum für Ambulanzen und Offizierspferde.

Der Wasserbedarf wird durch ein grosses, hoch angelegtes Reservoir herbeigeschafft, in welches das Wasser durch Pumpen aus Quellen oder Brunnen, oder durch Dampfkraft hinaufgetrieben wird. Wenn eine Dampfmaschine vorhanden ist, wird ihre Kraft ebenfalls in der Küche und im Waschhaus verwendet.

Die Latrinen müssen mit reichlichem Wasservorrathe versehen werden; wo es die Localität erlaubt, werden sie an dem einen Ende der Pavillons angebracht, sonst in der Nähe derselben.

Die Ventilation geschieht im Sommer und bei mildem Wetter durch die eigene Bauart des offenen Firstes des Dachstuhles, welcher durch einen kleinen Oberbau geschützt ist. Im Winter wird der First durch eine Vorrichtung geschlossen und die Ventilation geschieht dann durch hölzerne Luftleiter, die in der Form von Säulen von unten nach oben durch das ganze Gebäude gehen. Da ich die Hospitäler nur im Sommer gesehen, kann ich über die Zweckmässigkeit dieser Ventilation nicht urtheilen. Eine Beschreibung mit Worten gibt keine deutliche Erklärung davon.

Die Erwärmung der Pavillons im Winter geschieht durch vier Oefen in jedem, die in der Mitte angebracht sind und in ihrer Construction ebenfalls als Ventilatoren dienen.

Alles, was zur vollständigen Ausrüstung des Hospitals gehört, alle Gegenstände für bauliche, administrative, Verpflegungs- und Medicinalzwecke bis in das kleinste Detail sind in der Standardsupply-table vom Mai 1863 gesetzlich festgestellt, und zwar im Verhältnisse zu 100 bis 1000 Betten; doch ist im §. 13 ausdrücklich bemerkt, dass in dringenden Fällen von dem Chefarzte Gegenstände angeschafft werden können, die in dem Verzeichnisse nicht aufgeführt sind.

Das Inventarium, das ich in den verschiedenen Hospitälern gesehen habe, war von vorzüglicher Beschaffenheit. Die Bettstellen von Eisen, die Matratzen und Kopfkissen mit Rosshaar gestopft (in dem Reglement wird nur für 1 auf 10 Matratzen und Kopfkissen Rosshaar bestimmt, für die anderen Stroh, Moos oder Seegras), feine wollene englische Bettdecken, die Bett- und Leibwäsche von guter Leinwand und sehr rein gehalten.

Der Bedarf an allen diesen Gegenständen, sowohl für die grossen Generalhospitäler, als für die Feldhospitäler und Lazarethe wird auf Eisenbahnen und Dampfschiffen aus den Generaldepots bezogen, die in New-York, Philadelphia und Washington errichtet waren. Als ich dieselben im Mai 1865 besichtigte, enthielten sie eine so enorme Masse von Medicamenten aller Art, und es war so bedeutendes Material an Betten, Wäsche, Kleidungsstücken u. s. w. aufgespeichert, dessgleichen an Küchengeräthen und überhaupt allen Gegenständen, die in der supply-table bestimmt sind, dass das ganze Heer noch auf lange hin damit hätte versehen werden können.

Der grösste Theil der Medicamente wird aus dem Laborato-

rium in Philadelphia bezogen; die anderen Artikel auf dem Wege
der Licitation oder durch freien Einkauf bei den grossen Handelshäusern. Die Ordnung in einem solchen Depot ist musterhaft;
alle Gegenstände sind in bestimmten Quantitäten in Decimalthei-
lung verpackt, für 50, 100, 200 etc. Mann oder dem Gewichte
nach. Die Verpackung ist so vollkommen, dass der Inhalt nicht
beschädigt werden kann.

Alle Gegenstände sind alphabetisch geordnet, so dass sie mit
grosser Leichtigkeit aufgefunden werden. Der administrative Geschäftsgang ist ein sehr einfacher und kann leicht controlirt werden. Chef des Ganzen ist ein Sanitäts-Offizier, Medical-Purveyor,
gewöhnlich ein älterer im Dienste, der schon Hospitäler verwaltet
und sich dabei administrative Gewandtheit erworben hat.

Obschon das Reglement für den inneren Dienst aller Hospitäler wesentlich dasselbe ist, so bleibt es doch jedem Chefarzte
überlassen, solche Anordnungen und Bestimmungen in seinem Hospitale zu treffen, die er nach seiner Erfahrung und nach seinem
Gutachten für zweckmässig hält.

Der Bedarf an Verpflegungsgegenständen und an Allem, was
zur Nahrung der Kranken gehört, wird theils in natura aus den
Commissariats-Vorräthen, wo solche vorhanden sind, geliefert,
theils aus freier Hand von der Hospitals-Administration angeschafft.

Das Rechnungswesen der grossen Hospitäler ist ein sehr
complicirtes und erfordert viele Schreibereien. Die Regierung
berechnet dem Hospitale für jeden Kranken im Credit so viel,
als die volle Ration eines Soldaten im Felde kostet; in der Weise
z. B., dass, wenn die einzelne Ration für den Soldaten zu 18 Cents
bestimmt wäre, dem Hospitale für 1000 Kranke pr. Tag 1000
× 18 Cents, also 180 Dollars gutgeschrieben würden. Bedeutende
Ersparnisse ergeben sich dadurch, dass ein grosser Theil der Kranken die volle Ration nicht verzehren kann; der Betrag dafür in
Geld wird von dem Commissariat dem Hospital belastet. Ausserdem ist es dem Hospital gestattet, allen Abfall, als: Knochen,
Fett u. s. w., eben so wie alle untauglich gewordenen Effekten
und Inventarien, nachdem sie als solche ausgeschossen worden,

zu verkaufen. Aus diesen zwei Quellen bildet sich für jedes Hospital ein sogenannter Hospitalfonds, aus dem die Extra-Diät für die Kranken bestritten wird, und der zu Verbesserungen und zu Einrichtungen im Hospitale, für die reglementmässig keine besonderen Mittel bewilligt sind, verwendet wird, als: Bibliothek, Druckerei, photographische Anstalt, Postanstalt, Musik u. s. w.

Vorgesetzter des ganzen Hospitals in allen seinen Theilen, sowohl in ärztlicher und administrativer wie militärischer Beziehung ist der Chefarzt, der seinen Posten als commandirender Offizier, mit sehr ausgedehnten Vollmachten versehen, verwaltet, so z. B. hat er volle disciplinarische Gewalt über alle Kranken, sowie über alle zum Hospitale gehörenden Offiziere, Beamten und Mannschaft.

Einmal wöchentlich, und zwar Sonntags, hält der Chefarzt die Inspection des Hospitals in allen Abtheilungen; er selbst, wie alle Offiziere, welche auf ihren betreffenden Posten sein müssen, sind in voller Dienstuniform; der Kranke, so wie der Angestellte hat dann das Recht, seine Klagen oder Wünsche dem Chefarzte vorzutragen; die verschiedenen Magazine werden besichtigt und der Kassenbestand untersucht und bescheinigt. Da jede solche Inspection in pleno geschieht und das Resultat in einem betreffenden Berichte dem Medical-Director zugesandt wird, so können grosse Unordnungen und Missbräuche schwer stattfinden.

Ausserdem werden aber auch noch unangesagte Revisionen von dem Medical-Director veranstaltet.

Die Zahl der bei jedem Generalhospitale dienstthuenden Sanitäts-Offiziere, Unterbeamten, Krankenwärter u. s. w., sowie die Dienstpflichten eines jeden sind in einem besonderen Hospitals-Reglement festgesetzt.

Laut einem mir zugestellten offiziellen Berichte waren in den verschiedenen Kriegsdepartements, in welche die unirten Staaten damals eingetheilt waren, am 30. Juli 1864 folgende Hospitäler errichtet:

Departement	Zahl der Hospitäler	Zahl der Betten	davon belegt	vacant
Washington	26	23,191	15,929	7262
Susquehanna	19	18,310	13,888	4422
Ohio	22	13,092	10,090	3002
des Osten	27	14,299	12,538	1761
des Nordens	25	9435	6172	3263
der Mitte	12	8072	5443	2629
des Nordwestens	3	1890	1133	757
Tennessee	12	4032	2597	1435
Cansas	2	402	215	187
Cumberland	22	15,845	12,354	3491
Missouri	9	3562	1719	1843
Virginien und Nord-Carolina . .	5	1890	1133	757
Golf	8	5921	3488	2433
des Südens	4	1649	1285	364
Arkansas	5	1371	1234	137
Pacific	2	68	38	30
West-Virginien	4	2504	2269	235
Summe	207	125,533	91,525	34,008

Ich lasse hier eine kurze Beschreibung einiger der Haupt-
hospitäler folgen:

Lincoln-Hospital in Washington

liegt auf einem freien offenen Platze ausserhalb der Stadt, ungefähr eine kleine halbe englische Meile vom Potomacflusse entfernt.
Es war eines der zuerst eingerichteten Hospitäler und fasst in
seinen Pavillons 2515 Betten; ausserdem aber ist in einiger Entfernung von den Pavillons ein ganzes Hospitallager von Zelten errichtet und in Sectionen getheilt, in deren einen Reconvalescenten,
in anderen typhöse Kranke und in den entferntesten die wenigen,
am Hospitalbrande Darniederliegenden vertheilt sind. Da das
Hospital mit Zelten, sowie mit Betten und dem übrigen Inventarium reichlich versehen ist, so kann ein solches Lager in kürzester Zeit bedeutend vergrössert werden.

Folgender Speisezettel bestimmt die tägliche Kost:

Volle Diät.

		Frühstück.	Mittags.	Abends.
Sonntag		Maisgrütze, 1½ Unzen.	Rindsbraten 12 Unz. Kartoffeln 10 „ Gemüse 4 „ Reispudding 4 .,	Getrocknete Früchte, gekocht, 1½ Unz.
Montag		Gehacktes Fleisch, 8 Unzen.	Gedämpftes Rind- oder Hammelfleisch, 12 Unzen.	Käse 1 Unze.
Dienstag		Reisbrei, 1½ Unzen.	Rindfleischsuppe mit Gemüse 1 Pinte Rindfleisch 6 Unzen Kartoffeln 10 „	Getrocknete Früchte, 1½ Unzen.
Mittwoch		Gehacktes Fleisch, 8 Unzen.	Schweinefleisch mit Bohnen 6 Unzen, Kartoffeln 6 „ Eingemachte rothe Rüben 4 Unzen.	Käse 1 Unze.
Donnerstag		Maisgrütze, 1½ Unzen.	Rinds- oder Hammel- braten 12 Unzen. Kartoffeln 6 Unzen, Verschiedenes Gemüse 4 Unzen.	Getrocknete Früchte 1½ Unzen.
Freitag		Gehacktes Fleisch, 8 Unzen.	Fisch 6 Unzen, Kartoffeln 10 Unzen, Verschiedenes Gemüse 4 Unzen.	Geräucherter Häring 2 Unz. oder Käse 1 Unze.
Sonnabend		Reisgrütze, 1½ Unzen.	Gedämpftes Rind- oder Kalbfleisch 12 Unzen.	Kaltes Fleisch 4 Unzen.

Morgens. Täglich: Kaffee, 1 Pinte und Weissbrod, 6 Unzen.

Täglich 1 Pinte Thee und 6 Unzen Brod und täglich 4 Unzen Brod

Die Extra-Diät besteht in folgenden Nahrungsmitteln, von denen der Arzt nach Auswahl jedem Kranken verschreiben kann:

Frühstück	Mittag	Abend

Weissbrod . . 6 Unz.
Butter . . . . ¹/₂ „
Kaffee . . . . 1 Pint.
Thee . . . 1 „
Geröstetes Brod 4.Unz.
Milchbrod . . 6 „
Ei . . . . 1 Stück
Milch . . . 12 Unz.
Beefsteaks . . 6 „
Schinken . . 4 „
Milchbrei . . 1 Pint.
Fleischessenz . 2 Unz.
	Brod . . . . 4 Unzen
	Hühner gedämpft 6 „
	oder in Suppe . 1 Pinte
	Hammelfleisch,
	  gedämpft . . 6 Unzen
	oder in Suppe . 1 Pinte
	Milch . . . . 12 Unzen
	Gedämpfte Au-
	  stern . . . 4 „
	Beefthee . . . 12 „
	gekochter Reis . 4 „
	Pudding . . . 4 „
	Beefsteaks . . 6 „
	Kartoffelbrei . 6 „
	Fleischessenz . 2 „
		Thee . . . . 1 Pinte
		Butter . . . ¹/₂ Unze
		Brod . . . . 4 „
		Geröstetes Brod 4 „
		Milch . . . . 12 „
		Ei . . . . . 1 Stück
		Milchbrei . . 1 Pinte
		Fleischessenz . 2 Unz.

Die Zahl der Aerzte, der Krankenwärter und der übrigen Dienerschaft richtet sich nach dem durchschnittlichen Kranken- stande und wird desshalb zeitweise vermehrt oder vermindert. Ein gedrucktes besonderes Reglement, von dem Chefarzte verfasst, ent- hält die Bestimmungen und die Pflichten eines jeden, dem Hospi- taldienste Angehörigen. Die Disciplin ist eine streng militärische, der sich auch die gemietheten bürgerlichen Personen unterwerfen müssen.

Das Hospital hat seine eigene Druckerei, in der alle Be- fehle, Reglements und Anzeigen gedruckt werden, sowie alle Blan- quets für die vielen Rapporte und Rechnungsberichte, die dann nur ausgefüllt zu werden brauchen. Ein bei dem Hospitale eigens angestellter Photograph beschäftigt sich mit der Aufnahme beson- ders interessanter chirurgischer Fälle, wie sie sich vor und nach der Operation darstellten. Ein eigenes Postbureau besorgt den Briefwechsel der Kranken, der sich oft auf viele Tausend Briefe monatlich beläuft. Das Hospital hat seine eigene, 16 Mann starke Musikbande, die bei schönem Wetter zur Erheiterung der Kranken täglich von 4—6 Uhr Nachmittags im Freien Musikstücke aufführt.

besteht aus 11 Pavillons à 52 Betten, und 75 Zelten, die in 15 Sektionen getheilt sind. In Allem waren 1400 Betten vorhanden, davon 1120 belegt. Von dieser Zahl Kranker hatten 900 grösstentheils schwere Schusswunden. In den Pavillons ist für jeden Kranken 1100 Kubikfuss frische Luft berechnet. Bei einer Hitze im Freien von 90⁰ Fahrenheit fand ich die Temperatur im Inneren kühl und angenehm. Die Reinlichkeit und Nettigkeit der Pavillons war musterhaft. In dem bedeckten Corridor, der von der Küche um das Ganze läuft, war eine Eisenbahn, auf der kleine Wagen die Speisen zu den Pavillons führten. Jeder von diesen kleinen Wagen hatte einen doppelten Boden, in dem eine Spirituslampe brannte, um die Speisen warm zu erhalten. Mit der Ausnahme, dass bei einigen heisses Wasser statt der Spirituslampe gebraucht wird, findet man dieselbe Einrichtung fast bei allen Generalhospitälern; sie trägt wesentlich zur Ordnung und Reinlichkeit bei und bringt zugleich eine grosse Ersparniss an Leuten mit sich, indem nur ein Mann zum Fortschieben mehrerer Wagen erforderlich ist. Das Abfahren von der Küche sowie das Zurückbringen des leeren Geschirres geschieht auf ein bestimmtes Signal, wodurch die Speisezeit strenge eingehalten und Unordnung und Unreinlichkeit vermieden wird.

Die Kost ist vorzüglich an Beschaffenheit und Menge.

Bei der Behandlung bedeutender Schusswunden war man besonders darauf bedacht, dem kranken Gliede eine solche Lage zu geben, dass der Eiter, ohne sich in den Verbandstücken oder in der Charpie anzusammeln, frei abfliessen konnte. Bei einigen Verwundeten, wo die Eiterabsonderung besonders reichlich war, sah ich kleine Rinnen aus Eisenblech angebracht, um den Eiter aufzunehmen und in ein ausserhalb des Bettes befindliches Gefäss zu leiten. Man behauptet, dadurch sehr glückliche Heilresultate erlangt zu haben und Aufsaugung (Pyæmie) zu verhindern. Bei Fractur der unteren Extremitäten unterhält man eine gleichmässige Extension des kranken Gliedes dadurch, dass man ein Gewicht,

5*

aus 1—2 Ziegelsteinen bestehend, an einer Schnur von dem Fuss-
ende der Bandage über eine Rolle herabhängen lässt.

Das Dienstpersonal besteht aus 1 Chefarzt, 12 Oberärzten,
1 Adjutantarzt, der in Abwesenheit des Chefarztes denselben ver-
tritt, 15 Administrationsbeamten (Clerks), 4 Commissären der verschiedenen Sectionen u. s. w. Die Kranken jedes Pavillons sind
in Sectionen von 6—8 Betten getheilt, deren jede ihren Kranken-
aufseher mit der nöthigen Anzahl von Wärtern hat. Für jeden
Pavillon ist eine Krankenpflegerin bestimmt, die dem Kranken die
Medizin reicht und dafür Sorge trägt, dass er an Speise und Trank
alles erhält, was der Arzt verordnet hat. Ausserdem hat jeder
Pavillon seinen Hauptaufseher (Ward-steward), der die Verantwortung für das ganze Inventarium trägt und die Aufsicht über das
Dienstpersonal u. s. w. führt, sowie für die Ordnung und Reinlichkeit sorgt.

Das Douglas-Hospital,

das einzige Militärhospital, das in Washington selbst, in einem
Privathause des bekannten verstorbenen Patrioten Douglas eingerichtet ist, enthält 500 Betten, und hat ganz den Charakter
eines Privathauses beibehalten. Es ist im Innern sehr freundlich
und ausserordentlich reinlich gehalten und würde für kranke Offiziere ganz besonders geeignet sein, für welche es jedoch nicht
bestimmt ist. In den verschiedenen Zimmern sind nur 100 Betten
placirt, die übrigen sind in den hinter dem Hause im Garten aufgebauten hölzernen Pavillons vertheilt, deren Form von der gewöhnlichen etwas abweicht; sie sind höher und haben zwei Reihen
Fenster übereinander. Ausserdem zeichnet sich dieses Hospital
durch seinen grossen Wasserreichthum aus, der aus naheliegenden
Brunnen und Quellen hergeleitet wird. Durch die Latrinen geht
ein beständiger Strom von Wasser, so dass gar kein Rückstand
bleibt, und der ganze Inhalt durch Abzugskanäle weit vom Hospitale weggeführt wird.

Ein kleines, von Holz erbautes Haus enthält den Eisbedarf und
ist von einer besonderen Construction; von aussen mit weisser Kalk-

farbe angestrichen, sind Wände und Thüren doppelt, die Zwischenräume mit festgestampftem Holzkohlenstaube, als schlechtem Wär-
meleiter, ausgefüllt. In der Mitte, auf einem Fussgestelle, 1 Elle
hoch über der Diele ist ein grosser hölzerner Kasten als Eisbehäl-
ter angebracht; unter demselben (die kühlste Stelle) wird Fleisch,
Milch u. s. w. aufbewahrt. In diesem Hospitale sind ausnahmsweise mehr Frauen angestellt, als ich in anderen fand. Von den
10 Frauen besorgen 2 die Küche, 2 andere die Wäsche und 6 sind
bei den Kranken beschäftigt.

Auch der Geschäftsgang in diesem Hospitale schien mir einfacher und leichter zu controliren, als in den anderen Hospitälern,
so z. B. wird das Contobuch für die monatliche Rechnungsablegung
für Verpflegungsgegenstände folgendermassen geführt:

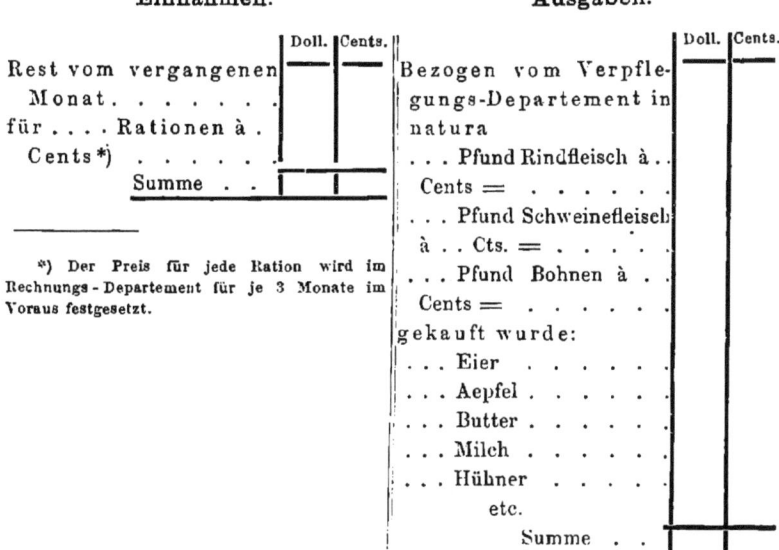

Einnahmen.	Doll.	Cents.	Ausgaben.	Doll.	Cents.
Rest vom vergangenen Monat.			Bezogen vom Verpfle-gungs-Departement in natura		
für . . . . Rationen à . Cents *)			. . . Pfund Rindfleisch à . . Cents = ...		
Summe . .			. . . Pfund Schweinefleisch à . . Cts. = ...		
			. . . Pfund Bohnen à . . Cents = ...		
			gekauft wurde:		
			. . . Eier		
			. . . Aepfel		
			. . . Butter		
			. . . Milch		
			. . . Hühner		
			etc.		
			Summe . .		

*) Der Preis für jede Ration wird im Rechnungs-Departement für je 3 Monate im Voraus festgesetzt.

Das Hospital selbst erhält von der Regierung keine Gelder,
sondern stellt für alle Gegenstände dem Lieferanten Scheine aus,
die im Rechnungs-Departement ausbezahlt werden. Die der Ho-
spitalcasse angehörenden eigenen Gelder, aus dem Verkaufe des
Abfalles und des ausgeschossenen Materials gelöst, werden für Extra-

Diät und verschiedene Verbesserungen verwendet, worüber ebenfalls Rechenschaft abgelegt werden muss.

Das Jarvis-Hospital in Baltimore

liegt 2 Meilen ausserhalb der Stadt nach Osten auf einer hohen freien Fläche mit schönster Aussicht auf die Stadt und das Meer. Das Hauptgebäude, so wie das ganze Terrain, auf welchem jetzt das Hospital eingerichtet ist, gehörte einem Privatmann, der offen an der Rebellion theilgenommen hatte und geflüchtet war; wesshalb sein ganzes Eigenthum von der Unions-Regierung 1862 confiscirt wurde. Anfangs benützte man das Hauptgebäude und die angebauten Baracken zur Einquartierung durchziehender Truppen, später wurde das Ganze zum Hospital umgeschaffen. In dem Hauptgebäude befinden sich die verschiedenen Administrations-Bureaux, die Wohnungen für den Chefarzt und die anderen Beamten. Die Kranken sind in Pavillons und Zelten untergebracht. Das Hospital zählt 1800 Betten. Die Reinlichkeit und Nettigkeit in den Pavillons ist musterhaft; viele derselben sind im Innern mit kleinen Flaggen von farbigem Papier geschmückt. Festons aus künstlichen Blumen, die die Kranken selbst aus Papier zusammensetzten, hängen von einer Wand zur anderen.

Einige sehr schwere Fälle von Brand wurden mit frischer Luft, nahrhafter Diät, reichlichem Gebrauch von Wein und Bähungen mit einer Auflösung von hypermangan potassae glücklich behandelt. Dieses Mittel wird in allen ähnlichen Fällen mit grossem Nutzen angewendet.

Eine nützliche Einrichtung fand ich im Haupteingang des Gebäudes, in welchem sich die Bureaux befinden. An der Wand ist eine grosse Tafel befestigt, auf welcher auf kleinen Karten die Namen der Kranken, alphabetisch geordnet, verzeichnet sind, mit Beifügung des Namens des Regiments und der Compagnie, in der sie dienen, so wie auch des Staates, dem sie angehören; ferner ist die Nummer des Pavillons und des Bettes, in welchem der Kranke liegt, bezeichnet. Da es sich häufig trifft, dass Verwandte und Freunde von weit her kommen, um ihre Kranken aufzusuchen, so erhalten sie dadurch die gewünschte Auskunft, ohne die Beamten in den Bureaux zu belästigen.

Als im Anfange des Jahres 1862 die conföderirte Armee nach einigen glücklichen Erfolgen im Felde nach dem Norden vorrückte, und die Vorposten schon in der Nähe von Baltimore standen, fürchtete man die Ueberrumpelung des Hospitals, das ausserhalb der Stadt lag und nur eine wenig zahlreiche Wache vom Invalidencorps besass; da wurde am äussersten Ende der Baracken eine kleine Batterie errichtet, welche als zum Hospitale gehörend, ebenfalls unter dem Befehle des Chefarztes stand.

Das Hospital hatte eine sehr gute Musikbande, die, als ich die Besichtigung machte, im Freien bekannte Weisen aus italienischen Opern ausführte. In den dritthalb Jahren seit dem Bestehen des Hospitals sind hier 25,000 Verwundete behandelt worden.

Das Hicks-Hospital

liegt einige Meilen ausserhalb der Stadt Baltimore nach Westen. Es war bei meinem Besuche im Juli noch nicht ausgebaut. Die Zahl der Pavillons, convergirend in einem grossen Halbcirkel liegend, war auf 36 bestimmt, von denen aber erst 18 erbaut waren. Die Länge des Pavillons 157 Fuss auf 24 Fuss Breite; die senkrechte Höhe der Wände 14 Fuss auf 8 Fuss schräger Aufsteigung zur Dachspitze. Jeder Pavillon enthält 60 Betten. Für das zum Hospital gehörende Zeltlager war schon ein grosser freier Platz nivellirt. Das Ganze sollte für 3000—3500 Kranke eingerichtet werden, mit den neuesten Verbesserungen, welche von der Erfahrung schon als solche bestätigt waren. Nach den Plänen zu urtheilen, die mir zur Einsicht vorgelegt wurden, wird dieses Hospital — so ausgeführt — eines der grössten und musterhaftesten in der Welt werden. Der für die Reconvalescenten bestimmte, in der Mitte des Halbkreises liegende Speisesaal ist 187 Fuss lang und 59 Fuss breit; es sollen 1200 Mann an den Tischen Platz nehmen können. Die Küche, durch einen kleinen Corridor mit dem Speisesaale verbunden, enthält die neuesten Einrichtungen für Dampfkocherei mit Sparheerden, Wasserleitung u. s. w. In der

Bäckerei können täglich 3500 Stück Brod à 1½ Pfund gebacken werden. Besondere Vorsichtsmassregeln sind gegen Feuersgefahr getroffen, da alle Gebäude von Holz sind. Ein bedeutendes Wasserwerk mit 1000 Fuss langen Kautschukschläuchen leitet das Wasser in reichster Fülle durch alle Räume des Hospitals und treibt den Wasserstrahl 75 Fuss hoch, also über das Gebäude weg. Die Kosten sind auf 160,000 Dollars veranschlagt, obschon die Dauerhaftigkeit des Gebäudes doch nur auf 10—12 Jahre berechnet ist.

Das Mower-Hospital bei Philadelphia

auf Chesnut-Hill gelegen, ist das grösste Hospital nicht nur in Amerika, sondern vielleicht in der ganzen Welt. In vieler Beziehung halte ich dieses Hospital für dasjenige, welches seiner Bestimmung am meisten entspricht. Trotz der Grösse desselben sind die Einrichtungen in den richtigsten Verhältnissen getroffen, die Lage der verschiedenen Baulichkeiten ihrem Zwecke vollkommen entsprechend, die Reinlichkeit und Ventilation in allen Räumen lassen Nichts zu wünschen übrig, Bettzeug und alles andere Inventarium ist im besten Stande, die Verpflegung der Kranken vorzüglich. Die Leitung dieses grossen Hospitals in der Hand des ausgezeichneten energischen Chefarztes Oberst Hopkinson ist bis in ihre geringsten Details streng militärisch, und doch die Behandlung der Kranken eine äusserst freundliche und humane. Es machte auf mich einen sehr angenehmen Eindruck, in Begleitung dieses, mir mit grosser Freundlichkeit entgegenkommenden Mannes alle Einrichtungen des grossen weitläufigen Gebäudes genau kennen zu lernen, und mich dadurch von ihrer Zweckmässigkeit zu überzeugen, trotzdem dass ich principiell gegen Hospitäler von dieser Ausdehnung eingenommen bin. Es gehören aber auch die seltenen Eigenschaften eines Mannes dazu, wie die des jetzigen Chefs sind, um eine solche Anstalt, die zeitweise 5000 Mann in sich fasst, in solcher Vollkommenheit zu verwalten.

Die amerikanischen höheren Sanitäts-Offiziere, mit denen ich über diesen Gegenstand gesprochen habe, theilten meine Ansicht in Beziehung auf die Unzweckmässigkeit so grosser Hospitäler, erklärten aber die Errichtung derselben als eine Nothwendigkeit, bei dem Mangel an hinlänglich ausgebildeten Hospital-Chefs.

Das Mower-Generalhospital liegt auf einem 400 Fuss über der Meeresfläche erhöhten Plateau, ungefähr 10 englische Meilen von Philadelphia, mit welcher Stadt es durch die Eisenbahn verbunden ist. Alle Gebäude sind zwar von Holz, aber die Aussenseiten mit Stuckatur belegt, was bei den anderen Generalhospitälern nicht der Fall war. Es besteht aus 50 Pavillons in elliptischer Form, die durch einen Hauptcorridor von 2100 Fuss Länge auf 20 Fuss Breite mit einander verbunden sind. In diesem Corridor ist eine Eisenbahn bis zur Küche angelegt, um, wie früher beschrieben, die Speisewagen auf derselben führen zu können. Der ganze Raum, auf dem die Gebäude aufgeführt sind, umfasst 7 Acres Land. Im Centrum liegt das Administrations-Gebäude, durch gedeckte Gänge mit dem Haupteingange und den Pavillons verbunden; innerhalb dieses Raumes sind zweckmässig vertheilt: Kapelle mit Bibliothek und Lesezimmer, Operationssaal, Postbureau, Speisesaal, Apotheke, Quartiergebäude, Küchen mit Nebengebäuden für Kaffeebrennen und -mahlen, in denen eine besondere Maschine in 10 Stunden 1300 Pfund Kaffeebohnen röstet und mahlt; in einer anderen Maschine werden täglich 120 Pfund Gefrorenes für die Kranken zubereitet; ausserhalb dieses Raumes hinter dem Hospitale an der nordöstlichen Seite liegen die Baracken für alle Reconvalescenten, die nicht mehr ärztlich behandelt werden, auch sind die Verpflegungs- und anderen Magazine, sowie Wohnungen für die Offiziere des Veteranencorps des Hospitales hier angebracht. Auf der entgegengesetzten nordwestlichen Seite sind die Baracken für die Soldaten des Veteranencorps, ihr Speisesaal u. s. w.

Die Pavillons sind 175 Fuss lang auf 20 Fuss Breite und 19 Fuss Höhe. Jeder enthält 63 Betten; an dem einen Ende ist eine Abtheilung mit Speisezimmer 20 auf 10 Fuss, und Nebenraum für Geschirr-Reinigung 8 auf 10 Fuss. Am entgegengesetzten Ende befindet sich eine Abtheilung für den Hauptaufseher des Pavillons (Ward-master) 10 auf 12 Fuss; Water-Closet 2 auf 12'; Waschraum für die Kranken 12 auf 6'; Badeeinrichtung 10 auf 12 Fuss. Im unteren Stock des Hauptgebäudes liegen die Localitäten für die verschiedenen Bureaux und die Wohnung des Chefarztes. In der oberen Etage sind 32 Wohnzimmer für Aerzte und andere Beamte. Die Ventilation der Pavillons ist wie in den anderen Hospitälern. Die Beleuchtung geschieht durch Gas, welches von der Stadt hergeleitet wird. Besondere Sorgfalt ist gegen Feuersgefahr beobachtet; ein electrischer Allarm-Signal-Apparat ist durch verschiedene Stationen geleitet und signalisirt den Ort, wo Feuer ausgebrochen ist. Dampffeuerspritzen mit 4000 Fuss Kautschukschläuchen, sowie Aexte, Leitern, Hacken etc. werden zum Löschen in steter Bereitschaft gehalten.

Ein von dem Chefarzte verfasstes Reglement wird in einem gedruckten Exemplar jedem Beamten mitgetheilt; in demselben sind auch Strafen angesetzt für Nichterfüllung der Pflichten, und zwar Verweis, Arrest oder Geldbusse; in gravirenden Fällen wird der Betheiligte vor Gericht gestellt.

Laut einer mir mitgetheilten statistischen Tabelle waren in diesem Hospital seit der Errichtung (2. Juni 1863) bis 31. Mai 1865 Kranke und Verwundete aufgenommen worden . 22,563

Davon geheilt und dem Dienste wiedergegeben .	9798
Zu anderen Hospitälern übergeführt (oft um den Kranken näher zu seiner Heimath zu bringen)	3718
Als untauglich aus dem Militärdienste entlassen	3363
Desertirt (grösstentheils Leute, die aus Gesundheits-Rücksichten auf bestimmte Zeit aus dem Hospital beurlaubt worden waren, um sich bei ihren Verwandten aufzuhalten, und die dann nicht wiederkehrten und ihren Aufenthalt verheimlichten)	1508
Gestorben im Hospital	257
Ausserhalb desselben	28
Zum Dienste in das Reservecorps übergeführt . .	874
Aus dem Dienste entlassen nach Beendigung ihres Diensttermins	402
Im Hospitale verblieben	2615
	22,563

Grosse Amputationen wurden gemacht	158
Resectionen ,, ,,	44
Bedeutende Arterien-Ligaturen	24
Trepanirt wurden (von denen 3 starben) . . .	5

Das mittlere Gewicht des Kranken bei der Aufnahme: 143⅝ Pfd., mittlere Grösse desselben 5 Fuss 7⅔ Zoll.

Der Aufbau und die ganze innere Einrichtung des Hospitals hat 223,000 Dollars gekostet. Die Zahl aller im Hospitale angestellten Beamten und Diener beläuft sich auf 1659 Personen. Die Administration ist übrigens eine sehr complicirte und erfordert viele Schreiberei. Durch überhäufte Arbeiten verhindert, ist der Chefarzt bis jetzt noch nicht dazu gekommen, ein einfacheres zweckmässiges System festzustellen, obschon das Bedürfniss ein sehr dringendes ist. Hier, wie in allen anderen Hospitälern, werden die Rechnungen zur Auszahlung dem Rechnungsamte zugestellt; das Hospital hat nur über seinen eigenen Fonds zu disponiren, der durch den Verkauf des Küchen-Abfalls etc. gebildet wird und oft in einem Monate 900 Dollars beträgt. Nach Ausweis des Postbureau's im Hospitale waren im vergangenen Monat 12,944 Briefe empfangen und 9912 versendet worden. Die Druckerei ist ebenfalls sehr beschäftigt, und es wird im Hospital eine eigene Zeitung wöchentlich gedruckt, die von dem Geistlichen redigirt und den Kranken unentgeltlich mitgetheilt wird. Einzelne Kranke betheiligen sich an der Ausgabe durch kleine Aufsätze über ihre Erlebnisse im Kriege, oft auch durch kleine poetische Erzeugnisse von grösserem oder minderem Werthe.

De Camp-Hospital bei New-York.

Zu den besten Militärhospitälern, die ich kennen gelernt habe, gehört noch das General-Hospital De Camp auf Davids-Island bei New-York. Es enthält in seinen Pavillons und Zelten 1800 Betten. Die Lage ist eine ganz vorzügliche, auf einer kleinen Insel an der Küste. Die frische Seebrise des Oceans wirkt wunderbar stärkend auf die Kranken, die sich hier auffallend schnell erholen. Es ist dafür Sorge getragen, dass sie sich so viel als möglich an der freien Luft aufhalten können. Alle Zeltwände werden an der Seeseite am Tage aufgezogen, so dass die Kranken im Bette liegend ebenfalls der wohlthätigen Einwirkung der Seeluft ausgesetzt werden. Alle Hospitäler im Süden senden ihre Kranken, die mit chronischen Uebeln behaftet sind, oder schwer genesen, hieher. Ich sah einen solchen Transport von 600 Mann aus Charleston zur See anlangen; der grösste Theil kachektisch, in Folge bösartiger Fieber und Dyssenterien. Der Chefarzt versicherte, er habe dessenungeachtet die beste Hoffnung, dass der grösste Theil hier genesen werde.

Während meines Aufenthaltes im Süden besuchte ich das grosse Conföderirten-Hospital Jackson bei Richmond. Jenseits der Stadt, auf einer freien Fläche angelegt, ist es in 4 Divisionen eingetheilt, von denen die erste und zweite aus hölzernen Baracken bestehen; die anderen zwei aus Zeltlagern. Es enthielt zur Zeit, als die conföderirte Armee unter General Lee in und um Richmond lagerte, 5000 Betten und umfasste ein Terrain von 1½ Meilen im Umkreise. Jetzt war das Ganze in der Auflösung begriffen; ich fand hier nur noch 600 kranke Gefangene der conföderirten Armee, die von ihren ebenfalls gefangenen Aerzten behandelt wurden; doch gehörte der Chefarzt zur Unionsarmee.

Die Baracken, in denen die Kranken lagen, waren viel schlechter gebaut, als jene in den Unionshospitälern; ich fand sie klein, niedrig, wenig luftig und ziemlich unreinlich gehalten. Auch war das Bettzeug, die Wäsche und das übrige Inventarium viel ärmlicher. Man sah wohl, dass den Südstaaten zur Verpflegung ihrer Kranken nicht die Mittel zu Gebote gestanden hatten, welche die Unionsstaaten besassen.

Wenn ich über die therapeutische Behandlung der Kranken in den Hospitälern bis jetzt Nichts geäussert habe, so liegt die Ursache darin, dass es viel mehr Zeit erfordert hätte, als mir zugemessen war, um darüber ein gründliches Urtheil erlangen zu können. Die Krankengeschichten, die von den behandelnden Aerzten in den Pavillons geführt wurden, waren mit wenig Ausnahmen höchst unvollständig in jeder Beziehung; weder die Krankheitserscheinungen waren genau angegeben, noch eine Diagnose festgestellt u. s. w. — Ueberhaupt wird man leicht einsehen, dass ein grosser Theil der amerikanischen Aerzte, die im Felde verwendet wurden, nicht die wissenschaftlich ärztliche Bildung besass, die man zum Wohle der Kranken hätte wünschen können.

Die colossalen Dimensionen des Krieges brachten es mit sich, dass man dem grossen Mangel an tüchtigen Aerzten oft durch die Aufnahme von Individuen abhelfen musste, denen die erforderlichen Eigenschaften abgingen.

Die Chefärzte hingegen waren meist junge Männer, die hinlänglich ärztliche Bildung besassen, und die durch ihre rastlose Thätigkeit in administrativer Beziehung in verhältnissmässig kurzer Zeit sich eine grosse Routine erworben hatten. Grösstentheils der neueren Schule angehörend, waren sie bald zu der Ueberzeugung gelangt, dass gesunde, frische Luft, Reinlichkeit um den Kranken herum, vorzügliche Nahrungsmittel und sorgsame, liebevolle Pflege die grossen Faktoren sind, mit denen der Arzt im Felde glücklichere Resultate erzielt, als durch angefüllte Apotheken.

In der operativen Chirurgie, sowie in allen dazu gehörigen technischen Fertigkeiten, zu denen der Amerikaner überhaupt viele natürliche Anlagen hat, leisteten die Aerzte Vorzügliches.

VIII.

Die Medicamente.

Der ganze Bedarf an Medicamenten für die Armee wurde in dem chemischen Laboratorium in Philadelphia, das zu dem Ressort des Sanitätswesens gehört, zubereitet und von dort in die verschiedenen Medicamenten-Depots abgeliefert, aus denen dann die Hospitäler und die Armee im Felde ihren Bedarf auf Requisition bezogen. Das Laboratorium ward während des Krieges errichtet, weil es sich herausgestellt hatte, dass der freie Ankauf in den Drogueriehandlungen zu kostspielig und zu unsicher sei. Das unscheinbare hölzerne Gebäude, am äussersten Ende der Stadt gelegen, lässt nicht vermuthen, dass eine so enorme Masse von Medicamenten jeder Art hier bereitet werde; auch ist die ganze innere Einrichtung so einfach und so auf das Allernothwendigste in seiner Ausstattung beschränkt, dass schon dadurch die Kosten bedeutend verringert werden; dagegen werden alle Operationen den neuesten Grundsätzen der Chemie gemäss mit Apparaten und Instrumenten nach den neuesten Erfindungen und Verbesserungen ausgeführt unter der persönlichen Leitung eines ausgezeichneten, wissenschaftlich gebildeten und praktisch erfahrenen Directors (Dr. Smith). Die ganze Einrichtung beruht auf Eintheilung in Sectionen, und jeder Arbeiter beschäftigt sich ausschliesslich nur mit einem Gegenstande, wodurch er für seine Specialität eine besondere Fertigkeit erlangt.

Eine Abtheilung ist für das Trocknen und Mahlen von Kräutern, Wurzeln und Rinden bestimmt. Um die Chinarinde zu pulverisiren, hat man einen besonderen Mahlapparat. Die China- rinde, nachdem sie stark getrocknet und grob zerstossen ist, wird

in den Apparat gebracht, der wie alle Maschinen durch Dampf
in Bewegung gesetzt wird. Der Mahlapparat arbeitet mit einer
Schnelligkeit von 100 Drehungen in der Minute, wodurch die Luft
in dem verschlossenen Behälter so stark in Bewegung gesetzt wird,
dass das zermahlene Chinapulver als Staub auffliegt. Nachdem der Apparat einige Stunden gearbeitet hat, lässt man ihn still
stehen; •dadurch wird bewirkt, dass die Staubtheile sich an den
Wänden und auf dem Boden anlegen, von wo sie abgenommen das
feinste Chinapulver geben; eine Manipulation, die um so wichtiger
ist, da die ·Wirksamkeit des Pulvers von dessen Feinheit abhängt.

Die Zubereitung der grauen Quecksilbersalbe, von der in
den Hospitälern sehr viel verbraucht wird, geschieht folgendermassen: in zwei grosse starke Glasbehälter, die neben einander
stehen, werden je 20 Pfund Quecksilber und einige Pfund
geschmolzenes Fett gethan; durch einen sehr einfachen Apparat
werden die Gläser in beständige, auf und nieder schüttelnde Bewegung gebracht. In zwei Stunden ist die ganze Masse vollkommen gleichmässig zerrieben, und es wird dann nur noch die gehörige Quantität Talg hinzugesetzt. Der Sachkundige weiss, wie
schwer es ist, Quecksilber zu zerreiben. Auf diese Weise werden
täglich ohne Anstrengung 160 Pfund graue Quecksilbersalbe bereitet.

In dem Destillations-Apparat steht der Dampfkessel in einem Mantel, mit Sicherheitsventil versehen, so dass keine Explosion
möglich ist. Der Deckel ruht auf einem ¼ Zoll dicken Kautschuk-
ring und wird mit Schraubenklammern so fest angeschraubt, dass
der Kessel hermetisch verschlossen ist, und doch wieder leicht
geöffnet werden kann. Auf der inneren Seite des Kessels sind die
Maasse (Gallons) durch eingravirte Linien bezeichnet, so dass gefüllt
werden kann, ohne dass die Flüssigkeit vorher gemessen zu werden braucht.

Die Chloroform-Bereitung geschieht auf folgende Weise:
In einen grossen eisernen Kessel, der 2600 Pfund Wasser hält,
und durch welchen zwei Dampfröhren hindurchgehen, werden 650 Pfund Chlorkalk, der 30 % Chlor enthält, mit 90—100
Pfund Alkohol gethan, und dazu 2000 Pfund Wasser geschüttet.

Die ganze Masse wird dann bis zu 130 ⁰ Fahrenheit erhitzt, worauf die Destillation erfolgt. Das so entstandene Produkt ist rohes Chloroform, das in einen kupfernen Behälter geleitet und in demselben durch einen Drehapparat stark geschüttelt wird. Darauf wird durch einen am Boden befindlichen Hahn das Chloroform, das schwerer als Wasser ist, folglich sich nach unten senkt, ausgelassen und von Neuem in den Schüttelapparat gebracht, welcher Prozess einigemale wiederholt wird. Auf diese Weise wasserfrei gemacht, wird es nun in ein Bleigefäss geleitet, wo es mit starker Schwefelsäure 24 Stunden lang vermischt bleibt, um dann wieder in einen anderen Behälter gethan und mit kohlensaurem Natron ausgewaschen zu werden. Zuletzt wird das erhaltene Produkt in einer Kupferblase im Wasserbade rectificirt. Das auf diese Weise zubereitete Chloroform wird dann auf 10 Pfund-Flaschen abgezogen, aber vor seiner Anwendung nochmals untersucht, ob es vollkommen rein ist, was dadurch geschieht, dass man concentrirte Schwefelsäure hineinträufelt. Das Präparat darf dadurch nicht braun gefärbt werden, sondern muss seine klare Wasserfarbe beibehalten. Alsdann wird die ganze Masse in einen kupfernen tonnenförmigen Behälter gelassen, an dessen Boden ein Hahn angebracht ist, der in eine becherförmige Erweiterung endet, welche genau das Maass von einem halben Pfund enthält. Durch das Oeffnen des Hahns wird also der Becher voll, und da die zur Versendung bestimmten Gläser ebenfalls ½ Pfund halten, so werden sie angefüllt, ohne dass Luft hinzutritt und ohne dass Etwas verschüttet wird.

Die Aetherbereitung geschieht in einer Blase aus reinstem Blei; die bleierne Dampfröhre im Innern ist von 50 Fuss Länge auf ³⁄₈ Fuss Durchmesser. Man operirt mit 200 Pfund Schwefelsäure, zu der ein gleicher Masstheil, also ungefähr die Hälfte im Gewicht, des stärksten fuselfreien Alkohols von 93—95⁰ Tralles zugesetzt wird. Nachdem die Dämpfe in ein anderes Gefäss durch Pottasche hindurch geleitet worden, gehen sie durch drei übereinander stehende Bleikammern und gelangen dann in das erste Kühlfass von 100 ⁰ Fahrenheit Temperatur, in welchem sich die Alkoholdämpfe schon condensiren, während die Aetherdämpfe höher in ein zweites Kühlfass steigen, wo die Temperatur so kalt als nur möglich erhalten wird. Hier condensiren sich die Aetherdämpfe bis zu einem specifischen Gewichte von 725—730 Grad und der so gewonnene Aether ist vollkommen rein und bedarf keiner weiteren Rectification. Das Abziehen auf kleinere Flaschen zum Versandt geschieht, wie beim Chloroform beschrieben.

Der Bedarf an Chinin wird in Privatfabriken, die dasselbe in grossen Massen fabriciren, billiger angekauft, als es im Laboratorium angefertigt werden könnte. Ein Theil wird aus der Fabrik in Newyork, ein anderer Theil aus französischen Fabriken bezogen.

Ein eigenes Fabrikat, das in der Armee und auch in der Civilpraxis in Amerika viel angewandt wird, ist das der Extracta fluida. Die Formel zur Bereitung besteht darin, dass die Drogue getrocknet und zu einem groben Pulver zerstossen, mit reinem oder verdünntem Alkohol angefeuchtet, und in einen Percolator gebracht wird. Dann wird reiner oder verdünnter Alkohol, je nachdem es die chemischen Bestandtheile der Droguen erfordern, aufgegossen. Die erste Urtinktur, die davon abläuft, zu $^3/_4$ der ganzen Masse, behält man zurück, während man $^1/_4$ destillirt und eindampft und dann wieder mit der Urtinktur vermischt. Das Ganze wird dann noch decantirt oder filtrirt. Die so gewonnenen extracta fluida repräsentiren in einer Maassunze 480 Gran des Medicamentes, mit Ausnahme des extractum fluidum der Chinarinde, das nur 240 Gran enthält.

Alle Salze, selbst die metallischen (Sublimat) werden nicht in Kristallen, sondern in feinster Pulverform abgelassen, um die Arzneizubereitung im Felde zu erleichtern.

Auffallend ist es, dass bis jetzt in Amerika keine Schmelztiegel fabricirt, sondern alle aus Hessen-Cassel bezogen werden.

Giftige Substanzen werden in blauen Gläsern, die eine ovale Form haben, abgelassen, damit selbst im Dunkeln keine Verwechslung stattfinden kann, weil die ovale Form bei dem Anfassen des Glases schon den Giftinhalt verräth.

Whisky, Cognac und Portwein, welche für die Kranken geliefert werden, müssen hier erst chemisch untersucht werden, und da

6

die Flaschen mit den Namen der Handelshäuser versehen sind, so weiss man nöthigenfalls, an wen man sich zu halten hat.

Besondere Sorgfalt wird auf die Verpackung der Medicamente verwendet. Alle Gläser werden in Behälter von Eisenblech eingeschlossen, und die Zwischenräume mit Sägespähnen angefüllt. Die Füllung der Gläser geschieht nach Decimalberechnung, wodurch die Verabfolgung so sehr erleichtert wird. Jedes Gefäss wird mit einer Etikette mit Angabe des Inhaltes und der Quantität versehen und mit einem sehr dünnen, aber starken durchsichtigen Papiere umwickelt, so dass man den Namen durchliest, ohne dass man das Papier abzuwickeln braucht. Englisches Heftpflaster, dessen Verbrauch ein enormer ist, wird in Rollen zu 1 Yard in dreieckigen Papiercartons verschickt, weil diese Form sich leichter verpacken lässt und auf den Verbandtischen fester liegt, als die gewöhnlichen Cylinderrollen.

Alle Kisten für die Medicamentenwagen und Feldapotheken werden hier gefüllt; da die Kisten bestimmte Nummern haben, die mit den Fächern in allen gleich eingerichteten Wagen übereinstimmen, so wird dadurch eine grosse Erleichterung in der Verpackung erzielt.

Ausser den Medicamenten werden in dem Laboratorium alle Binden und Bandagen aus Baumwolle auf eigenen Webstühlen durch Dampfkraft verfertigt; es werden hier wöchentlich 20,000 Yards fabricirt. In einer besonderen Abtheilung werden ferner alle Hospitalkleidungsstücke und die Leibwäsche für die Kranken, wozu 62 Nähmaschinen verwendet sind, gearbeitet.

Das ganze, bei dem Laboratorium angestellte Personal besteht aus:

1 Director,
1 Chemiker als Gehilfen,
2 chemischen Assistenten,
180—300 Arbeitern, und
120—300 Frauen,

die bei dem Verpacken, Etiketten-Aufkleben, Bandagenweben, sowie beim Nähen verwendet werden.

Nach Ausweis des Berichtes von 1861—1864 sind Medicamente hergestellt worden

im Werthe von . . . . 1,396,442 Dollars,
für den Preis von . . . . 1,000,841 „
also mit einer Ersparniss von . 395,601 Dollar.

Aus dem Verzeichnisse der hier fabricirten Medicamente für das Jahr 1864 führe ich beispielsweise folgende an:

Aether. fortior	9,056	Pfd.
Acet. nitric.	14,400	„
Amon. liquid.	12,088	„
Argent. nitric. . .	2,030	Unz.
„ fusi	833	„
Arsenitis potassae liquid.	1,480	Pfd.
Catechu pulv. . . .	1,390	„
Cerat. simpl. . .	27,412	„
Chloroform	2,383	„
Collodium	9,600	Unz.
Copaivae	7,778	Pfd.
Cubeb. ol. resin	9,285	„

Extracta fluida.

Extract.	Aconite	2,074	„
„	belladonnae . . .	105 3/4	„
„	Buchu	2,386	„
„	Cinchonae	3,860	„
„	Colchici . . .	2,824	„
„	Colocynth . . .	775	„
„	hyoscyami	38 1/2	„
„	Ipecacuan	2,966	„
„	nucis vomic . .	544	Unz.
„	rhei	784	Pfd.
„	Senegae	1,998	„
„	Scillae	1,144	Unz.
„	Spigeliae . . .	1,586	Pfd.
„	Valerianae . .	1,822	„
„	Zingiberis	3,352	„

6 *

Ferri chlorid tinct. . . .	8,100	Pfd.
„ jodidi Syrupi	959 ½	„
„ quininae citrat. . . .	9,840	Unz.
Pulv. Doveri	5,548	Pfd.
Sulphat Magnes.	42,006	„
Olei cinnamomi	3,086	Unz.
„ morrhuae	42,660	Bout.
„ ricini	23,610	Bout.

IX.

Krankenpflege.

In Beziehung auf die Krankenpflege, die in allen Militärhospitälern grösstentheils von gemietheten männlichen Individuen versehen wird, muss ich einen Gegenstand erörtern, der auch bei uns in Europa vielfach erwähnt worden ist, nämlich: in wie weit Frauen bei der Krankenpflege in Militärhospitälern zu verwenden sind. Nach allen Erkundigungen, die ich persönlich nicht nur bei Chef- und subalternen Aerzten, sondern auch bei sachkundigen Militär- und Civilbeamten eingeholt habe, lehnt man in Amerika die weibliche Krankenpflege in den Militärhospitälern ab. Mit höchst seltenen Ausnahmen gibt die Verwendung der Frauen so viel Veranlassung zu Unfrieden und Missverständnissen aller Art, dass ihre Dienstleistung nicht gewünscht wird. Es gehört sehr viel Selbstverläugnung, Selbstaufopferung, taktvolles Benehmen in sittlicher Beziehung, würdevolles Auftreten und doch wieder liebevolle Hingebung, kurz echte Weiblichkeit dazu, damit eine Frau in einem Militärhospitale, wo sie es oft mit Kranken und Gesunden zu thun hat, deren rohe Eigenschaften nur durch militärische Macht beschränkt werden können, ihre eigenthümliche Stellung und Bestimmung behaupte. Das sind aber Eigenschaften, die nur bei einzelnen ausgezeichneten Frauen gefunden werden; bei weitem aber nicht bei der Masse solcher, die sich für Lohn zum Krankendienste anbieten. Eine ehrenvolle Ausnahme machen die Schwestern vom Orden des heiligen Vincenz von Paula, die in Amerika, wenn auch in geringer Zahl in den

Hospitälern verwendet wurden. Die Verehrung, die man diesen
Schwestern überall zollt, wo sie wirken, spricht für die Vortreff-
lichkeit der Organisation ihres Ordens und ihrer persönlichen
Eigenschaften. Wenn die Krankenpflege durch Männer in den
Militärhospitälern auch nicht mit der Zartheit und Weichheit besorgt wird, wie es nur Frauen zu thun im Stande sind, so lässt
sich doch zum Wohle des Ganzen und zur Befriedigung aller ge-
rechten Ansprüche der Kranken durch eine gute Auswahl der Individuen viel beitragen und durch strenge disciplinarische Ueberwachung derselben die gehörige Ordnung handhaben.

X.

Das Transportwesen.

Eine besondere Erwähnung verdient das Transportwesen der Kranken, wie es sich im Verlaufe des Krieges gestaltet hatte. Nachdem ich bei der Besprechung des Ambulanzwesens geschildert habe, wie die Verwundeten vom Schlachtfelde bis in die Feldlazarethe und Krankendepots gebracht wurden, werde ich jetzt zu beschreiben versuchen, wie die grossen Massen von Kranken und Verwundeten weiter zurück bis in die entferntesten Generalhospitäler gelangten. Die vorzüglichsten Mittel dazu boten die Eisenbahnen, die grossen Flüsse und das Meer. Jeder Militär, der im Felde Zeuge gewesen ist, mit welchen Schwierigkeiten aller Art der Transport von grossen Krankenmassen verbunden ist, muss es der Unions-Regierung Dank wissen, eine Organisation des Krankentransportes eingerichtet zu haben, die nichts zu wünschen übrig lässt und bei allen ähnlichen Gelegenheiten als Muster dienen kann. Zwar waren die dazu erforderlichen Kosten enorm, aber das Volk gab mit freudiger Bereitwilligkeit was verlangt wurde, als es sich von der Zweckmässigkeit der Verwendung zum Wohle seiner leidenden Krieger überzeugt hatte.

Das Transportwesen bildet ein systematisch geordnetes Ganzes, und steht, als Theil des Sanitätswesens, ausschliesslich unter dem Befehl des Generalstabsarztes. Vierzig vollständige, für diesen Dienst eingerichtete Eisenbahnwaggons standen an bestimmten Stationen stets in voller Bereitschaft, dorthin abzugehen, wo sie verlangt wurden. Jeder solche Waggon war eigentlich als ein

bewegliches Lazareth zu betrachten, mit Betten, Inventarium, Koch-
einrichtung, Provision, kleiner Handapotheke, kurz mit allem nothwendigen Zubehör versehen. Die in den letzten zwei Jahren
benützten Waggons waren von Dr. Harris in Newyork erfunden. Die Construction des Unterbaues mit der Vertheilung der
Räder, der Achsen und der Federn war so vollkommen, dass
die Erschütterung selbst bei der schnellsten Fahrt eine fast un-
merkliche blieb. Im Innern der Waggons waren die Lagerstellen
zu beiden Seiten in zwei Reihen über einander angebracht und
konnten 35—40 liegende Kranke aufnehmen. Die Betten waren
eigentlich nur eine Art Tragbahre, die mit ihren Enden in dicken,
starken, an stehenden Pfosten befestigten, Kautschukringen hingen.
Da alle diese Tragbetten die gleiche Form und Dimension hatten,
wie diejenigen, welche man brauchte, um die Schwerverwundeten
vom Schlachtfelde zu bringen, so war es möglich, dass ein solcher
in den Lazarethwagen und auf der Eisenbahn weiter gebracht
werden konnte, ohne sein Bett zu verlassen, ehe er in dem Generalhospitale angelangt war. Diese Art Lagerstätten können leicht
ausgehoben werden und durch das Entfernen derselben wird ein
grösserer Raum für solche Kranke und Verwundete hergestellt, die
nicht zu liegen brauchen. An dem einen Ende des Waggons ist eine
kleine besondere Abtheilung für den Arzt, wo auch die Handapotheke,
Wein, chirurgische Instrumente, Bandagen u. s. w. Platz finden. An
dem andern Ende befindet sich ein kleiner Kochapparat, wo mit
Spiritus gekocht werden kann, nebst Raum für Lebensmittel, Wasser-
vorrath u. s. w. Zu jedem Lazarethwagen gehören 1 Assistenzarzt,
1 Aufseher und 3 Krankenwärter. Durch Uebereinkunft mit den
verschiedenen Eisenbahngesellschaften ist der Dienst für den Krankentransport vertragsmässig geordnet. Jeder abgehende Eisenbahn-
zug ist verpflichtet, so viele Krankenwaggons mitzunehmen, als die
Locomotive zu fördern vermag; ist die Zahl derselben zu gross,
oder wird es verlangt, so müssen Extrazüge fahren. Die Krankenwaggons werden stets hinten angehängt, sie sind auf Kosten des
Kriegsministeriums erbaut, werden aber von den Eisenbahngesellschaften erhalten, doch gegen Ersatz der Unkosten. Durch den
Telegraphen wird voraus angezeigt, was auf den Zwischensta-

tionen für die Kranken vorgerichtet werden muss. Bei der Ankunft an dem Orte der Bestimmung wird schon alles in Bereitschaft gehalten, um die Kranken von der Eisenbahnstation in das
Generalhospital überzuführen.

Wenn der Transport theilweise zu Wasser geschieht, stehen
eigens dazu bestimmte Dampfboote zur Verfügung, um die
Kranken aufnehmen zu können. Diese Dampfboote gehören
ebenfalls in den Ressort des Sanitätswesens; sie sind entweder gemiethet, oder als besondere Lazarethschiffe gebaut. Eines
der ausgezeichnetsten Schiffe dieser Art, das ich in Newyork
in allen seinen Theilen besichtigt habe, ist der «General Barnes», zu Ehren des Chefs des Sanitätscorps so genannt. Es
ist ein Klipper mit scharfem Vordersteven, und sehr seetüchtig
und schnellsegelnd. Das Schiff war einige Tage vorher auf dem
Ocean von Charleston mit 500 Kranken angekommen. Die
Dimensionen desselben sind 225 Fuss Länge, 36 Fuss Breite,
21 Fuss Tiefe; Tonnengehalt 1400. Der Cylinder der Maschine
hat 60 Zoll Durchmesser; das Innere des Schiffes ist in vier Krankensäle eingetheilt, zwei obere und zwei untere, und enthält 500
Betten für Kranke und 75 für die Bedienung. Küchenapparat,
Apotheke, sowie die ganze übrige Einrichtung, Ventilation und Reinlichkeit ist musterhaft. Am Bord befinden sich der Chefarzt und
4 Sanitätsoffiziere, 2 Commissäre, 40 Krankenwärter und 10 Soldaten vom Reservecorps für den Hospitaldienst. Die Schiffsmann-
schaft, bestehend aus dem Capitän, 3 Offizieren und 47 Mann,
ist auf dem oberen Verdeck gänzlich von dem Hospitale getrennt.
Da das Schiff zum Sanitätscorps gehört, so ist der Chefarzt
der Befehlshaber desselben. Der Capitän hat die unmittelbare
Führung des Schiffes und den Befehl über seine Matrosen.
— Ich hatte Gelegenheit, mich persönlich zu überzeugen, dass
ein solches, nach europäischen Begriffen ungewöhnliches Dienstver-
hältniss, hier bei dem taktvollen Benehmen der Betreffenden ohne
die geringste Störung stattfand.

XI.

Krankheits- und Sterblichkeits-Verhältnisse.

Es ist leicht erklärlich, dass bei dem Heere in Folge der Art seiner Entstehung und der während der ersten anderthalb Jahre des Krieges in allen Theilen so mangelhaften Organisation, sowie der anfänglich höchst ungünstigen Ereignisse der Gesundheitszustand kein günstiger sein konnte. Zuverlässige statistische Ausweise darüber sind nicht vorhanden; wusste man doch oft nicht den wahren Effektivstand der Armee anzugeben. Die Aushebung der Mannschaft in den verschiedenen Einzelstaaten war theilweise mit grossen Schwierigkeiten verbunden, da dieselben, ungewohnt der Administration in allen militärischen Gegenständen, häufig nicht im Stande waren, den Befehlen aus Washington nachzukommen. Es fehlt daher noch jetzt an genauem Material, um zuverlässige Resultate aufstellen zu können. Nichtsdestoweniger wird in dem Sanitätsbureau zu Washington in einer besonders dazu bestimmten Abtheilung an einer Sanitäts-Geschichte des Krieges gearbeitet. Ich muss mich auf die Mittheilung der Angaben beschränken, die mir aus glaubwürdiger Quelle darüber zugegangen sind.

Aus dem officiellen Berichte des Sanitäts-Bureaus vom 8. September 1863 ergab sich Folgendes:

Es starben in der Armee während des ersten Kriegsjahres, also von 1861 auf 1862, 67.6 von tausend Mann; davon 50.4 an Kranken und 17.2 an Verwundeten. Zum Vergleiche mit diesen Zahlen wird angeführt, dass in der regulären Armee während der 17 Friedensjahre nach dem mexicanischen Kriege das Verhältniss sich wie 24 von Tausend darstellte; während des mexicanischen Krieges 103.8 von Tausend; in der englischen Armee während des Krim-Krieges 203.30 von Tausend.

Die climatischen Bedingungen, unter welchen die einzelnen Armeecorps operirten, trugen natürlich das meiste zu den verschiedenen Ergebnissen in den Krankheits- und Sterblichkeits-Verhältnissen bei. Bei den Truppen, die in den Ländern zwischen der Küste des atlantischen Meeres und den Apalachian-Mountains operirten, mit Einschluss der Potomac-Armee, war die Sterblichkeit durch Krankheiten allein, ohne die an Wunden Gestorbenen mitzurechnen, 33.40 von Tausend; die Heeresmacht, die in der Centralregion stand, also zwischen dem Apalachian-Gebirge und den Rocky-Mountains mit Einbegriff von West-Virginien, Missouri u. s. w., verlor 82.9 von Tausend; endlich die dritte Gruppe, nämlich von den Rocky-Mountains an westwärts bis an das Stille Meer hatte nur einen Verlust von 10.76 von Tausend; die Erklärung dieses letzteren auffallend günstigen Verhältnisses, liegt zum Theile in der geringen Verwendung dieser Truppen vor dem Feinde, hauptsächlich aber in der weit gesünderen Beschaffenheit jener Länder. Am meisten litten die Truppen in der Centralregion, sowohl durch die Malaria in dem Mississippithale, als auch durch die ausserordentlichen Anstrengungen im Felde.

Auch die Einwirkung der Jahreszeiten auf die Gesundheit war in den verschiedenen Gegenden eine sehr bemerkbare; so war am Atlantischen Ocean der Gesundheitszustand im Januar und Februar der günstigste, nahm dann im März, April, Mai und Juni ab, blieb sich im Juli, August und September gleich und verschlimmerte sich bedeutend im Oktober, November und Dezember. In der Central-Region waren nur die Monate April und Juni günstiger; in den übrigen Monaten ist das Klima der Gesundheit sehr nachtheilig. Im Verhältnisse zu dieser Beschaffenheit der drei verschiedenen Regionen steht denn auch das Erkranken in denselben. In der Centralregion 3368.14 von Tausend, in der östlichen am atlantischen Ocean 2748.83 und in der westlichen am stillen Ocean 2586.60 *).

---

*) Diese Verhältnisse sind damit zu erklären, dass ein und derselbe Mann häufig mehrmals in Behandlung war.

Den Hauptcharakter der Mehrzahl aller Krankheiten bildeten Fieber und Leiden des Darmkanals. In erster Reihe stehen die verschiedenen Formen von Typhus, Typhoïd und die anderen Variationen desselben Themas, die hier unter dem Namen Camp fever aufgeführt sind. Beinahe die Hälfte aller Verstorbenen gehört zu dieser Kategorie. In der Centralregion starb an dieser Krankheit 1 von 9.8; in der östlichen Region 1 von 13.9; in der westlichen 1 von 22.9.

Wechselfieber, obschon sehr verbreitet, nahmen grösstentheils einen günstigen Verlauf. Von dieser Krankheit wurden befallen von 1000 Mann in der Centralregion 375.34, und starb 1 von 170; in der Ostregion 195.94, davon starben 6; in der Westregion 151.68, gestorben 0.

Diarrhoe und Dyssenterie lieferten fast den vierten Theil des ganzen Krankencontingents; das Verhältniss in den verschiedenen Regionen stellt sich in der Centralregion 994.77 zu Tausend mit 1 Todten auf 103.8; in der Ostregion 646.1, mit 1 Todten auf 483; in der Westregion 319.64, mit 1 Todten auf 1159.

Catarrhalische Affectionen der Schleimhäute, hauptsächlich der Respirationsorgane lieferten eine enorme Zahl Kranker; beinahe die Hälfte der ganzen Armee hatte daran gelitten. Im Ganzen war der Character kein bösartiger und der Verlust an Menschen dadurch ein sehr geringer. In der Centralregion starb 1 von 560 Kranken; in der Ostregion 1 von 1127.8; in der Westregion starb kein Kranker daran.

Nach später erhaltenen Angaben soll im Verlaufe des ganzen Krieges die Zahl aller in den Hospitälern behandelten Kranken und Verwundeten sich auf 1,058,000 Mann belaufen haben, die Sterblichkeit ungefähr auf 8%; in allem wird der Verlust an Menschenleben in der Unionsarmee während des ganzen Krieges auf 325,000 angegeben; doch kann ich die Richtigkeit dieser Angabe nicht verbürgen.

Ueber Schusswunden liegt mir ein werthvoller Bericht vor, von Dr. Brinton verfasst, und als Circulär Nr. 9 von dem Sanitäts-Bureau am 1. Juni 1863 veröffentlicht; zwar umfasst derselbe nur die Monate September, Oktober, November und Dezember 1862,

bietet aber so viel Interessantes, dass ich denselben dem militärärztlichen Leser nicht vorenthalten will.

In allen damaligen Generalhospitälern belief sich die Zahl
aller an Schusswunden in diesen 4 Monaten Aufgenommenen auf
20,930; davon wurden vollkommen hergestellt und kehrten zu ihrem
Dienste zurück 5157; beurlaubt in gebessertem Zustande in die
Heimath 855; desertirt 476; als Invaliden aus dem Dienste entlassen 2832; gestorben 1571; verwundete Gefangene ausgewechselt
79; in Behandlung blieben nach dem 1. Januar 1863 — 9960.

Beschaffenheit der Verwundung.	Zahl der Verwundungen	Geheilt	Beurlaubt	Desertirt	Als invalid aus dem Dienste entlassen	Gestorben	Gefangene ausgewechselt	In der Behandlung blieben am 1. Jänn. 1863
I. Fleischwunden ohne Knochenbruch								
des Kopfes	1090	396	37	29	107	30	4	487
„ Nackens	459	166	15	6	45	21	6	200
der oberen Extremitäten .	4972	1750	186	144	594	63	16	2219
„ unteren „ .	3817	1338	241	37	248	78	.	1875
„ äusserenGeschlechtstheile	163	49	5	2	24	9	.	74
des Rumpfes	2190	686	76	50	220	91	12	1055
II. Verwundungen mit Knochenbrüchen								
des Hirnschädels	176	.	9	.	43	59	.	65
der Gesichtsknochen . . .	405	72	19	3	72	27	.	212
des Schlüsselbeines	132	17	2	27	7	8	.	71
des Schulterblattes	199	37	4	.	24	7	.	127
„ Oberarmknochens . . .	575	38	36	6	177	69	6	243
„ Unterarmknochens . .	728	101	40	8	160	18	3	398
„ Rückgrates	48	1	2	.	7	22	.	16
„ Schenkelknochens . .	749	9	13	4	113	238	.	372
der Schienbeine	967	61	29	9	156	140	.	572
„ Rippen	113	14	6	1	25	11	.	56
„ kleineren Knochen der Hand und des Fusses .	997	204	35	18	202	48	.	490
Latus . .	17780	4939	755	344	2224	939	47	8532

Beschaffenheit der Verwundung.	Zahl der Verwundungen	Geheilt	Beurlaubt	Desertirt	Als invalid aus dem Dienste entlassen	Gestorben	Gefangene ausgewechselt	In der Behandlung blieben am 1. Jänn. 1863
Translatus . .	17780	4939	755	344	2224	939	47	8532
III. Verwundungen der Höhlen								
des Gehirnes	44	.	2	.	3	32	.	7
der Lungen	495	.	17	7	112	192	4	163
„ verschiedenen Brusttheile	114	.	5	.	46	18	.	45
des Magens	19	.	1	.	6	5	.	7
der Gedärme	72	.	2	9	4	43	.	14
„ Urinblase	31	.	2	.	6	16	.	7
verschiedene andere . . .	104	.	4	.	36	15	.	49
IV. Verwundungen der Gelenke								
der Schulter	269	.	12	8	61	41	10	137
des Ellenbogens	241	.	6	7	78	21	6	123
„ Handgelenkes	161	.	7	1	48	11	.	94
der Hüfte	146	.	3	1	14	56	.	72
des Knies	427	.	13	5	54	166	.	189
der Knöchel	282	8	7	82	37	.	.	148
andere Gelenke	161	19	8	.	58	2	.	74
Contusionen durch Streifschüsse	532	173	4	12	28	8	12	295
verschiedenartige Verwundungen	52	18	7	.	17	6	.	4
Total-Summe . .	20930	5157	855	476	2832	1571	79	9960

Die Frage, ob Contusionen stattfinden können, ohne dass das Projectil in unmittelbare Berührung mit dem Körper kommt, wird von den erfahrensten Sachkundigen bejaht, besonders aber wenn das Projectil von bedeutender Grösse ist.

Amputationen wurden gemacht

wegen Verwundungen ohne Knochenbrüche:	
an den oberen Extremitäten . .	132
„ „ unteren „ .	11
wegen Verwundungen mit Knochenbrüchen	
des Oberarmes	198
„ Vorderarmes . . .	120
„ Schenkelknochens	269
der Schienbeine	299
„ Finger und Zehen	312
wegen Verwundung der Gelenke	
der Schulter . .	23
des Ellenbogens . .	34
„ Knies .	104
der Knöchel .	52
des Fusses .	23
der Finger	39
aus verschiedenen anderen Gründen	5

Resectionen wurden gemacht:

am Schädel	5
an den Gesichtsknochen . .	10
am Schlüsselbein . .	6
„ Schulterknochen . .	3
„ Oberarm	63
„ Vorderarm	48
„ Schenkelknochen	27
„ Schienbein	60
an den Rippen	1
„ anderen Knochen	38

Verwundungen geschahen durch	Anzahl der Verwundungen	Durch runde Flintenkugeln	Durch conische Flintenkugeln	Durch Granaten	Durch Kanonenkugeln	Durch verschiedene andere Projectile
I. Fleischwunden ohne Knochenbruch						
des Kopfes	1049	367	453	165	22	42
„ Halses	435	194	205	24	.	12
der oberen Extremitäten . . .	4636	1621	2566	307	32	110
„ unteren „ . . .	3461	878	2307	229	26	21
„ äusseren Geschlechtstheile .	152	51	89	4	1	7
des Rumpfes	2072	633	1189	186	26	38
II. Verwundungen mit Knochenbrüchen						
des Hirnschädels	148	30	79	25	3	11
der Gesichtsknochen	353	115	197	22	9	10
des Schlüsselbeines	119	31	69	9	2	8
„ Schulterblattes	181	51	105	18	5	2
„ Oberarmknochens	529	110	371	28	5	15
„ Unterarmknochens	661	169	447	33	4	8
„ Rückgrates	39	16	21	1	.	1
der Schienbeine	539	107	378	38	6	10
„ Rippen	767	205	442	80	19	21
„ kleineren Knochen der Hand	102	25	66	6	.	5
und des Fusses	910	259	524	56	17	54
III. Verwundungen der Höhlen						
des Gehirns	32	8	22	2	.	.
der Lungen	394	153	227	3	2	9
der verschiedenen Brusttheile .	69	30	35	3	.	1
des Magens	13	7	6	.	.	.
der Gedärme . . . . . , .	47	20	24	1	1	1
„ Urinblase	20	6	14	.	.	.
verschiedene andere	81	25	50	6	.	.
Latus . .	16809	5111	9886	1246	180	386

Verwundungen	Anzahl der Verwundungen	durch runde Flintenkugeln	durch conische Flintenkugeln	durch Granaten	durch Kanonenkugeln	durch verschiedene andere Projectile
Translatus . .	16809	5111	9886	1246	180	386
IV. Verwundungen der Gelenke						
der Schultern	208	74	109	19	2	4
des Ellenbogens	229	68	142	13	2	4
„ Handgelenkes	156	39	102	6	4	5
der Hüfte	124	27	87	5	2	3
des Knies	144	57	78	6	1	2
der Knöchel	271	81	164	12	2	12
anderer Gelenke	140	29	88	9	4	10
Verschiedenartige Verwundungen	33	9	18	6	.	.
Contusionen durch Streifschüsse	440	59	124	141	28	88
Totalsumme . .	18554	5554	10798	1463	225	514

Eine wichtige Erfahrung hat sich bei der Verwundung durch Rund- oder Spitzkugeln herausgestellt, die darin besteht, dass bei der Rundkugel die Verletzung im Knochen sich im nächsten Umfange des Loches als Zersplitterung gestaltet, während durch die Spitzkugel oft grosse Zersplitterungen und lange Fissuren sich weit erstrecken, folglich bei der Verwundung durch die Rundkugel nahe der verwundeten Stelle amputirt werden kann, während bei der Spitzkugelverwundung oft in grösserer Entfernung von der Wunde amputirt werden muss.

Als Resultat von 1342 ausgeführten Amputationen ergab sich, dass 100 Amputirte zu ihrem früheren Dienste wieder zurückkehrten, 25 wurden während ihrer Heilung zu ihren Verwandten gesendet, 11 desertirten, 350 wurden als untauglich aus dem Militärdienste entlassen, 336 starben, 516 blieben zum 1. Jänner 1863 noch in Hospitalbehandlung.

Die Zahl der Verwundungen auf der rechten oder linken Körperhälfte waren sich ziemlich gleich; 690 auf der rechten, 652 auf der linken Seite.

7

Trepanoperationen am Hirnschädel wurden 35 gemacht; davon geheilt 5, starben 28, blieben in Behandlung 2.

Bemerkenswerth ist die sehr geringe Zahl von Verwundungen durch Stich- oder Hiebwaffen. In dem Generalhospital Point-Look-out waren im Jahre 1862 von 2000 nur ein durch Bajonettstich und 2 durch Säbelhiebe Verwundete. Die Erklärung liegt wohl in der Seltenheit des Bajonnetangriffes und darin, dass auch die Cavallerie grösstentheils absitzend als Infanterie verwendet wurde.

Es ist zu hoffen, dass das grosse Material, welches die Schlachtfelder in diesem Kriege geliefert haben, für die Wissenschaft nicht verloren gehen wird, und wenn auch die Militärärzte wegen übermässiger Anstrengung sowohl im Felde, als in den Hospitälern, noch nicht Gelegenheit gehabt haben, dieses Material zu bearbeiten, so bin ich fest überzeugt, dass wir in der nächsten Zeit die Früchte davon erhalten werden.

Im März 1864 wurde aus dem Sanitäts-Bureau ein Circulär allen Aerzten mitgetheilt, worin sie aufgefordert wurden, ihre Aufmerksamkeit auf die wichtige Erscheinung der Reflexparalyse zu lenken. Die Militärärzte Mitchel, Morhaus und Kiel beschäftigten sich eifrigst mit dem Studium dieses in der Militärchirurgie bis jetzt so wenig bekannten Gegenstandes. Die Erscheinungen der selten vorgekommenen Fälle sind in hohem Grade merkwürdig und bestehen darin, dass bei der Verwundung oder Contusion durch eine Kugel in einem von der Stelle der Verwundung entfernten Gliede, plötzlich Lähmung entsteht, wodurch die Sensibilität oder Bewegungsfähigkeit oder beide zugleich vernichtet werden, und zwar ohne dass diese Lähmung sich in dem verwundeten Theile kundgibt, ja sehr oft heilt die Wunde, und die Lähmung in dem entfernten Theile dauert fort. — Dieser Umstand ist für den Militärarzt bei Untersuchungen über Diensttauglichkeit oder bei Pensionsbestimmungen von grosser Wichtigkeit.

Aus einem Rapporte der Sanitäts-Commission Nr. 46 Mai 1862 von E. Elliot ergibt sich, dass die Zahl der an ihren Wunden verstorbenen Offiziere relativ grösser ist, als die der Gemeinen und das Verhältniss sich als 11 $\frac{1}{2}$ zu 8 $\frac{1}{2}$ stellt; dagegen ist das Verhältniss der an Krankheiten verstorbenen Offiziere gegen das der Gemeinen ein weit günstigeres für die ersteren, nämlich 33 zu 54. Von allen im Felde im ersten Jahre gestorbenen Offizieren waren $^2/_3$ Krankheiten und $^1/_3$ ihren Wunden erlegen; von den Gemeinen $^5/_6$ an Krankheiten und nur $^1/_6$ an Wunden gestorben. Nach den vorliegenden Berechnungen gehen 104.4 Kranke (Offiziere und Gemeine) auf 1000 Mann Gesunde, folglich müsste, um eine Armee von 500,000 Mann effectiv kampffähig im Felde zu haben, die Kopfzahl auf 558,000 gebracht werden. Uebrigens ist diese Berechnung durchschnittlich gemacht, ohne grosse Eventualitäten, als bedeutende Epidemien oder andere Veranlassungen, wodurch die Kräfte einer Armee in kurzer Zeit aussergewöhnlich angegriffen werden können, in Betracht zu ziehen.

Aus dem Berichte vom Jahre 1862 auf 1863, der aber, wie bemerkt wird, nicht vollständig ist, weil nicht alle speciellen Rapporte eingegangen waren, folglich unter den wirklichen Zahlen abgefasst, sind folgende statistische Verhältnisse angegeben:

der damals annähernde Armeebestand   662,406 Mann,

davon gestorben an Krankheiten . . .   42,116 ,,

an Wunden . . . .   10,036 ,,

Zahl der Krankheitsfälle   in der Ostregion .   727,204,

in der Centralregion   867,679,

in der Westregion .   18,497.

Der specielle Bericht über die Potomacarmee •1863—1864 gibt folgende Zahlen:

Bestand der Armee etwas über . . .   100,000 Mann,

davon kamen Krankheitsfälle vor, die in den Hospitälern behandelt wurden .   173,000 ,,

Verwundete . . . .   52,000 ,,

vom vorigen Jahre waren verblieben:

Kranke . . . .   2,600 ,,

Verwundete . . . .   250 ,,

In Allem 227,850 Mann.

Davon kehrten geheilt und dienstfähig in die Armee zurück . . . .   150,000 Mann,

in andere Hospitäler wurden übergeführt   70,000 ,,

Als Hauptkrankheiten wurden benannt:

Remittirende Fieber	118,000	Mann,
intermittirende . .	16,000	,,
Diarrhoen .	48,000	,,
Dyssenterien .	6,000	,,
Syphilis	3,000	,,
Ophthalmien . . .	1,600	,,
Gangrän	6	,,
u. s. w.		

Die Berichte von 1864 und 1865 waren damals noch höchst unvollständig eingegangen. Da aber die grossen Kriegsereignisse und blutigen Schlachten in diesen Jahren vorfielen, so muss die Zahl der Kranken und Verwundeten in genanntem Zeitraum eine sehr bedeutende gewesen sein.

Kosten der Unterhaltung und Verpflegung der Kranken.

Es lässt sich leicht denken, wie gross die Ausgaben sein mussten, welche die Unterhaltung und Verpflegung einer solchen Masse von Kranken erforderten, um so mehr, da nichts gespart wurde, um die Beköstigung und Wartung so zweckmässig und vorzüglich als möglich herzustellen.

Wenn der Congress bei dem Ausbruche des Krieges 1861 das Budget für die Hospitäler nur auf 115,000 Dollars bestimmt hatte, so wurden im zweiten Jahre schon 11,594,000 Dollars dazu verwendet.

In dem Budget für die im Jahre 1864 vorhandenen Hospitäler werden folgende Ausgaben bezeichnet:

für Medicamente, chirurgische Instrumente, Bandagen etc.	4,135,000	Dollars,
,, Betten, Wäsche	3,600,000	,,
,, Inventarium und Feldausrüstungen	1,030,000	,,
,, Bücher, Schreibmaterialien, Druckerei	108,750	,,
,, Eis, Früchte, Eingemachtes . .	190,000	,,
Transport	9,063,750	Dollars.

	Transport	9,063,750	Dollars.
für Kleidungsstücke, Uniformen	. .	95,000	,,
,, gemiethete Krankenwärter	. . .	104,000	,,
Bezahlung für die Behandlung der			
Kranken in Civilhospitälern		135,000	,,
für künstliche Gliedmassen	. . . .	50,000	,,
,, angestellte Privatärzte	. . . . .	457,000	,,
,, Löhnung an Köche u. andere Bedienstete		77,000	,,
,, gemiethete Schreiber und Unterbeamte		26,000	,,
,, meteorologische und wissenschaftliche			
Untersuchungen	. . . . . .	1,500	,,
,, das militärmedizinische Museum in			
Washington	. . . .	5,000	,,
,, Behandlung von kranken Negern		50,000	,,
,, Apothekereinrichtungen	.	10,080	,,
,, Wäscherei	. .	15,000	,,
,, Extra-Ausgaben	. .	14,650	,,

Summe 10,103,980 Dollars.

Die Kosten für die Krankenverpflegung sind hier nicht angeführt, da solche von dem Rechnungsamte nach der Anzahl der verpflegten Kranken berechnet werden; ebenso ist die Besoldung der Aerzte und Beamten, der Veteranen-Compagnien, sowie Alles, was zur Erhaltung der Gebäude oder zu Neubauten verwendet wurde, in diesem Budget nicht aufgezählt, weil die Ausgaben dafür von anderen Departements bestritten wurden.

XII.

Auszüge aus einigen Sanitäts-Erlassen.

25. März 1862. Circulär Nro. 4.

Um den Verwundeten während und nach der Schlacht schnelle und hinlängliche Hilfe zu leisten, wird in einer besonderen Instruktion dem Generalarzte (Medical-Director) unter Anderem Folgendes vorgeschrieben:

1) Vor der Schlacht hat der Generalarzt unter Zuziehung der ältesten Sanitätsoffiziere und einiger Offiziere des Generalquartiermeisterstabes die geeignetsten Orte für die Aufstellung der Ambulanzstationen auszuwählen, sowie darauf zu sehen, dass die Ambulanzen vollständig in Ordnung und die dabei Angestellten in Allem eingeübt seien, was auf ihre Dienstleistung Bezug hat.

2) Während der Schlacht hat der Generalarzt persönlich darüber zu wachen, dass alle Anordnungen, die für den Transport, die Verpflegung und die Behandlung der Verwundeten getroffen worden sind, genau ausgeführt werden. Ebenso ist es seine Pflicht, die gehörigen Massregeln zu treffen, dass der Weitertransport nach rückwärts zu den Generalhospitälern so rasch und so sicher als möglich erfolge.

3) So bald als thunlich müssen die vollständigsten Berichte über die Schlacht dem Generalstabsarzte eingesandt werden, und zwar muss in diesen Berichten nicht blos die Zahl der Verwundeten und Todten mit Anzeige der Art der Verwundung angegeben sein, sondern überhaupt Alles was zur Aufklärung und genaue-

ren Bestimmung über den Erfolg der Schlacht in sanitärer Beziehung dienen kann, dazu gehört z. B. die numerische Stärke sowohl der eigenen Armee, als auch, wo möglich, die der feindlichen, die Localität des Kampfplatzes, die vorherrschende Gefechtsart, als: Infanteriefeuer, Bajonnetangriff, Artilleriefeuer mit schwerem oder leichtem Geschütz, Cavallerie-Attaquen, Witterungsverhältnisse während und gleich nach der Schlacht u. s. w.

4) Er bestimmt die Vertheilung der Sanitäts-Offiziere und der dem Sanitätsdienste zugetheilten Mannschaft an die geeigneten Orte, wo der Dienst es erfordert, und überwacht alle Feldlazarethe, damit sie in jeder Beziehung so eingerichtet seien, dass sie ihre Bestimmung erfüllen. Bei unvorhergesehenen Vorfällen hat er die Befugniss, solche Veränderungen im Inneren und in der Aufstellung vorzunehmen, wie er sie den Umständen nach für geeignet findet.

9. Juni 1862.

Alle im Felde und in den Militärhospitälern dienenden Sanitätsoffiziere werden aufgefordert, ihre Erfahrungen und Bemerkungen in Allem, was das Sanitätswesen anbelangt, sowohl in hygienischer, practischer und wissenschaftlicher Beziehung, als auch über administrative Gegenstände, schriftlich dem Sanitätsbureau zu Washington mitzutheilen, um ein solches Material bei der späteren Ausarbeitung einer militärärztlichen Geschichte des jetzigen Krieges benützen zu können.

3. Januar 1863.

Durch den Congress-Act vom 27. Dezember 1862 wurden, ausser den im Sanitätsstabe etatmässig angestellten Sanitätsoffizieren, noch 8 Sanitäts-Inspectoren ernannt, im Rang und mit den Emolumenten eines Oberstlieutenants der Cavallerie, die aus solchen Aerzten gewählt wurden, welche dazu besonders fähig waren, ohne Rücksicht auf ihre frühere Dienstzeit oder Rangstellung.

30. Januar 1863.

Es wird den Chefärzten der Generalhospitäler zur Pflicht gemacht, die Gelder des Hospitalfonds nur für folgende Gegenstände zu verwenden: für solche Extradiät der Kranken, die nicht im

Reglement vorgeschrieben ist; für Verbesserungen und Einrichtungen im Innern der Hospitäler, als: Anschaffung von besonderen Küchenutensilien, Tischgeschirr, Möbelstücken und anderen Gegenständen zur Bequemlichkeit der Kranken, die von dem Verpflegungsdepartement nicht geliefert werden; überhaupt streng darauf zu achten, dass diese Gelder nur zweckmässig und allein zum Vortheile der Kranken verwendet werden.

Generalordre Nro. 105 des Kriegs-Departements, 28. April 1863.

Es soll aus der Mannschaft, die wegen Wunden oder Krankheitsursachen nicht mehr geeignet ist, im Felde zu dienen, aber doch noch im Stande, andere Dienstleistungen bei der Armee zu verrichten, so lange sie vermöge ihrer Dienstzeit dazu verpflichtet ist, ein Invaliden-Corps errichtet werden; auch können in dieses Corps solche Offiziere und Mannschaft angenommen werden, die nach beendeter Dienstzeit aus der Linie oder aus dem Invaliden-Corps entlassen, freiwillig wieder in dasselbe eintreten wollen.

Durch ein späteres Reglement ist dieses Invaliden-Corps in zwei Bataillone eingetheilt, von denen das zweite ausschliesslich für den Dienst in den Generalhospitälern bestimmt, und als solches zum Sanitätscorps gehörend, unter den Befehl des Generalstabsarztes gestellt wird. Die Compagnien mit ihren Chefs und Offizieren erhalten ihre Dienstbestimmung und Verwendung von demselben; sowie die Anstellung und Verabschiedung der Offiziere und Mannschaft ebenfalls durch den Generalstabsarzt als Chef dem Kriegsminister vorgeschlagen wird. Die Verwendung dieser Compagnien in den Hospitälern geschieht theils zum Wachdienste, theils als Krankenwärter, Köche u. s. w. In den Hospitälern stehen die Compagnien unter dem Befehle des Chefarztes.

4. Mai 1863.

Veranlasst durch den Missbrauch des *Calomels* und des *tartarus stibiatus* von den jungen unerfahrenen Aerzten im Felde, der mehrere traurige Folgen hervorrief, wurde die Verabfolgung dieser Arzneimittel aus den Medicamentendepots für den Gebrauch im Felde gänzlich verboten, u. z. mit dem Bemerken, dass die neuere Pathologie hinlänglich dargethan hat, dass die Behandlung dahin gehörener Fälle auch durch andere Mittel mit günstigem Erfolge erreicht werden kann. Es wird noch hinzugefügt, dass die unrichtige Anwendung dieser zwei stark wirkenden Mittel verhältnissmässig viel mehr Schaden angerichtet hat, als durch den Gebrauch derselben nützliche Erfolge erzielt worden sind.

12. Juni 1863.

Wird dieser Gegenstand wiederholt besprochen, indem an die älteren Aerzte die Fragen gestellt werden:

1) In welcher Ausdehnung verschreiben Sie bei Ihren Kranken Calomel und tartarus stibiatus?

2) Betrachten Sie diese zwei Mittel bei der Behandlung gewisser Krankheiten als unersetzlich?

3) Würden Sie in Betracht, dass die nothwendige Diät bei der Anwendung dieser Mittel im Felde kaum zu erfüllen ist, die Verabfolgung derselben aus den Depots gestatten?

4) Ist es Ihre Meinung, dass der Schaden, der durch diese Mittel angerichtet wird, grösser sei, als der Nutzen, der durch selbe erzielt werden kann?

Die Beantwortung dieser Fragen ist mir nicht bekannt geworden.

24. November 1863.

Zur Vervollständigung des neu eingerichteten pathologischen Museums in Washington wird den Chefärzten anbefohlen, Abgüsse von wichtigen chirurgischen Fällen aus Gyps machen zu lassen, wo möglich die eine vor der Operation und die andere nach derselben, sowohl von solchen, die einen glücklichen Erfolg hatten, als auch von jenen, deren Ausgang nicht günstig war. Später hat man die Photographie zu solchen Abbildungen verwendet und zwar in grösster Vollkommenheit. Auf der Rückseite jedes einzelnen Bildes ist eine kleine gedruckte Beschreibung aufgeklebt, über die Art der Verwundung, Beschaffenheit der Wunde, Behandlung. Operation u. s. w., wodurch die Abbildung an Nützlichkeit bedeutend gewinnt.

4. Januar 1864.

Wird Farbe und Grösse der Flaggen zur Erkennung der verschiedenen Ambulanzen und Hospitäler bestimmt. Für Generalhospitäler ist die Flagge von gelbem Flaggentuch, 9 Fuss lang und 5 Fuss breit, mit dem Buchstaben H von grüner Farbe in der Mitte. Dieselbe Flagge in kleinerem Format für Feldhospitäler und Krankendepots. Für die Ambulanzen und als Guidons, um die Richtung zu den Feldlazarethen anzuzeigen, dienen kleinere Flaggen mit grüner Randeinfassung.

31. Dezember 1864.

Generalbefehl aus dem Kriegsdepartement, dass alle General-hospitäler ausschliesslich unter dem Befehle des Generalstabsarztes stehen sollen und nach Reglements verwaltet werden, die vom Kriegs-minister bestätigt sind. Die Chefärzte solcher Hospitäler werden als commandirende Offiziere auf ihren Posten angesehen und als solche nur den Militärchefs des Departements, zu denen ihre Hospitäler gehören, untergeordnet.

10. Februar 1865.

Generalbefehl aus dem Kriegsministerium. Alle Einrichtungen und Fuhrwerke, sowie auch Dampfboote, für den Krankentransport bestimmt, gehören dem Sanitäts-Corps an, und dürfen von keiner anderen Behörde und zu keinem anderen Gebrauche verwendet werden.

24. März 1865.

Alle Todesfälle, die durch Anwendung eines anästhetischen Mittels, als: Chloroform, Aether u. s. w. erfolgen, müssen mit genauester Beschreibung der Veranlassung und der Art der An-wendung, sowie mit allen Erscheinungen, welche dieselbe begleite-ten, gleich nach dem Ereignisse dem Generalstabsarzte zugleich mit einer Probe des gebrauchten Mittels mitgetheilt werden.

18. Mai 1865 aus dem Kriegsministerium.

Alle Zelte, Kleidungsstücke, Bettinventarium u. dgl., die bei ansteckenden Krankheiten im Gebrauche gewesen, müssen verbrannt und dürfen weder verkauft noch in Depots aufbewahrt werden.

3. Juni 1865.

Generalordre aus dem Kriegsministerium.

In Bezug auf das zweite Bataillon des Invalidencorps wird bestimmt, dass alle Rapporte und Berichte über das Bataillon

nicht wie früher an den Generalprofoss, sondern an den Generalstabsarzt gerichtet werden, durch den weitere Mittheilungen an
den Kriegsminister gelangen. Die Zahl der Compagnien kann den
Erfordernissen nach vermehrt oder vermindert werden. Jede Compagnie besteht aus:

> 1 Capitän als Compagniechef,
> 1 Premier-Lieutenant,
> 1 Second-Lieutenant,
> 1 Feldwebel,
> 4 Sergeanten,
> 8 Corporälen,
> 82 Gemeinen.

Die Completirung der Compagnie mit Offizieren und Mannschaft, sowie die Entlassung derselben, geschieht auf Vorstellung
des Generalstabsarztes vom Kriegsminister.

XIII.

Die Sanitäts-Commission.

Nach dem was in Europa schon über die Sanitäts-Commission bekannt geworden ist, könnte es überflüssig scheinen, diesen Gegenstand nochmals zu erörtern, und doch darf ich behaupten, dass trotz der vielen Mittheilungen, die wir darüber schon besitzen, das Urtheil über die Thätigkeit und den Nutzen, welchen diese Commission während des Krieges geleistet hat, kein unparteiisches und in vieler Beziehung auch kein richtiges ist.

Was man in Europa nicht weiss, und was Verwunderung erregen wird, ist: dass jetzt, wo die Zeit Vieles aufgeklärt hat, was früher dunkel war, jetzt, wo die beruhigten Gemüther anders urtheilen, als früher im aufgeregten Zustande, Stimmen laut werden, welche die Leistungen, wie sie die Commission in ihren eigenen überschwenglichen Schilderungen der Welt mitgetheilt hat, sehr beschränken. Es handelt sich bei dieser Veranlassung nicht bloss um die Entscheidung, ob die Commission alles das vollbracht hat, was sie behauptet, sondern es ist von grösserer Wichtigkeit, aus diesen Erfahrungen die Lehre zu ziehen, ob bei einem künftigen grossen Kriege eine ähnliche Einrichtung wünschenswerth sei oder nicht.

Ich habe Gelegenheit gehabt, als unparteiischer Beobachter an Ort und Stelle die Thätigkeit der Commission kennen zu lernen. Ich habe die persönliche Bekanntschaft mit ihren ausgezeichnetsten Leitern gemacht, ich habe mir die Mühe gegeben, den grössten Theil

ihrer Schriften, deren Zahl eine bedeutende ist, durchzulesen, ich
habe die Meinung competenter Richter im Volke, in der Armee,
sowie im ärztlichen Stande kennen gelernt, und glaube daher ein Recht
zu haben, auch meine, auf Wahrheit und eigene Anschauung gegründete Ansicht aussprechen zu dürfen.

Als bei dem Ausbruche des Krieges der glühendste Patriotismus
gleich einem electrischen Schlage das ganze Volk durchzuckte und
Massen von Freiwilligen nach Washington eilten, um gegen den
Feind geführt zu werden, waren die Frauen nicht weniger begeistert von dem Wunsche, an der Rettung der Union mit Allem,
was ihnen zu Gebote stand, sich zu betheiligen. Sie beschränkten
ihren Eifer aber nicht allein auf Charpiezupfen und Geldeinsammeln
durch Bälle und Concerte, wie es sonst oft zu geschehen pflegt,
sondern sie arbeiteten mit einer rastlosen Thätigkeit nach allen
Richtungen, um für ihre Väter, Brüder und Söhne im Felde Sorge
zu tragen, und so bildete sich zu Anfang in New-York ein kleiner
Verein von Frauen und Männern, der ohne bestimmte Aufgabe
Verschiedenartiges unternahm, um diesen Zweck zu fördern. Es
war leicht vorauszusehen, dass die Freiwilligen, plötzlich aus
ihren friedlichen Beschäftigungen herausgerissen, den Entbehrungen
und Beschwerden aller Art, denen sie im Felde ausgesetzt waren,
unterliegen würden, um so mehr, da die Regierung ohne alle Vorbereitung zum Kriege bei weitem nicht mit hinlänglichen Mitteln
versehen war, um dem abzuhelfen. Die erste Aufgabe des Vereins bestand daher in Vertheilung von kleinen Schriften, welche die
wichtigsten Regeln zur Erhaltung der Gesundheit im Felde enthielten. Zu gleicher Zeit wurde durch Aufrufe in Zeitungen, durch
Meetings, durch Verbreitung von Flugschriften das ganze Volk
zur Theilnahme und Mildthätigkeit angeregt, um dem Mangel an
Verpflegungsgegenständen abzuhelfen.

Aus diesem unscheinbaren Beginne entwickelte sich in kurzer
Zeit ein Verein, der, auf die Masse des ganzen Volkes sich stützend,
so mächtig wurde, dass sein Einfluss in der Armee ein bedeuten-
der ward. Der Verein, der sich durch seine Vertreter bei dem
Präsidenten in Washington den Namen „Sanitäts-Commission der
Armee der Vereinigten Staaten" beigelegt hatte, erweiterte nach

und nach seine Thätigkeit auf alle Gegenstände, die das Leben des Soldaten nicht bloss im Felde, sondern auch ausser dem Felde, nicht bloss im kranken, sondern auch im gesunden Zustande berührten.

Die Commission constituirte sich bald als eine vollständige Behörde mit einem Präsidenten, Verwaltungsräthen, Secretären und einem ganzen Heere von Agenten, die bei der Armee aus- und eingingen, wo und wann sie wollten. Wenn auch in den Statuten gesagt war, dass sie ihr philanthropisches Werk nur mit Autorisation der verschiedenen militärischen Behörden ausübten und nie und nirgends Etwas unternehmen dürften, wodurch militärische Administration und militärische Disciplin gestört werden könnten, so ist es doch sehr begreiflich, dass nicht alle Agenten sich in diesem Sinne benahmen, und zuletzt war die Machtstellung der Commission eine solche geworden, dass sie einen Staat im Staate bildete. Durch die colossalen Mittel, die derselben zu Gebote standen *), sowie durch die öffentliche Meinung, die sie vollständig beherrschte, hatte sie zuletzt eine Macht erlangt, wie sie in solcher Gestalt in der Welt noch nie dagewesen. Bald wurden in allen Städten Filialen errichtet, die sich wieder in die kleinsten Orte verzweigten, so dass am Ende das ganze Land von der Sanitäts-Commission in Anspruch genommen war.

In wie fern es mit den Begriffen einer wohl organisirten Armee vereinbar ist, einem unabhängigen Privatvereine eine solche Stellung im Heere einzuräumen, überlasse ich jedem unparteiischen Sachkundigen, zu entscheiden. Nur in einem Lande, wie Nordamerika, unter Umständen, wie die damaligen, bei einem Volke, dessen Wille, selbst bei der Armee, beachtet werden muss, lässt sich ein solches Verhältniss denken, ohne dass wesentliche Störungen daraus entspringen, deren üble Folgen in jedem anderen Lande das unbestreitbare Gute überwiegen würden, welches ein derartiger Verein zu leisten vermöchte.

In einem Berichte der Commission ist gesagt: „die Commis-

---

*) Die Sanitäts-Commission hat während ihres Bestehens gegen 12 Millionen Dollars an Geld und Geldeswerth zu ihrer Verfügung gehabt.

sion war sich von Anfang an bewusst, wie bedenklich ihre Aufgabe der Regierung gegenüber sein würde u. z. um nicht zu viel zu thun und dadurch die Regierung in ihren gesetzlichen Verpflichtungen und ihrer Verantwortlichkeit dem Volke gegenüber zu schwächen; andererseits lag eine grosse Schwierigkeit in der zweckmässigen Verwendung aller Verpflegungsgegenstände, ohne in den geordneten Geschäftsgang der verschiedenen Behörden störend einzugreifen."

Da aber die Sanitäts-Commission sich in der, ihr vom Volke übertragenen Vollmacht berechtigt fühlte, die ihr zu Gebote stehenden Mittel zu verwenden, wie sie es nach ihrem Gutachten am zweckmässigsten fand, so mussten alle anderen Rücksichten dagegen zurücktreten. Bei einer Regierungsform, wie die in den Vereinigten Staaten, bei dem Geiste des Volkes, das seine Souveränität selbst im Kriege nicht aufgeben will und desshalb das Recht zu haben glaubt, für die inneren Angelegenheiten der Armee nicht bloss Theilnahme zu fühlen, sondern diese auch zu bethätigen, war eine solche immer mehr und mehr um sich greifende Thätigkeit der Sanitäts-Commission begreiflich, trotzdem dass sowohl der Kriegsminister, als viele Militärchefs dieses Dazwischenhandeln eines mit so grossen Mitteln ausgerüsteten Privatvereines unmöglich gutheissen konnten.

Da nun aber sowohl der Kriegsminister selbst, als auch die Militärchefs dem Volkswillen gegenüber in dieser Angelegenheit nicht wagten, ihren eigenen Willen durchzusetzen, so hing es zuletzt von der Discretion der Sanitäts-Commission ab, so viel oder so wenig zu unternehmen, als sie nach ihren Begriffen für gut befand.

Ich will versuchen, eine kurz gefasste Uebersicht der systematisch organisirten Thätigkeit der Commission zu liefern, die in zwei Hauptklassen gruppirt war:

1. Allgemeine Hilfeleistung

    A. durch Material aller Art für die Generalhospitäler.

    B. Eben solche für die Feldhospitäler, Ambulanzen und Krankendepots.

C. Dessgleichen für Regimenter und einzelne Truppencorps im Felde.

2. Specielle Hilfeleistung

A. An bedürftige und kranke Soldaten, die nicht in Militärhospitäler aufgenommen, die auf Urlaub oder verabschiedet waren.

B. An Gefangene und überhaupt an alle Militärs, die durch irgend einen Umstand keine Verpflegung von der Regierung erhielten.

C. Durch Unterstützung der Soldaten mit Rath in allen ihren Privatangelegenheiten, sowohl in als ausser dem Dienste.

Um diese verschiedenen Hilfeleistungen ausführen zu können, war eine bedeutende Zahl von Agenten, unter welchen sich viele Privatärzte befanden, als Inspectoren angestellt, deren Pflicht darin bestand, sich nicht bloss in allen Hospitälern, Lazarethen und Krankendepots zu erkundigen, in wie weit die Bedürfnisse der Kranken befriedigt werden, sondern ihre Erkundigungen ebensowohl in der Armee und in den einzelnen Regimentern anzustellen, u. z. in Bezug auf alle hygienischen Bedürfnisse, als Reinlichkeit, Kleidung, Nahrung, Lagereinrichtungen, moralische Behandlung u. s. w., kurz eine vollständige Controle auszuüben über Alles und in Allem, was zum Soldatenleben gehört, und darüber der Commission vollständige und genaue Berichte abzustatten.

Es ist daher leicht erklärlich, dass, wenn die Militärbehörden Vieles geschehen liessen, um keine Conflicte herbeizuführen, die in die Oeffentlichkeit gebracht, das Volk gegen die Militärchefs eingenommen hätten, eine solche masslose Einmischung in die Administration der Armee doch nimmer gutgeheissen werden kann, und um so weniger, weil selbst die redlichsten Agenten sehr oft nicht die competentesten Richter waren, in Angelegenheiten, die sie zwar im Einzelnen, aber nicht im Zusammenhange mit dem Ganzen aufzufassen vermochten. Dadurch geschah es denn auch oft, dass Massen von Nahrungsmitteln und Verpflegungsgegenständen unnützer Weise verschwendet wurden, die in der Hand der sachkundigen Behörde allerdings mit grösserem Nutzen hätten verwendet werden können. In wie fern die Einwendung begründet ist, dass die Redlichkeit der gesetzlichen Behörde weniger zuverlässig sei, als die von Privatvereinen, kann ich nicht entscheiden.

Die Thätigkeit der Sanitäts-Commission äusserte sich hauptsächlich in folgenden Richtungen:

1) Durch Vertheilung von populär abgefassten hygienischen Schriften unter den Soldaten, um sie mit Allem bekannt zu machen, was zur Bewahrung ihrer Gesundheit nützlich sein könnte. Ebenso wurde eine Menge hygienischer, medicinischer und chirurgischer Schriften, die von ausgezeichneten Fachmännern verfasst waren, unter den jungen unerfahrenen Aerzten im Felde vertheilt.

2) Auf dem Schlachtfelde selbst wirkten ihre Agenten höchst wohlthätig, durch Hilfeleistungen aller Art, sowie durch Erquickung der Erschöpften mit Speise und Trank.

3) Ebenso leistete die Commission Bedeutendes bei dem Transporte der Verwundeten, indem sie mit ihren eigenen Transportmitteln auf Eisenbahnen und Dampfschiffen sich wesentlich dabei betheiligte.

4) Reichliches Material an Kleidungsstücken aller Art wurde an Bedürftige ausgetheilt. Ausserdem wurden viele Lazarethe mit verschiedenen Gegenständen, Betten u. s. w. von ihnen versehen.

5) Auf der Hauptroute zur Armee waren von der Commission an geeigneten Orten Häuser eingerichtet, in denen kranke oder verwundete Soldaten, die sich einzeln auf die Reise begaben, Unterkommen und Verpflegung fanden.

6) Von wesentlichem Nutzen war die Commission den aus dem Dienste entlassenen Soldaten bei der Betreibung ihrer Geldansprüche, sowohl was ihre Rückstände an Handgeld oder Löhnung betraf, als auch bei Ansprüchen auf Pension. In allen grossen Städten waren stehende Bureaux errichtet, in denen jeder Soldat sein Anliegen vortragen konnte, und sicher war, Rathschläge und Hilfeleistung zu erhalten.

7) Ueberdies waren in verschiedenen grösseren Städten Auskunfts-Bureaux eingerichtet, in denen Verwandte und Freunde

Nachricht von dem Schicksale ihrer Angehörigen im Felde oder in den Hospitälern erhalten konnten; zu diesem Zwecke wurden eigene Agenten überallhin gesandt, mit dem Auftrage, Nachfragen anzustellen und Erkundigungen einzuholen, um darüber berichten zu können.

Aus dem Finanzrapport der Commission vom 1. Oktober 1864 theile ich Folgendes mit:

Geldeinnahme bis zu diesem Tage   3,083,124 Dollars, 58 Cents.

Eingelieferte und angekaufte Gegenstände aller Art im Werthe

von 9,428,265   „   30   „

Summe 12,511,389   „   88   „

Die späteren Einkünfte und Ausgaben bis zur Beendigung des Krieges und bis zur Auflösung der Armee (Sommer 1865) sind noch nicht publicirt worden.

Die Hauptausgaben waren folgendermassen angeführt:

Für Verpflegungsgegenstände . . .	1,742,383 Dollars.
Für Häusermiethe, Waarenlager, Transport	124,279 „
An Agenten	64,027 „
Für ärztliche Inspectionen	119,985 „
Einzelnunterstützungen	251,100 „
Hospitaldirectionen	47,564 „
Statistisches Departement	14,241 „
Veröffentlichungen, Flugschriften, Zeitungen u. s. w.	38,800 „
Bureaukosten	45,504 „
Extraausgaben	78,774 „
Totale	2,526,657 „

Es ergibt sich aus diesen Zahlen, dass die Administration, trotzdem der grössere Theil ihrer höheren Beamten ohne Besoldung diente, eine ziemlich kostspielige war.

XIV.

Pensions-Reglement.

Durch einen Congress-Act vom 14. Juli 1862 wurde folgendes Pensions-Reglement für die Armee und die Flotte bestimmt.

Berechtigt zu Pensionen sind:

1) Invaliden, die nach dem 4. März 1861 aus dem Heere oder der Flotte krankheitshalber oder wegen Verwundungen entlassen wurden.

2) Wittwen von Offizieren, Soldaten oder Matrosen, deren Männer an Wunden oder an Krankheiten gestorben sind, welche sie im Dienste erlitten hatten.

3) Deren Kinder unter 16 Jahren, wenn auch die Mütter gestorben wären, oder sich wieder verheirathet hätten.

4) Mütter solcher Offiziere, Soldaten oder Matrosen, welche Wittwen sind, in dem Falle, wenn der Verstorbene weder Frau noch Kinder unter 16 Jahren hinterlassen hat. Ausserdem muss aber noch dargethan werden, dass solche Mütter von ihren verstorbenen Söhnen ganz oder theilweise in ihrem Lebensunterhalte unterstützt worden waren.

5) Schwestern unter 16 Jahren, die von den Verstorbenen ihren Lebensunterhalt ganz oder theilweise erhielten, wenn keine der, unter 2, 3, 4 Berechtigten vorhanden sind. Wittwen und Mütter verlieren ihre Pension bei Wiederverheirathung; Kinder und Schwestern, sobald sie 16 Jahre alt sind.

8 *

Die Pension ist in folgenden Beträgen festgesetzt:

für einen Oberstlieutenant und alle im Range höhe-
    ren Offiziere monatlich . . . . 30 Dollars
für einen Major . . . . 25 „
 „   „   Kapitän . . . . 20 „
 „   „   Premier-Lieutenant . . . . . . 17 „
 „   „   Second-Lieutenant . . . . 15 „
 „   „   Unteroffiziere, Musikanten und Gemeine . 8 „ *)

Für die Hinterlassenen wird nur je eine Pensionsquote zuge-
standen, so dass die Wittwe mit ihren Kindern zusammen eine Pension erhält; wenn mehrere Waisen oder Schwestern zurückbleiben,
wird die Pension gleichmässig unter sie getheilt. Dann folgen
die Regeln für das Gesuch um Pension und die Bestimmung, welche
Nachweise demselben beigelegt werden müssen. Das ärztliche
Zeugniss über die Untauglichkeit des Invaliden zur Fortsetzung
des Dienstes wird nach den überall angenommenen Bestimmungen
ausgestellt, nur mit dem Vorbehalte, dass der Invalide, dessen
Zustand nicht als für immer absolut unverbesserlich erkannt
ist, sich jedes zweite Jahr zu einer neuen Untersuchung stellen
muss.

Wittwen und Kinder verstorbener Negersoldaten sind unter
denselben Bedingungen zu den nämlichen Pensionen berechtigt, mit
dem Zusatze, dass, wenn die Wittwe keinen Heirathsschein beibringen kann, statt dessen die Aussagen zweier glaubwürdiger
Zeugen genügen, welche bestätigen, dass sie wenigstens zwei
Jahre mit dem Verstorbenen in einer Verbindung als Mann und
Frau gelebt hat, und dass die Kinder aus dieser Verbindung geboren sind.

Die Zahl der Pensionäre aller Categorien in der Armee, die

---

*) Durch einen Supplement-Pensionsact vom 4. Juli 1864 wird die
Pension für den Verlust von beiden Beinen auf 20 Dollars monatlich bestimmt, wenn auch der Invalide durch seinen Rang zu einer minderen Cate-
gorie gehören sollte. Ebenso wird für den Verlust von beiden Armen oder
beiden Augen die Pension monatlich auf 25 Dollars angesetzt. Unter besonderen Umständen kann die Pension durch einen Congressact erhöht
werden.

während und nach den ersten Monaten seit Beendigung des Krieges als pensionsberechtigt anerkannt wurden, beläuft sich auf
85,986. Das Pensions-Budget war auf 8,623,445 Dollars gestiegen;
es ist aber vorauszusehen, dass bei weitem noch nicht Alle ihre
Ansprüche geltend gemacht haben.

XV.

Das Generalquartiermeister-Departement.

Die Gegenstände, die zu dem Ressort dieses Departements gerechnet wurden, waren höchst verschiedener Art. Es gehörten dazu :

A. Einquartierung der Truppen in Garnisonen und im Felde, Transport der Truppen, des Proviants, der Munition und alles dazu gehörigen Materials, Bekleidung der Armee, Feld- und Garnisonsfuhrwerk, Ankauf von Cavallerie- und Artilleriepferden, Verproviantirung, Fourage u. s. w. — Ausserdem bestritt dieses Departement

B. die Auslagen für alle Extraarbeiten in der Armee, Postwesen, gerichtliche Behörden, Begräbnisse, Dolmetscher, Spione und Guiden. Das Veterinärwesen, die Thierhospitäler und noch verschiedene andere Gegenstände waren ihm zugetheilt.

Daraus lässt sich leicht schliessen, welche colossalen Arbeiten und Operationen hier ausgeführt wurden.

Aus den mir vorliegenden officiellen Berichten theile ich folgende Hauptgegenstände mit, für welche während der vier Kriegsjahre 1861—65 verausgabt worden sind:

Für Gegenstände sub Litera A	215,894,850	Dollars
sub Litera B	63,628,416	„
Ausserdem für Pferdeankauf	95,264,915	„
„ Baracken, Quartier- und Hospitalgebäude	24,464,000	„
„ Transport der Truppen	244,601,954	„
„ Offiziers-Bagage	3,591,600	„

für Bekleidungsgegenstände für die Armee .	262,330,008 Dollars
„ Telegraphenanstalten	1,275,000 „
„ Gefangenen-Transport und Unterhalt der-	
selben	6,773,728 „
„ Ofeneinrichtungen	230,000 „
„ Rekrutentransport und -Organisation . .	500,000 „
„ den Bau von Dampf- und Schleppbooten	1,305,000 „
„ Kanonenboote in den westlichen Flüssen	3,560,000 „
Dazu kamen noch Extraausgaben für die Be-	
kleidung etc. von Reservemannschaft, die	
im Mai 1865 einberufen wurde . . .	5,000,000 „

Der Transport von Truppen, Bagage, Proviant, Munition u. s. w. war derjenige Gegenstand, der verhältnissmässig die meisten Schwierigkeiten darbot und die grössten Ausgaben verursachte. Mit den verschiedenen Eisenbahngesellschaften wurde gleich beim Ausbruche des Krieges in einem förmlichen Vertrag ein bestimmter Preis für die Benützung der Bahnen festgesetzt, den alle Gesellschaften in ächt patriotischer Gesinnung so billig als möglich stellten. Ueberdies wurde dem Präsidenten durch Congressact die Machtvollkommenheit ertheilt, in dringenden Fällen alle Eisenbahnen für die Bedürfnisse der Armee in Beschlag zu nehmen. Es wurden von der Armee selbst über 1700 Meilen Militäreisenbahnen angelegt, auf welchen sich 300 Locomotiven und 3000 Wagen bewegten. Alle Eisenbahnen, die man in den feindlichen Staaten vorfand, wurden ebenfalls von der Armee in Besitz genommen, und da sie grösstentheils vom Feinde erst zerstört worden waren, so schnell als möglich wieder fahrbar gemacht. Die vielen Fabrikarbeiter, die sich in der Armee befanden, eigneten sich ganz vorzüglich zur Anlegung und Herstellung von Eisenbahnen.

Der Tarif für den Transport der Regimenter oder einzelner Truppenabtheilungen auf kurzen Bahnstrecken war 2 Cents per Mann mit Einbegriff von 80 Pfund Extra-Gepäck für jeden, ohne zu rechnen, was der Soldat auf dem Marsche selbst trägt: Gewehr, Patrontasche, Tornister u. s. w., noch Provision, Fourage, Equipagen, Zelte u. dergl. der Truppenabtheilung angehörende Gegenstände. — Uebergewicht wurde nach dem gewöhnlichen Tarife 2. Classe bezahlt, mit 10 % Abzug. Für den Transport von Massengegenständen, als Proviant, Munition, Bekleidung, Armatur, Hospitaleffecten, Artillerie, Pferde, Ochsen u. s. w. waren ebenfalls Tarife festgesetzt, die nach der Verschiedenheit der Gegenstände nach 4 Classen berechnet wurden. Die Transportwagen der Eisenbahnen müssen 28 Fuss Länge haben; jeder kann mit 12,000 Pfund beladen werden und 2 Armeewaggons oder 2 Hospital- oder Ambulanzwagen aufnehmen. Von den zweiräderigen Ambulanzen oder Feldkanonen mit allem Zugehör, Feldschmieden u. dgl. können 4 Stück auf jeden Transportwagen gepackt werden. Das Gewicht von vierzehn Stück Pferden oder Ochsen oder 18 Maulthieren rechnet man durchschnittlich zu 18,000 Pfund *).

Militär - Telegraphenlinien wurden so schnell als möglich überallhin errichtet, wohin die Armee ihre Operationen ausdehnte; im Ganzen waren gegen 15,000 Meilen Telegraphenlinien in Thätigkeit, davon 76 Meilen unterseeische; ungefähr 1000 Personen waren bei diesem Dienste beschäftigt. — Durchschnittlich wurden in einem Jahre 1,800,000 Telegramme befördert. Der mittlere Preis einer Depesche stellt sich auf 30 Cents.

Das Trainwesen war im späteren Verlaufe des Krieges besonders gut organisirt worden, alle Armeewaggons, deren Zahl sich ungefähr auf 18,000 belief, waren nach demselben Modell gearbeitet u. z. mit solcher Genauigkeit, dass Räder, Achsen, Deichseln u. s. w. für alle passten. Die Armeecorps waren mit einer hinlänglichen Zahl von Feldschmieden und Ausbesserungsgegenständen versehen.

Die Herbeischaffung einer genügenden Zahl von Pferden und anderen Zugthieren für eine solche Heeresmacht bot keine geringe Schwierigkeit dar; es fehlt bis jetzt an einer zuverlässigen Angabe der Anzahl derselben. Nach den Vorlagen darüber besass die Armee im Jahre 1863 ungefähr 170,000 Pferde und 130,000 Maulthiere, die zum Trainwesen gehörten. Nach angestellten vergleichen-

---

*) Von der Regelmässigkeit, mit der dieser Dienst geschah, war ich selbst Augenzeuge, als von Washington in 12 Tagen (vom 30. Mai bis 11. Juni) 110,200 Mann mit 3400 Pferden und über 2,200,000 Pfund Bagage transportirt wurden, ohne dass die gewöhnlichen regelmässigen Züge dadurch gestört worden wären.

den Berechnungen ergibt sich, dass im Felde durchschnittlich ein
Armeewagen auf 24—25 Mann kam. Das Verhältniss der Pferde
und Zugthiere zu der effectiven Zahl der Mannschaft im Felde
stellt sich wie 1 : 2. In dem Jahre 1863 auf 1864 wurden angekauft: 188,718 Pferde und 82,320 Maulthiere. Ausserdem hatte
man vom Feinde erbeutet: 20,308 Pferde und 9013 Maulthiere.
Der Verlust an Pferden und Maulthieren war durch übergrosse
Anstrengung und mangelhafte Pflege ein enormer und belief sich
durchschnittlich in der ganzen Armee auf 500 Stück täglich.

Der Waffentransport auf dem Meere und den Flüssen erforderte ausserordentliche Beträge, die sich im Anfange des Krieges besonders hoch stellten, weil die dazu verwendeten Dampfschiffe sich
in den Händen einzelner Privatpersonen befanden, welche die Preise
rücksichtslos steigerten. Später fand man es zweckmässiger, Dampfschiffe anzukaufen oder neue zu bauen, die vom Generalquartier-
meister-Departement bemannt und unterhalten wurden. Es besass
solchermassen 39 grosse See- und 45 Flussdampfschiffe; ausserdem eine bedeutende Zahl Schleppdampfer, Kriegs-Waffen-Boote
u. s. w., in Allem von 48,729 Tonnen Gehalt, die 4,228,233 Dollars
gekostet hatten. Diese Zahl von Schiffen war übrigens bei weitem
nicht hinlänglich, um den ganzen Transport für die Armee zu besorgen. Es wurden zudem noch gemiethet 74 See- und 164
Flussdampfer nebst einer bedeutenden Zahl kleinerer Schiffe; in
Allem von 158,694 Tonnen Gehalt. Die tägliche Miethe für diese
Schiffe (ohne Kohlen, welche das Departement lieferte) belief sich
auf 56,450 Dollars. Hiebei muss bemerkt werden, dass das ganze
Transportwesen zur See vollkommen unabhängig von der Kriegsmarine war, deren Schiffe nie dazu verwendet wurden. Das Ge-
neralquartiermeister-Departement brauchte zur Bemannung und
zum Dienste auf allen ihren Schiffen über 33,000 Mann, die mit
ihren Offizieren aus der Handelsmarine contractlich engagirt wurden und ausschliesslich unter der Botmässigkeit des Departements
standen.

XVI.

Das Zahlamt.

Die Löhnung wurde allen in der Armee Dienenden monatlich ausbezahlt. Das Gesetz bestimmt hierüber, dass der Gehalt nicht länger als zwei Monate zurückgehalten werden darf, wenn nicht ganz besondere Hindernisse die Auszahlung unmöglich machen; doch sind solche Hindernisse in dem letzten Kriege durch häufige Dislocationen der Truppen und durch weite Entfernungen oft eingetreten. Die beständigen Abrechnungen mit der Mannschaft, die nach Ablauf ihrer verschiedenen Dienstzeit entlassen wurde, waren mit vielen Schwierigkeiten verbunden. Es war den Soldaten gestattet, dem Zahlmeister einen Theil der Löhnung, aber nicht unter 5 Dollars auf einmal, in Verwahrung zu geben, den sie aber dann nicht vor Entlassung aus dem Dienste zurückfordern konnten. Man wollte dadurch dem Soldaten eine Gelegenheit bieten, sich während seiner Dienstzeit eine kleine Summe zu ersparen, die ihm nach Beendigung derselben zu Gute käme.

Jeder Deponent erhielt ein kleines Büchlein, in welchem der erlegte Betrag vom Zahlmeister bescheinigt wurde; solche Ersparnisse können durch keinen Gerichtsspruch dem Soldaten — oder wenn er gestorben ist, seinen Erben — entzogen werden.

Folgende Liste zeigt den Gehalt und die Emolumente der verschiedenen Chargen:

	Gage monatlich Dollars.	Zahl der Rationen.	Fourage im Kriege	Frieden für Pferde.	Offiziersdiener.
Generallieutenant	270	40	50 Dollars		4
Generalmajor	220	15	7	3	4
Brigadegeneral	124	12	5	3	3
Oberst	95	6	4	3	2
Oberstlieutenant	80	5	3	3	2
Major	70	4	3	3	2
Capitän	60	4	—	—	1
Generalzahlmeister	2740	jährlich	—	—	—
Generalstabsarzt	2740		—	—	—
Premierlieutenant	50	4	—	—	1
Secondlieutenant	45	4	—	—	1
Sergeantmajor	21	—	—	—	—
Musikchef	21	—	—	—	—
Aeltester Sergeant	20	—	—	—	—
Sergeant	17	—	—	—	—
Korporal	13	—	—	—	—
Gemeiner	13	—	—	—	—
im letzten Jahre des Krieges auf 16 erhöht.					
In der Cavallerie ist der Gehalt etwas höher:					
Oberst	110	6	5	3	2
Oberstlieutenant	95	5	4	3	2
Major	80	4	4	3	2
Capitän	70	4	3	2	1
Lieutenants	53	4	1	1	—

Ausserdem sind folgende Vergütungen festgesetzt: Jeder Compagniechef erhält 10 Dollars monatlich extra für die Ueberwachung der Waffen und Kleidungsstücke in seiner Compagnie. — Statt Rationen in natura wird dem Offizier 30 Cents täglich für jede Ration — für Fourage 8 Dollars monatlich für jedes Pferd, das er hält, vergütet. — Für jeden Dienstburschen erhält der Offizier monatlich

2 Doll. 50 Cents und 1 Ration täglich nebst den reglementsmässigen Kleidungsstücken. Jeder Offizier unter Brigadegeneralsrang erhält nach 5jähriger Dienstzeit je 5 nachfolgende Jahre als Zulage eine Ration täglich mehr. Jedem Soldaten werden von seiner Löhnung monatlich 2 Dollars zurückbehalten, die ihm bei seinem Austritte aus dem Dienste in Summa ausbezahlt werden. Zum Besten der Invaliden werden ihm monatlich 12 ½ Cents von der Löhnung abgezogen. Ausgediente Soldaten, die wieder in den Dienst eintreten, erhalten eine monatliche Zulage von 2 Dollars und für jede neue Periode von 5 Jahren eine solche von 3 Dollars.

Folgendes Militärbudget für das Jahr 1864—65 (30. Juni 1864 festgesetzt) bestimmt für:

Werbekosten für Freiwillige	5,000,000	Dollars,
Quartiere, Transport, Proviant, Medicinen und verschiedene andere Gegenstände für alle Rekruten	5,000,000	,,
Prämien und Handgelder für Angeworbene	250,000	,,
Für den Transport der Rekruten, die dabei angestellten Civilärzte u. s. w. . . .	300,000	,,
Löhnung für die Armee	9,971,243	,,
,, ,, ,, Freiwilligen nebst Prämien	177,462,728	,,
Proviant	91,425,426	,,
Bekleidung der Armee und Extramannschaft	58,000,000	,,
Offiziersrationen in Geld	1,723,629	,,
Pferderationen in Geld für Offiziere .	104,820	,,
Für Offiziersbediente Geld und Kleider .	820,820	,,
Für Bücher, Instrumente zu Messungen und andere wissenschaftliche Gegenstände	50,000	,,
Für das Generalquartiermeister-Departement	60,000,000	,,
Ankauf von Pferden für Cavallerie und Artillerie	21,000,000	,,

Transportkosten zu Land und zur See, auf Eisenbahnen und Dampfschiffen . . .	40,000,000	Dollars,
Für Bauten von Hospitälern, Baracken, Brücken, Wege u. s. w.	13,000,000	„
Für Reisekosten und Diäten der Offiziere im Dienste	700,000	„
Für Miethe von Gebäuden, Magazinen, Ställen und deren Reparatur	5,000,000	„
Für Transport und Unterhaltung von Gefangenen	900,000	„
Für Telegrapheneinrichtungen und deren Unterhaltung	275,000	„
Für den Ankauf von Dampfprahmen .	274,000	„
„ Oefen und Kücheneinrichtungen	100,000	„
„ Extraausgaben	400,000	„
„ Arzneien, Instrumente, Bandagen . .	2,715,000	„
„ Hospitals-Requisiten u. Feldausrüstung	618,000	„
„ Bücher und Drucksachen	120,000	„
„ Eis, Früchte u. s. w. für die Kranken	300,000	„
„ Hospitalkleider und Wäsche	750,000	„
„ Civilkrankenwärter	210,000	„
„ Civilärzte und von ihnen gelieferte Medicinen	405,000	„
„ Anschaffungen von künstlichen Gliedmassen	45,000	„
„ Schreiber, Aufseher	75,000	„
„ meteorologische Arbeiten	750	„
Militärärztliches Museum in Washington .	5,000	„
Medicinisches Departement	47,838	„
Chemisches Laboratorium in Philadelphia	5,000	„
Hospitalwäscherei . . .	15,000	„
Geheime Ausgaben	100,000	„
Bureau des commandirenden Generals	10,000	„
Armirung und Fortifications-Arbeiten . .	2,000,000	„
Laufende Ausgaben für das Artillerie-Departement . .	500,000	„

Waffenfabrikation	2,000,000 Dollars
Pulver und Blei	2,000,000 „
Arsenale	2,000,000 „
Für Versuche und specielle Einrichtungen in Arsenalen	100,000 „
Signalcorps	102,000 „
Ausgaben im Bureau des Generaladjutanten	5,000 „

Aus der Benennung von einigen Ausgaben im Budget geht nicht deutlich hervor, was darunter verstanden wird. Das ganze beweist aber, welche Ausgaben man noch für den Krieg zu verwenden gedachte, trotzdem dass das Ende schon vorauszusehen war *).

*) Laut Darstellung des Präsidenten im letzten Congress (7. Dezember 1865) beträgt das Militärbudget für das Jahr 1865: 516¼ Millionen Doll.; für das erste Friedensjahr 1866 soll es auf 33¾ Millionen herabgesetzt werden, indem das Heer auf 50,000 Mann reducirt wird.

XVII.

Die Flotte.

Vor dem Ausbruch des Krieges besassen die Vereinigten Staaten Nordamerikas eine verhältnissmässig unbedeutende Kriegsmarine; einige alte, schwere Fregatten — in allen Welttheilen zerstreut — genügten, um die Handelsflotte zu schützen. Die Union besitzt keine Colonien in anderen Welttheilen, ihr Gebiet bildet ein zusammenhängendes Ganzes; ihre Küsten sind zu entfernt von Europa, um befürchten zu müssen, von einem Feinde plötzlich überrumpelt zu werden.

Die Einfahrt zu allen ihren grossen Städten war durch schon vorhandene Fortifikationen und kleine Inseln, die leicht befestigt werden können, geschützt und somit kein Grund vorhanden, eine kostspielige Kriegsmarine zu unterhalten.

Als der grosse Bürgerkrieg plötzlich ausbrach und die conföderirten Staaten alle Forts, Schiffswerften, Depots, Arsenale und was sonst noch zur Marine gehörte und sich in ihren grossen Häfen vorfand, wegnahm, da fühlte sich die Union in ihren wichtigsten Operationen gelähmt, weil sie keine Mittel besass, die Zufuhr von Kriegsmaterial an die rebellirenden Staaten zu verhindern. England benützte diese Zeit, um den Rebellen mit Allem zu Hilfe zu kommen, was sie zum Kriegführen bedurften.

Wenn behauptet wird, dass dem Kriege hätte vorgebeugt werden können, im Falle die Union eine hinlänglich grosse Heeresmacht zur Verfügung gehabt hätte, so lässt sich mit noch mehr Grund behaupten, dass die conföderirten Staaten den Krieg nicht hätten führen können, wenn die Union eine genügende Kriegsmarine besessen hätte; ja es ist höchst wahrscheinlich, dass die Conföderirten bei Entwerfung ihres Kriegsplans diesen Mangel berücksichtigt haben, indem sie, unterstützt von der Politik Englands, auf eine ungestörte Zufuhr alles dessen, was sie zu einer kräftigen Kriegführung brauchten, zur See rechnen konnten.

Die erste dringende Nothwendigkeit für die Union bestand daher in der Beschaffung einer Seemacht, hinlänglich stark an Kraft und Zahl, um dem Feinde jede Zufuhr von Aussen abzuschneiden; eine Aufgabe, die damals von allen europäischen Mächten als unausführbar betrachtet wurde. Es galt eine Küstenstrecke von über 3500 Meilen zu überwachen, eine Ausdehnung, grösser, als vom Nordcap bis zum Cap Trafalgar. Und doch haben die Amerikaner diese unmöglich scheinende Aufgabe gelöst und zwar mit dem vollständigsten Erfolge. In unerhört kurzer Zeit wurde eine Marine hergestellt, zahlreich und stark genug, um die Blokade jener langen Küstenstrecke auszuführen, um jede Zufuhr vom Meere aus unmöglich zu machen; durch diese Thatsache allein hat die Marine vielleicht eben so viel zur Beendigung des Krieges beigetragen, als die Armee mit allen ihren Schlachten, wenn sich jener auch weniger Gelegenheiten darboten, blutige Lorbeeren zu erwerben. Mit einer rastlosen, Tag und Nacht fortgesetzten Thätigkeit, wurde in allen Unionshäfen daran gearbeitet, alte Schiffe auszurüsten, neue zu bauen, Kauffahrer, die sich nur einigermassen dazu eigneten, zu Kriegschiffen umzuwandeln; Offiziere und Matrosen wurden angeworben, Kanonen gegossen, Kriegsmaterial wurde angekauft. Man darf ohne Uebertreibung behaupten, dass die Weltgeschichte kein zweites Beispiel aufzuweisen hat von der Ausdehnung und Schnelligkeit, mit der in den Vereinigten Staaten in den zwei ersten Jahren des Krieges gerüstet und alles Nöthige geschaffen worden ist.

Seit März 1861 bis Dezember 1864 wurden neu gebaut: 203 Kriegsschiffe mit 1631 Kanonen von 249,974 Tonnen Gehalt. Davon waren 62 Panzerschiffe, casemattirte Monitors mit 1 und 2 Thürmen, alle mit dem schwersten Geschütz, 10-, 12-, 15-zölligen Dalgreen- und Rodmann-Kanonen armirt.

Durch die Verschiedenheit des Kriegsschauplatzes genöthigt,

musste man darauf bedacht sein, drei verschiedene Klassen von
Kriegsfahrzeugen zu schaffen: seetüchtige, von hinlänglicher Grösse
und Tiefgang mit schwerster Artillerie und grosser Dampfkraft,
um den Ocean zu durchsegeln und in grosser Entfernung vom Ufer
die Küste zu bewachen; dann eine zweite Klasse, zahlreicher und
von kleineren Dimensionen, um in den Buchten und in den Mündungen der grossen Flüsse zwischen den vielen kleinen Inseln
durchkommen zu können, von geringerem Tiefgang, aber mit
schwerster Artillerie versehen, um gegen Landbatterien agiren zu
können, ohne Schaden zu nehmen. Diese Aufgabe war die Veranlassung zur Erfindung der Monitors, in deren Construktion
von ihrem ersten Entstehen an vielfältige Verbesserungen und Erfindungen gemacht worden sind, um die Hauptprobleme zu lösen;
endlich brauchte man noch eine dritte Klasse kleinerer Kanonenboote, um hoch hinauf in die grossen Flüsse, hauptsächlich Mississippi und James gehen zu können, und die Armee in ihren Operationen zu unterstützen. Viele von diesen Booten waren mit Steuer-
rudern an beiden Enden versehen, weil sie oft an so schmalen Stellen
gebraucht wurden, dass die Wendung unmöglich ward. Ausser diesen
auf eigenen und Privatwerften neu gebauten Schiffen wurde eine
grosse Anzahl angekauft und gemiethet, so dass in Allem in der
Marine effectiv vorhanden waren: 626 Fahrzeuge mit 3000 Kanonen und 51,000 Mann Besatzung. Die Mannschaft dazu wurde aus
der Handelsmarine angeworben unter denselben Bedingungen, wie diejenige für die Armee. Für die Schöpfung einer solchen Marine waren
vom Anbeginne des Krieges bis 1. Juli 1865: 314,000,000 Dollars
verausgabt worden. Der Werth aller von der Marine aufgebrach-
ten oder zerstörten Schiffe mit ihren Ladungen soll nach officiellen
Angaben 40,000,000 Dollars betragen haben.

Die Marine nahm an allen Gefechten Theil, wo sie hingelangen
konnte. Ihre Unterstützung, hauptsächlich auf dem Mississippi
und einigen anderen grossen Flüssen war für die Armee von der
wesentlichsten Bedeutung, und einige von ihren Thaten stehen ehrenvoll verzeichnet in den Annalen dieses Krieges. Zu den glorreichsten
Unternehmungen der Marine gehört die ganze Reihe von Atta-
quen und Gefechten vor Charleston unter dem Befehle des Admi-

rals Dalgreen im Juli, August und September 1863, hauptsächlich gegen die Batterien Wagner, Moultrie, Sumter, Mooris-Island u. s. w.

Die verschiedenen Arten von Monitors und Panzerschiffen hatten hier hinlängliche Gelegenheit, ihre Wirksamkeit zu erproben; die darüber gemachten Erfahrungen hat der Admiral Dalgreen in seinen Berichten an das Marineministerium mitgetheilt, ein Material, das für alle Kriegsmarinen von grösster Wichtigkeit sein wird. Viele von den Monitors waren fast ununterbrochen zwei Monate im Feuer und zwar gegen Batterien, die mit den stärksten Kanonenkalibern armirt waren. Der Monitor Monta-Uk hatte 214 Schüsse erhalten, der Wee-Hawken 187 und fast alle von 11zölligem Geschütz, ohne dadurch bedeutend beschädigt worden zu sein, trotzdem dass die Erschütterung in den Thürmen bei dem Anpralle des furchtbaren Projektils so gross war, dass Jemand, der an der Innenseite der Wand angelehnt stand, besinnungslos niederstürzte. Der Admiral selbst erzählt, dass er sich bei der Attaque auf das Fort Moultrie in dem Steuerhäuschen seines Monitors befand und durch das Anprallen einer Kugel an der äusseren Wand, ohne dass dieselbe irgend einen Schaden anrichtete, in Folge der Erschütterung allein fast zu Boden gestürzt sei. Aus der langen Reihe von Erfahrungen in diesem Kriege glaubt der Admiral annehmen zu können, dass zur Beschiessung von Panzerschiffen und allen Arten von eisenbekleideten Batterien das schwerste Kaliber auch das wirksamste sei, dagegen zur Zerstörung von Landbatterien mit Erdwällen, und um deren Feuer zum Schweigen zu bringen, leichteres Geschütz, aber mit möglichst schnellem Feuern den Vorzug verdiene. Die 11zölligen Geschütze in den Thürmen der Monitors hält er für die zweckmässigsten. Der Tiefgang der Monitors in jenen Gewässern darf nicht grösser als 11—11½ Fuss sein. Hinsichtlich der Schnelligkeit ihrer Bewegung wird kaum mehr als 7 Knoten erreicht werden können, und bei denen, die lange in jenen seichten Gewässern verwendet wurden, war ihr Boden so mit Schalthieren und Seegewächsen bedeckt, dass sie durchschnittlich nicht mehr als 2—3 Knoten machten; eine Bemannung mit 80 Mann ist hinlänglich. Ueber die Kampftüchtigkeit der bekannten Panzerfregatte New-Ironsides, die hier lange verwendet wurde, äussert sich der Admiral, dass ihr Eisenpanzer sich als undurchdringlich gut bewährt hat (ich war an Bord dieser Fregatte, als sie in Philadelphia in den Dock gebracht wurde; sie hatte 120 Eindrücke von Kugeln in ihrer Panzerbekleidung, aber keine war tiefer eingedrungen, als höchstens 1½ Zoll; ihre Masten und Raaen hatten mehr gelitten). Sie war mit 14 eilfzölligen und 2 achtzölligen gezogenen Kanonen armirt. Ihr Tiefgang war 15½—16 Fuss; sie konnte aber nur 6—7 Knoten machen; die Bemannung bestand aus 440 Mann. Ihr Vorzug vor den Monitors bestand darin, dass sie ihr Feuer rascher und ununterbrochener unterhalten konnte, dagegen war ihr Vorder- und Hintersteven nicht mit Eisenplatten geschützt, folglich durchdringlich, dann hinderte ihr Tiefgang ihr Annähern an die Küste und endlich war das Richten ihrer Geschütze nach den Seiten hin, durch die schmalen Oeffnungen für die Kanonen in den Seitenwänden, sehr beschränkt; sie feuerte auf 1000—1800 Yards Entfernung, am sichersten wirkte ihr Geschütz auf 1300 Yards.

Die glorreichste That der Marine in diesem Kriege war ohne Zweifel die Einnahme der Bucht von Mobile durch das Geschwader des Admirals Farragut am 5. August 1864. Die Bucht war nicht bloss durch eine Menge Batterien und Fortifikationen mit den schwersten Geschützen, die auf allen geeigneten Punkten angelegt waren, vertheidigt, sondern die Conföderirten hatten auch hier einen Theil ihrer besten Marinekräfte aufgestellt, bestehend aus 8 Panzerschiffen und 4 kleinen Schoonern mit 50 Kanonen; ausserdem war eine Unzahl von Torpedos (Sprengmaschinen unter dem Wasser, mit 75 Pfund Pulver gefüllt) an allen seichteren Stellen vertheilt. Die Einnahme der Bucht war für die Union von grosser Wichtigkeit, weil in Folge der Localverhältnisse derselben eine vollkommene Sperrung unmöglich war, und desshalb immer noch bedeutender Schmuggelhandel mit Europa stattfinden konnte. Von dem Augenblicke an, wo die Bucht von den Unirten eingenommen war, wurde den Conföderirten die letzte Verbindung mit Europa abgeschnitten, und dadurch die Möglichkeit zur längeren Fortsetzung des Krieges benommen. Der Angriff begann am 5. August, Morgens um 6 Uhr. Die Seemacht der Unirten bestand aus 9 Schrau-

benfregatten und -Corvetten, 10 Schraubenkanonenbooten und 8
Panzerschiffen, in Allem mit 231 Geschützen; der Admiral an
Bord des Hartford befand sich während des ganzen Kampfes auf
dem Mastkorbe mit dem Fernrohre in der Hand, um Alles über-
sehen und leiten zu können.

Die Durchfahrt in dem engen Fahrwasser zwischen den Forts
Morgan und Gaines wurde trotz des furchtbarsten Feuers mit verhältnissmässig wenig Verlust forcirt; nur das Panzerschiff Tecumsee
stiess gleich Anfangs auf ein Torpedo, wurde in wenigen Minuten
zertrümmert und versank spurlos fast mit seiner ganzen Bemannung von 120 Mann, von denen nur 8 gerettet wurden, unter den
Wellen. Nachdem alle Landbatterien zum Schweigen gebracht
waren, steuerte der Admiral auf die feindlichen Schiffe und hauptsächlich war es der Tennessee, das grösste und stärkste Widderschiff der conföderirten Marine, das er vernichten wollte.

Der Tennessee war 200 Fuss lang, 40 Fuss breit und bestand .
aus 3zölligen Eisenbohlen, welche mit 16 Zoll Fichtenholz bedeckt
waren. Auf diesem lag senkrecht eine Schichte 3zölliger Panzer-
platten, dann kam eine schräge zweite Schichte 2zölliger Platten
und auf dieser noch eine dritte Schichte 1zölliger Platten; ihr Tiefgang war 14 Fuss 8 Zoll.

Der Monongahela war das erste Widderschiff, das mit vollster
Dampfkraft mit seinem Sporn gegen den Tennessee anrannte,
aber ohne Erfolg; der Sporn des Monongahela brach und ein
Theil seines Bugspriets ward dadurch beschädigt; der zweite Stoss
wurde von der Lackawanna, ebenfalls mit vollster Dampfkraft
geführt; auch diese wurde beim Zusammenprallen selbst beschädigt, ohne dem feindlichen Schiffe den mindesten Schaden zuzufügen. Endlich rannte das Admiralschiff Hartford selbst mit aller
Gewalt gegen den Tennessee los, der aber noch einen günstigen
Moment benützte und eine Wendung machte, wodurch der furchtbare Stoss ihn nur streifend traf. Im selben Augenblicke feuerte
der Hartford seine ganze Breitseite von 9zölligem Geschütz mit
Vollkugeln auf 10 Fuss Distanz auf ihn ab, ohne ihm bedeutenden
Schaden zuzufügen. Zwei Monitors, die mit ihrem 15zölligen Geschütze seinen Hintersteven beschossen, rissen einige Eisenplatten

ab, ohne aber die Schiffswand zu durchdringen. Jetzt bereiteten sich die vier Widderschiffe, von verschiedenen Seiten zu gleicher Zeit mit vollster Dampfkraft ihn in den Grund zu rennen, als der Tennessee noch zu rechter Zeit die weisse Parlamentärflagge aufzog, um sich zu ergeben, aber doch nicht zeitig genug, um zu verhindern, dass das nächste Widderschiff Ossipee, der zwar seine Dampfkraft schnell anhielt, an ihn anprallte.

Am Bord des Tennessee befand sich der Admiral Buchanan, der, schwer verwundet, mit 20 Offizieren und 170 Mann zum Gefangenen gemacht wurde. Der Verlust am Bord des unirten Geschwaders bestand in 41 Getödteten und 88 Verwundeten, ausser der Mannschaft, die bei der Sprengung des Tecumsee ihren Tod in den Wellen gefunden hatte.

Einzelne Thaten wurden von jungen Offizieren mit heldenmüthiger Entschlossenheit vollführt; dazu gehört die Zerstörung des feindlichen Panzerschiffes Albernake. Der Albernake hatte den unirten Kanonenbooten bei der Belagerung von Plymouth bedeutenden Schaden zugefügt und kräftig dazu beigetragen, dass Plymouth damals von den Unirten nicht genommen werden konnte. Am 5. Mai bestand er ein starkes Gefecht gegen die Kanonenboote des Capitain Smit, die ihm nichts anhaben konnten, da alle Kugeln an seinen Eisenwänden wirkungslos abprallten. Da entschloss sich später ein junger Offizier, Lieutenant Cushing, das Panzerschiff aufzusuchen und es mit einem Torpedo in die Luft zu sprengen. Mit 14 todesmuthigen Gefährten ging er in der dunklen Nacht auf den 27. Oktober den Raonokefluss hinauf, fand seinen Feind auf der Schiffswerfte bei Plymouth liegen und trotz der nahen Wache auf dem Lande und auf dem Schiffe gelang es ihm, in der Dunkelheit der Nacht seinen Torpedo an das Schiff zu bringen, ihn anzuzünden und das Schiff in die Luft zu sprengen. Er selbst und 1 Matrose waren die einzigen, die sich durch Schwimmen retteten; sie wurden von einem in der Nähe aufgestellten Hilfsboote aufgenommen.

Das einzige Gefecht in offener See fand — wie bekannt — am 19. Juni 1864 an der französischen Küste bei Cherbourg statt, zwischen dem Kriegsdampfer der unirten Flotte Kearsarg, Capitän

Winslow und dem conföderirten Schiffe Alabama, Capitän Semmes. Der Kampf dauerte nur ungefähr eine Stunde, als die Alabama ihre Flagge strich und 20 Minuten darauf mit einem grossen Theile ihrer Bemannung in den Wellen versank. Trotz der Nähe von 900 Yards, in der die Schiffe, sich umkreisend, einander gegenseitig beschossen, hatte der Kearsarg nur ungefähr 30 Schüsse erhalten; 1 Mann war getödtet und nur 3 Mann verwundet. Beide Schiffe waren übrigens von gleicher Stärke. Der Commandant des sinkenden Schiffes rettete sich mit einigen Matrosen auf den Booten eines englischen Kutters Deerhound, der als Zuschauer des Kampfes sich in der Nähe aufgehalten hatte, und entging so der Gefangenschaft.

XVIII.

Das Sanitätswesen der Marine.

Die Administration der ganzen Marine und aller Marine-Ange-legenheiten leitet der Sekretär der Marine an der Spitze seines Departements in Washington. Nach dem neuesten Reglement für die Marine besteht dieses Departement aus folgenden 8 Bureaux:

1. Docks und Schiffswerften,
2. Equipirung und Rekrutirung,
3. Navigation,
4. Artillerie,
5. Constructionen und Reparaturen,
6. Dampfmaschinen,
7. Verpflegung und Bekleidung,
8. Sanitätswesen.

Die Pflichten und Rechte eines Jeden sind in diesem Regle-ment festgesetzt. Eine wichtige Bestimmung, die, so viel ich weiss, in keiner anderen Marine stattfindet, ist folgende: §. 1115. Alle Befehle, Circuläre und Instructionen, von einem der Chefs der be-nannten Bureaux erlassen, die sich aber nur auf Gegenstände be-ziehen, die seinem Bureau unterliegen, sind als vom Marinesekretär ausgehend zu betrachten und haben als solche die volle Gesetzes-kraft und Wirkung. Alle schriftlichen Mittheilungen, die Bezug auf benannte Bureaux haben, werden stets direct an die Chefs derselben gerichtet; alle anderen an den Marinesekretär.

Aus dieser Anordnung ersieht man die grosse Vollmacht, aber auch die Verantwortung, die dem Bureauchef übertragen ist, wodurch allerdings zugleich dem Marinesekretär viel Zeit und Arbeit erspart wird.

Vor dem Ausbruche des Krieges brauchte die unbedeutende Marine selbstverständlich nur ein sehr geringes ärztliches Personal. Sie besass nur ein eigenes kleines Hospital in New-York und eine Invalidenanstalt für ausgediente Matrosen in Philadelphia (The Naval-asylum).

Bei dem Ausbruche des Krieges hielt es schwer, die Flotte mit einer hinreichenden Zahl von Aerzten zu versehen, obschon die weit geringere Zahl der Mannschaft auf den neu construirten Schiffen nicht wie früher einen oder mehrere Aerzte auf jedem derselben erforderte.

Das ganze Personal der Marine bestand nur aus 45,000 Mann mit 6000 Offizieren; was davon in den verschiedenen Häfen und auf den Schiffen erkrankte, wurde in den Landhospitälern untergebracht. Nach dem letzterschienenen Berichte vom Jahre 1864 waren in den verschiedenen Gefechten getödtet 171 Mann, verwundet 351, dagegen belief sich die Zahl der in den Hospitälern behandelten Krankheitsfälle auf 61,229; davon geheilt oder entlassen 58,070; gestorben 1048; in Behandlung am Ende des Jahres 2111. Der ganze Verlust an Mannschaft vom Anfange des Krieges bis zum Schlusse des Jahres 1864 betrug nur 1560 Mann. Wenn die Schiffe im Gefechte verhältnissmässig so wenig Mannschaft verloren, so war das eine Folge der Undurchdringlichkeit der Eisenwände. Nach Aussage aller. Aerzte und Marine-Offiziere, die ich darüber habe sprechen hören, ist jedoch der Dienst auf den Panzerschiffen und den Monitors ein für die Gesundheit höchst nachtheiliger; besonders in diesen Gegenden, wo im Sommer die Eisenbekleidung der Schiffe fast glühend wird und der Aufenthalt im Innern, trotz aller Ventilation, hauptsächlich in den Monitors, oft erstickend ist. Man war desshalb auch genöthigt, grössere hölzerne Schiffe nach den verschiedenen Seestationen kommen zu lassen, auf denen die Mannschaft, nachdem sie 4—5 Monate lang Dienste auf den Eisenschiffen geleistet hatte, sich erholen konnte.

Ich muss hiebei bemerken, dass durch ein Gesetz vom 14. Juli

1862 keine Branntwein-Ration auf den Kriegsschiffen der Vereinigten Staaten mehr gegeben wird und überhaupt (mit Ausnahme einer gewissen Quantität zum ärztlichen Gebrauche) keine geistigen Getränke an Bord gehalten werden. Als Ersatz wird dem Mann für jede Ration 5 Cents pr. Tag vergütet.

Da die Marine bis jetzt keine grossen Hospitäler besitzt, so konnte auch der Dienst der Aerzte nur ein verhältnissmässig beschränkter, obwohl nicht weniger beschwerlicher sein, als der jedes anderen Offiziers an Bord; ihre Stellung war daher nicht so günstig, als die der Aerzte bei der Armee; auch lässt die Eigenheit des Seedienstes es nicht zu, dem Arzte oder überhaupt einem an Bord eines Kriegsschiffes Dienenden einen so selbstständigen Wirkungskreis einzuräumen, als es bei der Armee stattfinden konnte. Die Aerzte zogen es desshalb vor, in der Armee zu dienen, und es trat aus diesem Grunde oft Mangel an Aerzten bei der Flotte ein.

Die Rangverhältnisse der Marineärzte sind in dem letzten Reglement vom Jahre 1865 folgendermassen festgesetzt:

Chef des Medicinal-Bureaus	Commodore,
Chefarzt einer grösseren Flottendivision	Fregatten-Capitän,
Oberarzt in den ersten fünf Jahren . .	Capitän-Lieutenant,
nach fünf Jahren im activen Seedienst .	Commandeur-Capitän,
nach fünfzehn Jahren	Fregatten-Capitän,
Assistenzarzt	Lieutenant,

u. s. w.

Der Gehalt

für den Chefarzt einer Flottendivision	3300	Dollars,
für Oberärzte im activen Seedienst . . .	2200	,,
nach jeder 5jährigen Dienstperiode, Zulage	200	,,
so dass nach 20 Jahren Dienst	3000	,,
bei Dienstverwendung am Lande	2000	,,
für jede fünfjährige Dienstperiode Zulage 200 Dollars bis	2800	,,
auf Urlaub oder ausser Dienstverwendung . .	1600	,,
steigend von 5 zu 5 Jahren bis . .	2300	,,
für Assistenzärzte in See	1500	,,

bei Dienstverwendung am Lande . . . . 1400 Dollars,
auf Urlaub oder ausser Dienstverwendung . . 1100 ,,

Die Seeration u. s. w., wie die der anderen Offiziere gleichen Ranges.

Das Pensions-Reglement vom 14. Juli 1862 ist für die Flotte seinem ganzen Inhalte nach dasselbe, wie für die Armee.

Bis zum November 1864 waren

769 Individuen mit Pension von . 50,401 Dollars,
Wittwen und Waisen 840. mit . . 139,258 ,.

Summe 189,659 Dollars.

Das Seespital (Naval-Asylum) in Philadelphia ist errichtet, um Offizieren und Matrosen, die im Dienste ihre Gesundheit eingebüsst haben, ein ruhiges, sorgenfreies Dasein zu verschaffen. Das Gebäude, für 150 Pensionäre eingerichtet, liegt in einem kleinen, parkähnlichen Garten, zwei Meilen ausserhalb der Stadt. Um das Recht zur Aufnahme zu haben, muss der Betheiligte wenigstens 20 Jahre ehrenhaft in der Marine gedient haben, doch können aus besonderen Gründen Ausnahmen mit Bewilligung des Marine-Sekretärs gestattet werden. Ein Gouverneur, der wenigstens Rang eines Capitäns in der Marine hat, ist der Chef; 1 Commandeur, 1 Lieutenant, 1 Arzt und 1 Geistlicher sind ausserdem angestellt. Jeder Pensionär erhält 36 Dollars jährlich zu seiner Bekleidung; sie können zu Arbeiten oder Dienstleistungen im Innern des Gebäudes oder im Garten nach Gutdünken des Gouverneurs verwendet werden und erhalten dafür extra 1 Dollar monatlich. Geistige Getränke sind streng verboten. Niemand darf ohne Erlaubniss das Spital verlassen, und überhaupt ist die Disciplin eine sehr strenge und ganz der an Bord eines Kriegsschiffes herrschenden nachgebildet.

Jeder Pensionär hat sein kleines Zimmer mit Bett und den nothwendigen Möbeln, alles sehr reinlich gehalten und von dem Inhaber mit Flaggen, Abbildungen und anderen Gegenständen, die auf die Marine Bezug haben, ausgeschmückt.

Der Speisesaal ist ein gemeinschaftlicher; ausserdem ist ein Lesezimmer mit einer kleinen Bibliothek zur Benützung für die Pensionäre bestimmt. Ein kleines Lazareth befindet sich in demselben Gebäude, in welchem auch andere Seeleute von der Flotte aufgenommen werden können, wenn Platz vorhanden ist.

Die Kost ist eine vorzügliche und besteht aus Suppe 1 Pinte, Rind- oder Hammelfleisch 1 Pfund, Brod 1 Pfund, Kartoffeln oder Gemüse 1 Pfund, Gerste oder Reis 1 Unze, Thee ¼ Unze, Kaffee oder Cacao 1 Unze, Zucker 2 Unzen, Milch zum Thee ¼ Pinte. Kalbfleisch, Hühner, Fische können verabreicht werden, nur dürfen die Kosten nicht die der obenbenannten entsprechenden Artikel übersteigen. Bier, Wein oder andere geistige Getränke sind verboten und werden nur in Krankheitsfällen von dem Arzte verordnet. Es herrscht in dem ganzen Gebäude eine Reinlichkeit, Ordnung und ein friedlicher Geist, von dem der Besucher sich angenehm berührt fühlt; die Pensionäre, mit denen ich sprach, waren alle glücklich und zufrieden mit ihrem Schicksale. Der kleine Park, in dem das Gebäude liegt, ist musterhaft unterhalten und bietet den Pensionären eine angenehme, schattenreiche Promenade mit der Aussicht auf das Meer.

Die Marine besitzt ihren eigenen Pensionsfond, dem die Hälfte aller Prisengelder zufällt. Im Verlaufe des Krieges waren bis Ende 1864 in Allem 1379 Prisen gemacht, von denen die condemnirten und verkauften 14,396,250 Dollars einbrachten; die Unkosten dabei beliefen sich auf 1,237,153 Dollars, von den übrigbleibenden 13,190,847 wurde die Hälfte als Prisengelder den hiezu Berechtigten ausbezahlt, die andere dem Marinepensionsfond zugewiesen.

Gleich nach Beendigung des Krieges wurde alles Ueberflüssige an Schiffen und Material verkauft und die Mannschaft entlassen, so dass die Marine im August 1865 nur 117 Schiffe mit 830 Kanonen und 2218 Mann zählte.

Obschon die Nordamerikaner das Material an Eisen, Holz und Steinkohlen haben, auch in sich alle Eigenschaften besitzen, um eine der grössten Seenationen der Welt zu werden, und trotzdem dass ihre Küstenausdehnung nach zwei Weltmeeren hin sie dazu berechtigt, so ist es doch sehr zu bezweifeln, dass sie mit den Extravaganzen der Franzosen und Engländer wetteifern werden, um eine Marine zu schaffen, die dem Lande in Friedenszeiten mit einem unverantwortlich hohen Budget zur Last fallen würde; um so mehr, da es bei den fortschreitenden Erfindungen und Verbesserungen in allen technischen Gegenständen leicht möglich wäre, dass eine solche Marine ihr Eisen in den Schmelzöfen und ihr Holz als Brennmaterial verwenden müsste, ehe es wieder zu einem Kriege käme.

Schilderungen

von Land und Leuten

nach dem Kriege.

I.

Erste Eindrücke.

Auf dem Dampfschiffe »China« von der Cunard-Linie schiffte ich mich in Liverpool ein und verliess Europa am 14. Mai 1865, nachdem wir noch die Post für Amerika in Queenstown an Bord genommen hatten. Bald befand ich mich auf dem Atlantischen Ocean und erneuerte eine alte Bekanntschaft mit demselben, die ich in meiner Jugend angefangen und in späteren Jahren öfter mit seemännischer Freude genossen hatte. Neptun, dessen Günstling gewesen zu sein ich mir schmeichelte, war mir diesmal weniger hold. Stürmisches, kaltes Regenwetter empfing uns auf offener See und geleitete unsere Fahrt mit verzweifelter Hartnäckigkeit bis zur neufoundländischen Bank, wo sich noch ein dicker Nebel hinzugesellte, der uns so vollständig einhüllte, dass wir unser Dasein nur durch wiederholtes Abfeuern der Signalkanonen, durch Läuten der Schiffsglocke und schrillendes Pfeifen der Dampfmaschine kundgeben konnten, um jedes unerwartete und ungewünschte Rencontre mit anderen Seegefährten zu vermeiden. Unser Schiff hielt sich übrigens brav, nur rollte es mehr, als angenehm war, so dass für die meisten Passagiere das Gehen, Stehen und Liegen fast unmöglich wurde. Von den 68 Passagieren 1. Classe, die sich in den ersten Tagen mit dem gewöhnlichen gesteigerten Seeappetit an die Tafel gesetzt hatten, wurden die meisten uns abspenstig und später fast gespenstig, so dass am Ende der Fahrt unsere Tischgesellschaft nur aus 6 Personen bestand, denen die See nichts anhaben konnte.

Die Einrichtungen im Innern des Schiffes sind sehr bequem, elegant und reinlich gehalten, und mit allem englischen Seecomfort ausgestattet; die Beköstigung ist mehr als reichlich. Noch muss ich hinzufügen, dass alle neueren transatlantischen Schiffe der Cunardlinie so eingerichtet sind, dass die Cajütenabtheilungen im Innern leicht auseinander genommen werden können, um dadurch Raum zu gewinnen, 1000 Mann Truppen aufzunehmen. England hat auf diese Weise eine Transportflotte zur Verfügung, die ihre Truppen über See bringen kann, wann und wohin es die Umstände erheischen. Avis au lecteur!

Der Lootse aus Halifax, der unsere Ankunft in offener See erwartete, und dem wir uns trotz des undurchdringlichen Nebels durch Kanonenschüsse zu erkennen gegeben hatten, wurde aus seinem kleinen Boote mit einem um den Leib gebundenen Stricke an Bord gehisst, wie ein Vierfüssler; seine ganze Erscheinung erinnerte auch an diejenige Race seiner Lands-thiere, die in Europa unter dem Namen »Neufoundländer« so beliebt ist. Unsere Passagiere, grösstentheils Yankees von reinstem Wasser, bestürmten ihn mit Fragen über die neuesten Neuigkeiten aus den Vereinigten Staaten. Er murrte ihnen zu: »they have caught the president, not the old (Lincoln, der schon ermordet war) but the other in his pettycoat.« Jefferson Davis war gefangen worden, in Frauentoilette verkleidet.

Am 24. Mai warfen wir im Hafen von Halifax Anker, um die mitgebrachte Post abzuliefern, mit der Absicht, gleich wieder in See zu gehen; das schlechte Wetter hielt uns aber hier zurück bis zum nächsten Morgen. Ich ging an's Land, um zum ersten Male den Boden der neuen Welt zu betreten. Der dickste Nebel verhinderte aber jede Weltanschauung und so habe ich in Halifax eigentlich nichts gesehen, als rothröckige englische Soldaten in den kothigen Strassen herumwandeln, nichts gehört als obligaten Kanonendonner von den Batterien, der den Canadensern verkündete, dass ihre Stiefmutter (Königin Victoria) jenseits des Oceans heute ihren Geburtstag feiere, und somit war der erste Eindruck, den die neue Welt auf mich machte: »c'est tout comme chez nous.« Nächsten Morgen gingen wir wieder in See. Meer und Luft hatten sich mit uns ausgesöhnt und im schönsten Sonnenglanze segelten wir am 26. Mai in die grosse Bucht von Boston ein. Nachdem wir die Batterien Warrens und Independence passirt hatten, kamen wir in den inneren Hafen von Boston und legten uns dicht bei der Douane vor Anker.

Somit war ich in dem Lande der Freiheit angelangt, in welchem seit vier Jahren ein Krieg wüthet, wie ihn die Weltgeschichte noch nie verzeichnet hat; ein Krieg, in welchem die Menschen, die so stolz auf ihre Freiheit sind, durch Rache, Wuth und alle bösen Eigenschaften der Seele sich im wildesten Kampfe gegenseitig zu vernichten streben und dadurch beweisen, dass sie trotz aller äusseren erkämpften Freiheit Sklaven ihrer eigenen ärgsten Leidenschaften geblieben sind.

Ich gönnte mir keine Ruhe, denn es trieb mich mit Hast nach dem Süden, um die Armee zu erreichen. Einige Stunden nach meiner Ankunft im Hafen von Boston befand ich mich schon auf der Eisenbahn auf dem Wege nach New-York.

Ermüdet von der langen Seefahrt war diese erste Reise auf einer amerikanischen Eisenbahn nichts weniger als erquicklich. Seitdem habe ich das Land in allen Richtungen auf Eisenbahnen bereist, und da die Einrichtungen überall dieselben sind, so will ich versuchen, sie gleich hier in kurzen Zügen zu schildern.

Keine Nation hat die absolute Nothwendigkeit der Eisenbahnen für die Entwicklung ihrer inneren Wohlfahrt so früh anerkannt, als die Amerikaner, die mit ihrem praktischen Sinne immer das rechte Mittel für den rechten Zweck zu wählen verstehen. Amerika ging mit dem Baue von Eisenbahnen der ganzen Welt voran. Eisenbahnen werden oft noch heute in wüste Gegenden hineingebaut, wo fast noch keine Ansiedlungen vorhanden sind und kaum eine Spur der ersten Culturstufe sichtbar ist. Durch Erfahrung haben sie die Ueberzeugung erlangt, dass dies alles mit magischer Schnelligkeit entstehen werde, sobald erst nur die Dampfkraft den Weg dahin geöffnet hat. Der Krieg hat mehr als alle Beweise der ganzen Welt dargethan, in wie vielen Beziehungen Eisenbahnen von der grössten Wichtigkeit sind, und man könnte fast behaupten, dass die Union den Eisenbahnen ihre Ret-

10

tung zu verdanken habe. Indem ich dieses so anerkennend aus-
spreche, mag es mir aber auch erlaubt sein, meine Ansicht über
die schlechte, unverantwortliche, Bequemlichkeit, Gesundheit und
Leben der Reisenden für nichts achtende Verwaltung der Eisenbahnen darzulegen, wie sie fast überall in den Vereinigten Staaten,
und zwar nicht bloss in entfernteren Gegenden, sondern selbst in
der Nähe der grösseren Hauptstädte gehandhabt wird.

Die Concession zum Baue einer Eisenbahn wird fast nie verweigert; einzelne Personen oder grössere Gesellschaften vereinigen
ihre Kapitalien zur Anlegung von Bahnstrecken. Bau und Verwaltung derselben werden von keiner Behörde controlirt, obschon in
jedem Einzelstaate gesetzliche Bestimmungen darüber erlassen sind.
Die Besitzer der Eisenbahnen haben nur einen Zweck: in kürzester
Zeit so viel Geld als möglich aus diesem Geschäfte zu ziehen.
Viele Bahnen haben es mit mächtigen Concurrenten zu thun, und
um es mit solchen aufnehmen zu können, müssen sie mit grösster
Schnelligkeit fahren und ihre Tarife so niedrig als möglich stellen.
Aus diesen Gründen ist das ganze Unternehmen oft höchst unsolid;
die nothwendigsten Vorsichtsmassregeln werden auf unverantwort-
liche Weise vernachlässigt und daher die unerhörte Zahl von Unglücksfällen, die fast täglich in Amerika vorkommen.

Im Jahre 1864 ereigneten sich 144 Unglücksfälle, in welchen 404 Menschen getödtet und 1468 schwer verwundet wurden.
Im Jahre 1865 bis August 128 Fälle mit 266 Getödteten und
1300 schwer Verwundeten. In den zehn vorhergehenden Jahren
waren 1090 Fälle mit 1465 Getödteten und 5803 schwer Verwundeten verzeichnet.

Der Leichtsinn, mit welchem der Amerikaner bei solcher Gelegenheit sein Leben auf's Spiel setzt, ist unglaublich. Gerichtliche
Untersuchungen finden selten statt; die Todten klagen nicht und
die Ueberlebenden, überzeugt, dass durch gerichtliche Verfolgung
ihnen nur Zeitverlust und Kosten entstehen, begnügen sich, in den
öffentlichen Blättern darüber zu schimpfen, und wenn auch zuweilen
eine gerichtliche Untersuchung eingeleitet wird, so endet sie gewöhnlich mit dem Ausspruche: »death by accident« (Tod durch Zufall).

Die Einrichtung der amerikanischen Eisenbahnwagen ist be-

kannt. Es gibt keine verschiedenen Klassen; »we are all equal«
erwidert man uns, wenn man sich darüber beklagt, dass man auf
den sehr unbequemen Sitzen oft mit noch unbequemeren Reise-
gefährten in Berührung kommt. Die Bänke, jede für zwei Personen, stehen der Länge nach in zwei Reihen, getrennt durch einen
schmalen Gang in der Mitte; die Rücklehnen lassen sich nach hinten und nach vorne umschlagen, so dass 4 Personen sich dadurch
gegenüber setzen können. In jedem Waggon sind Plätze für 50 bis
60 Personen, doch hindert das nicht, dass man so viele hineinlässt,
als Billete gelöst haben; wer nicht Platz zum Sitzen findet, bleibt
stehen oder legt sich der Länge nach hin. Die Ventilation der
Waggons ist eine vorzügliche, so dass man im heissesten Sommer
nicht von der Hitze zu leiden hat; ausserdem ist in jedem Waggon ein Wasserbehälter angebracht, mit frischem Wasser gefüllt,
in welches Eis gelegt wird, wodurch man die grosse Annehmlichkeit
geniesst, im Sommer auf langen Fahrten seinen Durst mit frischem
Eiswasser stillen zu können; wenn die Behälter geleert sind, werden
sie auf den Stationen wieder neu gefüllt. Alle Waggons sind mit kleinen Plattformen hinten und vorne versehen und durch Ketten so nahe
mit einander verbunden, dass man während des Fahrens von einem
Waggon in den anderen gehen kann. Eine besondere Einrichtung
haben die Schlafwaggons, von denen auf langen Strecken stets
einige mitgegeben werden; sie enthalten längs den Seitenwänden
Schlafstellen in zwei Reihen über einander, vollständig mit Matratzen, Kopfkissen und Decken, selbst mit kleinen Gardinen zum
Vorziehen versehen. Am Tage ist die ganze Einrichtung unsicht-
bar an der Wand und an der Decke zusammengelegt; Abends
8 Uhr, während des schnellsten Fahrens, werden von Dienern mit
bewunderungswürdiger Fertigkeit in weniger als ¼ Stunde Betten
für vierzig Personen aufgestellt und zugerichtet, und ebenso schnell
wird das ganze Schlafgemach des Morgens um 6 Uhr wieder aufgeräumt. Die Preise der Plätze sind im Vergleiche zu denen auf
europäischen Bahnen billig; für das Gepäck, selbst wenn es aus
mehreren schweren Koffern besteht, wird fast nie etwas extra
bezahlt. Jedem Gepäckstück wird eine messingene Marke, auf
der eine Nummer steht, vermittelst eines kleinen Riemens ange-

10*

hängt. Der Reisende bekommt so viele Marken mit den entsprechenden Nummern versehen, als er Stücke hat. Kurz vor der Ankunft
an einer Hauptstation geht ein Commissionär, »der Express« genannt, durch alle Waggons und bietet seine Dienste an; man übergibt ihm seine Marken und die Adresse, wo man logirt, empfängt dafür eine kleine Quittung und bekümmert sich nicht weiter um seine
Sachen. Kurz nach der Ankunft erhält man das Gepäck auf sein
Zimmer zugestellt, selbst in die entferntesten Stadttheile, wofür
man eine geringe Vergütung zahlt. Es sollen höchst selten Ver-
wechslungen oder Unordnungen vorkommen, und dem Reisenden
werden durch diese Einrichtung Zeitverlust und Unannehmlichkeiten
erspart. Auf vielen europäischen Eisenbahnen findet man bei der
Ankunft des Zuges zwar auch Commissionäre, die ihre Dienste anbieten, aber bei dem Gedränge der Ein- und Aussteigenden ist die
Sorge um das Gepäck immerhin für den Reisenden unbequem, und
daher das beschriebene Verfahren auf den amerikanischen Eisenbahnen zur Nachahmung sehr zu empfehlen.

Des Abends in New-York angekommen, schlief ich nach 14
Tagen zum erstenmale in einem ordentlichen Bette, und zwar in
einem amerikanischen, das zweimal so gross war, als meine ganze
Kajüte im »China«. — Am folgenden Morgen fuhr ich auf der
Eisenbahn weiter und langte am 27. Mai an dem vorläufigen Ziele
meiner Reise — in Washington an.

II.

Washington.

Während ich auf der ganzen Reise bis hieher auf keinerlei Anzeichen eines Kriegszustandes gestossen war, mit Ausnahme dass auf einigen Stationen Soldaten aus- und einstiegen, befand ich mich plötzlich hier mitten im Kriegsgetümmel. Eine Armee von 180,000 Mann lagerte in der Umgebung von Washington. In allen Strassen, auf allen Plätzen nur Militär; Tag und Nacht sprengten Reiter durch die Stadt; Munitions- und Proviantwagen, mit 4 und 6 Maulthieren bespannt, zogen in langen ununterbrochenen Reihen durch die Strassen, um Material in die verschiedenen Magazine und Depots abzuliefern oder von dort abzuholen. Grössere oder kleinere Truppenabtheilungen marschirten mit Trommeln oder klingendem Spiele ein und aus. Vor allen Gasthäusern, die mit Gästen bis zum Dache überfüllt waren, sassen oder standen Gruppen von Offizieren. ·

Die Stadt war im Belagerungszustande; zahlreiche Patrouillen zu Pferd und zu Fuss durchstreiften die Strassen bei Tag und bei Nacht. Wer das ruhige und langweilige Washington nur im Frieden gesehen hatte, würde es jetzt nimmer wieder erkannt haben, und doch war die öffentliche Ordnung und Sicherheit nirgends gestört. Während meines vierwöchentlichen Aufenthaltes hier in der damaligen Periode habe ich fast nie Gelegenheit gehabt, Strassenaufläufe oder ähnliche Unordnungen zu bemerken. Durch die Schliessung aller Branntweinschänken sowohl in Washington selbst, als im ganzen Districte Columbia war den Soldaten die Gelegenheit, sich zu betrinken, benommen, und damit auch die Veranlassung zu Excessen beseitigt.

Washington, als Hauptsitz der Unionsregierung mit dem White-house für den Präsidenten und dem Capitol für den Congress, ist trotzdem nichts weniger als Hauptstadt der Vereinigten Staaten. Der Präsident selbst, als erster Bürger unter seines Gleichen, kann keinen Hofstaat halten, privilegirte Klassen gibt es hier nicht, folglich fehlt es gänzlich an den nothwendigen Elementen zu einer Residenzstadt. Der Potomacfluss, an dem Washington liegt, ist nicht tief genug, um grosse Seeschiffe zu tragen, und desshalb eignet die Stadt sich eben so wenig zu einer grossen Handelsstadt, so dass der grossartige Plan, nach welchem Washington angelegt, vollkommen verfehlt ist. Die Strassen von unabsehbarer Länge und unzweckmässiger Breite sind bis heute nur spärlich mit Häusern bebaut. Die Avenuen, wie die grossen Hauptstrassen genannt werden, erstrecken sich meilenweit in eine Wildniss hinaus, wo sie zwar noch den Namen der Strasse tragen, wo aber weder Häuser noch andere menschliche Ansiedlungen vorhanden sind. Die 50,000 Einwohner, die Washington haben soll, concentriren sich grösstentheils im Mittelpunkte der Stadt. Nur während des Congresses, der im Dezember jeden Jahres beginnt, wird die Stadt auf einige Monate belebter. Im Sommer ist die Hitze eine so sengende, dass sich schon aus diesem Grunde hier Niemand aufhalten mag, der nicht durch irgend eine Nothwendigkeit dazu verdammt ist.

Die Stadt bot bei meiner Ankunft einen eigenen traurigen Anblick, indem an den meisten Gebäuden und an einigen Stellen quer über die Strassen Trauerfestons aus schwarz- und weissfarbigem Zeuge, mit Tannenzweigen verziert, hingen, die zur Begräbnissfeier des ermordeten Präsidenten Lincoln aufgehängt waren und nicht mehr herabgenommen wurden, so dass sie noch lange Zeit nachher von Wind und Wetter zerfetzt an den Häusern herabhingen, während der Mann, zu dessen Ehren dies geschehen war, vom Volke fast nicht mehr genannt wurde. Sic transit gloria mundi!

Gleich nach meiner Ankunft begab ich mich zu unserem Gesandten, wurde aber auf dem Wege von einer Procession aufgehalten, welche aus 5000 festlich gekleideten Knaben und Mädchen
bestand, die sämmtlich mit Blumen geschmückt in langer Reihe
mit Fahnen und anderen Emblemen von ihren Lehrern und
Lehrerinnen, 700 an der Zahl, geführt, sich von der Kirche zu
der Wohnung des Präsidenten begaben, um demselben ihre Verehrung zu bezeigen. Es waren die Armenkinder der verschiedenen Sonntagsschulen, die heute ihren Stiftungstag feierten. Das
Aussehen dieser Kinder, ihre gesunde Gesichtsfarbe, ihre reinliche,
festliche, nicht uniformirte Kleidung, ihr hübsches Benehmen liessen
den Fremden nicht vermuthen, dass es die Kinder der ärmsten
Bevölkerung waren, die nur am Sonntage Schulunterricht geniessen.
Der Anblick war so interessant, dass ich meinen Wagen verliess
und mich der Prozession zugesellte. An dem White-house angekommen stellten sich die Kinder in einem Halbkreise vor demselben auf. Gleich darauf trat Präsident Johnson mit dem Hute in
der Hand zu ihnen heraus, wurde mit wiederholten „cheers" von
den Kindern empfangen, die darauf ein patriotisches Lied absan-
gen. Die kleinen Mädchen drängten sich dicht an den Präsidenten, warfen ihm Blumen in den Hut und streuten sie um ihn her, so
dass er wie eine männliche Flora mitten in Blumen stand. In der
glühenden Hitze mit entblösstem Haupte hielt er an die Kinder,
ihre Eltern und Angehörigen, die ihn umringten, eine Anrede, aus
der ich einzelne Stellen hier mittheilen will, weil es den jetzigen Präsidenten charakterisirt und auf die amerikanischen Volksverhältnisse
einiges Licht wirft. Der Hauptinhalt seiner Rede bezog sich auf
die Thatsache, dass eine gute Erziehung die nothwendige Grundlage für alle Menschen sei, ob reich oder arm, hoch oder niedrig
geboren; dass die Erscheinung so vieler Kinder armer Eltern als
Sonntagsschüler ein Beweis wäre, wie viel dafür geschehe, auch den
Unbemittelsten Gelegenheit des Unterrichts zu geben. Armuth sei
für Niemand ein Hinderniss, eine gute Erziehung zu erhalten, denn in
diesem Lande sorgen die wohlhabenden Mitbürger dafür, dass sie
auch den Armen unentgeltlich zu Theil werde. Im Gegentheile sei Armuth ein Sporn, von Jugend an diejenigen Eigenschaften zu erlangen,

welche sowohl zur Erwerbung eines glücklichen Looses, als auch jeden Verdienstvollen zur Erringung selbst der höchsten Ehrenstellen unter seinen Mitbürgern befähigen. Er, der Präsident der Vereinigten Staaten Nordamerika's, stelle sich ihnen selbst als ein lebendes Beispiel von dem Gesagten dar. Jedem von den hier anwesenden Knaben sei die Möglichkeit geboten, wenn er sich dazu würdig zeige, einst von seinen Mitbürgern zum Präsidenten gewählt zu werden. Indem er sich zu den kleinen Mädchen wandte und einigen von ihnen das Haupt streichelte, sagte er: ihr Mädchen könnt zwar nicht Präsident, aber jedes von euch kann die Frau eines Präsidenten werden, und desshalb müsst auch ihr euch von Kindheit an durch fleissiges Lernen und gute Aufführung dazu vorbereiten. Den anwesenden Eltern und Lehrern legte er mit eindringlichen Worten an's Herz, dass sie den Kindern durch ihr Beispiel den Weg zeigen müssten, den sie zu ihrem eigenen Wohle und zu dem ihres gemeinsamen Vaterlandes zu betreten haben, denn erziehen müsse sich zuletzt Jedermann selbst. Vorgesetzte können nur helfend mitwirken; nur das Leben erziehe den Menschen, und dieses fange bei den Armen früher an, als bei den Wohlhabenden. Er schloss damit, dass die Tausende von Kindern, die hier vor ihm standen, einen Theil des amerikanischen Volkes bilden, und in späteren Jahren das Recht haben werden, die wichtigsten Angelegenheiten des Staates zu ordnen und zu leiten; das müssten sie schon als Kinder stets vor Augen behalten und sich auf diese wichtige Zukunft vorbereiten. Wenn er durch seine Worte und Handlungen Etwas dazu beitragen könne, so würde ihn das stolzer machen, als zehnmal zum Präsidenten gewählt zu werden u. s. w.

Enthusiastische Cheers wurden ihm gebracht, als er geendet hatte. Ich war tief ergriffen von dieser ersten Scene, die ich in Amerika erlebte. Dass der Präsident eines Volkes von 32 Millionen Menschen unter den Verhältnissen, wie sie damals stattfanden, überladen mit den wichtigsten Staatsgeschäften, die jede seiner Stunden in Anspruch nahmen und ihm kaum die nothwendigste Zeit zur Nachtruhe gönnten, dass dieser Mann es dennoch nicht unter seiner Würde hielt, sich mit den Armenkindern auf diese

Weise zu beschäftigen, sich durch ihre Huldigungen so geehrt
fühlte und ihnen öffentlich in Aller Gegenwart zu erklären suchte.
welche Bestimmung, welche Zukunft ihrer harre, das war dem
Europäer — überraschend.

Am folgenden Tage war dieser ganze Act in den Zeitungen
beschrieben.

Einige Tage später hatte ich die Ehre, dem Präsidenten vorgestellt zu werden; es bedurfte dazu bloss einer einfachen Anmel-
dung durch unseren Gesandten. Die Amtswohnung des jeweiligen
Präsidenten ist ein in einer kleinen Parkanlage liegendes bescheidenes zweistockiges Haus mit einer Säulenreihe an der Vorderseite,
das mehr an die Sommerwohnung eines Privatmannes erinnert, als
an die Behausung des Präsidenten. Zwei Schildwachen stehen am
Haupteingang, und hinter dem Hause in dem anstossenden Park
befand sich eine Militärwache, als Schutzmassregel, seitdem die
Verschwörung entdeckt, in der Lincoln ermordet und das Leben
des jetzigen Präsidenten ebenfalls bedroht war.

Der gänzliche Mangel an Prunk im Inneren, die Abwesenheit
von gallonirten Bedienten, von Hofuniformen und Hofgesichtern
fällt dem Besucher auf, der sich die Residenz eines Herrschers
ohne solche Zuthaten gar nicht denken kann; eine schmale Treppe
führt hinauf in die obere Etage zu einem engen Vorzimmer, in
dem einige Hausbediente in gewöhnlicher Kleidung herumstanden.
Man fragte nach meinem Namen, um mich anzumelden. Ich wurde
gleich empfangen. Das Arbeitscabinet des Präsidenten ist ein kleines, sehr bescheidenes Eckzimmer, mit zwei Fenstern. An einem
grossen altmodischen Schreibpulte am Fenster stand der Präsident
Johnson in einfachster bürgerlicher Kleidung im Gespräche mit
einem seiner Beamten. Er trat auf mich zu, reichte mir die Hand
und erwiederte auf meine kurze Anrede sehr freundlich, dass er
mit Vergnügen Alles thun werde, damit ich den Zweck meiner
Hieherreise erreichen könne u. s. w.

Johnson ist ein Mann von etwas über mittlerer Grösse in den
fünfziger Jahren; der Ausdruck seines Gesichtes ist kein angeneh-
mer; das breite, knochige, glattrasirte Gesicht, die dünnen, zu-
sammengekniffenen Lippen und enggeschlitzte graue Augen mit

buschigen Augenbrauen geben ihm den Ausdruck von Entschieden-
heit und Verschmitztheit. In seiner äusseren Haltung ist nichts
Würdevolles; seine Kleidung mehr als nachlässig. Von allen Amerikanern, die ich gesehen habe, ist er derjenige, in dem ich gewiss am wenigsten den Präsidenten der Vereinigten Staaten errathen
hätte, und doch ist der Präsident Johnson seiner schwierigen Aufgabe vollkommen gewachsen. Es gehören grosse Eigenschaften
und ein fester entschlossener Charakter dazu, um unter den damaligen Verhältnissen, als Johnson nach der Ermordung seines
Vorgängers an dessen Platz trat, das Steuerruder der Vereinigten
Staaten zu führen.

Die Schlachten waren geschlagen, der Feind niedergeworfen,
die Union für den Augenblick gerettet, aber die grosse Arbeit für
den Staatsmann fing damit erst an; die wichtigste und bei weitem
schwierigste Aufgabe ist noch zu lösen; hoffen wir, dass ihm dies
gelingen werde.

In dem Cabinete des Präsidenten befanden sich mehrere Personen, die sich ungenirt mit einander unterhielten, einige sitzend,
andere stehend, bis die Reihe an sie kommen würde, mit dem Präsidenten zu verhandeln. Unter diesen bemerkte ich einen Mann
in einfacher, blauer Militärblouse, der behaglich seine Cigarre
rauchte; er war von mittlerer Grösse, etwas stämmigen Körper-
baues mit einem freundlichen, gutmüthigen Gesichte und zugestutz-
tem Vollbart, in dem ein Anflug von Grau das Alter von über
vierzig Jahren andeutete. Die ganze äussere Erscheinung machte
einen freundlichen, ich möchte sagen, durch Blick, Wort und
Haltung fast einen bescheidenen Eindruck, und doch war dieser
Mann der Held des Tages, der Feldherr der grossen Armee,
der Sieger in so vielen blutigen Schlachten, derjenige, dem die
Vereinigten Staaten jetzt den Frieden zu verdanken haben — es
war General Grant. Mit einfachen freundlichen Worten erklärte
auch er seine Bereitwilligkeit, mir auf jede Art behilflich zu sein,
und fügte hinzu, er wolle gleich die geeigneten Befehle ertheilen,
damit mir in der Potomacarmee, die in der Nähe stand, Alles gezeigt und erklärt würde, was ich kennen zu lernen wünschte.
Später habe ich häufig Gelegenheit gehabt, mich mit General

Grant zu unterhalten. Sein Urtheil über das Sanitätswesen war ein sehr günstiges und anerkennendes. Er äusserte unter anderem: „Die Organisation desselben im Felde war musterhaft und ich kann nur mit Dankbarkeit anerkennen, was die Militärärzte im Kriege geleistet haben." Auf seinen Befehl wurde mir später ein Oberst von seinem Stabe zugetheilt, der während meines Aufenthaltes in Washington mir durch seine Sachkenntniss und freundliche Bereitwilligkeit, alles zu erklären, was ich zu wissen wünschte, von grossem Nutzen war. Der Kriegsminister Stanton, dem ich mich später vorstellte, empfing mich gleichfalls mit zuvorkommender Artigkeit und um mir Zeit zu ersparen, schrieb er eigenhändig, während ich noch bei ihm war, drei Befehle an verschiedene Bureauchefs, um mich bei ihnen einzuführen. Ausserdem erhielt ich von ihm eine Art offenes Schreiben, durch welches ich in der Potomacarmee und später im Süden bei allen Militärchefs die freundlichste Aufnahme fand. Der Stellvertreter des Marineministers (er selbst war damals abwesend) Commodore Fox, dem die russischen Marineoffiziere, die vor einem Jahre hier waren, viel zu verdanken haben, behandelte mich ebenfalls mit grösster Zuvorkommenheit und gab mir ein offenes Schreiben an alle Marinechefs sowohl in den Häfen, wie auf den Kriegsschiffen, wodurch ich überall freien Zutritt erlangte. Die thätigste Mitwirkung zur Erreichung meines Zweckes erfuhr ich aber von dem ausgezeichneten Chef des Sanitätswesens der Armee, Generalmajor Dr. J. Barnes. Er war bemüht, alles zu meiner Verfügung zu stellen, wovon er glaubte, dass es mir nützlich sein könnte. Einige junge Sanitätsoffiziere, die den Krieg mitgemacht hatten, wurden mir zugesellt und begleiteten mich überall hin. Wenn es mir gelungen ist, in verhältnissmässig kurzer Zeit eine so genaue Einsicht in das, was ich in diesen Blättern dargestellt habe, zu erlangen, so verdanke ich es nur dem freundlichen Entgegenkommen und der bereitwilligen Beihilfe aller dieser Männer.

Einige Tage nach meiner Ankunft in Washington bekam ich eine officielle Einladung, auf der Tribüne des Präsidenten das Vorbeidefiliren des 6. Armeecorps anzuschauen. Ich erhielt meinen Platz dicht hinter dem Stuhl des Präsidenten. Die Tribüne war vor dem White-house auf der Pennsylvania-Avenue errichtet. Der Präsident erschien ohne Begleitung, in schwarzem Anzuge und Cylinderhut, die er beide, nach ihrem Aussehen zu urtheilen, gewiss schon einige Jahre vorher benützt hatte, ehe er noch vermuthen konnte, sie als Chef einer Armee von einer Million Menschen zu tragen.

Er war zu früh heraus gekommen, und die Arbeitsleute auf der Tribüne waren noch beschäftigt, das rothe Tuch, auf das er seine Füsse stellen sollte, zu befestigen, so dass er ihnen aus dem Wege gehen musste, um sie in ihrer Arbeit nicht zu stören. Erst nach und nach kamen die Generale, Minister, Damen und andere Geladene an. Es dauerte aber wohl noch eine halbe Stunde, ehe das Defiliren anfing. Die Truppen, 50,000 Mann stark, marschirten in voller Feldrüstung und mit ihrem ganzen Train. Man durfte keinen Vergleich anstellen mit dem glänzenden Schaugepränge, das wir in Europa bei solchen Gelegenheiten zu sehen gewohnt sind. Die Uniformen waren abgenützt, die Haltung der Leute zwar eine kräftige, marschtüchtige, aber weder sehr stramm noch elegant, wie auf unseren Paraden; doch muss ich bemerken, dass die Soldaten schon dritthalb Stunden bei einer glühenden Sonnenhitze zurückgelegt hatten, ehe sie zum Defiliren kamen. Einen eigenthümlichen Anblick gewährte die Blumenpracht und -fülle, mit der die Truppen geschmückt waren. Eine Menge festlich gekleideter junger Damen erwarteten sie auf den Strassen, um den Vorüberziehenden Guirlanden, Bouquets und Kränze zu überreichen. Selbst den Pferden derjenigen Generale, die sich im Kriege besonders ausgezeichnet hatten, wurden grosse Blumenguirlanden um den Hals gehängt, während der Reiter sich das seine wie ein Ordensband um die Schulter legte. Einige von den commandirenden Offizieren, die einen Arm verloren hatten, waren fast mit Blumen überdeckt; vielen von den Gemeinen, die sich besonders ausgezeichnet, wurden die Blumenbouquets in die Gewehrläufe gesteckt. — Das Ganze machte einen sehr freundlichen, ich möchte sagen, rührenden Eindruck im Contraste zu den blutigen Scenen, von denen die Soldaten heimkehrten. Jedes Regiment wurde mit donnernden Cheers von den dichtgedrängten Zuschauern, die sich bei der Tribüne aufgestellt hatten, empfangen. Der Beifall steigerte sich bei dem Vorbeitragen solcher Fahnen, die sehr zerfetzt und bei denen die Stangen durch Kugeln zersplittert waren.

Die Divisions- und Brigadegenerale, so wie die Regimentscommandeure salutirten vor dem Präsidenten mit dem Säbel, indem sie vorbeiritten. Der Divisionsgeneral schwenkte dann zur Seite, stieg vom Pferde und kam in seinem Blumenschmucke auf die Tribüne, wo er von dem General Mead dem Präsidenten vorgestellt wurde, der ihm die Hand gab, ohne ein Wort dabei zu reden. Nach dem Vorbeimarsche seiner Division entfernte sich der General wieder mit einem stillen Händedrucke und ritt zu seiner Truppe.

Die Fahnen, die alle mit grossen Blumenbouquets an ihren Spitzen geschmückt waren, wurden im Vorbeimarschiren vor dem Präsidenten gesenkt, während die gegenüber aufgestellte Musikbande einen dreimaligen Tusch blies. Jedes Regiment hatte zwei Fahnen, die eine mit dem Sternenbanner der Union, die zweite mit dem Wappen des Einzelstaates, zu welchem das Regiment gehörte. Diejenigen Commandeurs, die sich im Kriege besonders hervorgethan hatten und deren Namen desshalb populär geworden waren, wurden mit vermehrtem Applaus, Hut- und Tuchschwenken begrüsst; sie dankten, indem sie den Hut abnahmen und sich gegen das Volk verbeugten. Der Vorbeimarsch dauerte beinahe dritthalb Stunden; der Präsident, den ich die ganze Zeit beobachtete, schien sich herzlich zu langweilen; er erhob sich jedesmal von seinem Stuhle und nahm den Hut ab, wenn ein neuer Divisionsgeneral und die Fahnen vorbeikamen, schien aber weiter die Truppe eben so wenig zu beachten, wie sie ihn; nur wenige von den Soldaten blickten auf die Tribüne, wo ihr oberster Feldherr sass. Ich glaube, an dem ganzen Schauspiele war ihm das Angenehmste, als es endlich überstanden war. Uebrigens trug die sengende Hitze auch nicht dazu bei, einen langen Aufenthalt im Freien zu einer besonderen Annehmlichkeit zu machen. Als der Präsident von der Tribüne hinabstieg und zurück in sein Haus ging, hatte sich eine dichte Schaar Neugieriger ihm in den Weg gestellt, die sich nun an ihn herandrängten, um ihm die Hand zu schütteln; eine Ehrenbezeugung, die ihm viel willkommener zu sein schien, als diejenige, welche ihm durch das Vorbeimarschiren der Truppen erwiesen worden war.

Von den Sehenswürdigkeiten Washington's, die mich besonders in Anspruch nahmen, nenne ich:

A. Das Patent-Bureau.

In einem der schönsten grossartigsten Gebäude, mit dorischen
Säulen an den Hauptseiten geschmückt, befindet sich das Patentbureau. Im Jahre 1830 war dasselbe durch Feuer zerstört worden; der jetzige Bau ist aus Ziegeln, Marmor und Eisen aufgeführt und daher feuerfest. Wenn man sich erinnert, welche
wichtige Erfindungen in den verschiedensten Fächern in den Vereinigten Staaten gemacht worden sind und welch' ein angebornes
Talent für technische und mechanische Beschäftigungen der Amerikaner besitzt, so wird man die Bedeutung dieser Anstalt nicht
nur für Amerika, sondern für die ganze Welt zu schätzen wissen. Die Frage, ob es überhaupt für die Entwicklung der Industrie zuträglich sei, Patente, d. h. gesetzlichen Schutz für Erfindungen zu gewähren oder nicht, wurde in dem industriellsten
aller Länder, in England noch im Jahre 1862 im Parlamente
von den sachkundigsten Männern eingehend verhandelt. Einige
behaupteten, dass das ganze System der Patente viel mehr Schaden als Nutzen stifte; unter Anderen hatte sich der berühmte
Ingenieur Brunel auf das Bestimmteste dagegen erklärt; das Patent stehe im Widerspruche mit der Gewerbefreiheit, beschränke
den Erfindungsgeist in den unteren Arbeitsklassen, wo derselbe
sich oft auf eminente Weise kundgebe, sei für den ärmeren Erfinder zu kostspielig; ausserdem führte er noch eine Menge anderer
Gründe an, deren Richtigkeit zu beurtheilen ich nicht im Stande bin.
    In den Vereinigten Staaten ist trotzdem das Patentwesen schon
seit ungefähr 30 Jahren eingeführt und findet im Volke allgemeine
Anerkennung.
    Eine wichtige Einrichtung unterscheidet aber das Patentsystem
der Vereinigten Staaten von dem in anderen Ländern gebräuchlichen, nämlich: das Vorhandensein einer Prüfungs-Commission,
nicht sowohl um den Werth der Erfindung zu beurtheilen, als um

zu entscheiden, in wie fern die Idee neu und durch kein anderes Patent früher schon privilegirt worden ist. Wenn dies nicht der Fall, der Gegenstand nicht schon öffentlich im Gebrauche und nichts enthält, was der Gesundheit nachtheilig ist, wird dem Nachsuchenden das Patent nicht verweigert.

Von dem Grundsatze ausgehend, dass die wichtigsten Erfindungen nicht auf einmal und so zu sagen, aus einem Gusse entstanden sind, sondern erfahrungsgemäss als Folge und Entwicklung von theilweise vorhandenen Ideen, nach vielfach angestellten Versuchen sich ergaben, wird selbst die kleinste, scheinbar unbedeutendste Entdeckung nicht zurückgewiesen — kann dieselbe doch, wenn auch unmittelbar nicht zu verwenden, den befruchtenden Keim einer grösseren Idee in sich tragen.

In verschiedenen grossen Sälen stehen Glasschränke an den Wänden mit grossen alphabetisch geordneten Bänden, welche alles Nöthige zur Aufklärung über irgend eine Erfindung enthalten.

Die Beamten in jeder Abtheilung sind verpflichtet, dem Fragenden zu zeigen, was er nur zu sehen wünscht, u. z. geschieht dies auf eine so practisch leichte Art, dass kein Zeitverlust dadurch entsteht.

Ein Beispiel wird es am deutlichsten machen: Es wünscht Jemand eine Verbesserung in der Fabrication von Bleistiften einzuführen; er wendet sich an den Beamten in dem ersten Saale, und nennt ihm einfach den Namen des Gegenstandes: Bleifeder. Der Beamte nimmt den Band B und sucht unter diesem Buchstaben den betreffenden Artikel, unter welchem die Namen aller Erfinder mit der Nummer und der Jahreszahl der ihnen verliehenen Patente angegeben sind. Nachdem der Fragende den Namen des Erfinders und die Nummer des Patentes gefunden hat, welche er wünscht, zeigt er sie dem Beamten an; dieser schreibt auf einen der kleinen gedruckten Zettel, die bereit liegen, den Namen und die Nummer; damit verfügt sich der Fragende in den zweiten Saal und übergibt den Zettel dem dortigen Beamten, der aus dem Schranke den betreffenden Band nimmt, in welchem unter dem Namen des Erfinders die vollständigste Beschreibung der Erfindung zu lesen ist und stellt ihn dem Frager zum Durchlesen oder Abschreiben zu; endlich

erhält derselbe noch auf Wunsch wieder einen kleinen Zettel mit
der Nummer der Abtheilung und des Modells der Erfindung, um
die es sich handelt, und lässt sich dann in einem weiteren Saale,
wo es aufbewahrt ist, das Modell vorzeigen. Auf diese einfache
Art kann er ohne Zeitverlust alle Erläuterungen und Erklärungen
erhalten, die er für seinen Gegenstand braucht.

Ich war selbst Zeuge, wie die einfachsten Leute von der
Strasse in ihrer Arbeitsblouse, vielleicht aus der Werkstätte weg
hineinkamen und ohne viele Worte zu wechseln, sich auf diese
Weise alle Erkundigungen einholten, möglicherweise zu einer Erfindung, die vielleicht später die Welt in Erstaunen setzen wird.

Was ich an dieser grossartigen Einrichtung bewunderte, war
nicht bloss das überaus reichhaltige Material an Beschreibungen,
Zeichnungen und Modellen, nicht bloss die musterhafte systematische
Ordnung, die überall herrschte und wodurch es so leicht wurde,
alles Verlangte in kürzester Zeit zu finden, sondern es war hauptsächlich die unbedingte Oeffentlichkeit und die Leichtigkeit, mit
der selbst dem unscheinbarsten Arbeiter Zutritt und die Gewäh-
rung seines Wunsches wurden. Auf meine Aeusserung darüber
antwortete der Director, der mich kerumführte: „Das Patentbureau,
wie alle öffentlichen Anstalten in den Vereinigten Staaten, gehören
dem Volke; es ist das geistige Eigenthum des Volkes, das wir
hier aufbewahren; es sind seine Beiträge, durch welche alles geschaffen und erhalten wird; desshalb betrachten wir den Mann
dort als den Eigenthümer und behandeln ihn als solchen. Wir
Anderen arbeiten hier auf seine Kosten; er erfindet, wir verzeich-
nen nur, was sein Geist geschaffen hat, aber erleichtern dadurch
seinem Nachfolger die Arbeit und somit schaffen und wirken wir
zusammen, jeder in seiner Art. — „We are all equal." — Ich
schaute mit gleicher Hochachtung auf den wissenschaftlich gebildeten Director, der so sprach, wie auf jenen Arbeiter in der Blouse,
von dem er so sprechen konnte.

Die grossen, mit Eleganz eingerichteten Räume, in welchen
die Modelle aufbewahrt werden, sind schon lange nicht mehr
hinreichend, um Alles in sich aufzunehmen, und man ist

daher darauf bedacht, sie bedeutend zu erweitern. Mit ganz besonderem Interesse betrachtete ich die Abtheilung für Kautschuk, eine Erfindung, die wir — wie bekannt — den Amerikanern zu verdanken haben und deren Verwendung in der ganzen Welt eine so ausserordentliche geworden ist. Das erste Gummi elasticum, welches aus dem Saft der Pflanze »ficus elastica« gewonnen wird, wurde im Jahre 1776 nach Frankreich eingeführt und diente viele Jahre hindurch nur zu dem unbedeutenden Gebrauche, Bleistiftzeichnungen oder -Schriften abzureiben. Im Jahre 1823 wurden zum ersten Male einige 100 Paar Schuhe aus Südamerika nach Boston eingeführt, die von den Indianern aus dem erstarrten Safte des Baumes auf die einfachste Weise verfertigt worden waren. In den Jahren 1832—1836 wurden verschiedene Fabriken dort angelegt, um dieses Material hauptsächlich zu Ueberschuhen zu verarbeiten; der Erfolg war nicht günstig. Der Rohstoff war, wie er damals gebraucht wurde, nicht dazu geeignet, weil er durch Kälte zu hart und durch Hitze zu weich ward. Nach einigen Jahren waren alle diese Fabriken ruinirt. Um diese Zeit (1839) unternahm es ein armer Arbeitsmann mit Namen Hayward, aus dem Staate Connecticut, ein Mittel zu erfinden, durch welches der genannten Eigenschaft des Gummi abgeholfen werden könne. Mit einer Beharrlichkeit, wie sie nur solchen Naturen eigen ist, beschäftigte er sich Tag und Nacht ausschliesslich mit diesem einen Gedanken, bis er — wie er versichert — im Traum den Zusatz fand, welcher den Gummi gegen Hitze und Kälte unempfindlich macht; es war der Schwefel. Die Verbindung von Schwefel und Gummi, unter einem hohen Wärmegrade hergestellt, gibt dasjenige Material, welches zu den verschiedensten Gegenständen verarbeitet, jetzt allgemein bekannt ist. Hayward, zu arm, vielleicht auch nicht genug bewandert in technischen Kenntnissen, um diese Erfindung ausbeuten zu können, wie sie es verdiente, verkaufte das von ihm gelöste Patent um einen unbedeutenden Preis an Goodyear. Dieser erweiterte die Entdeckung Hayward's, indem er den Prozess des sogenannten Vulcanisirens des Kautschuk erfand, der darin besteht, der Verbindung des Schwefels mit dem Gummi bloss durch einen ausserordentlich erhöhten Grad

11

von Hitze die Eigenschaft zu geben, dass es hart wie Metall wird und doch einen gewissen Grad von Elasticität beibehält, in welcher Vervollkommnung diese wichtige Erfindung, vielleicht eine der grössten in unserem Zeitalter, jetzt in aller Welt, in den verschiedensten Formen und zu dem mannigfaltigsten Gebrauche angewandt wird. In Boston allein werden aus diesem Materiale jährlich Gegenstände im Werthe von 2,500,000 Dollars verarbeitet.

Die Modelle sind nach den betreffenden Gegenständen in chronologischer Folge, wie sie erfunden wurden, aufgestellt, wodurch dem Besucher die fortschreitende Verbesserung anschaulich gemacht wird. Jeder amerikanische Bürger kann gegen eine bestimmte Vergütung die Copie eines Patents, einer Zeichnung oder eines Modells erhalten.

In dem unteren Theile desselben Gebäudes befindet sich in einigen kleineren Räumen der Anfang zu einem Agricultur-Museum, in dem schon jetzt sehr interessante Gegenstände vorhanden sind. Die Zusammenstellung derselben ist höchst belehrend, so z. B. sah ich eine Sammlung von Aepfeln künstlich, aber täuschend naturgetreu dargestellt. Sie enthält alle Gattungen, die in den Vereinigten Staaten cultivirt werden. Dabei steht die Beschreibung der besten Culturarten, durch Samen, Pfropfreiser u. s. w., und der Krankheiten, denen der Baum unterworfen ist. In demselben Glaskasten erblickt man die Insekten in natura, die den Baum beschädigen und zuletzt die ausgestopften Vögel, welche diese Insekten verzehren, und um die Sache noch anschaulicher zu machen, ist auf einer kleinen Glasschale der geöffnete Magen solcher Vögel zu sehen, in dem die Insekten noch unverdaut und sehr erkennbar vorhanden sind.

Die Cultur der Baumwolle und aller ihrer verschiedenen Abarten ist mit grösster Genauigkeit und sehr belehrend dargestellt. — Als Curiosum wurde mir ein Stück Holz von der Sesquonia gigantea Wellingtonia gezeigt, die in Californien wächst und wohl der grösste Baum auf Erden ist. Der Stamm misst 96 Fuss im Umfange, hat 40 Fuss im Durchmesser und 290 Fuss Höhe. Er gehört zu den Coniferen. Das Blatt ist fein gefiedert und der flach gedrückte Samen nicht grösser als eine Linse; das Holz des Stam-

mes ist faserig, schwammig und sehr leicht. Welch sonderbarer
Contrast bei einer so enormen Höhe und Dicke des Baumes! Das
Alter desselben wird auf 3000 Jahre geschätzt.

Man wies mir rohe Schafwolle vor von 2 ½ Fuss Länge.

Es ist bemerkenswerth, dass trotz der Kriegsjahre, während
deren ein sehr grosser Theil der Fabrikarbeiter im Felde, und die
allgemeine Aufmerksamkeit den Ereignissen auf dem Kriegsschauplatze zugewandt war, dennoch die Zahl der Erfindungen und der
für dieselben gelösten Patente eine bedeutende Höhe erreichte,
namentlich in einzelnen Artikeln.

Im Jahre 1863, also mitten im Kriege, wurden 6014 neue Erfindungen bei dem Patentbureau angezeigt und 4170 Patente dafür
ausgegeben. Es lässt sich leicht denken, dass der grösste Theil
davon Waffen und Munitionsgegenstände betraf. Im Jahre 1862
war die Zahl der neuen Erfindungen an Kanonen 81, Projek-
tilen 159, Gewehren und Pistolen 120, Patronen 25, Zelt- und verschiedenen Lagergegenständen 68. Summa 453. Im Jahre 1863
wurden allein von Hinterladungsgeschützen 81 neue Erfindungen
oder Verbesserungen eingereicht. Dass ein sehr grosser Theil davon sich praktisch nicht bewährt hat, versteht sich von selbst;
dennoch wurde, wie schon früher gesagt, kein Gegenstand mit Geringschätzung behandelt, weil, wie die Erfahrung lehrt, oft in dem
scheinbar Unbedeutendsten der Keim zu einer grossen Idee enthalten ist, der von einem Nachfolger befruchtet wird und zu den
grössten Erfolgen führen kann.

In der Construction von elektromagnetischen Apparaten hat
man ebenfalls grosse Resultate erreicht. Vor mehreren Jahren
brauchte man noch eine elektrische Batterie von 150 Paar Groves-
platten, um durch einen feinen Platindraht auf 40 Meilen Pulver
zu entzünden; jetzt sprengt man die grössten Minen mit einem
kleinen elektrogalvanischen Apparat von 1 Cubikfuss auf 100 Meilen mit vollkommenster Sicherheit. —

Seit 1858 ist der Verbrauch von Petroleum ungeheuer, seine
Gewinnung im Westen von Pennsylvanien belief sich im Jahre 1863
auf 6000 Fässer täglich oder 2,990,000 Fässer jährlich; mit ihm
stehen die neuen Erfindungen von Lampen im Verhältnisse; von

11*

1859 bis 1863 sind nicht weniger als 623 verschiedener solcher
Lampen erfunden und Patente dafür gelöst worden. — Die höchst
wichtigen Erfindungen in Näh- und Strickmaschinen, sowie in den
verschiedensten landwirthschaftlichen Geräthschaften, sind weltbekannt, und werden jährlich durch neue vermehrt.

B. Das Schatzamt

befindet sich in einem grossen, prachtvollen Gebäude, das aber bis
jetzt noch nicht vollkommen ausgebaut ist. Es liegt mit seiner läng-
sten Seite nach der Pennsylvania-Avenue, mit der Hauptfront aber
gegen den Potomacfluss zu, so dass man von der Strasse aus nur
die Kehrseite erblickt. An der ganzen Länge sind jonische Säulen
angebracht; prachtvolle Granit-Monolithe von 32 Fuss Höhe und
5 Fuss im Durchmesser, die dazu verwendet werden sollen, sind
theilweise noch nicht aufgerichtet. Wenn dieses Gebäude erst in allen
seinen Theilen vollendet ist, wird es ohne Zweifel zu den schönsten gehören, welche Nordamerika aufzuweisen hat. Hier werden die
Banknoten angefertigt, das Fabrikat aus Lumpen, mit dem der Staat
anstatt mit Gold und Silber seine Schulden zahlt. Alles was zur
Notenfabrikation gehört, wird im Hause selbst producirt: das Papier, die verschiedenen Dampfmaschinen, Druckapparate u. s. w.
Bewunderungswürdig ist die Vollkommenheit und doch grosse Einfachheit, mit der die verschiedenen Maschinen arbeiten. Von den
Dampfmaschinen, die im Souterrain stehen, ist besonders eine
bemerkenswerth, die von Wright in Hartford-Connecticut erfunden ist und Segmental-Engine genannt wird; sie nimmt sehr wenig
Raum ein, weil Piston und Cylinder zirkelförmig sind, kostet verhältnissmässig wenig und leistet dabei Ausserordentliches; sie ist seit
einem Jahre in Gebrauch und hat diese Probezeit gut bestanden. Man
sagte mir, dass jetzt auf dem Kanonenboote Gequot versucht werde,
ob eine solche Maschine sich für kleine Kriegsboote eigne. — Es
befindet sich in diesem Raume die mächtigste hydraulische Presse,
die es in der Welt gibt; sie wirkt mit 16 Tonnen = 32,000 Pfd.

Druck auf den Quadratzoll. Im oberen Stockwerk, wo die Banknoten gedruckt werden, wirkt diese hydraulische Presse auf Platten
mit einem Drucke von 2,300,000 Pfd. und zwar ist die mechanische
Einrichtung so vollkommen, dass ein Mann durch Handhabung
zweier Hebel in zwei Sekunden diese kolossale Kraft nach Belieben in Thätigkeit setzen oder hemmen kann. Eine Vervollkommnung im Drucke der Noten besteht darin, dass das Papier dazu
nicht vorher angefeuchtet, sondern in ganz trockenem Zustande in
die Presse kommt, was das Einschrumpfen desselben verhindert.
Die auf den kleinen amerikanischen Geldnoten angebrachte Bronce-
farbe ist nicht zur Verzierung da, sondern um das Nachmachen
durch Photographie zu erschweren, weil jede gelbe Farbe dabei schwarz wird. Trotzdem kommt im täglichen Verkehr sehr
viel falsches Kleinpapiergeld vor, das so täuschend nachge-
ahmt ist, dass der Unerfahrene es nicht zu erkennen vermag *).
Obschon alle schweren Arbeiten durch Maschinen verrichtet
werden, sind doch täglich 600—800 Menschen hier beschäftigt;
davon 300 junge Mädchen, deren zartere Hände besser zu den feinen Arbeiten geeignet sind und die, wie man mir sagte, für ehr-
licher als die Männer gelten. Es gewährt einen hübschen Anblick,
alle diese jungen Mädchen mit Ringellocken auf den Schultern,
sehr reinlich und nett gekleidet, hier arbeiten zu sehen. Die Ar-
beitszeit ist 9 Stunden, während welcher Zeit sie das Gebäude nicht
verlassen dürfen. Die Controle ist eine äusserst strenge und wird
bei dem Schlusse der Arbeit täglich mit grösster Genauigkeit gehandhabt, so dass bis jetzt keine Veruntreuung stattgefunden hat.
Es werden jeden Tag noch gegen 1 Million Dollars Noten hier verfertigt. Die Zahl des in Umlauf gesetzten Papiergeldes war vor dem
Kriege 200,000,000 Dollars, ist aber jetzt auf 700,000,000 Dollars
gestiegen. Die Entwerthung des Papiergeldes während des Krie-

---

*) Als ich einst auf einer Reise Jemanden einen halben Dollar zu zahlen
hatte, verweigerte er die Annahme, weil, wie er sagte, der Zettel falsch sei.
Ich gab ihm daher einen Dollar, auf den er mir eine halbe Dollarnote her-
ausgab. Als ich diese später ausgeben wollte, erkannte man sie als falsch.
Er hatte eben diesen Vorwand benützt, um seine falsche Note los zu werden.
Das nennen die Amerikaner: «To be smart.»

ges schwankte dermassen, dass das Agio auf Gold, welches im Juni 1862 4% betrug, sich im Februar 1863 auf 72½ % belief. Die Summe aller bis jetzt in Umlauf gesetzten Banknoten und der verschiedenen Werthpapiere soll 969 Millionen Dollars betragen *).

Die Finanzverhältnisse der Vereinigten Staaten sind durch die Veröffentlichung aller darauf Bezug habenden Documente bekannt. Die Staatsschuld, die nach dem letzten Ausweise 2800 Millionen Dollars betragen soll, ist zwar eine sehr bedeutende und wird nur von der Englands, die sich auf 800 Millionen Pfd. Sterl. beläuft, übertroffen; aber die Vereinigten Staaten besitzen hinreichende Quellen, um diese Schuld in 30 – 40 Jahren tilgen zu können, wenn das Land im Verlaufe dieser Zeit von keinem ausserordentlichen Unglücke heimgesucht wird. Ich hörte von sachkundigen Männern in Newyork und Boston aussprechen, dass das ganze amerikanische Volk bereit sei, die grossen Abgaben, die während des Krieges aufgelegt wurden und die sich auf 25% des Privateigenthums beliefen, noch längere Zeit fortzuzahlen, um das Abtragen der Schuld dadurch zu ermöglichen, so drückend dieses auch für Viele sein mag. Es ist das um so bewunderungswürdiger, als die Nordamerikaner vor dem Kriege fast keine Abgaben an die Unionsregierung leisteten, indem alle Ausgaben durch die Zolleinnahmen und den Verkauf der Ländereien im Westen vollkommen gedeckt wurden. In England werden — wie bekannt — nach jeder günstigen Finanzperiode Abgaben, die das Volk zu zahlen hat, vermindert, aber die Schuld bleibt dieselbe. Die Nordamerikaner können in dieser Beziehung getrost in die Zukunft schauen, weil sie auf ein viel günstigeres Fortschrittsverhältniss als irgend eine andere Nation der Welt rechnen können, sowohl in Bezug auf in- und ausländischen Handel, als auf Manufakturen, auf Gold-, Silber-, Eisen-, Kohlen- und andere Metallminen, Petroleumquellen, Vermehrung des Privatvermögens, Zunahme der Bevölkerung und den Ertrag von Steuern und Zöllen.

---

*) Das von H. Löhnis in Leipzig im Jahre 1864 herausgegebene Buch: «Die Vereinigten Staaten von Nordamerika», bietet ein reichhaltiges Material sowohl in dieser, wie in vielen anderen Beziehungen und gehört zu den vorzüglichsten Werken, die über Amerika geschrieben worden sind.

Die öffentliche Schuld hatte sich durch den zweiten Krieg mit
England in den Jahren 1815—16 auf 127,334,934 Dollars vermehrt, die in 15 Jahren vollkommen getilgt wurden. Unter der
verschwenderischen Präsidentschaft des vorletzten Präsidenten Buchanan waren die Administrationskosten der Union auf 60,333,836
Dollars gestiegen, ohne dass diess besonderes Aufsehen erregte,
indem der ausländische Handel im Jahre 1860 allein die Höhe von
762,286,237 Dollars erreicht hatte, bei einer Bevölkerung, die in
30 Jahren von 12,866,020 Seelen auf 31,620,000 gestiegen war.
Obschon die Baumwolle einen der wichtigsten Exportartikel bildete
und zwar in dem Jahre vor dem Ausbruche des letzten Krieges
fast die Hälfte der ganzen Ausfuhr (191,806,525 Dollars), so hat
die Erfahrung selbst während des Krieges hinreichend bewiesen,
dass noch andere eben so reiche Produkte vorhanden sind u. z. die
Brodstoffe im Westen, wodurch der ausländische Handel selbst bei
grosser Beschränkung der Baumwollausfuhr bestehen kann. Es
lässt sich übrigens mit Bestimmtheit voraussagen, dass die Baumwollkultur im Süden nach einigen Jahren durch freie Arbeit noch
bedeutend gesteigert werden und dadurch wieder eine der wichtigsten Quellen des Nationalreichthumes bilden wird.

C. Das Capitol.

Sonderbarer Weise wurde 1790 für den Sitz der Nationalre-
gierung der Republik ein eigener Distrikt geschaffen, Columbia
genannt, der ursprünglich 100, jetzt nur 60 Quadratmeilen gross,
im Staate Maryland am linken Ufer des Potomacflusses gelegen
ist. Dieser Distrikt, in dem Washington als nationale Hauptstadt
angelegt wurde, steht unter der Oberhoheit des Congresses, ohne
dass seine Einwohner Wahlrecht haben oder auf irgend eine Weise
vertreten sind. In dem Plane, der zum Aufbau Washingtons
entworfen wurde, war das Capitol, als dasjenige Gebäude, in welchem die höchsten Behörden ihren Sitz haben sollten, in die Mitte
der Stadt verlegt worden, aber so wie Vieles sich in diesem
Lande anders gestaltet, als menschliche Voraussicht es bestimmt

hat, so finden wir jetzt das Capitol am äussersten Ende der
Stadt mit seiner Hauptfronte nach Osten liegend, während die
Stadt in entgegengesetzter Richtung nach Westen angebaut ist,
folglich kehrt das Capitol der Stadt und dem White-house den
Rücken, und der Präsident, die Senatoren und alle Besucher
treten über die Hintertreppe, die vom Parke aus übrigens imposant
und gross genug angelegt ist, in das Capitol ein. Die hohe Lage,
die mächtige Domkuppel, welche weithin sichtbar, an St. Peter
in Rom erinnert, das prächtige Material von weissem Marmor, das zu dem Bau verwendet ist, gibt dem Ganzen einen bedeutenden, grandiosen Charakter; das Gebäude wird, wenn es erst
vollendet ist, wozu übrigens noch mehrere Jahre erforderlich sein
sollen, zu den schönsten Bauwerken gehören, die unser Zeitalter
geschaffen hat.

Das zuerst erbaute Capitol wurde von den Engländern im
Kriege 1812—13, als sie Washington einnahmen, theilweise zerstört.
Die jetzt hinzugefügten Flügel, rechts und links, sollen nach dem
Urtheile architektonischer Kritiker nicht im richtigen Verhältnisse
zu dem Hauptgebäude stehen und die Harmonie des Ganzen
stören. Auf den Besucher, der das Glück hat, nicht architektonischer Kritiker zu sein, macht das Capitol, wie es sich darstellt,
einen herrlichen, überraschenden Eindruck. Dagegen sind die inneren Einrichtungen desselben ihrer hohen Bestimmung vielleicht
weniger entsprechend. So ist z. B. der Saal, in dem die Abgeordneten des Landes sich versammeln, verhältnissmässig klein und
niedrig, hat keine Fenster, das Licht fällt durch die Decke, die
aus dicken, gefärbten Glascarreaux besteht. Des Abends wird der
Saal durch Gaslicht oberhalb dieser Glasdecke beleuchtet. Die
Rotunde unter der Domkuppel könnte schön sein, wenn sie nicht
durch die elendesten Frescogemälde an den Wänden verunstaltet
wäre. Zwei sehr schlechte in Oel ausgeführte Porträts in Lebens-
grösse schauen sich von den entgegengesetzten Seiten der Rotunde
an: Washington und Grant. Eine solche Huldigung ist des Ersteren
unwürdig und für den Zweiten kömmt sie noch zu früh. — Ich habe
das Capitol einigemale besucht und fand dessen Räume stets durch
Besucher, grösstentheils Soldaten aus dem nahen Lager, gefüllt.

Die hässlichen, braunen, thönernen Spucknäpfe, die man in allen
öffentlichen Gebäuden aufgestellt sieht, waren hier des tabakkauen-
den Publikums wegen in reichlicher Zahl aufgestellt und trotzdem
wurde das eckelhafte Ausspucken auf die Dielen nicht verhindert.
Da alle Staats-Gebäude dem Volke gehören, so benützt auch
dieses sein Eigenthumsrecht sans discretion. Als ich eines Tages
in der Rotunde durch mein kleines binocle die Fresken betrachtete, wurde ich von einer Menge Soldaten umringt, die über das
Instrument, welches sie wahrscheinlich noch nie gesehen hatten,
mit einander in Streit geriethen, bis endlich der Eine es mir ohne
weitere Einleitung aus der Hand nahm, mit den Worten: «let me
look». Als ich seiner Naivetät zu Hülfe kommen und ihm zeigen
wollte, wie er es durch Bewegen der Schraube für sein Auge richten müsse, versuchte er es zwar, gab es mir aber gleich zurück
mit der Aeusserung: «it's all nonsense».

In den unteren Räumen des Capitols ist eine Restauration
vorhanden, und eine lange Reihe von weissen Marmorbadewannen
zum Gebrauche für die Abgeordneten, wenn sie zum Congress
kommen, um sich abzuwaschen oder abzukühlen — je nach dem.
Der Präsident der Vereinigten Staaten hat im Capitol keinen Sitz,
nur ein einziges Mal erscheint er dort persönlich, um nach seiner
Erwählung öffentlich auf dem Vestibule vor dem versammelten
Volke die Constitution zu beschwören, der er eben so unterthan
ist, wie der letzte im Volke.

Wer jetzt auf dem Capitol steht und über das Land hinblickt,
das in ein aufgewühltes, zerstampftes Soldatenlager verwandelt
ist, der muss unwillkürlich an den Mann denken, dem die Vereinigten Staaten ihr Dasein verdanken, den sie selbst den Grössten im
Kriege wie im Frieden genannt, dessen Namen sie ihrer Hauptstadt gegeben, dessen Bildniss und Monument, wenn auch
nicht immer in artistischer Form, sie überall und zwar oft wo
es nicht hinpasst, angebracht haben. Was würde heute George
Washington sagen, wenn er vom Capitol hinüberschaute jenseits
des Potomacflusses in Virginien, wo sein Haus noch steht, in dem
er als Präsident wohnte und auch starb; was könnte er dem Volke
der Vereinigten Staaten in diesem Augenblicke anderes zurufen,

als was er in einem Briefe von 1783 den Gouverneuren der Einzelstaaten mit prophetischem Blicke so nahe vorausgesagt hatte:

»Vier Dinge sind meines Dafürhaltens unumgänglich nöthig
»zum Wohle, ich kann wohl sagen zur Erhaltung der Vereinigten
»Staaten als unabhängige Macht: Erstens eine unauflösbare
»Union der Staaten unter Einem Bundeshaupte; zweitens heilige
»Achtung vor der öffentlichen Obrigkeit; drittens die Annahme
»eines geeigneten Friedensetats, und viertens das Vorherrschen
»von friedlichen und freundschaftlichen Gesinnungen unter dem
»Volke der Vereinigten Staaten selbst, wodurch es veranlasst wird,
»seine Localpolitik und seine Vorurtheile aufzugeben. Es ist nur
»unsere Einigkeit, welche uns die Anerkennung als eine eigene
»Nation, die Anerkennung unserer Unabhängigkeit verschafft, welche
»unsere Macht bei fremden Nationen geachtet macht und un-
»seren Kredit bei denselben aufrecht erhält. Die Verträge euro-
»päischer Mächte mit den Vereinigten Staaten von Amerika zer-
»fallen, sobald die Union aufgelöst wird; es kann uns bevorstehen,
»dass wir an uns selbst die unglückliche Erfahrung machen, wie
»aus dem Extreme der Anarchie ein natürlicher, unvermeidlicher
»Uebergang zu dem Extrem der Tyrannei führt, und wie Willkür-
»Herrschaft am leichtesten auf den Trümmern der in Ungebunden-
»heit ausgearteten Freiheit errichtet wird u. s. w.«

Blutig und theuer hat das Volk der Vereinigten Staaten das
Nichtachten der Worte ihres Gründers gebüsst.

Die Constitution, die Washington dem Volke gab, die von
allen Einzelstaaten angenommen und beschworen ward, stand bis
jetzt unangetastet in Kraft. Der thörichte Versuch der Südstaaten,
sie aufzuheben, ist missglückt; er hat den Ruin ihrer Länder auf
viele Jahre hinaus verursacht und tausende von Familien in namen-
loses Elend gestürzt. Die Wiederaufbauung der Union in diesen
Staaten wird mit grossen Schwierigkeiten zu kämpfen haben, und
wahrscheinlich wird man genöthigt sein, einige Zusätze zu der
Constitution selbst zu machen, die den jetzigen Verhältnissen und
dem Zeitgeiste entsprechen.

Das allgemeine, unbeschränkte und unbedingte Wahlrecht,
wie es bis jetzt jeder Bürger der Vereinigten Staaten aus-

übt, wird, trotzdem es die Grundlage der Volksherrschaft bildet,. von unbefangenen Beurtheilern nicht absolut gutgeheissen. Die Missbräuche, die bei der Ausübung eines solchen Rechtes statt- finden können und oft auch wirklich stattfinden, sind zu offen- kundig, um sie abläugnen zu wollen. In neuester Zeit, wo es sich darum handelt, ob man dem freigewordenen Negerbürger das Wahl- recht einräumen darf oder nicht, ist diese Frage vielfach erörtert worden. Wenn vorausgesetzt wird, dass eine gewisse geistige und moralische Befähigung dazu gehört, ein solches Recht ausüben zu können, so wird man gewiss nicht-mit Unrecht behaupten, dass viele der jetzigen Wähler, deren Hautfarbe etwas heller als die des Negers ist, sich eben so wenig, wie dieser, dazu eignen. Da in der Verfassung gewisse Bedingungen erforderlich sind, um zu irgend einem Staatsamte gewählt werden zu können, so scheint es nur gerecht und consequent, wenn das Recht zu wählen ebenfalls auf vernünftige und den Staatseinrichtungen entsprechende Weise beschränkt würde, da doch der Wähler gewissermassen für den Mann seiner freien Wahl verantwortlich ist.

Um zum Abgeordneten gewählt werden zu können, muss der Betheiligte das 25ste Jahr erreicht haben, 7 Jahre Bürger der Vereinigten Staaten gewesen und zur Zeit der Wahl Einwohner des Staates sein, in welchem er gewählt werden soll. Das Mandat zum Abgeordneten wird auf zwei Jahre ertheilt.

Zur Wahl als Senator ist erforderlich, dass man das Alter von 30 Jahren erreicht hat, 9 Jahre Bürger gewesen und eben- falls zur Zeit der Wahl Bürger des betreffenden Staates ist. Ein religiöses Bekenntniss ist zur Qualification für ein Amt oder eine Anstellung unter der Regierung der Vereinigten Staaten nicht nothwendig. Die Senatoren werden auf 6 Jahre gewählt und bilden den Senat, die höchste richterliche Behörde in der Unions- regierung; doch kann das Urtheil des Senats gegen Staatsverbrecher sich nur auf Absetzung vom Amte und Unfähigkeit zu irgend einer Anstellung in den Vereinigten Staaten erstrecken; der so Ver- urtheilte kann aber ausserdem noch nach Massgabe seines Ver- gehens nach den bestehenden Civilgesetzen angeklagt, gerichtet und bestraft werden. .

Staatsbeamte sind während ihres Dienstes nicht wählbar; eben so wenig dürfen Senatoren und Abgeordnete während der Zeit der Wahl Aemter annehmen. Ihre Person ist während der Sitzungsperiode, sowie auf dem Wege nach Washington und zurück unantastbar. Auch sind sie für ihre Reden oder Debatten an keinem anderen Orte verantwortlich. Jeder Vorschlag zu einem Gesetze, der vom Abgeordnetenhause oder Senate ausgeht, muss dem Präsidenten vorgelegt werden, um von ihm durch seine Unterschrift bestätigt oder, falls er seine Zustimmung verweigert, mit Angabe der Gründe der Ablehnung dem Senate und Abgeordnetenhause zurückgestellt zu werden. Wenn diese durch ⅔ ihrer Stimmen dennoch den Vorschlag gutheissen, so erhält derselbe dadurch volle Gesetzeskraft und ist bindend für Präsident und Volk.

Wenn der Präsident einen ihm zur Beurtheilung überantworteten Gesetzesvorschlag nicht innerhalb 10 Tagen, nachdem er ihm zugekommen, entscheidet und zurückschickt, so erhält ein solcher Vorschlag dadurch dieselbe volle Gesetzeskraft, als ob der Präsident ihn gezeichnet hätte.

Das Haus der Abgeordneten und der Senat bilden gemeinschaftlich den Congress, der jedes Jahr am ersten Montag des Monats Dezember in Washington sich versammelt. Der Congress ist befugt unter Anderem: Steuern und Abgaben aufzulegen, Staatsanlehen zu machen, die Abzahlung der Staatsschulden zu ordnen, Handelsverträge mit anderen Nationen zu schliessen, Münzen zu prägen, das Postwesen zu reguliren, Krieg zu erklären, Frieden zu schliessen, Armeen anzuwerben und Marinen zu schaffen, die Einberufung der Miliz der Einzelstaaten, ihre Organisation und Armirung zu veranlassen, ein Kriegsbudget für die Dauer von zwei Jahren festzustellen u. s. w.

In der Section X. §. 1 der Constitutions-Acte ist festgesetzt, dass kein Einzelstaat das Recht habe, Verträge und Bündnisse zu schliessen oder in eine Conföderation einzutreten, Caperbriefe auszustellen, Münzen zu prägen, Schuldscheine auszugeben u. s. w.

Nach Artikel III. §. 1 soll Verrath gegen die Vereinigten Staaten nur in Kriegführung gegen dieselben bestehen, oder darin, dass man gemeinschaftliche Sache mit dem Feinde mache, ihn unterstütze und ihm Vorschub leiste. Nach diesem Wortlaute scheint es kaum möglich, die Südstaaten vom Verrath gegen die Union freizusprechen.

Artikel II. Section 1 lautet: Die executive Gewalt soll verkörpert sein in einem Präsidenten der Vereinigten Staaten von Amerika. Er soll das Amt während eines Zeitraumes von vier Jahren bekleiden; zugleich mit ihm soll ein Vicepräsident — ebenfalls auf vier Jahre — gewählt werden.

Zum Amte des Präsidenten ist wählbar jeder Bürger der Vereinigten Staaten, der das Alter von 35 Jahren erreicht hat und 14 Jahre in den Vereinigten Staaten ansässig gewesen ist.

Die Wahl geschieht folgendermassen: Jeder Staat wählt für sich so viele Wahlmänner, als er berechtigt ist, Senatoren und Abgeordnete in den Congress zu senden, doch darf kein Senator, Abgeordneter oder Beamter zum Wahlmanne ernannt werden. Diese Wahlmänner versammeln sich in ihren respectiven Staaten an demselben Tage für das ganze Land und wählen durch Ballotiren zwei Personen, von denen aber wenigstens einer nicht Bewohner desselben Staates sein darf, zu welchem sie selbst gehören. Die Listen mit den Namen der Gewählten werden, beglaubigt und gesiegelt an den Präsidenten des Senats übersandt, der in Gegenwart des Senates und der Abgeordneten die Siegel erbricht, und die Stimmen zählt; wer die grösste Zahl Stimmen hat, wird Präsident; bei Stimmengleichheit soll das Abgeordnetenhaus sofort durch Ballotirung über die Wahl des Präsidenten entscheiden.

Vor dem Antritte seines Amtes muss der Präsident folgenden Eid leisten: »Ich schwöre hiemit feierlich, (oder: ich betheure) *), dass ich getreulich das Amt des Präsidenten der Vereinigten Staaten bekleiden und nach meinem besten Ermessen und Vermögen die Constitution der Vereinigten Staaten erhalten, schützen und vertheidigen will.«

Der Präsident ist der Oberbefehlshaber der Armee, der Seemacht und der Miliz der einzelnen Staaten, wenn die letztere zum

---

*) I do solemnly swear (or affirm).

Dienste der Vereinigten Staaten berufen wird; er hat das Begnadigungsrecht mit Ausnahme bei Fällen von Hochverrath. Der Präsident kann mit Zustimmung von ²/₃ der anwesenden Senatoren Verträge abschliessen, auch ernennt er mit Zustimmung des Senates Gesandte, Consuln, oberste Richter u. s. w. Er hat das Recht, bei besonderen Veranlassungen beide Häuser, oder das eine einzuberufen, sowie sie zu vertagen.

Der Präsident, der Vicepräsident, sowie jeder Civilbeamte kann in Anklagestand versetzt und seines Amtes verlustig erklärt werden durch Ueberführung von Verrath, Bestechung oder anderen Staatsverbrechen und Vergehen. Durch Uebereinstimmung von ²/₃ der Stimmen beider Häuser können Modificationen und Gesetzesänderungen vorgeschlagen werden, die, wenn von einem zusammenberufenen Convent angenommen und bestätigt, volle Gesetzeskraft erlangen.

Die Gehalte für die verschiedenen höchsten Beamten sind:

Präsident . . . . 25,000 Dollars,
Vicepräsident . . . . ⎫
Staatssecretär des Kriegs ⎪
Secretär der Marine . ⎬ jeder 8,000 Dollars,
Secretär des Innern . . ⎪
Generalpostmeister . . ⎪
Kronanwalt . . . . . ⎭
der Gesandte in England . . . 17,000 Dollars,
Gesandte bei den grösseren europäischen Staaten . . . . . 12,000 Dollars,
bei den kleineren . . . . . 7,500 Dollars.

Vom 30. April 1789 bis 1865 haben 17 Präsidenten das Amt bekleidet, von denen zum zweitenmale erwählt wurden:

George Washington,
Thomas Jefferson,
James Maddison,
James Monroe,
Andrew Jackson und
Abraham Lincoln.

Einer Bemerkung kann ich mich bei dieser Gelegenheit nicht

enthalten, die sich mir während meines Aufenthaltes in Amerika in auffälliger Weise aufgedrängt hat, nämlich mit welcher Gleichgültigkeit, ich möchte fast sagen Gefühllosigkeit die Amerikaner sich ausdrücken, wenn sie von ihrem grössten Manne reden, was im Ganzen auch nur selten geschieht. Zwar fehlt es nicht an schlechten Washington-Monumenten, fast jede Stadt hat eines oder mehrere solcher aufzuweisen; auch Strassen und Plätze sind nach ihm benannt, aber erwähnt wurde seiner selten, trotzdem es natürlich nicht an passenden Gelegenheiten dazu gefehlt hätte. In keinem Meeting, in keiner Rede, Schrift, Proclamation, noch bei einem sonstigen patriotischen Akte ist sein Name genannt worden. Es scheint, als ob die Amerikaner den Mann vergessen hätten, dem sie ihr politisches Dasein zu verdanken haben, der ihnen ihre Freiheit erkämpft, ihre Constitution gegeben hat, und doch ist es kaum ein Menschenalter her, seitdem Washington ihr Präsident gewesen ist; oder braucht es eine lange Vergangenheit, damit die Völker das Verdienst ihrer grossen Männer einsehen lernen? Ist das Gefühllosigkeit oder Undank? Ich habe meine Verwunderung darüber gegen verschiedene Personen ausgesprochen, erhielt aber keine genügende Erklärung. Diese Vernachlässigung dürfte den Unparteiischen zu einem ungünstigen Urtheile über die Gefühlsseite des amerikanischen Charakters veranlassen. Die folgende Thatsache trug noch dazu bei, diesen Eindruck in mir zu verstärken. Als ich einige Wochen nach der Ermordung des Präsidenten Lincoln nach Washington kam, war der Trauerschmuck der Häuser dem Winde preisgegeben, das einzige Zeichen, welches noch von dem schauerlichen Ereignisse übrig war, auch sonst hörte ich Lincoln's Namen fast nicht mehr nennen, während in Europa noch jeder Mensch mit Entsetzen von diesem Morde sprach.

George Washington ist eine der geschichtlichen Grössen, die ich seit meiner Jugend am höchsten verehrt habe. Ich wollte nicht von hier reisen, ehe ich das Haus besucht hätte, in dem er den Abend seines Lebens zugebracht hat, in dem er gestorben ist und in dessen Nähe er begraben liegt. Mount Vernon, so heisst die denkwürdige Stätte, liegt im Staate Virginien auf dem rechten Ufer des Potomacflusses, ungefähr 20 Meilen von Washington entfernt. Auf einem kleinen Regierungsdampfboote fuhr ich mit einer Gesellschaft Amerikaner, von denen die meisten diesen Besuch zum erstenmale machten, den Fluss hinab. Der Potomac trennt den Staat Maryland von dem Staate Virginien. .

Vor dem Ausbruche des Krieges bezeigten alle Schiffe, die an Mount Vernon vorbeifuhren, dem dort oben ruhenden Vater des Vaterlandes ihre Ehrfurcht, indem sie ihre Flaggen auf- und abhissten; gegenwärtig ist auch dieser Gebrauch in Vergessenheit gerathen. Der Landsitz war bis vor wenigen Jahren noch im Besitze der Familie Washington's, jetzt aber hat die Regierung denselben gekauft. Während des Krieges war Mount Vernon eine Zeit lang von den ganz in der Nähe campirenden Conföderirten bedroht; später wurden einige Unionstruppen dorthin verlegt, um das Haus und das Grabmal zu schützen. Ein steiler Weg führt vom Flussufer hinauf zu dem Grabmal, welches sich etwas unterhalb des Wohnhauses befindet. Es besteht aus einem in grösster Einfachheit aus Ziegelsteinen erbauten offenen Gewölbe, mit einem Eisengitter verschlossen, durch welches man zwei steinerne Sarkophage auf dem Boden stehen sieht; in dem einen ruht Washington, in dem danebenstehenden Martha, seine Frau. Einfache Inschriften bezeichnen Jahr und Tag der Geburt und des Todes. Der Kalkbewurf an der äusseren Mauerbekleidung war an vielen Stellen abgefallen. Gras und Gesträuch wuchert um die Grabstätte. Wenn wir in Europa in der Jetztzeit durch Errichten von Denkmälern, durch jährliche Festessen und -trinken, nebst obligaten Theatervorstellungen vielleicht zu viel Gepränge mit den grossen Männern treiben, die wir nicht mehr besitzen, so gehen die Amerikaner jedenfalls in's andere Extrem. Das Grabmal Washington's in diesem Zustande ist ein Schandfleck für das Pietätsgefühl des amerikanischen Volkes gegen ihren grössten Mann.

Das Wohnhaus, etwas höher gelegen, mit schattigen Bäumen umringt, hat eine hübsche, freundliche Lage mit reizender Aussicht auf den breiten vorbeiströmenden Potomacfluss und die Wälder Virginiens jenseits. Es ist ein sehr einfaches hölzernes Haus mit einer Veranda längs der ganzen Vorderseite. Die Fenster der Wohnzimmer bestehen aus ganz kleinen Scheiben, wie es wahrscheinlich

damals Gebrauch war. Durch eine schmale, niedere Thüre gelangt
man zu einem mehr als bescheidenen Vorzimmer, aus dem eine
enge kleine Treppe zu den Mansardenzimmern hinaufführt. In
diesem Vorzimmer hängt an der Wand unter einer Glaskapsel ein
halb verrosteter eiserner Schlüssel, eine der grössten Trophäen der
letzten hundert Jahre. Es ist der Schlüssel zur Bastille, den Lafayette
Washington zum Geschenke gemacht hatte, und dieser Schlüssel,
mit dem die damaligen Franzosen der Welt die Freiheit erschlossen,
hängt jetzt hier unbeachtet und unbekannt, wie es die Freiheit dem
heutigen Franzosen geworden ist. Das ganze Haus steht beinahe leer
und der Besucher findet nur die kahlen Wände. Eine marmorne Ka-
mineinfassung aus Italien hat bis jetzt noch ihren Platz behauptet.
Auch ein altes Spinett, zu gebrechlich, um wegtransportirt zu
werden, ist in einem leeren Zimmer als Beleg der Vergänglich-
keit alles Irdischen übrig geblieben. In einem der oberen niedrigen
Mansardenzimmer sieht man das Gestell des Bettes, in dem Washington gestorben ist; sonst ist im ganzen Hause nichts mehr vorhanden.

Man hat die Unschicklichkeit begangen, Kleidungsstücke, Waffen,
Zelte und anderes Geräthe, die Washington angehört hatten, in einem der Säle des Patentbureau's in der Stadt Washington in einem
gläsernen Schranke zur Schau zu stellen, statt, was viel passen-
der und ehrfurchtsvoller gewesen wäre, Alles im Hause so zu lassen, wie es zu Zeiten Washington's dort gewesen war. Das Haus,
an und für sich schon so einfach und bescheiden, macht durch
diese Oede und diesen Mangel an allem Hausgeräthe einen pein-
lichen Eindruck, der noch dadurch vermehrt wird, dass ein junger Soldat, der einen Arm im Kriege verloren hat, an der Thüre
steht, und den Besucher, wenn auch stillschweigend, zu einer
Abgabe zwingt. Es ist unbegreiflich, dass ein Volk, welches so
Grosses im Kriege und im Frieden geleistet hat, sich in dem Andenken und in der Verehrung seines grössten Mannes, so unwürdig
und taktlos benehmen kann.

An diese Bemerkung anknüpfend muss ich noch einige Worte
über das Monument in Washington hinzufügen, das in Form eines
ungeheuren Obeliskes auf der niederen sumpfigen Insel im Potomacflusse angefangen, aber bis jetzt nur zu einem Drittel aufgeführt

ist. Nach dem Originalplan sollte es das höchste Monument werden, das bis jetzt in der Welt errichtet wurde (mit Ausnahme der egyptischen Pyramiden). Die Form ist unschön, die Verhältnisse wären, wenn das Monument diese Höhe erreichen würde, unrichtig. Der unausgeführte Bau aber, zu dessen Weiterführung keine Gelder mehr vorhanden sind noch Hoffnung, solche zu schaffen, da das Volk kein Interesse dafür zeigt, steht jetzt in der Mitte eines Feldes, auf dem das Vieh grast, das für die Potomacarmee hier geschlachtet wird, und bezeugt den gänzlichen Mangel des nordamerikanischen Volkes an Kunstsinn und Pietät.

D. Smithsonia.

Zu den berühmtesten, wissenschaftlichen Anstalten in Amerika gehört das Institut Smithsonia, das von einem Privatmanne, einem Engländer, Namens James Smithson, im Jahre 1847 gegründet wurde. Er vermachte testamentarisch ein Capital von 515,169 Dollars zur Stiftung dieses Instituts. Es wurden 242,129 Dollars zum Baue verwendet und ein jährliches Einkommen von 30,910 Dollars zum Unterhalt dafür bestimmt. Das Gebäude, aus einem schönen rothen Sandstein im gothischen Style aufgeführt, liegt in einer freundlichen Parkanlage $\frac{1}{2}$ Meile von Washington entfernt. Die Bestimmung dieses Instituts ist nach dem Organisationsplane des Gründers, im Allgemeinen die Wissenschaft zu fördern und zu verbreiten, u. z. nicht ausschliesslich in Amerika, sondern zum Nutzen und Wohl des ganzen menschlichen Geschlechts. Es werden desshalb keine besonderen Fächer hier cultivirt, sondern jede wissenschaftliche Forschung oder Untersuchung kann in diesem Gelehrten-Institut zur Behandlung kommen. Zu diesem Zwecke werden:

1) ausgezeichnete Gelehrte aufgefordert, ihre Forschungen dem Institute mitzutheilen gegen entsprechende Anerkennung und Belohnung ihrer Verdienste.

2) Durch Druck und Verbreitung neuer gelehrter Schriften und Abhandlungen Kenntnisse und Wissenschaften überall hin gefördert.

Das Institut unterhält Verbindungen mit allen gelehrten Anstalten Europa's und Amerika's. Einige besondere Gegenstände, deren wissenschaftliche Erforschung von dem Institute mit Geldunterstützungen gefördert werden, sind: meteorologische Beobachtungen im Allgemeinen und über die Stürme in Nordamerika insbesondere, Untersuchungen über naturhistorische, geologische, topographische, magnetische Fragen, Lösung experimentaler Probleme, als: das Gewicht der Erde, Schnelligkeit der Electricität und des Lichtes, chemische Analyse der Mineralien und Pflanzen, ferner: statistische Arbeiten über physische, moralische und politische Gegenstände, geschichtliche Untersuchungen berühmter Localitäten Amerika's, ethnologische Forschungen über die Racenverschiedenheit der älteren Bevölkerung in Nordamerika u. s. w.

Das Institut besitzt eine bedeutende Bibliothek und ein naturhistorisches Museum, zu deren Vergrösserung jährlich gewisse Summen verwendet werden. Im vergangenen Jahre brannte ein Theil des Inneren ab, doch wurden die Sammlungen grösstentheils gerettet. In dem Museum befindet sich die grösste Merkwürdigkeit ihrer Art, die bis jetzt auf Erden bekannt geworden, nämlich der grosse Meteorstein, genannt „A i n s a" nach dem Geber, oder „T u c s o n" nach dem Orte, wo er gefunden wurde. Er hat die Form eines ungeheuren Siegelringes, der äussere Durchmesser in der Länge beträgt 49 Zoll, in der Breite am dicksten Theile 17 1/2 Zoll. Er wiegt 1400 Pfund. Man sieht deutlich an einigen Stellen, dass Stücke abgebrochen sind, so dass er noch um etwas schwerer gewesen sein muss. Die bis jetzt angestellte chemische Analyse hat ihn als reines Eisen nachgewiesen mit eingesprengtem Silicium.

Die Geschichte dieses Monstre-Meteorsteines ist folgende: Ein Jesuitenmissionär in der Provinz Sonora hatte denselben im Anfange des 18. Jahrhunderts zum erstenmale erblickt; nach der Aussage der darüber befragten Indianer soll damals in jener Gegend plötzlich eine Masse solcher grossen Steine vom Himmel herabgefallen sein. Im Jahre 1735 hatte der spanische Gran-Capitan Don Juan Ansa den Stein an einem Orte, genannt Los muchaches in der Sierra madre gesehen und wollte denselben nach

Spanien bringen lassen. Wegen der grossen Schwierigkeit des Transportes konnte man ihn damals nicht weiter als bis Tucson in der Provinz Arisona bringen, wo er über ein Jahrhundert liegen blieb. Einzelne Reisende erwähnten seiner zu verschiedenen Zeiten, bis endlich Dr. B. Irwing, Militärarzt in der Unionsarmee, im Jahre 1857 denselben halb in der Erde versenkt, in dem Dorfe Tucson in der Nähe der Festung Buchanan von neuem auffand, und da sich Niemand als Eigenthümer erklärte, ihn für das Smithsonian-Institut in Washington in Besitz nahm. Erst im Jahre 1863 wurde der Meteorstein nach San Francisco gebracht, und gelangte endlich im vorigen Jahre nach Washington, wo er jetzt als seltenster Gegenstand im Institute von allen Besuchern bewundert wird. Eine genaue chemische und physische Unter-.suchung über dessen Eigenschaften wird gegenwärtig vom Professor Brush von Newhaven unternommen.

In dem Naturaliencabinet von Yale-College in Newhaven befindet sich der sogenannte Gibbs-Meteorstein, der noch um ein Geringes schwerer als der eben genannte ist. Der drittgrösste der existirt, befindet sich ebenfalls in Smithsonia und heisst Couch Meteorit, nach dem Geber General Couch und wiegt 252 Pfund.

Mit besonderer Vorliebe werden in diesem Institute die Arbeiten über Erdmagnetismus betrieben. Eine Reihe ausgezeichneter Schriften sind darüber veröffentlicht worden, in denen unter Anderem die interessante Erscheinung nachgewiesen wird, dass ein bestimmter Zusammenhang zwischen den Erscheinungen des Nordlichtes (aurora borealis) und der Abweichung und Stärke des Erdmagnetismus, so wie eine bestimmte Periodicität von 11 Jahren zwischen den häufigsten Erscheinungen des Nordlichtes und der zur selben Zeit grössten Abweichung der Magnetnadel stattfindet.

E. Das Army-Medical-Museum.

Eine besondere Erwähnung verdient noch diese junge Sammlung, und es gereicht den Militärärzten der Vereinigten Staaten zum grössten Ruhm, dass sie im zweiten Jahre des Krieges, in dem sie sowohl im Felde wie in den Hospitälern so übermässig beschäftigt waren, an die Einrichtung eines solchen Museums denken konnten. Der Anfang zu demselben wurde im August 1862 gemacht und beweist das Bestreben der Aerzte für die wissenschaftliche Anwendung der im Kriege von ihnen gemachten reichen Erfahrungen. Der damalige Generalarzt der Armee, Dr. Hammond, ist der eigentliche Gründer dieses Museums, das zwar noch jung und unvollständig, aber durch das Systematische der Einrichtung, die Zweckmässigkeit und Ordnung in der Aufstellung der Präparate in sauberen Glasschränken, schon jetzt eben so interessant als belehrend ist. Es enthält eine grosse Sammlung von Knochenbrüchen, die in verschiedene Klassen geordnet sind, als: die des Schädels, der Gesichtsknochen, des Halses, des Rückgrates, des Beckens, der oberen und unteren Extremitäten, und ausserdem nach der Beschaffenheit der Verwundung, ob der Bruch einfach oder complicirt u. s. w. — Präparate von Weichtheilen durch Schuss- und Hiebwunden werden in Spiritus aufbewahrt, sowie die pathologischen Präparate von Krankheitsprocessen, die am häufigsten im Felde vorkommen. Jedes Präparat ist mit einer Nummer versehen, die mit der Nummer im Cataloge übereinstimmt, unter welcher die Entstehung der Verwundung oder Krankheit, sowie alle Erscheinungen derselben, Operationen und Behandlung beschrieben sind. In einem besonderen Glasschranke werden acht Schenkelknochen aufbewahrt von Generalen, die in diesem Kriege amputirt wurden. Sehr passend und instructiv fand ich, dass in dem Museum zugleich eine vollständige Sammlung von Projectilen, vom kleinsten Pistolenkaliber bis zum schwersten Kanonengeschoss in allen gebräuchlichen Formen aufgestellt war, und ebenso eine vollständige Sammlung von allen Hieb- und Stichwaffen, also — Ursache und Wirkung neben einander gestellt.

Das Museum ist in bestimmten Stunden täglich für Jedermann offen und wird häufig von Soldaten besucht, die bei dem Anblick der Gegenstände sich gewiss ihres Glückes doppelt freuen, zu der Sammlung nichts beigetragen zu haben. Während man mich hier herumführte, bemerkte ich einen jungen Soldaten, der sich uns anschloss und uns mehrere Stunden lang begleitete; ich hielt ihn für einen jungen Mediziner und glaubte, er benütze vielleicht diese Gelegenheit, um sich zu unterrichten. Als man ihn desshalb befragte, antwortete er: er sei nur gekommen, um die Knochen seines jüngeren Bruders zu suchen, der bei Richmond geblieben sei; die Kameraden hätten ihm gesagt, dass die Knochen aller braven Soldaten hier aufbewahrt würden. Er sei jetzt auf der Heimreise und wolle doch der Mutter erzählen, dass er des armen John's Knochen hier gesehen habe und dass Alles richtig sei (»I would like to tell mother, that I have seen poor John's bones and that all was right«).

Er ging ganz traurig davon, als man ihm sagte, dass poor John's Knochen nicht hier seien.

Der Verschwörungs-Process.

Während meines Aufenthaltes in Washington wurde den Verschworenen, welche bei dem Complot zur Ermordung Lincolns und der anderen Regierungsmitglieder betheiligt waren, der Prozess gemacht. Die dazu ernannte Militär-Commission bestand aus 1 Vorsitzenden und 8 Mitgliedern, von denen 6 Generale und 2 Oberste waren. Der Generaladvokat und 2 assistirende Advokaten leiteten die Verhandlungen. Die Sitzungen fanden in einem alten Gefängnissgebäude statt, das dicht am Arsenal ungefähr eine Meile von Washington am Potomacflusse gelegen ist. Durch Vermittlung meiner Bekannten erhielt ich einen Platz in der inneren Abtheilung, wo die Militärmitglieder der Commission ihren Sitz hatten, wodurch ich in den Stand gesetzt war, den Verhandlungen dieses schauderhaften Dramas ohne grosse Beschwerde beiwohnen zu können, was bei der furchtbaren Hitze in dem mit Zuschauern überfüllten engen Raume sonst kaum möglich gewesen wäre.

Die Regierung hatte es für nöthig gefunden, eine bedeutende Militärmacht in dem Gebäude und dessen Nähe zu entwickeln; ausser dem dass sämmtliche Zugänge mit starken Wachen besetzt waren, standen Schildwachen auf allen Gängen und Treppen. Ein ganzes

Regiment hatte nahe dabei Lager bezogen, und einige kleine Kanonenboote waren im Flusse postirt. Wahrscheinlich hatte man alle diese Massregeln getroffen, um jedem Gedanken an gewaltsame Befreiung der Gefangenen vorzubeugen.

Der Hauptanstifter des Complotes war ein junger Schauspieler, John Wilkes Booth, der durch sein einnehmendes Aeussere und seine ausgezeichnete Darstellung der Shakespeare'schen Helden der Liebling des Publikums überall, wo er auftrat, gewesen war. Was ihn eigentlich bewogen hatte, diese Schandthat auszuführen, ist schwer zu ermitteln, da er gleich nach vollbrachtem Mord entfloh, und der Tod ihn erreichte, ehe er ein Bekenntniss ablegen konnte. Wirkliche tiefe politische Gründe sind bei ihm kaum vorhanden gewesen. Von Kindheit an war er an ein unstätes wüstes Leben gewöhnt; seine glänzendsten Erfolge hatte er in den grossen Städten des Nordens gefeiert. In Washington, Philadelphia, Boston, Newyork war er der erklärte Günstling des Publikums und hauptsächlich der Damen. Ausser den Bekanntschaften, die er durch seinen Beruf sich erworben, scheint er mit keiner bedeutenden Persönlichkeit, weder im Norden noch im Süden, in intimer Verbindung gestanden zu haben. Zu dem Gedanken, den Präsidenten zu ermorden, war äusserst wahrscheinlich kein anderes Motiv vorhanden, als eine höchst überspannte, phantastische Eitelkeit, durch eine solche That seinen Namen auf die Nachwelt zu bringen. Alle Personen, die er in sein Vorhaben hineingezogen hatte, waren ohne Ausnahme in jeder Beziehung unbedeutend. In seinem ersten Plane war es darauf abgesehen, den Präsidenten bei einer Ausfahrt oder auf einem Spaziergange plötzlich mit einigen Gehilfen zu überfallen und gefangen zu nehmen. Man hatte zu diesem Zwecke in dem unteren Theile der Stadt in einem kleinen Gartenhäuschen, welches nahe an dem Potomacflusse lag, einige Zimmer eingerichtet, unter welche Pulverfässer gestellt waren, um im Falle einer plötzlichen Entdeckung, durch das Anzünden derselben das Haus mit dem Präsidenten in die Luft sprengen zu können. Da es sich aber herausstellte, dass man auf diese Weise des Präsidenten nicht habhaft werden konnte, wurde einfach seine Ermordung beschlossen. Booth hatte mit erstaunlicher

Ruhe und Sicherheit seinen Plan entworfen. Der Präsident wollte der Vorstellung zum Benefice einer beliebten Schauspielerin im Fort-Theater beiwohnen und sich bei dieser Gelegenheit auch dem Publikum zeigen, das so sehr gewünscht hatte, ihm seine Huldigung aus Veranlassung der von der Armee neuerlichst erfochtenen grossen Siege darzubringen. Booth benützte diese Gelegenheit zur Ausführung seiner That. Am 17. April Abends 8 Uhr verfügte sich der Präsident Lincoln mit seiner Gemahlin in Gesellschaft eines Obersten und einer jungen Dame von seiner Verwandtschaft in das Theater. Bei seinem Eintritte in die Loge wurde er von dem ganzen Publikum mit enthusiastischem, nicht enden wollendem Jubel begrüsst. Booth befand sich im Parterre und war Zeuge dieses ausserordentlichen Empfanges. Nach dem dritten Akte begab er sich in den Corridor, der zur Loge des Präsidenten führte und wollte in dieselbe hineintreten, als der Thürsteher ihm bemerkte, das sei die Privatloge des Präsidenten. Booth antwortete ihm, er wisse das, er sei Senator und der Präsident habe ihn rufen lassen. Darauf trat er rasch in die Loge, blieb aber ruhig im Hintergrunde stehen und beschaute die darin Sitzenden, als der Oberst R. auf ihn zutrat und ihm im artigsten Tone bedeutete, das sei des Präsidenten Loge, folglich der Zutritt Niemanden gestattet. Booth erwiderte nichts, sah dem Präsidenten, der sich nach ihm umgewendet hatte, scharf in's Gesicht und entfernte sich wieder aus der Loge. Wie man später entdeckte, war in die Logenthüre ein kleines Loch hineingebohrt, durch welches wahrscheinlich Booth die Stellung des Präsidenten genau beobachtete. Jetzt betrat er schnell die leere Abtheilung, die sich neben der Präsidentenloge befindet und nur durch eine Draperie von derselben getrennt ist. Mit der rechten Hand zog er plötzlich eine Pistole aus der Tasche, mit der Linken einen Dolch, und schoss dem Präsidenten eine Kugel durch den Kopf. Dem Obersten R., welcher sich auf ihn stürzte, brachte er mit dem Dolche eine Wunde in den Arm bei, dann sprang er über die Logenbrüstung auf die Scene, wandte sich in echt theatralischer Haltung mit dem Dolche in der Hand an das Publikum und rief: »Sic semper tyrannis,« und rannte hierauf hinter die Coulissen und durch eine ins Freie führende Thüre auf die Strasse, wo er sich auf ein von ihm selbst dort bereit gestelltes Pferd schwang und entfloh. Unbegreiflich ist es, wie eine solche That in Gegenwart von Tausenden von Menschen hat stattfinden können, ohne dass der Thäter ergriffen wurde. Booth setzte seine Flucht in Begleitung seines Gefährten Harold fort, und trotzdem, dass er sich durch einen Fall das Bein gebrochen hatte, wäre er beinahe entkommen, indem er, nach dem Süden eilend, die Küste zu erreichen suchte, um sich auf ein Schiff zu retten. Durch die Beschädigung seines Beines aufgehalten, war er genöthigt, sich an einen Arzt, Dr. Mudd, zu wenden, der ihm einen Verband anlegte, und seine weitere Flucht begünstigte. So gelangte er bis Garrethouse, eine kleine Farmerwohnung in Nordkarolina. Seine Verfolger aber waren ihm schon einige Tage auf der Spur und überraschten ihn hier in der Nacht in einer Scheune, in der er sich mit Harold eingeschlossen hatte. Als man das Haus mit Cavallerie umringt und die Einwohner desselben gezwungen hatte, die Anwesenheit der Flüchtlinge anzugeben, wurden dieselben, nachdem die Scheune von Soldaten eng eingeschlossen war, durch Anpochen und Rufen aufgefordert, ihre Waffen hinauszureichen und sich zu ergeben, widrigenfalls man die Scheune in Brand zu stecken drohte. Harold folgte der Aufforderung, aber Booth verweigerte hartnäckig, sich gutwillig zu ergeben. Er bat, man möchte ihm bloss die Chancen lassen, im ehrlichen (!) Kampfe entweder sich durchzuschlagen, oder wenigstens sein Leben mit den Waffen in der Hand so lange als möglich vertheidigen zu können. Da ihm dies verweigert wurde, er aber hartnäckig auf seiner Forderung bestand, zündeten die Soldaten die Scheune an. Als die Flammen von allen Seiten aufschlugen und die Wände einstürzten, sah man Booth auf eine Krücke sich stützend mit einer Pistole in der Hand stehen, und in demselben Augenblicke streckte ihn auch ein Sergeant mit einer Kugel nieder. Mit genauer Noth gelang es, ihn aus den Flammen hinauszutragen, und bald darauf verschied er. So endete ein Mann, der in wahnsinniger Eitelkeit einen Mord begangen und sein Leben mit einer Entschlossenheit und einem Muthe hingab, die einer besseren Sache würdig gewesen wären.

Zur selben Stunde, als der Präsident Lincoln im Theater ermordet wurde, geschah ein Attentat auf das Leben des Staatssecretärs Seward in seinem eigenen Hause. Seward, der einige Wochen vorher durch einen Sturz aus seinem Wagen sich die Kinnlade gebrochen hatte, lag in seinem Bette mit einem Apparat von Eisendraht um das Kinn, als der Mörder hereintrat, sich auf ihn warf und ihm mit einem Dolche mehrere Stiche im Gesichte beibrachte. Zuvor hatte er auf der Treppe einem Bedienten, der ihn aufzuhalten suchte, einen gefährlichen Stich in den Unterleib und dem Sohn des Staatssecretärs, der ihn zurückweisen wollte, mit dem Kolben der Pistole einen Schlag auf den Hirnschädel versetzt, wodurch derselbe bewusstlos niederstürzte und lange nachher noch in Lebensgefahr schwebte.

Dem Mörder gelang es ebenfalls aus dem Hause zu entkommen, sich auf ein Pferd zu werfen und aus Washington zu entfliehen. In der Nähe von Washington stürzte er in der Nacht mit dem Pferde und irrte dann einige Tage in der Umgegend herum, bis er durch Hunger und Entkräftung gezwungen, wieder nach Washington zurückkehrte, um sich in dem Hause der Mrs. Surrat, einer Theilnehmerin an dem Complot, zu verbergen, wurde aber hier bei seinem Eintritte von Polizeibeamten ergriffen, in demselben Augenblicke, als diese sich der Surrat bemächtigten.

Alle Haupttheilnehmer an der Verschwörung wurden in kürzester Zeit gefangen genommen: Payne, der das Attentat auf Seward beging, Mrs. Surrat, die Mitwisserin, in deren Haus die Verschworenen ihre Zusammenkünfte hielten, Atzeroth, Dr. Mudd, Spangler und Arnold wurden eingefangen und dem Gerichte übergeben. Von allen diesen ist Lewis Payne die bedeutendste Persönlichkeit. Ueber seine Herkunft und früheren Lebensverhältnisse ist beim Verhör nichts Zuverlässiges bekannt geworden. Sein eigentlicher Name soll Powell gewesen sein. Die ganze Gestalt, gross, stark und muskulös, mit einem Halse, mächtig wie der eines Stieres, der nackt aus einer blauen Flanellblouse hervortrat, mit seinen breiten, in Eisen geschmiedeten Händen und Füssen, machte er trotz seiner Jugend den Eindruck eines wilden Thieres. Er legte ein vollständiges Bekenntniss seines Vorhabens ab, dass

er den Staatssecretär Seward habe ermorden wollen, weil er es
übernommen hatte, ohne weitere Erklärung darüber anzugeben,
und in dieser trotzigen Haltung verblieb er bis zu dem Augenblicke, wo ihm der Strick um den Hals gelegt wurde. Harold,
der treue Gefährte Booth's, ein junger Mensch von 23 Jahren in
schwärmerischer Anhänglichkeit für diesen war zu allem bereit gewesen und hatte sich zu allem hergegeben, was Booth von ihm verlangt
hatte. So folgte er ihm auch auf der Flucht und hielt bei ihm
aus, bis die Scheune angezündet wurde, worauf man ihn dann gefangen nahm. Atzeroth hatte es übernommen, den damaligen Vice-
präsidenten Johnson zu ermorden, wahrscheinlich durch das Versprechen einer grossen Geldbelohnung gewonnen. Als es zur
Ausführung kam, fehlte ihm der Muth — und Johnson war gerettet. Arnold sollte, nach dem früheren Plane, den Präsidenten
gefangen nehmen und ihn in das oben bezeichnete Haus im Garten
am Potomacflusse einsperren, um ihn dann später heimlich als
Gefangenen nach Richmond zu schaffen. Als dieser Plan aufge-
geben und die Ermordung des Präsidenten bestimmt wurde, hatte
er die Theilnahme an dieser That abgelehnt. Spangler war ein
Theatermaschinist, der im Einverständnisse mit Booth ihm bei
seiner Flucht über die Scene Hilfe leistete und die Thüre zur
Strasse für ihn offen hielt, durch welche er entkam. Dr. Mudd
war der Arzt, der Booth's Fuss verband und ihm zu weiterer Flucht
verhalf. Als thätigste Theilnehmerin an der ganzen Verschwörung
erwies sich die Wittwe Mary Surrat. Sie hielt in Washington ein
Wirthshaus, in welchem die Verschworenen alle ihre Pläne ausbrü-
teten, deren Mitwisserin sie von Anfang an gewesen. Durch Anfeuern
und Aufhetzen hatte sie viel dazu beigetragen, die Theilnehmer in
ihrem Vorhaben zu bestärken. Bei der Durchsuchung ihres Hauses fand man mehrere versteckte Pistolen und Dolche. Sie gehörte
zu den exaltirtesten Frauen aus dem Süden. Ob sie — wie behauptet
wird — ausserdem noch in einem anderen Verhältnisse zu Booth
gestanden habe, ist nicht aufgeklärt worden. O'Loughlin war bestimmt, den General Grant zu ermorden, wenn er, wie man glaubte,
an demselben Abend mit dem Präsidenten im Theater erscheinen
würde. Grant war aber am selben Tage verreist.

In Folge der Weitläufigkeiten der amerikanischen Prozessformen und der Verhöre von 422 Zeugen, dauerte der Prozess bis zum 6. Juli, also volle zwei Monate. An diesem Tage bestätigte der Präsident das von dem Kriegsgerichte gefällte Urtheil, welches Harold, Payne, Mrs. Surrat und Atzeroth zum Galgen verurtheilte; Dr. Mudd, Arnold und O'Loughlin lebenslängliche Einsperrung, Spangler Gefängniss auf 6 Jahre, allen vier bei harter Arbeit, zuerkannte.

Am 7. Juli wurde im Hofe des Gefängnisses das Schaffot errichtet, auf welchem die vier erstbenannten Personen mit dem Tode durch den Strang ihr Verbrechen büssten.

Ob nach europäischen Rechtsbegriffen ein Todesurtheil über dieselben ausgesprochen und vollstreckt worden wäre, möchte ich bezweifeln. Dass in den Vereinigten Staaten, wo man für das weibliche Geschlecht eine in vieler Beziehung übertriebene Rücksicht hat, eine Frau, die zwar Mitwisserin eines Mordes, aber nicht Theilnehmerin an demselben gewesen, öffentlich zugleich mit 3 Männern aufgehängt wurde, war ein Ereigniss, das bei vielen die tiefste Entrüstung hervorbrachte.

Erschütternd war die herzzerreissende Verzweiflung der unglücklichen Tochter der Mrs. Surrat, eines jungen Mädchens von 19 Jahren, das bis zum letzten Tage keine Ahnung davon hatte, dass ihre Mutter mit dem Tode könne bestraft werden. Als sie plötzlich am 7. Juli früh Morgens diese schreckliche Nachricht erfuhr, eilte sie zuerst in das Gefängniss zu ihrer Mutter, um Gewissheit zu erlangen, dann rannte sie in das White-house, um den Präsidenten um Gnade anzuflehen; als derselbe sie nicht empfing, versuchte sie sich Gehör bei seiner Gemahlin oder Nichte zu verschaffen, und als auch dieses misslang, warf sie sich auf die Haupttreppe nieder, um jeden Eintretenden durch ihre Verzweiflung zu einem Versuche bei dem Präsidenten zu bewegen, ihre Vorlassung auszuwirken. Wie sie endlich sah, dass alles vergebens sei, eilte sie wieder zurück zu ihrer Mutter in das Gefängniss und blieb dort, bis diese ihren letzten Gang auf das Schaffot antrat. Ein Sohn der Mrs. Surrat, der Theilnehmer an der Verschwörung gewesen war, hatte sich frühzeitig durch die Flucht nach Canada gerettet.

Wenn der Präsident das Urtheil des Gerichtes vollstrecken

liess, so müssen sehr triftige Gründe dafür vorhanden gewesen sein; — Johnson hat nicht den Ruf eines grausamen Mannes.

Später ist noch eine andere Persönlichkeit zum Galgen verurtheilt worden, nämlich der durch seine Grausamkeiten gegen die Kriegsgefangenen der Unionsarmee in Andersonville berüchtigte Capitän Wirtz. Wenn auch nur ein Theil der haarsträubenden Unmenschlichkeiten wahr ist, die er sich, wie man behauptet, gegen die unglücklichen Gefangenen dort hat zu Schulden kommen lassen, so ist seine Hinrichtung mit dem Strange eine vollkommen gerechtfertigte.

Lange hatte ich mich gesträubt, den Erzählungen von der Grausamkeit, mit der die Kriegsgefangenen der Unionsarmee im Süden behandelt worden seien, Glauben beizumessen. Durch die neuesten, an Ort und Stelle vorgenommenen Untersuchungen ist es aber dargethan, dass in Andersonville allein 13,000 Kriegsgefangene durch Hunger, Kälte und die quälendste Behandlung umgekommen sind. Die gerichtlichen, unter Eidesablegung gemachten Aussagen von mehreren tausend Menschen, welche dieses Elend durchgemacht hatten, lassen keinen Zweifel darüber zu.

Es ist schwer, eine Benennung für den Raum zu finden, in dem die Gefangenen eingesperrt waren: ein offener Platz von 25 Acres in Form eines länglichen Vierecks ohne Bäume oder irgend eine Art Obdach, mit sandigem und lehmigem Boden war mit einer Einfassung umgeben, die aus Baumstämmen von 20 Fuss Höhe bestand, welche dicht neben einander in die Erde eingerammt waren. An verschiedenen Stellen der Aussenseite dieser Pallisaden waren oben Plattformen angebracht, auf denen die Schildwachen standen, um aus dieser Höhe alles beobachten zu können, was auf dem Platze vor sich ging. Innerhalb dieser Pallisade in einer Entfernung von 20 Fuss parallel mit derselben war eine niedrige Einfassung von Latten um den ganzen Platz angebracht, die „Todtenlinie" genannt. Jeder Gefangene, der es wagte, auch nur eine Hand oder einen Fuss durch die Einfriedigung durchzubringen, wurde von der nächsten oben postirten Schildwache niedergeschossen. Es ist notorisch, dass viele Gefangene, um ihren Qualen ein Ende zu machen, vorsätzlich die Todtenlinie überschritten und dann auch augenblicklich durch eine Kugel von allen ihren Leiden befreit wurden. Ausserhalb der Pallisade stand ein Regiment Conföderirter im Lager zur Bewachung der Gefangenen und einige 100 Yards weiter entfernt, waren an den vier Winkeln des Parallelogramms Batterien errichtet, deren Geschütze mit Kartätschen geladen, in Bereitschaft waren, augenblicklich jeden gewaltsamen Befreiungsversuch der Gefangenen zu vereiteln. Ein morastig versumpfter Bach, 5—6 Fuss breit, ging durch den Gefängnissplatz; an den seichtesten Stellen desselben waren die Abtritte angebracht. Aus den etwas tiefer liegenden Theilen des Baches mussten die Gefangenen ihr Trink- und Kochwasser schöpfen. Um dieses einigermassen trinkbar zu machen, filtrirten sie es durch ihre eigenen schmutzigen Kleidungsstücke. Ohne anderes Obdach, als es sich die Gefangenen aus ihren eigenen Habseligkeiten herstellen konnten, waren sie im Sommer den glühenden Sonnenstrahlen, im Winter der Kälte, dem Schnee, Regen, Sturm und allem Ungemach der Witterung bei Tag und Nacht ausgesetzt. Die Ration bestand aus 8 Unzen schlechten Brodes aus türkischem Weizen bereitet und 2 Unzen gesalzenen ranzigen Schweinefleisches. Zweimal wöchentlich wurde ihnen noch etwas Reis dazu gegeben. Täglich um 4 Uhr Nachmittags kamen die Wagen mit diesen Nahrungsmitteln, wenn man sie so nennen will, an. Die Gefangenen wurden dann in Reih und Glied aufgestellt und die Rationen ausgetheilt, oft unordentlich, so dass viele unter ihnen gar nichts oder einen nur kleinen Theil erhielten. Von Hunger gequält, verschlangen die Gefangenen gewöhnlich auf der Stelle alles ihnen Gebotene und hungerten dann wieder bis zum nächsten Nachmittag. Oft waren 20,000—30,000 Gefangene hier auf diese Weise zusammengesperrt. Die Folgen eines solchen schauderhaften Zustandes lassen sich mit Worten kaum schildern. Die wenigen Kleidungsstücke, die man ihnen bei ihrer Gefangennehmung noch gelassen hatte, waren bald durch Schmutz und Nässe verfault und hingen in Lumpen an ihren abgemagerten Gliedmassen herab. Halb nackt, ohne Fussbekleidung, durch Hunger, Unreinlichkeit und Ungeziefer gequält, wurden Tausende von ihnen nur durch den Todesengel von ihren Leiden erlöst. Viele verfielen in Blödsinn; — doch ich will dieses

grässliche Bild menschlicher Leiden und menschlicher Schuld nicht
weiter ausmalen.

Es wurde der Untersuchungs-Commission aufgetragen, zu ermitteln, ob diese Behandlung der Gefangenen durch unabstellbare
Mängel bedingt gewesen oder durch bösen Willen oder vorsätz-
lichen Plan verschuldet worden sei, und leider ist von der
Commission zum Theil das Letztere dargethan worden.

Das menschliche Gefühl empört sich bei diesem Gedanken und
man möchte wünschen, dass die Commission sich durch Hass und
Parteigeist habe verleiten lassen, eine Schilderung der Grausamkeiten abzufassen, wie sie kaum bei den wildesten Völkern hätten
stattfinden können. Die Erklärungen, welche die Conföderirten
darüber selbst abgegeben haben, sind leider zu ihrer Entlastung
nicht genügend. Zwar ist es notorisch bekannt, dass ihre eigenen
Truppen, besonders im letzten Jahre, an allem Nöthigen Mangel
gelitten haben, doch aber war dies nicht bis zu solchem Grade
der Fall, dass man die oben geschilderte Behandlung der Gefangenen dadurch hätte entschuldigen können; zugegeben, dass die
conföderirte Regierung sich ausser Stand sah, eine so beträcht-
liche Anzahl derselben zu ernähren, so wäre das natürlichste
Mittel gewesen, sie auf Kriegsparole zu entlassen, auch war dieses
Auskunftsmittel vorgeschlagen, aber erst nach langem Weigern
und Zögern von ihnen angenommen worden und zwar nur gegen
Auswechslung ihrer eigenen Gefangenen. Dass man die Gefangenen Sommer und Winter ohne Obdach liess, kann in keiner Weise
entschuldigt werden, weil grosse Wälder in der Nähe waren und
man sie selbst zum Fällen der Bäume und Aufbauen von
Baracken hätte verwenden können. Endlich hätten dieselben
aus ihrer Heimath Subsistenzmittel erlangen können, wenn es
ihnen von den Conföderirten wäre gestattet worden. Sie erhielten
aber nur den geringsten Theil von dem, was ihnen von ihren Verwandten zugeschickt wurde.

Capitän Wirtz war Commandant des Gefängnisses in Andersonville. Die Beschuldigungen und Anklagen gegen ihn mehrten
sich so, und riefen so laut um Rache für das namenlose Elend,
in welchem er so viele tausend Menschen hatte umkommen lassen,

dass die Unionsregierung gleich nach dem Kriege sich genöthigt sah, ihn gefangen zu setzen und in Washington vor ein Kriegsgericht zu stellen, welches nach langer Untersuchung das „schuldig" über ihn aussprach und ihn zum Strange verurtheilte.

Die Gefangenen auf Belle-Isle, einer kleinen Insel im Jamesfluss nahe bei Richmond, litten dieselben Qualen, wie jene in Andersonville. 10—12,000 waren auf einem verhältnissmässig noch kleineren Raume eingesperrt. Im Winter 1862 war die Kälte eine Zeitlang sehr streng. Die Gefangenen ohne Obdach lagerten sich in der Nacht auf der gefrorenen Erde in Schichten aufeinander, um sich dadurch gegen die Kälte zu wehren. Jeden Morgen waren einige von ihnen durch Erfrieren in den ewigen Schlaf hinübergegangen. Die Behandlung der Offiziere war im Ganzen nicht viel besser, als die der Gemeinen, nur hatten sie Obdach. In Libby wurde ein altes, dreistockiges Gebäude aus Ziegelsteinen, das früher Tabaksmagazin gewesen war, zum Gefängniss für sie bestimmt. Es befanden sich in demselben oft 12—1400 Offiziere von allen Graden, vom Brigadegeneral bis zum Secondlieutenant zusammengepfercht. Es waren 6 Räume vorhanden, jeder von 100 Fuss Länge und 40 Fuss Breite, in denen sie vertheilt waren. In demselben Raume, wo die Offiziere sich aufhielten und schliefen, mussten sie auch selbst kochen und waschen. Lange Zeit hatten sie weder Tisch, noch Stuhl, noch Bett, bis sie sich zum Theil solche mit eigenen Händen herrichteten. Die Rationen waren dieselben, wie für die Soldaten, eben so karg zugemessen und von eben so schlechter Beschaffenheit. Die Räume hatten viele Fenster, an denen Tag und Nacht von aussen Schildwachen standen, die jeden, der sich dem Fenster zu nähern wagte, ohne weiteres niederschossen.

III.

Die Generale.

Die Zahl der grossen Männer, welche die Kriegsgeschichte bis auf unsere Tage herab verzeichnet hat, ist eine verhältnissmässig sehr beschränkte. Ob einige der hervorragenden Persönlichkeiten des letzten Krieges in Amerika zu dieser Zahl gerechnet werden dürfen, wage ich nicht zu entscheiden; aber bewunderungswürdig für jeden Beobachter ist die Thatsache, dass Männer, wenn auch mit militärischer Vorbildung in ihrer Jugend, doch ohne Uebung, ohne Kriegserfahrung, plötzlich von den friedlichen bürgerlichen Beschäftigungen weg, in denen sie den grösseren Theil ihres Lebens bis dahin verbracht hatten, in untergeordneten Stellungen in's Feld gezogen, in kürzester Zeit alle die seltenen grossen Eigenschaften entwickelten, die dazu gehörten, den Feldherrnstab zu führen, das Vertrauen der Armee sich zu gewinnen, und durch eine lange Reihe von blutigen Schlachten endlich den vollständigsten Sieg über ihre Feinde zu erringen. Zu diesen Männern gehört Ulysses Grant, der jetzige General en chef der ganzen Unionsarmee, geboren am 27. April 1822 in einem kleinen Städtchen Point-pleasant am Ohioflusse nahe bei Cincinnati, wo sein Vater Lohgerber war. Bis zu seinem 17. Jahre war er seinem Vater in der Gerberei behilflich, ohne weiteren Unterricht zu geniessen, als den spärlichen, der in der dortigen Dorfschule ihm zu Theil wurde. Die Anlagen des jungen Menschen und sein ganzes Benehmen waren aber derart, dass der Vater sich bewogen fühlte, einen Platz in der Militäracademie in West-Point für ihn

13

•

nachzusuchen, was ihm gelang, so dass er am 1. Juli 1839 als Cadet dort aufgenommen wurde. Während seines vierjährigen Aufenthaltes in der Akademie zeichnete er sich durch Fleiss und Pünktlichkeit, sowie durch sein freundliches Benehmen gegen seine Kameraden aus, und gewann sich viele Freunde. Im Jahre 1843 wurde er Offizier; das Examen war damals ein sehr strenges. Von den 100 Candidaten, die zugleich mit ihm examinirt wurden, erhielten nur 30 das Offizierspatent. Grant trat als Secondlieutenant in ein Infanterie-Regiment, das in Louisiana stand, und machte 1847 den Feldzug in Mexico mit. Da er sich in verschiedenen Gefechten durch Muth und Entschlossenheit auszeichnete, erwarb er sich die ehrenvollste Anerkennung seines Chefs und wurde Premierlieutenant. Im weiteren Verlaufe des mexicanischen Krieges hat er sich durch persönliche Tapferkeit in 14 Schlachten den Capitänsrang erworben; nach Beendigung des Krieges 1848 verheirathete er sich, und wurde hierauf mit seinem Bataillon nach dem Westen, nach Oregon, versetzt. Mangel an militärischer Thätigkeit und die geringe Aussicht auf weitere Verwendung verleideten ihm den Kriegsdienst und er nahm seinen Abschied. Von da an versuchte er sich in mehreren Beschäftigungen; er fing an mit einer kleinen Landwirthschaft bei seinem Schwiegervater in der Nähe von St. Louis; dann war er eine kurze Zeit Steuereinnehmer in der Provinz und Auctionar, fand aber weder Befriedigung noch Vortheil in allen diesen verschiedenen Unternehmungen, bis sein Vater, der unterdessen das Ledergeschäft im Grossen betrieben hatte, ihm den Vorschlag machte, sich mit ihm zu associren, was auch von seiner Seite angenommen wurde. Die Firma Grant und Sohn in Galena im Staate Illinois wurde als ein ehrenhaftes und tüchtiges Geschäft in der Kaufmannswelt bekannt. Der Excapitän-Lederhändler Grant lebte hier glücklich und zufrieden, bis der Kanonendonner von Fort Sumter im April 1861 sein Ohr erreichte und den schlummernden kriegerischen Thatendrang in seiner Seele plötzlich wachrief.

Grant warb, wie es damals Gebrauch war, eine Compagnie Freiwilliger, stellte sich an ihre Spitze und führte sie dem Gouverneur der Provinz zu. Von da an beginnt seine eigentliche kriegerische Laufbahn, auf der er mit Riesenschritten Riesenwerke vollbrachte.

Seine ersten Waffenthaten führte er im Süden des Mississippi aus. Im August 1861, also vier Monate nach dem Ausbruche des Krieges, war er schon zum Brigadegeneral ernannt. An verschiedenen wichtigen Expeditionen theilnehmend, zeichnete er sich hauptsächlich durch kluge und besonnene Dispositionen aus, wodurch er überall grosse Vortheile über seinen Feind erwarb. Auch war er der erste der Unionsgenerale, der strenge Mannszucht und Disciplin in seiner Truppe einführte, was bei dem Geiste der freiwilligen Soldaten, die ihr Gleichheitsprincip als amerikanische Bürger mit in's Feld genommen hatten, nicht leicht war.

Seine erste hervorragende Kriegsthat war die Einnahme von Fort Donnelson (16. Februar 1862), in Folge deren er zum Generalmajor, damals der höchste Rang in der Armee, befördert wurde. Am 6. April wurde die grosse Schlacht bei Corinth geschlagen, in welcher der tapfere General Wallace fiel. Auch der Feldherr der conföderirten Armee, General Albert Johnston, wurde am ersten Tage getödtet und General Beauregard übernahm das Commando. In dieser Schlacht hatte General Sherman sich besonders ausgezeichnet; doch war trotz seines energischen Widerstandes seine Armee bei eintretender Nacht zurückgedrängt worden und die Conföderirten hatten das Schlachtfeld inne. Am 7. April bei Tagesanbruch wurde der Kampf erneuert. Die Unionsarmee stürzte sich mit unwiderstehlicher Wuth auf die ganze feindliche Linie, durchbrach dieselbe, und entschied dadurch die Schlacht. Von Grant's Armee wurden in diesen zwei Tagen 13,300 Mann kampfunfähig. Der Feind gab seinen Verlust auf 10,200 Mann an. Der Verlust an Kanonen u. s. w. war auf beiden Seiten ziemlich gleich. General Grant ward selbst am Fusse leicht verwundet. Nach dem 17. April wurde General Hallek nach Washington berufen und zum Obergeneral der Armee ernannt, wonach das Commando über die verschiedenen Armeecorps im Süden dem General Grant übertragen wurde. Mit diesen unternahm er die meisterhaft combinirten Märsche auf Vicksburg. Nach einer Reihe von Gefechten und Siegen, durch welche die feindlichen Heere unter Johnston und Pemberton auseinandergehalten wurden und mehrere Niederlagen erlitten, erreichte er Vicksburg am 18. Mai. Die Stürme

13*

vom 19. und 22. wurden abgeschlagen und er war desshalb genöthigt, eine kunstgerechte Belagerung dieser festesten Stellung der Conföderirten zu unternehmen. Der allgemeine Sturm war auf den 3. Juni festgesetzt, als der in Vicksburg commandirende General Pemberton wegen Uebergabe zu unterhandeln anfing. General Grant forderte Anfangs unbedingte Uebergabe, räumte aber später mildere Bedingungen ein. Mit dem Falle von Vicksburg fing schon der Stern der Conföderirten zu erbleichen an. Ihre Verluste vom Anfange der Expedition bis zur Einnahme von Vicksburg, diese mit inbegriffen, beliefen sich auf 34,620 Mann, darunter 1 Generallieutenant, 19 Generalmajore und Brigadegenerale, 11,800 Todte und Verwundete. 211 Feldkanonen, 90 Belagerungsgeschütze und 45,000 Gewehre waren den Unionstruppen in diesen Gefechten in die Hände gefallen. Der Verlust, den Grant's Armee erlitten hatte, betrug im Ganzen 8600 Mann. Für diesen glorreichen Sieg wurde dem General Grant der Dank des Präsidenten, des Congresses und der Nation votirt und er, der jetzt 2 1/4 Jahre ohne Unterbrechung im Felde von einer Schlacht zur anderen geeilt war, gönnte sich zum erstenmale Ruhe bei seiner Familie, aber nur kurze Zeit, dann kehrte er zur Armee zurück. Bald darauf folgten die grossen Kriegsthaten in den Thälern und auf den Anhöhen von Knoxville und Chattanooga, die ebenfalls mit dem schönsten Erfolge gekrönt wurden und für die Union den vollständigen Besitz der Staaten Kentucky und Tennessee herbeiführte. In seinem Armeebefehl vom 10. Dezember 1863 dankte er den unter seinem Befehle stehenden Armeecorps für diese Siege. Ihm selbst wurde durch Congressakt vom 17. Dezember eine goldene Medaille votirt mit seinem lorbeergekrönten Bilde auf der einen und sinnbildlichen Darstellungen seiner Verdienste auf der anderen Seite. Von dem Erfolge seiner Thaten, von dem enthusiastischen Danke des ganzen Volkes liess er sich nicht blenden; mit seltener, ihm angeborener Bescheidenheit nahm er diese höchsten Ehrenbezeugungen entgegen, und fühlte sich dadurch nur zu verdoppeltem Eifer in seinen Kriegsoperationen angespornt. Der höchste Militärrang, der eines Generallieutenants, welchen nur George Washington im Felde besessen hatte, und der dem General Scott als Belohnung für den mexicanischen Krieg verliehen worden war, wurde ihm durch Senatsbeschluss vom 2. März 1864 ertheilt und 10 Tage später, am 12. März, wurde er zum Ober - Commandanten der ganzen unirten Heeresmacht ernannt, und so sehen wir den unscheinbaren Excapitän und Associé der Lederhandlung Grant und Sohn im Verlaufe von 3 Jahren allein durch seine eigenen Verdienste auf der höchsten Spitze des kriegerischen Ruhmes und der Macht stehen. Von jetzt an hatte es Grant mit einem Gegner zu thun, der ihm an militärischer Tüchtigkeit, an Muth und Entschlossenheit nicht nachstand, wohl aber an glücklichem Erfolg — das war der conföderirte General Robert Lee. Eine lange Reihe von Gefechten wurde mit wechselndem Kriegsglücke zwischen diesen beiden Oberfeldherren geliefert, bis das letzte grosse, blutige Drama sich vorbereitete, welches den Krieg endete. Was General Lee an conföderirten Truppen noch aufzubringen im Stande war, hatte er gesammelt und sich damit in langer Linie zu beiden Seiten des Potomacflusses vor Richmond bis nach dem südlich liegenden Petersburg aufgestellt und verschanzt. Während mehrerer Monate war von Grant manöverirt worden, um mit allen seinen Kräften die Entscheidung des ganzen Feldzuges herbeizuführen. Die Potomac - und die James-Armee hatten sich vereinigt und dem Feinde gegenüber Stellung genommen. Man kämpfte von beiden Seiten mit abwechselndem Glücke. Noch am 25. März hatten die Conföderirten das Fort Steadman, nahe bei Petersburg, erstürmt, dasselbe wurde aber mit einem Verluste von 2000 Mann von den Unionstruppen wieder genommen. Endlich am 29. März fing der allgemeine Angriff auf die ganze feindliche Linie an, während General Sheridan mit seiner Cavallerie eine grosse Seitenbewegung im Rücken von Richmond machte, um Lee zu zwingen, einen Theil seiner Truppen dorthin zur Vertheidigung zu entsenden. Vier Tage dauerte der verzweifelte Kampf, ehe Lee sich entschied, seine Position aufzugeben und damit das Ende herbeiführte. In der Nacht auf den 2. April begann er seinen Rückzug, der bald in Flucht ausartete, nachdem er vor Richmond beinahe die Hälfte seiner Truppen eingebüsst hatte. Auf dem-Schlachtfelde liess er 8 — 10,000 Getödtete und Verwundete und gegen 18,000 Gefangene fielen dem Sieger in

die Hände. Mit den Trümmern seiner Armee erreichte Lee am
6. April Deatonville, wo er durch die Cavallerie Sheridan's und
die Truppen Meade's die letzte Niederlage erlitt, und da er jeden
Ausweg versperrt sah, ergab er sich dem General Grant am
9. April gegen ehrenhafte Bedingungen, die ihm sein ebenso edler,
als tapferer Gegner zugestand. Mit dieser That hatte Grant das
grosse Werk der Vernichtung des Feindes und somit den Krieg
beendet.

Der Vorhang war nach diesem 4jährigen blutigen Schauspiele
gefallen, und General Grant ging daraus als Heros hervor; ihm
ward vom ganzen nordamerikanischen Volke eine Huldigung zu
Theil, wie sie wohl noch kein Sterblicher vor ihm genossen hat.
Seine späteren Reisen, die er zu seiner Erholung mit seiner Familie unternahm, wurden eben so viele Triumphzüge. Das ganze
Volk beeiferte sich, durch alle möglichen Ehrenbezeugungen ihm zu
beweisen, wie es seine Verdienste anzuerkennen und zu schätzen
wisse. Seiner natürlichen Bescheidenheit waren diese Demonstra-
tionen oft sehr lästig. Mit der grössten Anerkennung der Verdienste aller seiner Untergeordneten, besonders der Generale Sherman, Meade, Thomas, Sheridan, behauptete er, nur diesen Männern
den grossen Erfolg zu verdanken und nur den geringsten Theil
des Ruhmes nahm er für sich in Anspruch.

General Grant ist unter mittlerer Grösse, aber stämmig und
kräftig gebaut, hat graue, freundliche Augen und braune Haare; er
trägt einen Vollbart; ein fester Zug macht sich besonders um die
Mundwinkel bemerklich. Seine äussere Erscheinung bringt eher
den Eindruck eines freundlichen, anspruchslosen Privatmannes hervor, als den eines grossen Feldherrn. Er spricht wenig und auch
schriftlich drückt er sich kurz, aber bestimmt aus. Auf die vielen
Anreden und Huldigungen, die an ihn gerichtet worden sind, hat
er wenig geantwortet, was für ihn charakteristisch ist, aber den rede-
süchtigen Amerikanern nicht immer gefiel. Ob ihm noch eine grosse
Rolle im ferneren Schicksal seines Vaterlandes beschieden ist, oder
ob er, wie ein grosser Theil seiner Kriegsgenossen, sich in das
bürgerliche, friedliche Geschäftsleben zurückziehen wird, kann nur
die Zukunft lehren.

Der nächst Grant bedeutendste General, der ihm vielleicht in
mancher Beziehung sogar noch überragt, ist Sherman, in Lan-
caster, Ohio, im Februar 1820 geboren. Seine Familienverhältnisse
waren günstiger als die Grant's, er erhielt eine sorgfältigere Erziehung in guten Schulen, so dass er wiss nschaftlich vorbereitet im
16. Jahre in die Militärakademie von West-Point eintrat. 1840 graduirte er, wie sie es dort nennen, und zwar als einer der ausgezeichnetsten Zöglinge. Er trat in die Artillerie ein, kam später
nach Californien, wo er sich durch militärisch administrative Eigenschaften auszeichnete, und nahm mit Capitänsrang an dem mexicanischen Kriege 1848 Theil. Nach Beendigung desselben wurde er
nach New-Orleans versetzt, und kam daselbst mit den Parteimännern
im Staate Louisiana in Berührung. Da der damalige Militärdienst
ihm keine günstigen Aussichten darbot, nahm er 1853 seinen Abschied und kehrte nach S. Francisco zurück, wo er Theilnehmer
an einem Banquiergeschäft wurde. Schon im Jahre 1857 hatten
seine Freunde in Louisiana in Vorbereitung des Abfalles von der
Union, welche sie schon damals anstrebten, eine Militärschule in
diesem Staate errichtet, und ohne dass Sherman die Bestimmung
dieser Schule nur geahnt hätte, nahm er die ihm angebotene Stelle
als Direktor derselben an. Als im Jahre 1860 die Parteiführer
im Süden schon kein Hehl mehr aus ihrer Absicht machten, sich von
der Union zu trennen, fand Sherman es unmöglich, länger in seiner Stellung zu verharren, und schrieb desshalb an den Gouverneur
des Staates Louisiana, dass er in der Union erzogen, auch mit
seinen Gesinnungen und Gefühlen als Soldat nur der Union dienen
könne. Er begab sich darauf nach Washington, und erstaunt
über die Sorglosigkeit und Unwissenheit, in der man sich dort
über alles, was im Süden vorging, befand, suchte er in scharfer,
eindringlicher Sprache dem Präsidenten und seinem Cabinet die
Gefahr zu schildern, die der Union vom Süden aus drohe; er
machte sich aber dadurch viele einflussreiche Männer, deren
politische Ansichten anderer Art waren, zu Feinden, welche
ihm nicht bloss damals, sondern auch später, als er schon durch
seine militärischen Talente im Felde bekannt geworden war, auf
alle mögliche Weise in der öffentlichen Meinung zu schaden such-

ten. Sherman hatte fortan in seiner ganzen Militärlaufbahn mehr
Verdruss von seinen Feinden in der Union, für die er stritt, zu
dulden, als von denjenigen, gegen die er im Felde kämpfte.

Als Oberst commandirte er eine Brigade in der für die Unirten
so unrühmlichen Schlacht bei Bull-run. Sherman's Brigade war die
einzige, die ihre Pflicht that. Ihr Verlust war desshalb auch ein
verhältnissmässig bedeutender und bestand in mehr als 600 Mann.
Sherman spricht sich in seinem Berichte schonungslos über die
Sorg- und Kopflosigkeit der damaligen, noch sehr unerfahrenen
Führer aus, die ihrerseits wieder nicht ermangelten, ihn anzu-
klagen; doch war das öffentliche Urtheil ihm günstig und bald
darauf (17. Mai 1861) wurde er zum Brigadegeneral bei der Frei-
willigenarmee ernannt. Von der Offenheit und Rücksichtslosigkeit,
mit der er sich mündlich und schriftlich über die verkehrten und
unzureichenden Massregeln im Anfange des Krieges aussprach, mag
die folgende Aeusserung zeugen, die sein Urtheil hierüber zusam-
menfasst: »Unsere Armee, sagte er, ist viel zu klein, um gegen die
Rebellen Etwas ausrichten zu können, aber zu gross, um nutzlos
geopfert zu werden.« Seinen mächtigen Feinden gelang es indessen
durchzusetzen, dass ihm das Commando genommen und statt dessen
der Befehl über ein Rekrutendepot in St. Louis übertragen wurde.
Mit einer beispiellosen Selbstbeherrschung ertrug er alle Zurück-
setzungen und Kränkungen und wartete geduldig auf Zeit und
Gelegenheit, um sich rechtfertigen zu können, und er hat es in
glänzender Weise gethan. Als General Hallek das Commando in
dem Westdepartement übernahm, säumte dieser nicht, den Mann,
dessen Verdienste er zu schätzen wusste, aus seiner dunkeln Stellung hervorzuziehen, und bald darauf sehen wir General Sherman
als Divisionschef in Grant's Armee bei der Belagerung von Fort
Donnelson und in der Schlacht von Silo im April 1862, sich seine
ersten blutigen Lorbeeren erkämpfen. Sein Ruf verbreitete sich
mit Blitzesschnelle in der ganzen Armee; und in jeder grösseren
Unternehmung wurde Sherman von nun an verwendet, weil man
auf seinen Muth, seine Klugheit und Entschlossenheit bei Allem,
was ihm anvertraut wurde, mit Sicherheit rechnen konnte. General
Grant war der erste, der den Verdiensten Shermans in der Schlacht

von Silo die vollste Anerkennung zollte. In seinem Berichte an
den Präsidenten äusserte er sich über Sherman in folgenden Worten: »Es ist meine Pflicht, auf die ausserordentlichen Verdienste
dieses Generals aufmerksam zu machen. Während der zwei
Schlachttage hat er das Meiste zum Siege beigetragen, trotzdem
dass er zweimal verwundet und 3 Pferde unter ihm getödtet wurden.«

Auf dem Schlachtfelde um Vicksburg hatte General Grant
ihm mehrere grössere Expeditionen und Aufträge zugetheilt,
die er mit seiner gewöhnlichen Kühnheit ausführte, wenn auch
nicht alle mit glücklichem Erfolge. In allen späteren Kriegsoperationen, sowie in allen Hauptschlachten setzte General Grant sein
grösstes Vertrauen auf Sherman und die schwierigsten Positionen
wurden ihm anvertraut. Ausser den militärisch genialen Eigenschaften, die Sherman besitzt, war er ohne Zweifel der wissenschaftlich am gründlichsten gebildete General der Unionsarmee. Seine
grösste Waffenthat war sein Zug von Chattanooga aus südlich nach
Georgien, in der Absicht, einen Theil der conföderirten Armee zu
beschäftigen und dadurch dem General Grant seine Expedition
auf Richmond zu erleichtern, theils aber auch, um in jenen Ländern, die noch vom Kriege verschont geblieben waren, alles zu
zerstören, was der Feind zur Fortsetzung des Krieges hätte benützen können, als: Waffenfabriken, Proviantmagazine, Niederlagen
von Kriegsmaterial, Eisenbahnen u. s. w. Sherman unternahm diese
Expedition, trotzdem dass er seine Proviant- und Munitionszufuhr
in lang ausgedehnter Linie von mehreren hundert Meilen gegen
feindliche Ueberfälle zu schützen hatte. Indem er sich von
seiner Operationsbasis weit entfernte, war er nur auf sich selbst
angewiesen, so dass er im Falle des Misslingens vollständig vernichtet worden wäre. Muth, Beharrlichkeit und der grosse moralische Einfluss, den er auf seine Armee ausübte, überwanden alle
Hindernisse und krönten seine Unternehmung zuletzt mit dem
vollständigsten Erfolge, obschon er in vielen Gefechten durch die
Tapferkeit und Geschicklichkeit seiner Gegner bedeutende Verluste,
die sich in 4 Wochen auf 20,000 Mann beliefen, erlitten hatte.
Nachdem er endlich seine Hauptgegner Johnston und Hood auf's
Haupt geschlagen und Atlanta genommen hatte, trat eine lange

Waffenruhe ein, während der er seine Truppen ausruhen liess, sie durch herbeigezogene Rekrutirung verstärkte und durch bessere Bekleidung und Nahrung wieder in Stand setzte, neue Thaten zu unternehmen. Hierauf erst beschloss der kühne Feldherr, auf eigene Faust seinen berühmten Zug von Atlanta durch das Herz der conföderirten Staaten nach Savanna an der Küste des Atlantischen Meeres zu unternehmen. Er erreichte dieses Ziel zum Erstaunen seiner Freunde und Feinde ohne bedeutenden Verlust, da die feindliche Armee fast aufgerieben und noch mehr moralisch entmuthigt war. Am 3. Dezember hatte Sherman Atlanta verlassen und am 23. Dezember zog er in Savanna ein, nachdem der conföderirte General Hardee, überzeugt, dass er mit seiner schwachen Garnison von 7000 Mann regulärer Truppen und einigen tausend Mann Milizen nicht im Stande sein würde, die Stadt zu vertheidigen, in der Nacht dieselbe geräumt hatte. Das wichtigste Resultat von diesem Zuge Sherman's für die Unionsarmee war die dadurch gewonnene Ueberzeugung, dass der Süden, wenn auch noch nicht von allen Subsistenzmitteln entblösst, doch schon so arm an Kampffähigen geworden war, dass an einen hinlänglichen Ersatz von Mannschaft für seine Armee ferner nicht zu denken war, und dass folglich nicht lange mehr bedeutender Widerstand geleistet werden könne.

Nachdem die vom Präsidenten Lincoln beim Beginn des Jahres 1865 eingeleiteten Friedensunterhandlungen an der Hartnäckigkeit beider Parteien gescheitert waren, rüstete sich General Sherman von neuem, um die Eroberung von Charleston zu unternehmen, das so lange belagert und so oft angegriffen, sich noch immer in den Händen der Conföderirten befand. Anfangs Januar setzte er sich mit seiner verstärkten und wohl ausgerüsteten Armee in Bewegung. Die wichtigste Episode während dieses Zuges war die Erstürmung des Fort Fisher durch General Terry mit Hülfe der Flotte unter Admiral Porter. In der Nacht auf den 18. Februar, als die Armee vor Charleston anlangte, hatten die Conföderirten Alles verwüstet und zerstört, die Stadt angezündet und sie sodann verlassen, so dass die Unionstruppen ohne Widerstand am Morgen einzogen und auf den Trümmern des Fort Sumter das Sternenbanner wieder aufhissen konnten, das vier Jahre vorher von den Conföderirten herabgerissen worden war. Von nun an war Sherman Herr des grössten Theiles der conföderirten Staaten im Süden und der eigentliche Krieg concentrirte sich auf einen Theil von Südvirginien und auf Richmond. Sherman's weiterer Operationsplan lief darauf hin, zum Zweck der gänzlichen Vernichtung der Heeresmacht Lee's sich mit General Grant zu verbinden. General Grant hatte in City-Point einen grossen Kriegsrath zusammen berufen, zu dem auch Sherman geladen ward. Am 27. März kehrte er zu seiner Armee in Goldsborough zurück und eilte dem General Johnston nach, der noch gehofft hatte, sich mit dem von Richmond fliehenden Lee vereinigen zu können, was ihm aber nicht gelang. Gedrängt und umringt von allen S iten sah sich Johnston genöthigt, am 18. April in der Nähe von Salisbury auf der Station Durham mit Sherman wegen seiner Uebergabe zu unterhandeln. Hier beging Sherman den unbegreiflichen politischen Fehler, statt mit dem Feinde, den er in der Hand hatte, eine Capitulation abzuschliessen, ihm einen Vertrag zu bewilligen, der aus folgenden 7 Punkten bestand:

1. Waffenruhe und Aufrechthaltung des status quo mit 48-stündiger Kündigung,

2. Auflösung aller südstaatlichen Armeen und Ablieferung der Waffen in den Hauptstädten der verschiedenen Staaten,

3. Anerkennung der Regierung der Einzelstaaten von Seiten der Union, wenn erstere den verfassungsmässigen Eid der Treue leisten,

4. Wiederherstellung der gesetzgebenden Versammlungen in den Einzelstaaten,

5. dem Volke und den Bewohnern aller Staaten sollen, so weit es in der Befugniss der Executiv-Gewalt steht, ihre politischen, persönlichen und Eigenthumsrechte, wie sie von der Constitution der Vereinigten Staaten und der bezüglichen Einzelstaaten festgestellt waren, garantirt werden,

6. die Executiv-Gewalt der Vereinigten Staaten enthält sich aller feindlichen Schritte gegen friedliche Bürger,

7. der Krieg soll aufhören und eine allgemeine Amnestie gewährt werden.

Ein solches Uebereinkommen konnte selbstverständlich in Washington nicht bestätigt werden. Eine Folge davon war, dass Sherman von seiner bis dahin so glorreichen Kriegslaufbahn entfernt wurde. Dem General Grant wurde aufgetragen, die Feindseligkeiten gegen General Johnston unmittelbar wieder aufzunehmen.

Die Popularität, welche sich Sherman beim ganzen Volke im höchsten Grade erworben hatte, wurde durch jenen Vertrag sehr erschüttert. Eine andere Folge desselben war, dass er in eine heftige Polemik mit dem Kriegssekretär Stanton, sowie mit den Generalen Hallek und Stoneman gerieth.

Sherman gehört zu den festen, entschiedenen Charakteren, die alles aus sich selbst schöpfen, desshalb eine grosse Zuversicht und starkes Selbstvertrauen gewinnen, wodurch sie zwar befähigt werden, Grosses zu Stande zu bringen, aber auch veranlasst, aus Trotz und Starrheit vieles zu verschulden, was ihrem Erfolge zum Nachtheil gereicht.

In der Armee war Sherman beliebt, wie kein anderer Führer, neben Grant war er von allen Generalen der Befähigtste; seine administrative und organisatorische Thätigkeit fand allgemeine Anerkennung selbst bei seinen Feinden, deren er, wie gesagt, viele in Washington hatte.

Der dritte General, der den zwei oben benannten an militärischer Tüchtigkeit am nächsten steht, ist ohne Zweifel General Sheridan, obschon er den Jahren nach von allen Generalen der jüngste ist. Im Jahre 1831 geboren, ist er von so obscurer Herkunft, dass man nicht einmal den Ort seiner Geburt bestimmt angeben kann. In dem Armee-Register ist einfach gesagt, dass er im Staate Massachusetts geboren sei, aber nicht wo. Durch die Bemühungen einiger wohlwollender Männer wurde er 1848 in der Akademie zu West-Point als Cadet aufgenommen. Dort zeichnete er sich weder durch Fleiss, noch durch besondere Anlagen aus und brauchte ausnahmsweise fünf Jahre, um das Offiziersexamen bestehen zu können. 1853 trat er als Secondlieutenant in ein Infanterie-Regiment ein, mit welchem er in Texas gegen kriegerische Indianerstämme verwendet wurde; später nach Oregon

versetzt, verbrachte er mehrere Jahre in beständigen Expeditionen
gegen feindliche Indianerstämme und hat sich wahrscheinlich in
jenen Steppen die Eigenschaften des kühnen Reiters erworben, die
er später in Anwendung zu bringen Gelegenheit hatte; er wurde
der ausgezeichnetste Cavallerie-General, den die Unionsarmee besass.
Im September 1861 kam er zur Haupt-Armee und diente
einige Jahre als Chef des Quartiermeisterstabes bei General Hallek
in dem Westdepartement. Der grosse Mangel an Cavallerie-
Offizieren in der Armee lenkte die Aufmerksamkeit auf ihn, der
schon als ausgezeichneter Reiter bekannt war, und so wurde er
Commandeur eines Freiwilligen-Cavallerie-Regiments bei der Expedition nach Corinth. Hier hatte er vielfache Gelegenheit, sich
durch Muth, Entschlossenheit, durch raschen Angriff und Verfolgung des Feindes auszuzeichnen. Im Juni 1862 commandirte er
schon eine Cavalleriebrigade in der Avantgarde und wurde am
1. Juli vom Feinde mit bedeutender Uebermacht angegriffen. Durch
die kluge Aufstellung seiner Reiter und eine ebenso kühne als
strategisch geschickte Attaque schlug er den Feind zurück, für
welche ausgezeichnete That er auf Vorstellung des Generals Grant
zum Brigadegeneral ernannt wurde. Die Unionsarmee hatte es
ihm zu verdanken, dass ihre Cavallerie nach und nach geordnet
und gebildet wurde und zuletzt im Stande war, sich nicht nur
mit der ausgezeichneten Reiterei der Conföderirten messen zu
können, sondern bald darauf dieselbe in jeder Beziehung zu
übertreffen. In der Schlacht bei Morfreesborough, den 30. Dezember 1862, hatte Sheridan mit seiner Cavallerie-Division die gefährlichste Stellung inne. Nachdem der Feind die Schlachtlinie durch-
brochen und mehrere Divisionen aufgerollt und zurückgedrängt
hatte, warf er sich mit ganzer Wucht auf die Division Sheridan's.
Viermal hielt dieser den fürchterlichen Anprall mit unerschütter-
lichem Muthe aus, und indem er seine Position behauptete, gab
er dem General Rosenkranz die Möglichkeit, sich zu sammeln und
wieder in die Offensive übergehen zu können. Dadurch hatte
Sheridan die gänzliche Niederlage der Armee verhindert. In Anerkennung dieser glänzenden That wurde er zum Generalmajor
befördert.

Im Jahre 1863 nahm er mit seinen Divisionen an den Kriegs-operationen in Tennessee Theil. In der für die Unionsarmee unglücklichen Schlacht bei Chicamaugo (17. und 19. September) erlitt er trotz seiner tapferen Gegenwehr bedeutende Verluste. Sheridan besass die grosse Eigenschaft, durch seine Persönlichkeit in den schwierigsten Verhältnissen Ordnung und Ruhe wieder herzustellen; das zeigte er auch besonders bei dieser Gelegenheit. In den bald darauf folgenden blutigen Schlachten bei Chattanooga sah man ihn stets an der Spitze seiner Division. Er spornte den Ehrgeiz seiner Leute an, indem er ihnen zurief: »Denkt an Chicamaugo!« und die dort erlittene Scharte wurde jetzt glänzend ausgewetzt. Im April 1864, als General Grant Chef der ganzen Heeresmacht wurde, erhielt Sheridan das Commando der Cavallerie bei der Potomac-Armee, bestehend aus 3 Divisionen. In solcher Eigenschaft nahm er an allen verschiedenen Operationen dieser Armee Theil. Die wichtigsten Aufträge, die der Cavallerie während der ganzen Expedition der Potomac-Armee bis zur Beendigung des Krieges ertheilt wurden, führte er mit seiner gewöhnlichen Umsicht und Entschlossenheit aus. Schon im Mai 1864 war er einigemal bis ganz in die Nähe von Richmond vorgedrungen und hatte Schrecken und Verwirrung in der Hauptstadt der Conföderirten verbreitet. Seine Hauptaufgabe aber bestand darin, der Armee Lee's alle Zufuhr abzuschneiden, alle Eisenbahnen, Brücken und Flussübergänge zu zerstören, um jede Unterstützung des Feindes zu verhindern und somit ihm die Mittel zur Fortsetzung des Krieges zu benehmen. Durch die Raschheit seiner Bewegungen, die durch nichts aufgehalten werden konnten, zeigte er sich bald im Rücken, bald in der Fronte des Feindes, Alles zerstörend und vernichtend, was er vorfand. Der Verlust, den Sheridan auf diese Weise den Conföderirten beigebracht hat, wird von ihnen selbst auf über 50 Millionen Dollars angegeben. General Grant, der die ausgezeichneten Eigenschaften Sheridan's vollkommen anerkannte, ernannte ihn im August 1864 zum Obercommandanten der Shenandoah-Armee, eine Heeresmacht, die aus verschiedenen Armeecorps und Truppenabtheilungen zusammengesetzt wurde. Sheridan hatte es jetzt mit einem Feinde zu thun, der als kühner Reitergeneral es ihm gleich

that, nämlich mit General Early. Am 19. September in der Nähe
von Winchester massen sich die zwei Gegner zum erstenmale in
blutiger Schlacht. Die Conföderirten erlitten eine furchtbare Niederlage. Drei ihrer besten Generale wurden getödtet und vier
schwer verwundet. Sie liessen 4000 Mann Todte und Verwundete
auf dem Schlachtfelde. 5000 Gefangene, 15 Fahnen und 5 Kanonen fielen den Siegern in die Hände. General Early hatte nur
einen Gedanken: die Niederlage, die er am 19. erlitten, durch
einen grossen Schlag zu rächen. Verstärkt durch alle Truppen,
die er an sich ziehen konnte, hatte er wieder eine Macht von
27,000 Mann zusammengebracht. Er benützte die Abwesenheit
Sheridan's, der auf kurze Zeit nach Washington gegangen war,
um sich auf dessen Armee, die bei Cedar-Creek, in 3 Linien unter
dem Befehle des Generals Wright aufgestellt war, mit unwiderstehlicher Gewalt zu stürzen. In dem ersten Anprall wurden die
Unirten aus ihrem Lager und ihren Verschanzungen drei Meilen
weit zurückgeschlagen, dabei wurden ihnen 24 Kanonen und 1200
Gefangene genommen. Da erschien plötzlich, wie ein Deus ex ma-
china, Sheridan bei seinen Truppen. Er befand sich auf dem Rück-
wege, als er die Botschaft von dem Angriffe erhielt, schwang sich
auf ein Pferd und sprengte im gestreckten Galopp seinen fliehenden
Schaaren entgegen. Schon sein Anblick war genügend, um sie
zum Stehen zu bringen. »Kinder,« rief er, »wäre ich bei euch
gewesen, bei Gott, dies wäre nie geschehen, nicht wahr, es wäre
nie geschehen? und jetzt zeigt, dass es nicht geschehen ist, kehrt
euch, — wir müssen zurück in unser Lager und in unsere Verschanzungen.« An der Spitze seiner Truppen führte er diese mit uner-
schütterlicher Ruhe und vollster Siegesgewissheit wieder vorwärts.
Seine Soldaten, begeistert von der Zuversicht ihres geliebten Füh-
rers — trotzdem sie seit gestern weder gegessen, noch getrunken
hatten — vergassen Hunger, Durst und Müdigkeit und stürzten sich
mit wildem Muthe auf den Feind. Nach einigen Stunden verzweif-
lungsvollen Kampfes wurden die Conföderirten aus allen ihren
gewonnenen Positionen zurückgeschlagen und flohen in voller Auflösung bis 16 Meilen vom Schlachtfelde zurück. Sheridan's Soldaten hatten nicht nur ihre verlorenen Kanonen wieder gewonnen,

sondern noch 24 feindliche dazu; 50 Feldwägen, 65 Ambulanzen, 1600 Gewehre und 1500 Gefangene fielen in ihre Hände. 2000 Todte und Verwundete hatte der Feind auf dem Schlachtfelde gelassen; aber auch die Union kostete dieser Sieg 3800 Mann. Es sollen in der Kriegsgeschichte nur wenige Beispiele vorhanden sein, dass eine Schlacht gänzlich verloren ging und dann wieder, und zwar nur dadurch gewonnen wurde (Marengo), dass noch zu rechter Zeit Verstärkungen an Truppen ankamen. Hier geschah es durch das Erscheinen eines einzelnen Mannes, des Generals Sheridan.

Die Nachricht von diesem Siege feierte Grant in dem Hauptquartier mit 100 Kanonenschüssen zu Ehren Sheridan's, und dieser erhielt vom Präsidenten ein eigenes Belobungsschreiben.

Seiner Theilnahme an den entscheidenden Schlachten bei Richmond vom 30. März bis 2. April ist schon erwähnt worden. Während Lee in seiner Hauptposition in der Fronte angegriffen wurde, focht Sheridan seinen letzten Entscheidungskampf bei Five forks unterhalb Petersburg, wodurch Lee hauptsächlich gezwungen wurde, seinen Rückzug anzutreten, um nicht schon jetzt vollends eingeschlossen und vernichtet zu werden. Sheridan liess dem fliehenden Feinde keine Rast und sass ihm auf den Fersen, bis nach dem letzten Kampfe bei Deatonville die Uebergabe Lee's am 9. April erfolgte. Dass Sheridan durch seine energischen, rastlosen Angriffe und Verfolgungen das meiste zu der raschen Beendigung des Krieges beigetragen habe, wird von allen unparteiischen Beurtheilern einstimmig angenommen.

General Sheridan ist klein von Wuchs, hat eine dunkle Gesichtsfarbe und schwarze Haare, seine blauen, tiefblickenden Augen zeugen von einem energischen, entschlossenen Charakter. Im Privatumgange liebenswürdig und einnehmend, übt er auf seine Soldaten einen fast magischen Einfluss aus. Das Vertrauen zu ihrem kleinen Phil Sheridan ist ein unbegrenztes und sie kennen keine Unmöglichkeit, wenn er an ihrer Spitze steht. Da General Sheridan noch ein junger Mann ist, kann er in der Zukunft seines Vaterlandes noch eine bedeutende Kriegerrolle spielen.

Viceadmiral Farragut.

Unter den jetzt lebenden höheren Offizieren der Marine ist Niemand, der so reichhaltige Erfahrungen in der Verwendung der Panzerschiffe und Monitors besitzt, als Admiral Farragut. Er hat die Frage gelöst, was diese Art Kriegsschiffe gegen Strandbatterien zu leisten im Stande sind. Durch seine zwei grossen Unternehmungen gegen New-Orleans im April 1862 und in der Bucht von Mobile August 1864 hat er den Beweis geliefert, dass keine Hindernisse so gross sind, die nicht durch Muth, Kühnheit und Entschlossenheit zu überwinden wären. Eine Menge strategisch vorzüglich angelegter Batterien und Befestigungen, höchst schwierig zu passirendes, enges Fahrwasser, das von dem schwersten Geschütz bestrichen wurde, tausende von unterseeischen Sprengmaschinen, starke Eisenketten, durch welche die engsten Stellen gesperrt waren, nichts konnte sein kühnes Vordringen verhindern. Nachdem er einmal seinen Plan mit grosser Sachkenntniss, mit Ruhe und Besonnenheit entworfen hatte, führte er ihn mit einem Heldenmuthe aus, der während des ganzen Krieges nirgends übertroffen worden ist. Zwar hatte Farragut keine Gelegenheit sich in offener Seeschlacht auszuzeichnen, aber die Aufgabe, die ihm zu Theil wurde, mit seinen Schiffen gegen Strandbatterien zu kämpfen, die von Panzerschiffen und Monitors unterstützt wurden, war wohl in vieler Beziehung eine weit schwierigere und gefährlichere, als eine Schlacht auf hoher See. Uebrigens gehört Farragut noch zu den alten Seeleuten, die mit Bedauern auf die Umwandlung der früheren, schönen Kriegsschiffe hinschauen, auf deren Verdeck jeder Seemann mit so stolzem Bewusstsein seines Berufes auftrat; statt dessen sehen wir jetzt unförmliche Meerungethüme, mit undurchdringlichen Holz- und Eisenmauern, die keinen ritterlichen Kampf führen können, sondern nur durch rohe brutale Gewalt zertrümmern und zerstören. Jedes taktische Manöveriren zur See, jede kunstvolle Geschicklichkeit, wodurch der kühne Seemann früher seine Ueberlegenheit zu zeigen vermochte, ist dadurch ausser Anwendung gekommen. Das Anrennen der Widderschiffe gleicht

14

dem eines wuthentbrannten wilden Stieres, der seinen Feind mit den Hörnern aufspiesst. Die Anwendung aller möglichen Höllenmaschinen unter dem Wasser ist eben so heimtückisch als dämonisch; durch eine solche Gefechtsart wird dem Kriege jede edlere, höhere Bedeutung genommen. Als Farragut befragt wurde, welche Meinung er von den Monitors habe, antwortete er: er ziehe hölzerne Schiffe vor, in denen eiserne Herzen schlagen.

Admiral David Glasgoe Farragut stammt aus spanischem Geschlecht; sein Vater, auf der Insel Minorca geboren, kam im Jahre 1776 nach Amerika und nahm als Major in der Armee an dem Unabhängigkeitskriege Theil; später heirathete er und widmete sich der Landwirthschaft auf einer Farm im Staate Tennessee, nahe bei Knoxville. Hier wurde im Jahre 1801 der Sohn ihm geboren, dessen Name als Seeheld weltberühmt geworden ist. Es scheint, dass dem Vater das Landleben wenig zugesagt und seine Inselnatur ihn auf das Meer gerufen habe, denn er nahm später Dienste in der Marine. Auch sein Sohn, kaum 10 Jahre alt und in den Bergen, weit von der Seeküste aufgewachsen, hatte trotzdem eine unüberwindliche Neigung für das Seeleben und schon im Jahre 1812 finden wir ihn in dem damaligen Kriege gegen England als Midshipman auf der Fregatte Essex, die unter dem Befehle des Commodore Porter an der Küste von Südamerika und im Stillen Ocean kreuzte. Im Hafen von Valparaiso wurde der «Essex» von zwei englischen Kriegsschiffen, die ihm fast um das Doppelte an Kanonen und Mannschaft überlegen waren, angegriffen, und erst nachdem die Hälfte seiner Mannschaft getödtet, seine Masten abgeschossen und das Schiff in Flammen dem Sinken nahe war, konnte sich Porter entschliessen, seine Flagge zu streichen. Der 14jährige Midshipman Farragut zeichnete sich schon damals durch sein muthiges Benehmen aus, wurde leicht verwundet und mit dem Reste der Mannschaft gefangen genommen. Als er später mit den Anderen auf Ehrenwort in die Heimath entlassen war, wurde er in eine Schule in Chester gegeben, wo er in militärischen und nautischen Wissenschaften Unterricht erhielt, aber schon im Jahre 1816 ging er wieder an Bord des Geschwaders, das nach dem Mittelländischen Meere segelte. Hier hatte er das Glück, den besonderen Schutz und die Fürsorge des würdigen Seekaplans Folson zu geniessen, der eine grosse Vorliebe für den jungen Cadeten empfand und ihn mit sich nahm, als er später zum amerikanischen Consul in Tunis ernannt wurde. In dem Hause dieses väterlichen Freundes verlebte Farragut einige Jahre und erhielt diejenige wissenschaftliche Bildung, die er für seinen Seemannsberuf brauchte. Im Jahre 1821 wurde der damals 19jährige Farragut als Lieutenant auf die Seestation nach Westindien versetzt. Von der Zeit bis zu seiner Verwendung im letzten Kriege war er mit wenigen Zwischenräumen, die er in seiner Heimath in verschiedenen Anstellungen im Hafen von Norfolk verbrachte, fast immer in See und commandirte verschiedene Kriegsschiffe. Als die Rebellion im April 1861 ausbrach, befand sich Capitän Farragut in Norfolk, umringt von den hitzigsten Parteigängern für die Secession. Allen Ueberredungen, Versprechungen und Drohungen, um ihn für ihre Sache zu gewinnen, widerstand er mit der einfachen Erklärung, dass er für die Union leben und sterben wolle, und da unter diesen Umständen seines Bleibens nicht länger in Norfolk sein konnte, verliess er mit Frau und Kind seine Heimath und begab sich nach New-York, wo er seine Familie zurückliess, während er selbst nach Washington eilte, um sich dem Marineministerium zur Verfügung zu stellen. Ohne Schiffe, wie die Marine damals war, konnte man ihm nur einen sehr untergeordneten Posten in der Marineverwaltung anweisen, bis die Regierung durch die Verhältnisse gezwungen wurde, eine grosse Flotte zu schaffen, um die Blokade der Küsten bewerkstelligen und die Südhäfen erobern zu können. Da endlich fand Farragut diejenige Verwendung, in der er durch seine grossen Verdienste sich unsterblichen Ruhm und einen Namen unter den gefeiertsten Männern in der Geschichte der Vereinigten Staaten erworben hat.

IV.

Die Militär-Akademie in West-Point.

Die Nothwendigkeit, wissenschaftlich gebildete Offiziere in
der Armee zu haben, hatte sich schon im ersten Unabhängigkeitskriege fühlbar gemacht. Muth und Tapferkeit sind sicher zwar
unumgänglich nothwendige Eigenschaften eines jeden Soldaten,
aber für den Offizier, namentlich in den höheren Posten, ist eine
militärwissenschaftliche Bildung fast eben so unentbehrlich. Schon
Washington hatte sich bei verschiedenen Veranlassungen darüber
geäussert, dass der Krieg in kürzerer Zeit hätte zu Ende geführt werden können, wenn die höheren Offiziere eben so tak-
tisch gebildet gewesen wären, als sie tapfer und muthig waren. Damals und noch mehrere Jahre nach dem Kriege wurden bei den Artillerie- und Ingenieur-Regimentern junge Leute
angestellt, die den praktischen Dienst in den Regimentern erlern-
ten und auch daselbst von den Offizieren einen nothdürftigen Unterricht in Mathematik und Fortifikation erhielten. Darin bestand
ihre ganze Befähigung zu Offiziersanstellungen. Später wurden
einige speciell dazu bestimmte Artillerie- und Ingenieur-Regimenter
mit einer gewissen Zahl von Cadeten in West-Point stationirt und
dieser Ort wurde als der geeignetste gewählt, um den jungen Leuten ihre militärische Bildung zu geben. Nicht ohne Widerstand
erhielt der Vorschlag, eine besondere Militärakademie in West-
Point zu errichten, in der die jungen Leute nicht nur militärische
Wissenschaften erlernen, sondern auch eine militärische Erziehung
erhalten sollten, die Zustimmung des Congresses. Viele Mitglieder

desselben meinten damals, es sei dem Geiste der Constitution und
des Volkes zuwider, einer Klasse junger Leute eine solche ausnahmsweise Erziehung zu geben. So wie man im Frieden kein
stehendes Heer haben wollte, so hielt man es für eben so wenig nothwendig, junge Leute speciell für den Militärdienst zu erziehen.
Nur durch die Beharrlichkeit einiger höheren Staatsmänner und
Offiziere wurde es den Abgeordneten des Volkes einleuchtend gemacht, dass rohe Kraft im Kriege nicht Alles, dass Kenntniss
Macht sei, »Knowledge is power« — und dass die Vereinigten
Staaten, obgleich durch ihre geographische Lage weniger den Kriegs-
eventualitäten ausgesetzt, als europäische Staaten, dennoch stets
bereit sein müssten, ihre Volksbewaffnung (militia), wenn diese zu
den Waffen einberufen würde, so rasch und so vollkommen als
möglich organisiren zu können. Dazu hauptsächlich sei eine solche
Schule für junge Offiziere unumgänglich nothwendig. Diese Ansicht wurde übrigens schon im Jahre 1790 von dem damaligen
Kriegsminister General Knox ausgesprochen, und die Erfahrung im
letzten Kriege hat dieselbe auf das Unzweifelhafteste bestätigt.
Durch einen Congressbeschluss vom 16. März 1802 wurde endlich die
Errichtung einer vollständigen Militärakademie in West-Point bestimmt, anfänglich nur für 40 Artilleriecadeten und 10 Ingenieure.
Diese Zahl erwies sich bald als gänzlich ungenügend. 1808 wurde
die Zahl um 156 vermehrt. Trotz der Verminderung der Armee
1815 auf 10,000 Mann und im Jahre 1821 sogar auf 6000, war
man doch schon zu der Ueberzeugung gelangt, dass in der Aka-
demie keine Verringerung ihres Bestandes eintreten solle. Durch den
Congressbeschluss vom 29. April 1812 erhielt die Akademie diejenige
Organisation, die bis zum heutigen Tage noch bestehend ist. Die
Lehrgegenstände wurden erweitert, die Zahl der Professoren und
ihrer Gehilfen vermehrt u. s. w. — Jeder Einzelstaat hat das
Recht, einige Candidaten zu der Akademie vorzuschlagen, zu deren
Aufnahme die Zustimmung des Präsidenten erforderlich ist. Die
volle Zahl der Zöglinge darf aber nicht 250 übersteigen. Erst
vom Jahre 1817 datiren sich durch die ausgezeichnete Leitung
ihres Chefs oder »Superintendent« — wie er genannt wird —
Major Thayer, der Ruf sowie die wirklich vorzügliche Organisation

der Akademie und ihre ausgezeichneten Leistungen. Nicht nur erhalten die Cadeten einen gründlichen wissenschaftlichen Unterricht in allen zu ihrem Berufe gehörenden Hauptfächern, besonders im Artillerie- und Ingenieurwesen, von den vorzüglichsten, dafür in der Akademie angestellten Lehrern, sondern sie werden auch praktisch und mit grosser Strenge in den Dienstverhältnissen als Gemeine, Unteroffiziere und Offiziere durchgebildet.

Die Cadeten bilden jetzt ein Bataillon, das in 4 Compagnien eingetheilt und mit Offizieren und Stabeinrichtung, dem Zwecke entsprechend, versehen ist. Im Sommer vom 1. Juli bis 31. August beziehen die Cadeten ein Lager, das auf dem grossen Exerzierplatze vor dem Hauptgebäude errichtet wird. Ich habe mich einige Tage hier aufgehalten und die Ueberzeugung gewonnen, dass die Erziehung der Zöglinge eine ihrem Stande ganz entsprechende ist. Die Disciplin ist besonders streng, was hier um so auffallender ist, als derselbe junge Mensch in dem elterlichen Hause oder wo immer er sich sonst aufhalten würde, vollkommen unabhängig und selbstständig wäre. Während die Cadeten im Lager stehen, kommen ihre Verwandten und ausserdem eine Menge Reisender hieher, theils um sich an der Schönheit der Natur zu ergötzen, dann aber auch, um die Paraden mit anzuschauen, die zweimal täglich, Morgens und Nachmittags mit Musik abgehalten werden. Da Grund und Boden von ganz West-Point der Akademie gehören, so wird die strengste sittenpolizeiliche Aufsicht über Alle, mit denen die Zöglinge in Berührung kommen, ausgeübt. Das Hotel zur Aufnahme der Reisenden ist der Gerichtsbarkeit der Akademie unterworfen und das Reglement so streng, dass in demselben weder Bier, Wein, noch andere geistige Getränke verkauft werden dürfen. Ueberhaupt wird die sittliche Führung der Zöglinge mit drakonischer Strenge gehandhabt. Welchen Einfluss diese Strenge auf die spätere Lebensweise des jungen Offiziers, nachdem er die Akademie verlassen hat, ausübt, bin ich ausser Stande, zu beurtheilen. Einige wollen wissen, dass die Zöglinge von West-Point für die klösterliche Zucht, in der sie 4 Jahre gehalten werden, sich später mehr als hinlänglich entschädigen.

Die Zöglinge, wie ich sie gesehen habe, machen durch ihr

artiges, anständiges Benehmen und ihr sauberes, militärisches
Aeussere auf den Besucher einen angenehmen Eindruck. Wenn
man bedenkt, dass das Alter vom 16. bis zum 21. Jahre für jeden
jungen Menschen das gefährlichste ist, und dass die Folgen einer
unordentlichen Lebensweise in diesem Alter oft auf das ganze
Leben einwirken, und weiter erwägt man, dass der junge Amerikaner hier lernen muss, denjenigen Theil seiner persönlichen Freiheit aufzugeben, der mit seinem militärischen Berufe nicht vereinbar ist, so scheint die hier streng ausgeübte sittliche und militärische Disciplin vollständig gerechtfertigt zu sein und doppelt nothwendig in einem Lande, wo auch die geringste Beschränkung der
persönlichen .Freiheit so unwillig ertragen wird.

In dem Hauptgebäude, wo die Zöglinge wohnen, sind die
Kammern für je zwei so eingerichtet, dass durch einen Bretter-
verschlag jeder seine eigene Schlafkammer hat, das Arbeitszimmer
aber gemeinsam ist. In einem grossen Speisesaale werden die Mahlzeiten gemeinschaftlich eingenommen; die Kost ist eine einfache,
gesunde und reichliche; die Uniform der Zöglinge fast noch dieselbe, wie sie vor 50 Jahren war, besteht in einem hellgrauen
Uniformfrack, mit mehreren Reihen gelber Knöpfe, grauen Bein-
kleidern, statt welcher im Sommer weisse leinene getragen werden, als Kopfbedeckung dient der altmodische Czako. Die Zöglinge werden zur grössten Reinlichkeit, sowohl ihres Körpers,
als ihrer Kleidung strenge angehalten, und diese herrscht auch
in allen Räumen. Jedes Jahr findet die Entlassungsprüfung
statt, zu der von der Regierung in Washington eine besondere
Prüfungs-Commission von anerkannt tüchtigen Fachmännern ernannt wird. Das Examen ist ein sehr strenges und sehr häufig
werden nur ⅔ als Offiziere entlassen und mit Patenten versehen,
oder, wie es hier genannt wird, graduirt. Diejenigen Zöglinge, die
auf Kosten des Staates erzogen werden (es gibt auch eine kleine Zahl,
die auf eigene Kosten hier ihre Studien machen) sind verpflichtet, acht
Jahre überall zu dienen, wo es der Präsident bestimmt. Gewöhnlich werden sie als Secondlieutenant zu einem Regimente versetzt.
Wenn aber keine Vacanzen vorhanden sind, und auch sonst keine
Verwendung für den jungen Offizier sich findet, so hat er das

Recht, im Privatleben eine Beschäftigung zu suchen, die seinen
Kenntnissen und Wünschen entspricht, doch mit der Verpflichtung,
in den ersten acht Jahren sich zu stellen, wenn seine Dienste
von der Regierung in Anspruch genommen werden sollten. Vor
dem Ausbruche des letzten Krieges war die Mittelzahl der in der
Armee vacanten Offiziersstellen jährlich 78, während die Mittelzahl
der in die Akademie jährlich Aufgenommenen sich auf 42 belief.
Das Verhältniss in gewöhnlichen Zeiten zur Anstellung ist folglich
ein sehr günstiges (42 : 78).

Es muss hiebei noch bemerkt werden, dass der Unterricht in
der Akademie für alle Zöglinge derselbe ist, und dass es keine
besonderen Klassen für Infanterie, Cavallerie, Artillerie oder Ingenieure gibt. Die Hauptelemente für jede Waffengattung werden
allen Zöglingen gelehrt, so dass sie nach beendigtem Cursus vorbereitet sind, in einer beliebigen Waffenart Dienste zu leisten;
die weitere Ausbildung für ein besonderes Fach, welches grössere
wissenschaftliche Studien erfordert, muss sich der Betreffende selbst
verschaffen, sei es nun durch eigene Arbeiten oder mit Hilfe von
Privatlehrern, oder aber durch das Besuchen solcher speziell wissenschaftlicher Anstalten in Europa, die er zu seinem Zwecke am
geeignetesten findet.

Für die kleine Armee, wie sie vor dem letzten Kriege bestand,
war sowohl die Zahl der Offiziere, als auch ihre Ausbildung vollkommen hinreichend. Ob man nach den Erfahrungen, die jetzt
vorliegen, bei diesem System verbleiben will, ist eine Frage, die
erst noch entschieden werden muss.

Nach dem Verfassungs-Rechte kann jeder Amerikaner, ohne
Rücksicht auf Herkunft, Stand oder Religion, Ansprüche auf eine
Offiziersstelle in der Armee machen, wenn er dazu befähigt ist. Der
Präsident, als Oberbefehlshaber der Armee, hat das Recht, alle Stellen
in derselben nach Gutdünken zu besetzen. Da nun aber solche unter-
geordnete Posten sehr wenig lucrativ sind, so werden sie in Friedenszeiten von Civilpersonen auch wenig nachgesucht; dennoch finden
dabei viele Missbräuche statt und zwar wurden im letzten Kriege Personen zu höheren Stellen in der Armee befördert, die sich wenig
dafür eigneten; zuletzt aber richtet doch die öffentliche Meinung

und die Nation, so dass die Unwürdigen bald entfernt werden müssen. Eine weitere Art, Offiziersstellen zu besetzen, geschieht durch Avancement von Unteroffizieren, die sich in der Armee ausgezeichnet haben.

Als bei dem Ausbruche des Krieges alle Gemüther sich in fieberhafter Spannung befanden, war auch die Aufregung in der Akademie gross; ein Theil der Zöglinge, aus den Südstaaten gebürtig, verliess, durch den Einfluss ihrer Eltern und Verwandten gedrängt, die Akademie und ging heim, um gegen die Union in's Feld zu ziehen. Von 278 Zöglingen, die sich damals in der Akademie befanden, waren 86 in den Südstaaten Geborene und 65 von ihnen traten aus der Akademie. Eine Folge davon war der Congressbeschluss vom 3. August 1861, der eine Eidesformel vorschrieb, nach welcher jeder Cadet bei seinem Eintritte den Eid ablegen musste, der ein solches Ausscheiden unter ähnlichen Umständen nicht mehr gestattet.

Die Bedingungen zur Aufnahme in die Akademie sind: ein Alter von über 16 und unter 21 Jahren, eine feste starke Gesundheit, nicht unter 5 Fuss Körperlänge, moralisch sittlicher Lebenswandel, die Fertigkeit richtig englisch schreiben und lesen zu können und einige arithmetische Kenntnisse. Jeder Cadet erhält monatlich 30 Dollars Gehalt, dafür muss er sich aber selbst die Uniform anschaffen und andere kleine Ausgaben bestreiten. In der Kassenverwaltung der Akademie hat jeder Cadet sein Conto mit Debet und Credit, so dass er mit einiger Sparsamkeit eine kleine Summe zurücklegen kann, die ihm beim Austritte aus der Akademie eingehändigt wird. In Beziehung auf den Lehrcursus sind die Zöglinge in 4 Classen eingetheilt; ihre Einreihung in die 4 Compagnien des Bataillons ist aber davon unabhängig. Aus der ersten Classe werden die Offiziere der Compagnien, sowie der Compagniechef gewählt; zu Sergeanten werden jährlich von dem „Superintendenten" aus der zweiten Classe, sowie zu Corporalen aus der dritten, die ausgezeichnetsten Zöglinge ernannt. Ausserdem aber hat jede Compagnie einen Offizier aus der Armee als Inspector. Das ganze Bataillon wird von einem Stabsoffizier aus der Armee mit allen Rechten eines Bataillonschefs commandirt. In allen

Dienstverhältnissen werden den Cadetenoffizieren Gehorsam und die ihrem Range zukommenden militärischen Honneurs geleistet; ausserhalb des Dienstes sind dagegen alle Cadeten gleichberechtigt. Das Studienjahr ist in zwei Semester getheilt; das erste beginnt am 1. September und endet am 2. Januar, dann findet die halbjährige Prüfung statt; das zweite Semester beginnt unmittelbar danach und endet am 30. Mai, worauf die zweite Prüfung stattfindet, nach welcher die Lagerperiode eintritt; während dieser werden keine Vorlesungen gehalten. Der Unterricht in den verschiedenen Classen darf nicht unter 9 und nicht über 10 Stunden täglich dauern. Die Tabelle am Schluss zeigt die Lehrgegenstände und die dazu verwendete Zeit.

Die Disciplin ist, wie schon gesagt, eine sehr strenge. Gehorsam und Pflichterfüllung werden von den Zöglingen unbedingt verlangt. Kleine Versehen werden von dem Bataillonschef gerügt und in einem besonderen Protokolle verzeichnet. Grössere Vergehen bestraft der Superintendent mit Entziehung der Erholungsstunden, Extra-Wachdienst, öffentlichem Verweise, Arrest auf dem Zimmer oder im Gefängniss oder durch Ausschliessung aus der Akademie. Doch können die zwei letzten Strafen nur mit Zuziehung eines Kriegsgerichtes verhängt werden. Während des Bestehens der Akademie von 1802—1863 sind 4626 Zöglinge aufgenommen worden, von denen 2020 als graduirte Offiziere entlassen wurden. Von dieser Zahl hat ein grosser Theil nicht nur in der Armee mit Ruhm und Auszeichnung gedient, sondern auch in anderen Lebensverhältnissen, als Civilingenieure, Baumeister, Landwirthe, Kaufleute, ja als Geistliche eine ihrer Erziehung würdige und geachtete Stellung eingenommen. Die Kosten zur Unterhaltung der Akademie mit Inbegriff der Neubauten, Reparaturen und aller anderen Gegenstände werden jährlich vom Congresse festgesetzt und beliefen sich für das Jahr 1862/63 auf 183,394 Doll.

In Bezug auf die Herkunft der Zöglinge führe ich beispielsweise das Verzeichniss von 1863 an:

Söhne von Bankbeschäftigten, Schiffs-Capitänen, Professoren,

Lehrern 42

von Advocaten und Gerichtspersonen 39

von Farmern und Plantagenbesitzern 38

von Vätern, die in der Armee oder Marine gedient haben 33

von Kaufleuten . . 29

von Aerzten . . 18

von Civilbeamten 14

von Mechanikern 12

von Geistlichen . . 11

von Hotelwirthen 5

ohne Angabe der Beschäftigungen der Väter 19

In Allem 260

Beiweitem der grösste Theil der in der Unionsarmee commandirenden Generale waren frühere Zöglinge der Militärakademie in West-Point. Aus einer Liste von 65 solcher Generale, von denen viele sich unsterblichen Ruhm erworben haben, nenne ich nur Grant, Sherman, Sheridan, Thomas, Meade, M'Clellan, Gillmor, Hooker, Hallek, Pope, Burnside, Sumner, Hankok, Smith, M'Cook, Kilpatrick, Stoneman, Weitzel, Shoffield u. s. w.; ihre Verdienste in der Kriegsgeschichte sind weltbekannt geworden. Aber auch viele der vorzüglichsten Führer in der conföderirten Armee haben ihre Erziehung in West-Point erhalten: Robert Lee, Thomas Jackson, Beauregard, Leonidas Polk, Hood, Ed. Johnson, Longstreet, Gardner, Early, Magnuder, Kirby Smith und viele Andere, die durch ihre kriegerischen Talente im Felde, wenn auch gegen die Union, die sie erzogen hat, den Beweis von der Vorzüglichkeit ihrer Schule lieferten.

Jahr	Classe	Lehrgegenstände	Zeit
1.	IV.	Mathematik	3 Stunden täglich von September — Juni
		Englische Sprachlehre, Rhetorik, Declamation, Composition, Geschichte der Vereinigten Staaten	4 Stunden täglich von September — Juni
		Französische Sprache	4 Stunden jeden zweiten Tag von Januar bis Juni
		Gewehr-Exercizien	1 Stunde jeden zweiten Tag während 23 Wochen im Jahr
2.	III.	Mathematik	3 Stunden täglich von September — Juni
		Französische Sprache	2 Stunden täglich von September — Juni
		Zeichnen	2 Stunden { täglich während 20 Wochen jeden zweiten Tag während 17 Wochen
		Reiten	2 Stunden jeden zweiten Tag während 16 Wochen
3.	II.	Natur-Philosophie und Experimental-Physik	3 Stunden täglich von September — Juni
		Chemie	2 Stunden jeden zweiten Tag von September bis Juni
		Zeichnen	2 Stunden jeden zweiten Tag von September bis Juni
		Infanterie- Artillerie- Cavallerie- Taktik	2 Stunden jeden zweiten Tag {von September bis Juni während 6 Wochen / während 4 Wochen / während 16 Wochen}
4.	I.	Civil- und Militär-Ingenieurwesen	3 Stunden täglich von September — Juni
		Praktische Ingenieur-Arbeiten während der Lagerzeit	1 Stunde täglich vom 1. April — 15. Mai
		Gesetzkunde	2 Stunden jeden zweiten Tag von September — Juni
		Mineralogie und Geologie	2 Stunden jeden zweiten Tag während 17 Wochen
		Spanische Sprache	2 Stunden jeden zweiten Tag von September — Juni
		Artillerie	2 Stunden jeden zweiten Tag von September — Juni
		Cavallerie-Taktik	2 Stunden jeden zweiten Tag während 5 Wochen
		Reiten	1 Stunde jeden zweiten Tag von September — Juni

V.

Richmond.

Die Eisenbahn von Washington nach Richmond, welche während des Krieges von Freund und Feind abwechselnd zerstört und wieder hergestellt worden, befand sich zur Zeit meiner Anwesenheit in einem nicht fahrbaren Zustande; überdiess war das Land im Süden damals noch nicht so sicher, dass man auf der Eisenbahn, selbst wenn sie in Gebrauch gewesen wäre, ohne Gefahr hätte reisen können. Ich ging desshalb nach Baltimore und schiffte mich daselbst ein, um den Jamesfluss hinauf nach Richmond zu gelangen. Die Chesapeake-Bucht, an deren Ende Baltimore liegt, wird von dem Atlantischen Ocean gebildet, erstreckt sich hoch hinauf in den Staat Maryland, nur ein kleiner Theil der südlichen Spitze gehört zu dem Staate Virginien, und auf dieser liegt das in dem letzten Kriege so bekannt gewordene Fort Monroe. Die Dampfschiffe, die von Baltimore hieher fahren, sind wegen der Beschaffenheit der Bucht grosse Seeschiffe, und legen hier an, um ihre Passagiere und Wagen auf kleinere und weniger tief gehende Boote abzugeben, auf denen man dann die Reise den Fluss aufwärts fortsetzt. In der Festung Monroe sass der Ex-Präsident Jefferson Davis gefangen und wartete sein Schicksal ab, das bis jetzt noch nicht entschieden ist. Ich ging mit einigen Passagieren an das Land, um das Innere der Festung zu besehen, fand aber den Wachposten am Thore nicht geneigt, uns diese Einsicht zu gestatten, trotzdem dass ich mein offenes Schreiben vom Kriegsminister vorzeigte. Zwar verweigerte man uns nicht absolut den Eingang,

machte aber so viele Einwendungen, und hielt uns so lange auf,
bis es für uns Zeit wurde, wieder hinab an das Ufer zu gehen, um
das Dampfboot nicht zu versäumen. Die Fahrt, den Jamesfluss
hinauf, bietet keine besonderen Naturschönheiten dar; die Ufer
zu beiden Seiten sind flach, von grasreichen Wiesen bedeckt,
auch stellenweise mit Waldungen bewachsen. Ansiedlungen oder
Bodencultur erblickt man nirgends. So weit das Auge vom Schiffe
aus zu beiden Seiten in das Land hinein reicht, scheint der ursprüng-
liche Zustand noch vorzuherrschen. Man zeigte uns im Gebüsch
versteckt die Ueberbleibsel von der Mauer einer Kirche, die von
den ersten hier gelandeten Engländern gebaut sein soll. Die Vir-
ginier scheinen keinen grossen Werth auf das Andenken ihrer Vorfahren zu legen, und nach einigen Jahren werden auch die letzten
Steine von dem Gesträuch gänzlich überwuchert sein. Das Wasser des Flusses ist 30—40 Meilen hinauf noch so salzhaltig,
dass es Nachts phosphorescirt; man sieht auf dieser Strecke häufig
pfostenartige Ausbauten unter dem Wasser vom Ufer aus quer in
den Fluss hinein errichtet, welche zur künstlichen Austernzucht
dienen, da solche in dieser Mischung von See- und Flusswasser
vorzüglich gedeihen sollen. In keinem Lande der Welt werden so
viele Austern verzehrt, wie in den Küstenländern Nordamerika's;
als Beweis davon mag angeführt werden, dass die Massen von
Austernschalen gross genug sind, um bei Anlegung von Land-
strassen verwendet werden zu können.

Bei City Point verengt sich der Fluss noch mehr und macht
an verschiedenen Stellen bedeutende Krümmungen, desshalb erwartete uns hier ein noch kleineres Boot, auf dem wir unsere Reise
weiter fortsetzten. In den Kriegsoperationen von 1864 und Anfangs 1865 wurde der Jamesfluss häufig von Kanonenbooten und
Monitors, die zur Unterstützung der Landarmee verwendet wurden, sowie von einer Menge von Dampfschiffen für den Transport
von Proviant, Munition, Kranken und Gefangenen, befahren. Als
General Lee eine Zeit lang befürchtete, dass Richmond auf diesem Wege bedroht werden könnte, liess er durch Versenkungen
an verschiedenen Stellen des Flusses die Durchfahrt sperren und
überall hin Torpedos legen, um die Schiffe in die Luft zu

sprengen. Die unter dem Namen Torpedos vielfach erwähnten Höllenmaschinen haben in diesem Kriege hauptsächlich von den Conföderirten vielfache Anwendung gefunden. Sie wurden in verschiedenen Gestalten und Grössen und ganz von einander abweichenden Systemen angefertigt, und sowohl in Häfen und Flüssen, wie auch zu Lande vor befestigten Positionen (wie Flatterminen) angebracht. Die Wassertorpedos bestanden meistens aus einem zinnernen Kasten, der mittelst eines doppelten Bodens in zwei Räume getheilt war. Der grössere Raum bildete die Luftkammer, die dem Torpedo Schwimmfähigkeit verlieh, der kleinere obere Raum enthielt die Sprengladung, die je nach der Grösse und dem Zwecke zwischen 30—4000 Pfund variirte.

Die Explosion wurde theilweise durch eine am Lande im Versteck angebrachte galvanische Batterie bewirkt, mit welcher der Torpedo durch einen Metalldraht in Verbindung stand; meistens aber hatten die Torpedos nur eine Percussionszündung, die so angebracht war, dass das darüber hinsegelnde Schiff selbst die Explosion bewirkte. In den Häfen von Charleston und Mobile, sowie in den grossen Flüssen waren sie zu vielen Hunderten angebracht, durch kleine Anker unter dem Wasser befestigt und durch gewisse geheime Zeichen und Bojen für ihre eigenen Schiffe, dadurch aber auch oft für den Feind kennbar. Die Unirten verloren zwar einige Schiffe durch die Explosion solcher Torpedos; im Ganzen aber entsprachen sie nicht den Erwartungen, die über deren Nützlichkeit gehegt worden waren, indem viele von ihnen durch das lange Liegen im Wasser beschädigt wurden, andere nicht zur rechten Zeit explodirten.

Obschon die Unirten schon seit Monaten Herren der Stadt und des Landes waren, hatte man noch nicht Zeit gehabt, alle diese Hindernisse aus dem Wasser zu räumen, und wir fuhren desshalb oft mit grosser Vorsicht, um nicht auf einen unerwünschten Sperrsitz zu gelangen oder durch einen Torpedonachzügler schneller aus dem Wasser gehoben zu werden, als es für uns angenehm gewesen wäre. Da es aber in Amerika fast unmöglich ist, eine grosse Eisenbahnreise oder Flussfahrt zu machen, ohne ein besonderes Ereigniss, so hatten wir auch das unsrige. Bei einer

scharfen Krümmung des Flusses kamen wir plötzlich einem Dampfschiff zu nahe, das vier schwer beladene Barkassen im Schlepp-
tau führte. Ehe wir unsere Dampfmaschine anhalten konnten,
hatten wir die letzte Barkasse zertrümmert; die Bemannung aus
4 Negern und einem kleinen Negerknaben bestehend, sprang
noch bei Zeiten in den Fluss und schwamm uns aus dem Wege,
nur der kleine Knabe nahm eine falsche Richtung, und gerieth
unter unser Dampfboot, so dass wir ihn für verloren hielten, als
er plötzlich nach einigen Minuten hinter dem Schiffe wieder zum
Vorschein kam und lustig an das nahe Ufer schwamm, wo er sich
gleich auf den heissen Sand niederlegte, um seinen schwarzen An-
zug, mit dem er zur Welt gekommen war, und ausser welchem
er nichts an hatte, trocknen zu lassen. Es wurde sogleich ein Boot
an das Ufer geschickt, um ihn abzuholen.

In dem Maasse, als wir uns Richmond näherten, mehrten sich
auch die Batterien, die am Ufer mit grosser Umsicht angelegt
waren, so dass sie die wichtigsten Stellen des Flusses vollkommen
beherrschten. Die Mündungen ihrer 10- und 12zölligen Geschütze
lugten weit hinaus auf den Fluss und würden das Vorbeipassiren
eines jeden feindlichen Schiffes unmöglich gemacht haben. Auch
die langen Linien der Erdverschanzungen beider Heere sahen wir
vom Schiffe aus, sowie die grossen Hügel, unter denen die Gefal-
lenen, Föderirte und Conföderirte, nach blutiger Arbeit jetzt in
ungestörtester Union friedlich bei einander ruhen.

Während wir in der Nähe der Batterien vorbeisegelten, kamen
Soldaten in kleinen, jämmerlichen Booten, die oft nur aus ausge-
höhlten Baumstämmen bestanden, an uns herangerudert, und verlangten »Papers«, worauf einige von den Passagieren ihnen zu-
sammengerollte Papiere in das Wasser warfen. Als ich mich darüber
erkundigte, erklärte man mir, dass die Soldaten um Zeitungsblätter bitten, weil sie entfernt von allen Städten Mangel daran leiden
und für den Amerikaner, Soldat oder Bürger, das Zeitungslesen
eben so nothwendig sei, als Essen und Trinken. Man sah sie
auch mit vieler Vorsicht die nass gewordenen Blätter auseinander
wickeln; später werden sie zum Trocknen hingelegt und gehen
von Hand zu Hand, bis zuletzt nur Fetzen davon übrig bleiben.

Viele waren so verwegen bei dem Heranrudern in ihren gebrechlichen Fahrzeugen, dass sie sich wirklicher Lebensgefahr aussetzten, um sich den Genuss des Zeitungslesens zu verschaffen.

Richmond liegt an einer Bucht des James-Flusses und ist an dem steilen Ufer hinangebaut. Unsere Landung war übrigens noch mit vielen kriegerischen Formalitäten verbunden. Jeder von uns musste einzeln zwischen zwei Schildwachen hindurch in das Wachhaus treten, wo wir beschaut und befragt wurden. Das mir vom Kriegsminister ausgefertigte Schreiben erleichterte mir den Eintritt in Richmond. Traurig war der Anblick dieser noch vor zwei Monaten so schönen blühenden Stadt. Alle Gebäude, die unmittelbar am Flusse lagen, sowie der ganze untere Theil von Richmond boten jetzt nur ein schauerliches Bild der Zerstörung und eines Trümmerhaufens dar, aus dem die hohen Schornsteine und einzelne vom Feuer und Pulver geschwärzte Mauern als Trauermonumente des verheerenden Krieges herausragten. Man kann sich keinen wehmüthigeren Anblick vorstellen, als eine solche Brandwüste, aus der noch einzelne Theile, als zertrümmerte Marmorsäulen, vergoldete Gitter und Balconreste von dem Reichthum und der Wohlhabenheit ihrer Einwohner Zeugniss geben. Die Bewohner waren geflohen, Schaaren von Negern mit und ohne Lumpen scharrten in den oft noch brennenden Schutthaufen herum, um etwas zu entdecken, was noch vom Feuer verschont geblieben wäre.

Richmond, die Hauptstadt des Staates Virginien, war das Washington der conföderirten Staaten geworden; hier wohnte Jefferson Davis; von hier aus wurde die Regierung der Südstaaten, die sich unabhängig erklärt hatten, geleitet. Mit dem Falle von Richmond war die Regierung auseinander gesprengt, ihre Mitglieder auf flüchtigem Fusse und das Land der Unionsarmee preisgegeben. Von der Wichtigkeit Richmond's überzeugt, hatte man Alles angewendet, um es so lange als möglich zu schützen. Lee hatte sämmtliche ihm noch zu Gebote stehenden Truppen zusammengezogen, um die Hauptstadt zu vertheidigen, sowie die Unirten ihre ganze Uebermacht daran setzten, in den Besitz von Richmond zu gelangen. Als endlich nach den verhängnissvollen Gefechten Lee sich gezwungen sah, Richmond aufzugeben und seinen Rückzug anzutreten, hatte er Befehl gegeben, die Brücke über den Fluss abzubrennen und die am Ufer gelegenen Magazine und Depots der Armee zu vernichten, um sie nicht dem Feinde in die Hände fallen zu lassen. Diess geschah in der Nacht auf den 3. April. Der bei solchen Veranlassungen nie fehlende starke Wind verbreitete die Flamme weiter; die Gefangenen in den höher gelegenen Gefängnissen benützten die allgemeine Verwirrung und zündeten ihre Kerker an, um sich zu befreien, und so wüthete die Feuersbrunst die ganze Nacht hindurch; ihre Zerstörungen wurden durch das Auffliegen von Pulvermagazinen und Munitionsvorräthen, die sich an verschiedenen Orten befanden, noch vergrössert. Schlechtes Gesindel von schwarzer und weisser Race benützte diese Gelegenheit zum Plündern und zur Ausübung von allerlei Gräueln in den Privathäusern. Am folgenden Tage musste General Weitzel zwei Regimenter Neger hinschicken, um den Brand zu löschen und die Ordnung wieder herzustellen, ehe die Armee von der Stadt Besitz nehmen konnte.

Gleich nach meiner Ankunft begab ich mich zu dem commandirenden General Terry, der mich mit freundlichem Wohlwollen empfing, und um keine Zeit zu verlieren, augenblicklich den General A. von der Artillerie, der in dem Bureau beschäftigt war, kommen liess und mich demselben auf das Dringendste empfahl, mit dem Auftrag, mir in und um Richmond Alles zu zeigen und zu erklären, was ich für meinen Zweck für nöthig erachtete. Es wurde ein Extrazug auf der Militäreisenbahn nach Petersburg für mich in Bereitschaft gestellt, um auf das dortige Schlachtfeld zu gelangen, dessgleichen gab man mir ein kleines Kriegsdampfboot, um auf dem Flusse die Batterien bequemer erreichen zu können. General Terry ist ein noch junger Mann von 35 Jahren, gross und schlank, von einnehmendem Aeussern, und imponirend militärischer Haltung. Bis zu dem Ausbruche des Krieges war Terry Rechtsgelehrter und hatte sich in Frankreich aufgehalten, um juridische Studien zu machen; er kehrte nach seinem Vaterlande zurück und errichtete ein Freiwilligen-Regiment, dessen Commandant er dann wurde. Er nahm an mehreren Expeditionen Sherman's Theil, wofür man ihn zum

Brigadegeneral ernannte. Seine glänzendste Waffenthat ist die
Erstürmung des Fort Fisher, welche schon einmal früher versucht
worden, aber missglückt war. General Terry erhielt das Commando
über diese Expedition, die 8000 Mann stark, mit grossem Belage-
rungsgeschütz versehen, sich am 4. Januar bei Bermuda-Landing
auf dem Jamesflusse einschiffte. Am 13. wurde die Landung der
Truppe bei Wilmington unter dem Schutze der Flotte des Admiral
Porter, welche sogleich die Beschiessung des Forts begann, be-
werkstelligt. Am 15. Januar, 3 Uhr Nachmittags, fing der Sturm
auf das Fort Fisher an, dessen Besatzung sich auf das heldenmüthigste vertheidigte. Trotzdem dass die Schiffe es ununterbrochen
mit schwerstem Geschütze beschossen, mussten die Stürmenden
jede Traverse einzeln erkämpfen, und erst um 9 Uhr Abends waren
sie Herren der Festung, nachdem es einem Theil der Garnison
noch vorher geglückt war, aus derselben zu entkommen. Es wurden 112 Offiziere und ungefähr 2000 Mann gefangen genommen;
eine bedeutende Zahl schwerer Geschütze und mehrere tausend
Gewehre fielen den Siegern in die Hände. Terry wurde für diese
That zum Generalmajor befördert und erhielt später den wichtigen
Posten als Militärgouverneur im Staate Virginien mit seinem Haupt-
quartiere in Richmond.

Mit meinem freundlichen Begleiter besuchte ich den oberen
vom Brande verschont gebliebenen Theil der Stadt. Die Strassen
sind alle mit schönen Bäumen bewachsen, unter denen die pracht-
vollsten Magnolien schon die südliche Lage bekunden. Die Häuser von rothem Ziegelstein sind ganz im englischen Style gebaut, mit kleinen Gärten vor denselben. Das Capitol, auf dem
höchsten Punkte gelegen, in einem schönen Parke mit prachtvoller
Aussicht auf das Land jenseits des Flusses, bot jetzt den gewöhnlichen Anblick eines vom Feinde für seine verschiedenen Kriegs-
bureaux in Beschlag genommenen öffentlichen Gebäudes; die Fen-
sterscheiben waren zerschlagen, Zimmer und Gänge schmutzig und
mit umhergestreuten beschriebenen Papierfetzen bedeckt. Die ganze
Stadt war von Soldaten besetzt; auf den Strassen sah man nur
solche oder herumschwärmende Banden von freigemachten Negern,
die sich in ihrer Freiheit noch nicht zurechtfinden konnten. Die Ein-

15*

wohner der Stadt (southern people vom reinsten Wasser) hielten sich in ihren Häusern zurückgezogen oder waren geflüchtet. Am folgenden Tage fuhr ich auf der Militäreisenbahn nach dem 4 Stunden von hier entfernten Petersburg, um das grosse Schlachtfeld, das im wahrsten Sinne des Wortes mit Blut getränkt war, zu besichtigen. Fahrend, reitend oder gehend habe ich zwei Tage dort verbracht, Karten und Schlachtenpläne waren uns vom Ingenieurbureau mitgegeben, und General A., der lange Zeit die Artillerie hier commandirt hatte, war bemüht, mir die genaueste Schilderung von den verschiedenen blutigen Episoden an Ort und Stelle zu geben.

Schon Anfangs des Jahres 1862 lag es in dem Plane der Union, Richmond zu nehmen, und der damalige Chef der Armee, M'Clellan, hatte bedeutende Streitkräfte gesammelt, um diesen Schlag auszuführen, der, wenn er geglückt wäre, dem Kriege ein baldiges Ende gemacht hätte, aber die Conföderirten unter Lee waren zu der Zeit der unirten Armee in jeder Beziehung überlegen, und nachdem die Armeecorps unter General Butler und Siegel in verschiedenen Gefechten bedeutende Verluste erlitten hatten, war man damals genöthigt den Plan auf Richmond gänzlich aufzugeben.

Von der Zeit an, als General Grant das Obercommando der Armee übernommen hatte, war sein Hauptaugenmerk auf Richmond gerichtet. Die Potomac-Armee, von allen die bestorganisirte und bestgeführte, wurde ganz besonders für diesen Feldzug ausgerüstet und vorbereitet. Anfangs Mai 1864 standen sich die zwei grossen Armeen unter Grant und Lee in Virginien schlagfertig gegenüber. Viele Gefechte und blutige Schlachten wurden geliefert, mit abwechselndem Glücke auf beiden Seiten, aber ohne dass es den Unirten gelungen wäre, den Hauptzweck ihres Feldzuges, die Einnahme von Richmond, zu erreichen. Um Wilderness und Spottsylvania herum fanden vom 5.—12. Mai in den Wäldern und Gebüschen die hartnäckigsten Kämpfe statt, mit grossen Verlusten ohne entscheidenden Erfolg. Wegen der Terrainschwierigkeiten in jenen Gegenden konnte weder Artillerie, noch Cavallerie verwendet werden und doch war der Verlust durch Gewehrfeuer allein ein furchtbarer. Die Unionsarmee hatte in diesen Gefechten

16 Generale verloren, an Offizieren und Mannschaft 25,000 Mann.
Die conföderirte Armee gab ihren Verlust auf 13 Generale und
18,000 Mann an. Nochmals versuchte Grant durch concentrirte
Truppenmassen bei dem Gehöfte Cold-harbour, nur 1 ⅓ Meilen von
Richmond entfernt, durchzubrechen und im ersten Anlauf die Stadt
zu nehmen; aber auch dieses gelang nicht. Mit einem Verlust
von 8000 Mann sah sich Grant genöthigt, den Angriff auf Richmond von dieser Seite gänzlich aufzugeben und einen ganz neuen
Operationsplan zu bilden, der darin bestand, dass er mit seinem
ganzen Heere den Jamesfluss überschritt und denselben zur Basis
machte, um von da aus Richmond anzugreifen. Mit grosser stra-
tegischer Geschicklichkeit wurde dieser Uebergang mit Frontver-
änderung schon am 14. Juni ausgeführt, und Grant stand nun
nach fast 7wöchentlichen Kämpfen und ermüdenden Märschen,
nach einem Verluste von 3000 Mann, auf seine neue Basis sich
stützend vor Richmond, brauchte aber fast noch 9 Monate, um
sich der Stadt bemächtigen zu können. Zwar hatten die Unirten
durch rasches Angreifen gleich Anfangs bedeutende Vortheile er-
rungen, so dass schon am 15. Petersburg fast genommen worden
wäre; da erschien aber plötzlich General Beauregard mit 30,000 Mann
frischer Truppen und schlug alle Angriffe, die vom 16. bis 19.
auf diese Position gemacht wurden, energisch zurück und wieder
hatten die Unirten 6000—7000 Mann eingebüsst. General Grant
erkannte nun die Nothwendigkeit, Lee von allen Seiten so einzu-
schliessen, dass jede Verbindung und Unterstützung von Aussen
unmöglich gemacht würde. Bis in den Juli hinein konnte von den
Unirten nichts gegen die stark verschanzte Position der Conföderirten unternommen werden. Während der Krieg in entfernteren
Theilen des Landes fortwüthete, und zwar mit entschiedenen Siegen für die Unirten, standen sich die zwei Heere hier gegenüber,
um den günstigen Zeitpunkt zu ersehen, wann der letzte entschei-
dende Schlag geführt werden sollte. Jedes derselben benützte
die Zeit der gezwungenen Waffenruhe, um sich zu verstärken und
zu verschanzen. Die damalige Stärke der unirten Armee wird auf bei-
läufig 75,000 Mann, — derjenigen von Lee auf 55,000 Mann angegeben.
Zu den wichtigsten einzelnen Waffenthaten, die in jener Zeit aus-

geführt wurden, gehört der Sturm am 30. Juli auf die Hauptposition
vor Petersburg, der durch die Sprengung einer Mine, von 510 Fuss
Länge, eingeleitet wurde. Der Sturm misslang, trotzdem dass die
Explosion stattfand und ein mörderisches Feuer von 95 Kanonen und 15 Mörsern die feindliche Position mit Kugeln und Bom-
ben überschüttete. Die ausgesuchten Sturmkolonnen kamen zu
spät an und agirten nicht gleichzeitig. 6000 Mann kamen dabei
um und der Rest von 1200 Mann mit einem General musste sich
gefangen geben. Der Verlust der Conföderirten war wegen ihrer
gedeckten Stellung ein verhältnissmässig unbedeutender und belief
sich nur auf 800 Mann. Im Herbste fielen keine weiteren bedeutenden Gefechte vor. General Lee war zu der Ueberzeugung gekommen, dass er von aussen keine Hülfe mehr zu erwarten habe,
während Grant durch seine ungestörte Verbindung mit dem Norden
so viel Verstärkung und Verproviantirung für seine Armee erhielt,
als er bedurfte. General Lee, mit dem festen Entschluss, sich bis
zum Aeussersten zu wehren, wandte alle Hülfsmittel, die ihm
noch zu Gebote standen, an, um seine Erdwerke zu befestigen und
gegenseitig in geschützte Verbindung zu bringen. Mangel an Proviant und an Munition fingen an, sich in seiner Armee fühlbar
zu machen, obschon keine eigentliche Hungersnoth eintrat. In
Richmond arbeiteten Frauen und Kinder ununterbrochen Tag und
Nacht, um Patronen zu verfertigen. Bis zum Ende des Jahres 1864
wurden noch verschiedene grössere und kleinere Gefechte geliefert,
mit abwechselndem Glücke auf beiden Seiten. So vergingen Monate. Das Jahr 1865 kam heran und fand die zwei Armeen noch
immer in der Behauptung ihrer gegenseitigen Positionen, nur mit
dem Unterschiede, dass Lee immer enger und enger eingeschlossen
wurde und ihm zuletzt kein anderer Ausweg blieb als der, den
verzweifelten Versuch zu wagen, die Linie seines Gegners zu durch-
brechen und sich nach dem Süden durchzuschlagen, um sich mit
der Armee Johnston's zu vereinigen. Am 25. März begann er den
Angriff auf den rechten Flügel Grant's an dem Appomattoxflusse.
Es gelang ihm, durch Ueberrumplung das Fort Steadman mit
seiner ganzen Besatzung und 9 Kanonen zu nehmen, aber durch
das auf ihn gerichtete Feuer der nächstliegenden Batterien und

der hinzueilenden Truppen waren die Conföderirten verhindert, das Fort zu behaupten. Mit grossem Verluste wurden sie hinausgeschlagen, sie warfen sich in Unordnung auf ihre nächste Linie zurück, das Gefecht wurde allgemein, fiel aber unglücklich für Lee aus; er wurde genöthigt, sich wieder hinter seine Verschanzungen zurückzuziehen. Am 27. März hielten die Unirten einen grossen Kriegsrath in City-Point, an dem die Generale Grant, Sherman Ort und Sheridan theilnahmen und zu dem der Präsident Lincoln aus Washington angelangt war. Es ward beschlossen, den letzten grossen Schlag gegen Lee zu führen und ihn mit der ganzen Armee anzugreifen. Alle Vorbereitungen wurden getroffen, um mit dieser Hauptschlacht den Feind vollkommen zu vernichten. Am 28. März fing der blutige Schlussakt der langen Belagerung von Richmond an und erst am 2. April nach fünftägigem Kampfe wurde Petersburg und Richmond von den Unionstruppen besetzt. Der Knotenpunkt, um den es sich handelte, waren die starken Verschanzungen von Five Fork, südlich von Petersburg, den Lee in richtiger Schätzung seiner Wichtigkeit für die Verbindung mit dem Süden und im Nothfalle für seinen Rückzug am stärksten befestigt hatte und mit allen seinen Kräften zu vertheidigen suchte. General Sheridan, der die Aufgabe hatte, mit seiner Reiterei den Feind im Rücken zu belästigen und ihm jede Verbindung mit dem Süden unmöglich zu machen, eilte am 1. April mit seiner ganzen Cavallerie, unterstützt von drei starken Corps, auf Five Fork zu. Das für Cavallerie ungünstige Terrain nöthigte ihn, seine 5000 Reiter absitzen zu lassen und sie als Tirailleure zu gebrauchen. Die Conföderirten hatten den ganzen Tag mit übermenschlicher Anstrengung und wahrer Todesverachtung gegen den ihnen an Zahl weit überlegenen Feind gekämpft, bis sie, nachdem sie um 7 Uhr Abends noch einen letzten verzweifelten Versuch gemacht hatten, den Feind zurückzudrängen, mit Hinterlassung aller ihrer Geschütze sich in wilder Flucht auflösten. Durch den Besitz dieser Position war endlich Grant Herr der Südseite geworden und die letzte Hoffnung Lee's auf Unterstützung von Aussen war verschwunden. Noch am 2. April versuchten die Conföderirten mit ihren letzten Kräften die verlorenen Posten wieder zurückzugewinnen, vergebens! Die heldenmüthigste Ausdauer und Tapferkeit war erschöpft; erfolglos waren Ströme von Blut vergossen worden, in den letzten Monaten hatten sie Mangel an Nahrungsmitteln gelitten; physisch und moralisch fühlten sie sich zu Grunde gerichtet; so musste endlich ihr hoffnungsloser Zustand Muthlosigkeit erzeugen, und als Grant in der Nacht vom 2. auf den 3. April alle Vorbereitungen getroffen hatte, um bei Tagesanbruch die innersten Linien von Petersburg zu stürmen, wartete Lee diesen Angriff nicht mehr ab, sondern zog sich in der Nacht mit sämmtlichem Feldgeschütz, Zelten und Schanzzeug längs des Appomattoxflusses zurück. Am 7. April kam es zu einem Treffen bei Farmville, einer Station der nach Lynchburg führenden Strasse, in welcher das Lee nachsetzende 2. Corps zurückgeschlagen und zwei Generale davon getödtet wurden. Noch einmal raffte sich Lee zusammen, um mit einer letzten verzweifelten Anstrengung sich bei Appomattoxcourthouse am 9. April durch das ihm seinen Weg versperrende Corps Sheridan's durchzuschlagen; aber seine Stunde war gekommen. Als dieser letzte Versuch missglückte und er sich vom Feinde dicht umringt sah, sandte er einen Parlamentär an General Grant, um über Friedensbedingungen zu unterhandeln. Grant liess sich darauf nicht ein und verlangte die Uebergabe auf folgende Bedingungen:

1. Es werden Listen aller Offiziere und Gemeinen der conföderirten Armee angefertigt.

2. Jeder Offizier gibt sein Ehrenwort, nicht wieder die Waffen gegen die Regierung der Vereinigten Staaten zu führen, bevor er nicht ausgewechselt ist. Compagnie- und Regiments-Commandeure unterzeichnen ein gleiches Versprechen für ihre Mannschaften.

3. Waffen, Geschütze und öffentliches Eigenthum werden an dafür ernannte Offiziere übergeben.

4. Die Offiziere behalten ihre Seitengewehre, ihre Pferde und ihre eigenen Effekten.

5. Jeder Offizier und Soldat, der sich durch Ehrenwort verpflichtet hat, darf ungehindert nach seiner Heimat zurückkehren und bleibt unbelästigt, so lange er sein Ehrenwort hält und die bestehenden Gesetze achtet.

General Lee nahm diese grossmüthigen Bedingungen augenblicklich an. Die beiden Heerführer hatten noch am selben Tage
eine persönliche Zusammenkunft, bei welcher die Capitulation unter-
schrieben wurde. Bei der Uebergabe ward 26,000 Mann das Ehrenwort abgenommen, 159 Geschütze, 71 Fahnen, 11,000 Feldwagen und
15,000 Gewehre wurden abgeliefert. Der Mangel an Lebensmitteln war
unter den conföderirten Truppen so gross, dass auf Bitten General
Lee's augenblicklich 25,000 Rationen an dieselben ausgetheilt wurden.

Am 3. April waren, wie schon gesagt, Petersburg und Richmond von den Unirten besetzt worden. Jefferson Davis und die
anderen Regierungsmitglieder befanden sich noch am 2. in Richmond; mit solcher Beharrlichkeit hielten sie den letzten Hoffnungs-
schimmer fest, und erst als Lee ihnen am Nachmittag seinen Vor-
satz kundgab, flohen sie aus Richmond.

Bei meiner Ankunft war der Boden noch auf viele Meilen weit
durchfurcht und aufgewühlt von den Geschossen, die 7 Monate
Tag und Nacht hier eingeschlagen hatten oder geplatzt waren.
Die Erde war durch Gräben, Wälle und alle möglichen Verschanzungen wie zerrissen. Geschosse des verschiedensten Kalibers
lagen umhergestreut, dazwischen Menschen- und Thierknochen,
die von der tropischen Hitze schon gebleicht waren; eine tiefe
Todesstille, durch die glühende Sonnenhitze noch unheimlicher
gemacht, ruhte jetzt auf dem ganzen grossen Schlachtfelde. Ich
stand auf einem Todtenhügel, schaute weit um mich her und
dachte an — Sebastopol.

Auf einem kleinen Kriegsdampfer fuhr ich mit meinem Begleiter den Jamesfluss hinab, um einige der wichtigsten Uferbatte-
rien zu besichtigen, die noch alle mit schwerstem Geschütz armirt
und in vollkommenstem Kriegszustande waren; doch erwartete man
täglich den Befehl, sie zu desarmiren. Sie waren alle mit grosser
Sachkenntniss und Geschicklichkeit angelegt, beherrschten vollkommen den Fluss und bildeten in Verbindung mit den Versenkungen und den angebrachten Torpedos ein Vertheidigungssystem,
durch welches Richmond von dieser Seite unangreifbar gemacht
worden war.

Zwei Monate waren seit der Uebergabe Lee's vergangen; ein-

zelne Kanonenschüsse wurden noch weit unten im Süden gewechselt; in Richmond herrschte das bewegteste Kriegsleben, die Nach-
wehen des Riesenkampfes fingen erst an. Während meines kurzen Aufenthaltes hatte ich Gelegenheit, einige Familien kennen
zu lernen, die mir, dem Fremden, ihre Ansichten über den Krieg
und seine Folgen unumwunden mittheilten. Die Wogen gingen noch
sehr hoch; durch die drückendste Uebermacht zu Boden geworfen,
hatten sie nichts weniger als die Ueberzeugung gewonnen, ungesetzlich gehandelt zu haben, indem sie mit den Waffen in der
Hand ihr Ausscheiden aus der Union versuchten. Besonders waren
es die Frauen, die ihrem grenzenlosen Hasse gegen die Yankees
Luft machten. Alle trugen tiefe Trauer, entweder weil sie den Tod
eines nahen Verwandten zu beweinen hatten, oder als politische
Demonstration. Sie fanden keine Worte stark genug, um ihren
Verwünschungen über die Mörder und Unterdrücker ihres Volkes
Ausdruck zu geben. Eine junge Dame, der ich mein Bedauern
über die Zerstörung ihrer schönen Stadt ausdrückte, unterbrach
mich mit Heftigkeit, indem ihre Augen furienartig blitzten: »Wir
bedauern nichts, nicht den Tod unserer Väter, Männer, Brüder,
Söhne, nicht die Zerstörung unserer Stadt, unseres ganzen Landes;
kein Opfer wäre uns zu gross, kein Elend würden wir scheuen,
könnten wir nur Rache nehmen an diesen teuflischen Henkers-
knechten, die uns in das Verderben gestürzt haben.« Als ich ent-
rüstet über eine solche Sprache aus dem Munde einer jungen Dame
sie frug, ob das christlich sei, sich solchen Gefühlen hinzugeben,
sprang sie von ihrem Stuhle auf und mit wüthender Geberde rief
sie: »Ob ich eine Christin bin, weiss ich nicht, aber ich bin eine
Südländerin (I am a southern lady), in jedem Blutstropfen in mir
und in jedem Athemzug lodert Hass und Rache gegen unsere Unterdrücker.« Als sie etwas zu Athem gekommen war, fuhr sie in
einem verächtlichen Tone fort: »Doch wir haben unser Schicksal
verdient, hätten unsere Vorfahren sich nicht von der Flagge Englands getrennt, wir würden jetzt der Schmach enthoben sein, von
einem bes....... Sch.... regiert zu werden.« Eine andere Dame,
Mutter eines Knaben von 6 Jahren, sagte mir: »Ich habe meinen
Mann und meinen ältesten Bruder im Kriege verloren, der jüngere

liegt gefangen, verwundet in einem Hospital; mein Haus ist nieder-
gebrannt, meine Neger sind verjagt, mein ganzes Eigenthum ver-
wüstet; ich habe auf der ganzen Gotteswelt nur dieses einzige
Kind,« und indem sie ihre Hand auf das Haupt des Knaben legte,
»ich bete täglich zu Gott, er möge mir nur noch so lange das
Leben fristen, bis ich ihn in dem Gefühle des unauslöschlichen
Hasses gegen diese Yankees werde erzogen haben, damit er, wenn
er Mann geworden, blutige Rache nehme an den Mördern seiner
Familie und den Erzfeinden seines Vaterlandes, sobald die rechte
Zeit gekommen sein wird, und — sie wird kommen!«

Ich kannte diese Ergüsse, ich hatte sie früher gehört, in einem
anderen Lande, an der Weichsel, und in einer anderen Sprache,
— in der der Sarmaten —.

Ich erfuhr, dass General Lee jetzt in Richmond sei und in
tiefster Zurückgezogenheit bei seiner Familie lebe; ich hatte das
grösste Verlangen, seine persönliche Bekanntschaft zu machen und
wandte mich desshalb an meinen Begleiter General A.; dieser war
bereit, mir dazu zu verhelfen, bemerkte aber dabei, dass er trotz
der grossen Hochachtung, die er für Lee als Militär hege, dennoch
als Unionsoffizier mich nicht persönlich in sein Haus begleiten
könne; er werde mir aber behilflich sein, dort Einlass zu finden.
Am folgenden Tage kam ein mir unbekannter Mann und forderte
mich auf, eine Dame zu besuchen, die meine Bekanntschaft zu
machen wünsche, aber ohne ihren Namen zu nennen; er bezeichnete mir die Strasse und das Haus, in der sie wohne. Obschon ein
solches geheimnissvolles Rendezvous nicht ohne Reiz für mich war,
konnte ich doch unter den obwaltenden Umständen eine gewisse
Bedenklichkeit nicht unterdrücken, und als ich mich zur bestimmten Stunde einfand, hielt ich meinen Taschenrevolver, ohne welche
Waffe man hier nie ausgeht, in Bereitschaft. Sobald ich das bezeichnete sehr hübsche Häuschen gefunden, öffnete mir ein Neger die Hausthüre und nachdem er mich einen Augenblick forschend angesehen,
liess er mich in das Empfangszimmer eintreten, ohne nach meinem
Namen zu fragen. Eine ältere Dame, in tiefe Trauer gekleidet,
mit ernstem, blassem Gesichte, empfing mich, bat, mich niederzu-
setzen, und ohne die mindeste Verlegenheit zu zeigen oder eine weitere

Einleitung zu machen, sagte sie mir, sie wisse, ich sei ein Fremder, von weit hergekommen und interessire mich für die Verhältnisse dieses unglücklichen Landes. Bald darauf stand sie auf, nahm ihren Hut und ihre Mantille, entschuldigte sich, dass sie einen wichtigen Besuch machen müsse, und frug, ob ich sie begleiten wolle. Ohne zu ahnen, was sie mit mir vorhabe, nahm ich die Einladung unbedingt an und so gingen wir stillschweigend neben einander eine lange Strasse hinab, bis sie plötzlich vor einem kleinen, unscheinbaren Häuschen stehen blieb und sagte: »Hier wohnt General Lee, wenn Sie seine Bekanntschaft zu machen wünschen, werde ich Sie einführen.« Ich dankte natürlich mit grosser Bereitwilligkeit und so traten wir ein. Wir wurden von einem jungen Manne empfangen, der sich mir als Lee's ältester Sohn C. vorstellte; er hatte als Oberst in seines Vaters Heere gedient und theilte jetzt sein Schicksal als Kriegsgefangener, dann trat Miss M., Lee's Tochter, zu uns, ein junges Mädchen von 18 Jahren, in tiefste Trauer gekleidet, in deren blassen, traurigen Zügen man deutlich die Angst um das Schicksal ihres Vaters las. Endlich erschien General Lee selbst, ein Mann von mittlerer Grösse, mit einem freundlichen Gesichte, grauen Augen, Vollbart und stark ergrautem Haar; er erinnert in seiner äusseren Erscheinung sehr an seinen Gegner, General Grant. Lee ist 60 Jahre alt, in Virginien geboren. Von seiner Jugend an zum Militärstande bestimmt, erhielt er seine Erziehung in der Militär-Academie zu West-Point, deren Director er später wurde, nachdem er als Commandant des Ingenieur-Corps den Feldzug in Mexico mitgemacht hatte. Während des Krimkrieges war er mit M'Clellan nach Sebastopol geschickt worden, um die dortige Kriegführung kennen zu lernen. Damals mag er wohl kaum geahnt haben, dass er seine Erfahrungen so bald in seinem eigenen Lande anzuwenden Gelegenheit haben werde. Unsere Unterhaltung beschränkte sich auf den Krimkrieg; der hiesigen Zustände wurde mit keinem Worte erwähnt. Er fragte nach dem Zwecke meiner Sendung nach Amerika, und nachdem ich ihm diesen erklärt hatte, bedauerte er nur, dass »sein« Generalstabsarzt nicht in Richmond sei, der mir viel nützliches Material hätte mittheilen können. Seine Unterhaltung war freundlich und im höchsten

Grade anspruchslos. Die ruhige, würdevolle Resignation, mit der er sein Schicksal ertrug, machte einen tiefen Eindruck auf mich. Ich schied von ihm mit der grössten Hochachtung für den genialen Heerführer und dem tiefsten Mitgefühl für die gefallene Grösse. Wäre das Unternehmen des Südens geglückt, dann wäre General Lee der Washington seines Vaterlandes geworden.

Die glühende tropische Sonnenhitze, der ich mich schon längere Zeit und hauptsächlich bei der Besichtigung der Schlacht-felder von Richmond ausgesetzt hatte, wirkte schädlich auf meine Gesundheit; hiezu trug noch das schlechte Trinkwasser viel bei, das man aus dem Flusse schöpft, weil die Wasserleitung zerstört ist, sowie auch die verdorbenen Nahrungsmittel, die man aus Baltimore herschaffen musste, da in der Stadt, wie in der weiten Umgegend alles verzehrt oder von den Truppen verwüstet worden war. Somit war ich genöthigt, Richmond früher zu verlassen, als ich Anfangs bestimmt hatte. Den 25. Juni trat ich meine Rück-reise auf dem Jamesflusse nach Baltimore an.

VI.

Baltimore.

An dem Ende der Chesapeakebucht gelegen, ist Baltimore mit
seinen 230,000 Einwohnern nächst New-York die grösste Seehan-
delsstadt in den Vereinigten Staaten. Von allen Städten Nord-
Amerika's hat Baltimore die grösste Aehnlichkeit mit einer englischen Hafenstadt, und wären nicht die 30,000 Neger, die durch
ihr Herumlungern auf den Strassen und Plätzen, theilweise als Dienstboten vermiethet, dem weissen Elemente der Stadt einen stark
gefärbten Zusatz geben, man könnte sich nach Old-England versetzt glauben. Bei dem Ausbruch des Krieges war die politische
Stimmung des Volkes in Baltimore eine sehr getheilte. Seine Lage
an der Grenze zwischen den Nord- und den Südstaaten, sein grosser
Verkehr mit Richmond, New-Orleans und den anderen Hauptstädten
des Südens hatte in ihrer Bevölkerung die stärksten Sympathien
für die Secession hervorgerufen. Dazu kam, dass der Pöbel in
Baltimore durch seine südliche Natur schon an und für sich sehr
reizbar, von geheimen Agenten durch alle möglichen Mittel auf-
gestachelt wurde, so dass, als die ersten Unionstruppen durch
Baltimore zogen, um zur Vertheidigung Washington's zu eilen,
der niedere Theil der Bevölkerung dieselben angriff und ihren
Durchmarsch mit Gewalt zu verhindern suchte. Man behauptete,
dass der Durchmarsch fremder Truppen eine Gebietsverletzung sei,
und so floss das erste Blut, das in diesem Kriege vergossen wurde,
in den Strassen von Baltimore. Durch die energischen Massregeln,
welche die Regierung in Washington sofort gegen Baltimore ergriff,

hauptsächlich indem sie die Kanonen auf den naheliegenden Batterien, die sonst nach aussen gerichtet sind, umdrehte, so dass sie mit ihren Mündungen in die Stadt hinabschauten, wurde diese feindliche Stimmung zurückgedrängt und kam später nicht mehr zum Ausbruche. In Folge davon hatte die Stadt das Glück, dass Handel und Gewerbe während des ganzen Krieges ungestört betrieben werden konnten, so dass Baltimore in materieller Beziehung durch den Krieg bedeutend gewonnen hat.

Während meines kurzen Aufenthaltes in Baltimore besuchte ich den neuangelegten Park, »Druidhill« genannt, der erst vor einem Jahre Stadteigenthum geworden war. Es sind schon so viele Verbesserungen und neue Anlagen in demselben gemacht worden, dass er, danach zu urtheilen, schon nach einigen Jahren zu den schönsten Parkanlagen Amerika's gehören wird, und zwar sowohl durch seine Lage, als durch die ausgezeichneten Bäume und Gewächse in demselben. Die Kosten des Ankaufs und Unterhalts des Parkes werden grösstentheils durch die unbedeutende Zulage von 1 Cent auf die Abgabe, die jeder Passagier auf den Strasseneisenbahnen zahlt, aufgebracht, indem jährlich dadurch eine Summe von 50—60,000 Dollars eingeht. Man war damit beschäftigt, ein enorm grosses Wasserbassin auszugraben, zu welcher Arbeit eine eigens construirte Dampfbaggermaschine verwendet wird, die mit einer eisernen Schaufel in den Berg hineingräbt und den Inhalt in untergestellte Waggons ausleert; wenn diese angefüllt sind, werden sie auf einer improvisirten Eisenbahn durch eine kleine Dampfmaschine abgefahren, und werfen die Erde an einer andern Stelle wieder aus, wo dadurch der Damm des Wasser-Reservoirs gebildet wird.

Als ich Baltimore verliess, um nach Philadelphia zu reisen, hatte ich noch einmal Gelegenheit, mich von der Rücksichtslosigkeit zu überzeugen, mit der die Reisenden auf den amerikanischen Eisenbahnen behandelt werden. Als ich einige Minuten vor der Abfahrt in den Waggon einsteigen wollte, waren nicht bloss alle Sitzplätze in demselben, sowie in allen anderen Wägen, in welche ich hineinschaute, besetzt, sondern es war überhaupt keine Möglichkeit, einen Platz auch nur zum Stehen im Innern zu erhalten.

Reklamationen halfen nichts und ich war genöthigt, mit sechs anderen Leidensgefährten, die sich in derselben Lage befanden, auf
der hinteren schmalen Plattform eines Waggons Posto zu fassen,
indem wir uns gegenseitig brüderlich umschlungen hielten, um nicht
durch das schnelle Fahren hinabgeschleudert zu werden. Bei der
Gluthhitze, mit der die Sonne durch den leichten Strohhut brannte,
war diese Position wahrlich eine mehr als unangenehme und dauerte
über eine Stunde, bis durch das Aussteigen mehrerer Passagiere
auf den Zwischenstationen es zuletzt doch möglich wurde, einen
Platz im Innern zu bekommen. Diese Nebenumstände abgerechnet,
gehört die Fahrt auf der Eisenbahn zwischen Baltimore und Philadelphia zu den interessantesten, die es gibt, sowohl wegen der
Schönheit der Gegend, als auch wegen der Bauart der Eisenbahn.
An dem Ufer des Susquehannaflusses angekommen, findet man
dort eine Dampffähre mit Schienen belegt, auf die der ganze Eisen-
bahnzug auffährt und den hier mehr als eine englische Meile breiten
Fluss überschreitet. Am jenseitigen Ufer angelangt, setzt sich die
Dampfmaschine des Eisenbahnzuges, die sich während der Flussfahrt ausgeruht hat, wieder in Bewegung und der Zug braust weiter, ohne einen Aufenthalt erlitten zu haben. Hiebei ist noch zu
bemerken, dass der Susquehannafluss an dieser Stelle noch Ebbe
und Flut hat, die mehrere Fuss betragen, wodurch also die Dampffähre auf demselben höher oder niedriger zu stehen kommt. Durch
die genaueste Berechnung der Zeit und einen sehr einfachen Mechanismus werden diese Hindernisse überwunden, und es bedarf
nur einiger Arbeitsleute auf der Fähre, um die Ueberfahrt in vollkommenster Ordnung zu bewerkstelligen.

VII.

Philadelphia

war früher die erste Grossstadt in den Vereinigten Staaten und behauptete als solche ihren Rang, bis sie von New-York überflügelt wurde. Der Staat Pennsylvanien, in dem sie liegt, trägt seinen Namen von dem Quäker Penn, dem dieses Land von Karl II. zur Ansiedelung überlassen wurde. Von ihm ist auch Philadelphia gegründet, welches zu einer solchen Grösse herangewachsen ist, dass es zur zweiten Stadt im Norden von Amerika und zu einer der grössten Städte in der Welt geworden. Philadelphia zählt jetzt gegen 700,000 Einwohner. Vom Quäkerthum ist übrigens fast nichts mehr bemerkbar; nur höchst selten begegnet man in den Strassen einzelnen Männern, die sich durch die altmodische Einfachheit ihrer Kleidung als dieser Sekte angehörig erkennen lassen. Die Stadt liegt zwischen den zwei Flüssen Delaware und Schuylkill. Die mit dem schönsten Baumschlag bewachsenen Anhöhen um die Stadt, ihre netten Häuser und die Reinlichkeit in den Strassen geben Philadelphia, wenn auch kein grossartiges, doch ein sehr freundliches, wohlhäbiges Aussehen. An dem Aeusseren der im englischen Styl aus rothen Steinen gebauten Häuser fällt noch die Eigenthümlichkeit auf, dass die Treppenstufen, die von den Strassen zur Hausthüre führen, von weissem Marmor sind, ebenso wie die Einfassung der Thüren und der Fenster. Bei vielen Gebäuden ist ausserdem noch der ganze untere Theil der Vorderseite bis zur zweiten Etage ebenfalls mit weissen Marmorplatten belegt, während der obere Theil der Mauer nur aus rothen Ziegelsteinen besteht: dadurch haben die Häuser

16

das Ansehen des Unfertigen, und die ganze Strasse erhält etwas
Buntscheckiges, bildet aber trotzdem mit den kleinen Gärtchen vor
den Häusern und den Bäumen, mit welchen die Strassen bepflanzt sind, ein recht anmuthiges Bild. Die einzige historische
Sehenswürdigkeit ist das Gebäude, in welchem der Congress vor
dem Jahre 1800 gehalten wurde, ehe er nach Washington verlegt
ward. Hier war es, wo 1776 die Unabhängigkeit der Vereinigten
Staaten proclamirt worden ist.

Während meines Aufenthaltes in Philadelphia wurde der Jah-
restag der Unabhängigkeitserklärung (4. August) gefeiert. Schon
einige Tage vorher waren alle Zeitungen mit überschwänglichen
Reclamen in dieser Beziehung angefüllt und zwar in dem echt
amerikanischen Style, wie er bei keinem anderen Volke zu
finden ist. Aus Veranlassung des eben glücklich beendigten Krieges wollte man das diessjährige Fest zu dem glänzendsten machen,
das je gefeiert worden war. Meine Erwartungen waren dadurch
auf das Aeusserste gespannt, um so grösser aber wurde auch
meine Enttäuschung. Nur die Menge der an diesem Tage in Philadelphia zusammengeströmten Menschen war ausserordentlich;
sonst sah man nichts, was nicht in jeder Kleinstadt, selbst bei
weniger feierlichen Gelegenheiten, hätte geschehen können.

Die Kaufläden waren geschlossen, grosse Flaggen hingen von
den Häusern herab, in den Kirchen war Gottesdienst; Militärpa-
raden mit obligatem Kanonendonner füllten den Tag aus. Abends
war die Stadt »prachtvoll beleuchtet und schwamm in einem Licht-
meer« — hiess es zwar in der Beschreibung, — in der Wirklichkeit aber war dieses Meer ein sehr bescheidenes und zeigte eher
das Gegentheil von der sonstigen Extravaganz der Amerikaner. Das
Gedränge in den Hauptstrassen war gross, und bewunderungswürdig schien mir nur die Ordnung und Besonnenheit, mit der die
dichtgedrängten Massen auf und ab wogten, und zwar ohne dass
sie von Polizei, Gensdarmen oder Festordnern gestört wurden. Eine
Eigenthümlichkeit bringt dieser Tag mit sich, nämlich die gesetzliche Erlaubniss, auf den Strassen zu schiessen, Petarden zu werfen und sich mit anderen Knalleffekten zu belustigen, von welcher
Erlaubniss die kleinen und grossen Strassenjungen den unbe-

schränktesten Gebrauch machen, um ihren lärmenden Patriotismus kund zu geben, wodurch aber regelmässig jedes Jahr verschiedene Unglücksfälle vorkommen. Der Lärm, der in vielen Strassen auf solche Art entsteht, ist so betäubend, dass viele von den bedächtigen Einwohnern vorziehen, an diesem Tage auf das Land zu gehen.

Unter den Transparenten, die an einigen öffentlichen Gebäuden angebracht waren, war kein einziges, welches sich durch den Gegenstand oder durch die Ausführung ausgezeichnet hätte. Wahrhaft widerlich aber war der plumpe Einfall eines Hausbesitzers im Mittelpunkt der Stadt, der einen Strick von der einen Seite der Strasse zur anderen hatte ziehen lassen; in der Mitte desselben war eine Figur in Weiberkleidern mit der sprechend ähnlichen Maske des Expräsidenten Jefferson Davis aufgehängt, an deren Anblick sich zahlreiche Pöbelhaufen ergötzten. Als ich den vollen Eindruck dieser unwürdigen Art, das Nationalfest zu begehen, pflichtschuldig empfangen hatte, eilte ich noch spät Abends auf der Eisenbahn nach dem schönen Park am Ufer des Delaware, wo ich im wundervollsten Mondlichte mich ungestört meinen Gedanken hingeben konnte. Spät in der Nacht kehrte ich nach Philadelphia zurück, die Strassen waren leer, nur Jefferson Davis hing noch in effigie im Mondlicht als höhnende Ironie des Schicksals. Der Mann, zu dessen Ehre der Tag gefeiert wird, hat dasselbe gethan, was Jefferson Davis unternommen, nur mit dem Unterschiede, dass das Unternehmen Washington's geglückt ist, während Jefferson Davis im Kerker der Festung Monroe die Entscheidung seines ferneren Schicksals erwartete.

Am folgenden Tage besuchte ich die Schiffswerfte (the dock-yard). Der wichtigste Theil der jetzt vorhandenen grossen Gebäude, Magazine und anderer Marine-Einrichtungen ist während des Krieges erbaut worden. Es herrschte überall eine ausserordentliche Thätigkeit, um das bedeutende Schiffsmaterial, welches nach Hause gebracht wurde, unterzubringen, und zum Verkaufe zu ordnen. Acht Monitors lagen im Flusse. Mit einem mir beigegebenen Marineoffizier fuhr ich hinaus, um einige dieser Schiffe zu besehen. Ich ging an Bord des Monadnoke, eines der grössten Monitors, die bis jetzt gebaut worden sind. Derselbe hatte bei

16*

der Beschiessung des Fort Fisher Bedeutendes geleistet. Man
zeigte mir sechs Eindrücke von höchstens einem Zoll Tiefe in seiner Panzerbekleidung, als einzige durch die schwersten Kugeln,
die ihn getroffen hatten, hervorgebrachte Wirkung. Kein einziger
Schuss war hindurchgedrungen, und wie mir die Offiziere erzählten,
stellte der Feind gänzlich sein Feuer ein, als er sich überzeugt hatte,
wie erfolglos Pulver und Eisen auf das Schiff verschwendet wurden.
Auch die grosse Panzerfregatte New-Ironsides sah ich hier. Sie
hatte 120 Kugelspuren in ihrer Eisenbekleidung und wurde jetzt
vollständig abgetakelt, um in den Dock gebracht zu werden.

Zu den berühmtesten wissenschaftlichen Anstalten ihrer Art
gehört die im Jahre 1812 von einer kleinen Zahl ungelehrter, fast
unvermögender Einwohner von Philadelphia gegründete Akademie
der Naturwissenschaften. Aus einem ärmlichen unscheinbaren Anfange ist im Verlaufe von 50 Jahren ein Institut herangewachsen,
dessen Ruf sich jetzt in der ganzen wissenschaftlichen Welt verbreitet hat. Es gehört zu den interessantesten Erscheinungen
dieses jüngsten aller Völker, dass seine Entwickelung sowohl in
politischer, wie in industrieller und intellectueller Beziehung aus
dem Volke selbst hervorgeht. Nicht die Regierung, nicht einzelne
hochgestellte Männer, die wie in Europa durch Geburt, Macht und
Reichthum sich über ihre Mitbürger erheben, haben in diesem
Lande erschaffen, was uns oft mit Bewunderung erfüllt; nicht
Eitelkeit, Stolz oder Ehrgeiz waren die Motive der Gründer so
vieler öffentlichen Anstalten, die wir in den grossen Städten der
Vereinigten Staaten finden; es war der schlichte, einfache Drang,
sich selbst zu bilden und Bildung und Kenntnisse unter ihren Mit-
bürgern, als sicherste Grundlage aller Civilisation, sowie aller
Nationalwohlfahrt, zu verbreiten.

Die Akademie besitzt jetzt ihr eigenes, im schönsten Style
aufgeführtes Gebäude, ein Museum, das eine der vollständigsten
Sammlungen von naturwissenschaftlichen Gegenständen enthält, die
es in der Welt gibt. Die innere Einrichtung der Säle ist ebenso
zweckmässig, als die systematische Vertheilung und Zusammenstellung der verschiedenen Gegenstände in grossen Glasschränken ge-
schmackvoll und belehrend. Was das Patentbureau in Washing-

ton für den Industriellen ist, soll die Akademie hier für den Wissenschaftsbedürftigen sein. Der Zutritt ist täglich zu gewissen Stunden für Jedermann offen. Durch den Anblick der wohlgeordneten Exemplare aus allen Naturreichen wird nicht nur das Interesse für Naturwissenschaft im Volke angeregt, sondern es wird auch einem Jeden die Gelegenheit geboten, sich durch eigene Anschauung mit denjenigen Gegenständen bekannt zu machen, die auf das Studium oder die Beschäftigung des Einzelnen Einfluss haben können. So z. B. lernt der Landwirth Pflanzen kennen, welche zuverlässig die Eigenschaften des Bodens, auf welchem sie wachsen, anzeigen. Es kommt beispielsweise Spartium scoparium nur auf tiefsandigem, Juncus conglomeratus auf, wegen Mangels an Austrocknung unfruchtbarem Boden vor; wo Juncus articulatus und Myrica gale wachsen, ist der Boden für jede Cultur unfruchtbar. Calla palustris zeigt sumpfige Beschaffenheit an; Carex dioica Wasser in der Tiefe u. s. w. So wurde durch Dr. Schweinitz eine kleine Fungus-Art entdeckt: dematium aluta, die sich an den Kriegsschiffen angesetzt hatte, welche im Kriege mit England im Eriesee gebaut worden waren — in einigen Jahren waren dieselben Schiffe, welche die Flotte der Engländer überwunden hatten, durch diesen kleinen Feind vernichtet. Das Mikroskop ist in unserem Zeitalter die mächtigste Waffe geworden, durch welche wir unsichtbare Feinde entdecken, die dem menschlichen Geschlechte Verderben bringen, und gegen die wir uns begreiflicher Weise erst wehren können, nachdem wir sie kennen gelernt haben. Das Oïdium auf der Weintraube, der kleine Pilz, der die Kartoffel krank macht, und eine Menge verschiedener anderer Pflanzen und Thiere, die hauptsächlich der Landmann kennen muss, um sein Geschäft mit höchstem Nutzertrag treiben zu können und sich vor Schaden zu wahren, sieht er hier und findet Belehrung darüber.

Die botanische Sammlung in der Akademie ist die grösste in Amerika und besteht aus 64,000 Species; eine sehr bedeutende Zahl, wenn man bedenkt, dass bis jetzt 86,000 Pflanzen bekannt und beschrieben worden sind. Die übrigen Sammlungen sind ebenfalls sehr reichhaltig und enthalten viele Seltenheiten, besonders die ornithologische, welche aus über 31,000 Exemplaren besteht.

Die zur Akademie gehörige Bibliothek besitzt alle bedeutenden Werke, die sich auf Naturwissenschaften beziehen und wird jährlich durch neue vermehrt. Die Kosten sowohl für die Einrichtung, als die Erhaltung dieser grossartigen Anstalt werden nur durch freiwillige Beiträge aufgebracht. Die einzige Unterstützung, welche die Regierung derselben gewährt, ist die Abgabenfreiheit für ihre Gebäude. Der Eifer ihrer Präsidenten und aller anderer an der Akademie angestellten Mitarbeiter ist um so rühmenswerther, als sie nicht dafür besoldet werden und grösstentheils Männer sind, die ihre Zeit verschiedenen Berufsgeschäften widmen müssen. Sich selbst zu belehren, und das Licht der Aufklärung für Andere leuchten zu lassen, ist der einzige Zweck ihrer Bestrebungen, in welchen sie zugleich ihre Belohnung finden.

VIII.

New-York.

Nachdem der kühne Seefahrer Henry Hudson, ein Engländer in holländischen Diensten, zwei Jahre vergeblich eine nördliche Durchfahrt nach Indien gesucht hatte, landete er im September 1609 in der Bucht, wo später New-York angelegt wurde. Dorthin kehrte er zurück, nachdem er einige hundert Meilen den breiten Fluss hinauf gefahren war, der nach ihm den Namen Hudson erhielt, um das Land im Innern kennen zu lernen. Die Indianer, mit welchen er sich hier in Verkehr setzte, waren friedlicher, gutmüthiger Natur und gestatteten ihm gern, ein kleines Stück Land in Besitz zu nehmen, um sich einige Hütten darauf zu bauen, wenig ahnend, dass diese Fremdlinge sich nicht damit begnügen, sondern sie im Verlaufe der Zeit von ihrem Besitz vertreiben, ja sogar ihre ganze Race bis auf einige Tausend Uebrigbleibende von der Erde vertilgen würden. Hudson kehrte bald, nachdem er diese kleine Ansiedelung gegründet, nach Holland zurück. In Folge des günstigen Berichtes, den er über das neu entdeckte Land abstattete, entschloss sich die Regierung, eine Expedition von zwei Schiffen auszurüsten, die im Jahre 1614 dorthin segelte und an der Südspitze des Eilands Manhattan eine kleine Colonie anlegte, welche aus vier hölzernen Hütten bestand und Pelzhandel mit den Eingeborenen treiben sollte. Schon damals war der Beweis geliefert, dass Handel und Gewerbe die stärksten Hebel sind, um einen neuen Staat mächtig und gross zu machen, selbst wenn derselbe seiner Ausdehnung nach unbedeutend ist;

Holland, Genua, Venedig sind Belege dafür. Die kleine, unscheinbare Republik Holland, die sich ihren Boden dem Meere abgerun-
gen· hatte, besass zu jener Zeit· eine Handelsflotte von 20,000 Schiffen mit einer Bemannung von 100,000 Seeleuten. Die kleine Colonie
am Ausflusse des Hudson wurde im prophetischen Vorgefühl ihrer
zukünftigen Grösse nach der damals mächtigsten Handelsstadt Europa's Neu-Amsterdam genannt.

Die günstige Lage der Ansiedlung und ihr rasch zunehmender
Wohlstand erweckte die Habsucht der Engländer, die schon grosse
Länderstrecken in Besitz genommen und Colonien darauf angelegt
hatten. 1664 nahmen sie den Holländern ihr Besitzthum mit
Gewalt ab. Im Jahre 1673 kam die Colonie wieder auf kurze
Zeit in die Hände ihrer alten Herren, dann fiel sie abermals den
Engländern zu, die jetzt den Namen änderten und die Ansiedelung
New-York nannten zu Ehren von James, Herzog von York, wel-
chem sie König Karl II. übertragen hatte. Schon in der Mitte des 18.
Jahrhunderts war New-York eine bedeutende Handelsstadt geworden.

Die Grösse und Macht der verschiedenen englischen Colonien,
die bald ein politisches Bündniss unter sich errichteten, wuchs
mit Riesenschritten, und als sie sich endlich mündig und mächtig
genug fühlten, eine selbstständige Existenz führen zu können, erklärten sie sich unabhängig vom Mutterlande und erkämpften
sich in dem darauf folgenden Kriege ihre Freiheit. So günstig die
Amerikaner zu Anfang des Krieges bei Boston gefochten hatten,
so ungünstig gestaltete sich ihre Sache bei New-York. Nach einer
verlorenen Schlacht auf Long-Island besetzten die Engländer New-
York und verblieben in diesem Besitze bis November 1783; da
erst wurde die Stadt vom Feinde geräumt und von der Zeit an
stieg New-York an Ausdehnung, Zahl der Einwohner, Macht, Grösse
und Reichthum in einem Verhältnisse, wie bis jetzt kein zweites
Beispiel vorhanden ist.

Die Insel Manhattan, auf der New-York liegt, wird an ihrer
Ostseite durch den schmalen Sund von der Insel Long-Island getrennt; auf der Westseite scheidet der Hudsonfluss sie vom Fest-
lande und im Norden durchschneidet der kleine Harlemfluss die
Insel von einer Seite zur anderen. Die Spitze der Insel ragt in

die grosse Meeresbucht hinab, welche durch Long-Island, Staten-Island und noch einige kleinere Inseln einen der grössten und sichersten Häfen bildet, welche es in der Welt gibt. Dieser Lage und der Verbindung mit dem ganzen Innern von Amerika durch Eisenbahnen und ein Kanalsystem hat New-York seine Bedeutung als Welthandelsstadt zu verdanken. Das gigantische Kanalsystem, mit dem Namen des grossen Eriekanals bezeichnet, durch welches die Wasserverbindung vom Ocean bis hoch hinauf nach Canada zuwege gebracht wird, ist vielleicht die wichtigste Lebensader, nicht nur für die Stadt New-York, sondern für den ganzen Norden Amerika's und die Amerikaner haben durch die Ausführung dieses Werkes allein ihren genialen Unternehmungsgeist vollständig bewährt. Um die Wichtigkeit dieser Wasserverbindung bildlich darzustellen, wurde bei den Eröffnungsfeierlichkeiten des Kanals, im Jahre 1825 Wasser vom Eriesee bei New-York in den Ocean gegossen, so wie in früheren Zeiten der Doge von Venedig auf dem Buccentauro in das Meer hinausfuhr und einen Ring in die Fluthen warf, um die Vermählung des Oceans mit dem Staate anzudeuten.

Manhattan ist 13½ Meilen lang, die Breite der Insel beträgt nur 3 Meilen; sie enthält ein Areal von 14,000 Acres. Die ganze Insel gehört zur Stadtcommune und wird höchst wahrscheinlich in nicht weiter Ferne von einem Ende zum andern mit Strassen und Häusern bebaut sein. Auf den 141,486 ausgemessenen Baustellen sind bis jetzt 70,000 Gebäude aufgeführt. Die Stadt hat 460 Strassen und Plätze in einer Gesammtlänge von 268 Meilen. In der Stadt sind 262 Meilen Wasserröhren vertheilt und über 100 Meilen Abzugskanäle unter den Strassen angelegt. Die Beleuchtung bei Nacht geschieht durch 15,000 Gaslaternen. Trotz der grossen Ausdehnung der Stadt und des noch unbebauten Raumes ist der Preis der Bauplätze im Innern und namentlich in einem gewissen Theile der Hauptstrasse Broadway ein fabelhafter. Das Grundstück, auf welchem das im letzten Sommer abgebrannte Barnum'sche Museum stand, war vor einigen Jahren mit 700,000 Dollars bezahlt worden, während das Gebäude selbst nur 300,000 Dollars gekostet hatte. Der ☐ Fuss Boden auf die Strasse hinaus wird jetzt in diesem Theile der Stadt mit 120 Dollars (600 Francs) bezahlt! In dem Masse, in dem die Einwohnerzahl zunimmt, werden die Strassen verlängert oder genauer gesagt, an den schon angelegten Strassen werden die neuen Häuser angebaut, denn im Gegentheile zu anderen Städten in Europa, legt man hier erst die Wege und Strassen an und baut dann später Häuser und Städte darauf. Die Hauptstrasse Broadway läuft in der Mitte der Stadt fast durch ihre ganze Länge, wird aber durch grosse Squares und Querstrassen unterbrochen, so dass sie dadurch im Grunde aus verschiedenen Theilen besteht. Der Südtheil der Stadt um Wall-street herum, ist der eigentliche Geschäftstheil und verhält sich zum Nordtheil, wie die City zum Westend in London. Was der Westend für London sind die Avenues für New-York. Es sind breite Strassen mit schattigen Bäumen bepflanzt, in welchen die wohlhabenden Kaufleute ihre Häuser haben; besonders in der fünften Avenue, die vielleicht eine der schönsten Strassen der Welt bildet. Man findet in New-York keine Paläste in europäischem Sinne, es liegt nicht in dem Charakter des Amerikaners, sich durch allzugrossen äusserlichen Prunk über seinen Mitbürger zu erheben, doch gibt es einige öffentliche Gebäude und Hotels, sowie einzelne Privathäuser, die in grossartigstem Styl aus Marmor gebaut, den schönsten in Europa nicht nachstehen. Das dem reichsten Kaufmann (Stewart) in Broadway gehörende grosse Prachtgebäude ist ganz aus Eisen gebaut. In der neuesten Zeit werden viele Häuser aus diesem Material aufgeführt. Der reiche Amerikaner begnügt sich sonst gewöhnlich damit, sein eigenes Haus in einer von den geräuschvollen Stadttheilen entfernten Gegend aus rothen Ziegelsteinen aufzubauen, 3 Stock hoch, mit 3—4 Fenstern Front auf die Strasse, ohne grosses Hofportal, selten mit grossem Hofraume. Dagegen ist die innere Einrichtung mit allem möglichen Luxus und Comfort ausgestattet, und in dieser Beziehung wird der reiche Kaufherr oft zum Verschwender. Die fünfte Avenue ist eine solche Strasse, die von der höchsten Geldaristokratie bewohnt wird. Der Reichthum ihrer Besitzer zeigt sich aber nur durch die elegante Einfachheit und ausserordentliche Reinlichkeit der Häuser. Die schattigen Bäume an den mit breiten Quadern belegten Trottoirs bieten einen angenehmen Spaziergang, selbst im heissen Sommer.

Der Luxus in Pferden und Equipagen ist nicht in dem Masse gross, als man in einer so reichen Stadt vermuthen sollte. Doch sind die Wagenbauer in New-York bekannt durch die ausnehmende Leichtigkeit, Zierlichkeit und Dauerhaftigkeit ihrer Wagen. Man sieht zu gewissen Stunden des Tages, besonders auf den Promenaden im Centralpark sehr elegante Wagen mit den schönsten Pferden und ihrem noch schöneren Inhalt an jungen und alten Ladies in neuester Pariser Toilette. Bei weitem der überwiegende Theil selbst wohlhabender New-Yorker bedient sich gewöhnlich der öffentlichen Fuhrwerke, d. h. der Omnibusse und Strasseneisenbahnen. Die für 10—12 Personen mit Seitensitzen eingerichteten Omnibusse fahren ohne Conducteure; man steigt hinten ein und reicht beim Eintritte dem Kutscher die Taxe durch ein rundes Loch, welches an der Rücklehne seines Sitzes oben angebracht ist. Durch eine ebenfalls dort sich befindende Glocke gibt man das Zeichen, wenn angehalten werden muss, um aussteigen zu können. Obschon die Zahl der den ganzen Tag in allen Strassen fahrenden Omnibusse eine ausserordentlich grosse ist, so sind dieselben doch fast immer mit Passagieren nicht bloss angefüllt, sondern überfüllt. In dem Raume zwischen den zwei Seitenbänken stehen oft 4—6 Personen aufrecht, sich an Riemen festhaltend, die zu diesem Zwecke von der Decke herabhängen. Fast alle Hauptstrassen New-York's (mit Ausnahme Broadway's) sind mit Schienen belegt, einige mit doppeltem Geleise, und werden von Pferdeeisenbahnen befahren. Tag und Nacht ununterbrochen sieht man diese, in kurzem Trab fortgezogenen Häuser mit Menschen angefüllt in allen Richtungen durch die Stadt eilen und meilenweit hinaus in die entferntesten Theile, die noch zur Stadt gerechnet werden. Es gibt in New-York 12 verschiedene Eisenbahn-Vereine mit 460 Waggons, deren jeder seine bestimmten Strassen befährt. Die Einrichtungen der Waggons, sowie das Reglement und die Preise, sind bei allen die gleichen. Die Waggons haben im Innern rechts und links wohlgepolsterte Sitze, mit einem Gang in der Mitte. 25—30 Personen können sitzend Platz finden, aber der Gang in der Mitte ist sehr oft mit Stehenden besetzt, die sich wie in den Omnibussen an herabhängenden Riemen festhalten. Ausserdem sind aber noch oft vorne, wo der Kutscher steht, und hinten, wo der Conducteur seinen Platz hat, so viele Passagiere zusammengedrängt, als nur hinauf gehen. Ich befand mich eines Tages in der Mitte eines solchen Gedränges, wo man im buchstäblichen Sinne des Wortes sich nicht rühren konnte; als der Wagen dennoch anhielt, um noch mehr Passagiere einzulassen, rief eine Lady, die über die bedrängte Lage, in der sie sich befand, sehr ungehalten war, dem Conducteur zu, wie viele Leute er noch gesonnen sei, aufzunehmen; dieser antwortete ihr ruhig: „so viele, Ma'm, als thöricht genug sein werden, sich noch hereindrängen zu wollen."

Um einen Begriff von der Ausdehnung dieses Strassenverkehrs zu geben, theile ich einen Auszug aus dem Bericht mit, den die Gesellschaft der III. Avenue für das Jahr 1864 hat drucken lassen. Der Verkehr dieser Gesellschaft ist bei weitem der bedeutendste; sie fährt auf eine Länge von 8 Meilen mit 137 Passagier- und 3 Gepäckwagen. Die Zahl der im Jahre 1864 gemachten Meilen betrug 3 Millionen mit 16,700,000 Passagieren. Die mittlere Schnelligkeit, mit der gefahren wurde, war 5 ½ — 6 Meilen in der Stunde; der Fahrpreis für die Person 5 — 6 Cents.

Die Ausgaben der Compagnie in diesem Jahre beliefen sich auf 658,778 Dollars; davon für Reparaturen der Eisenbahnen und ihrer

Gebäude	10,256	Doll.
Löhnung an Conducteure und Kutscher	167,715	„
Beköstigung derselben	152,081	„
Mechaniker und andere Angestellte . .	89,103	„
Pferdeankauf . . .	55,811	„
Heu und Stroh	67,546	„
Hufbeschlag	9227	„
Neue Waggons und Ausrüstungen . . .	22,943	„
Die verschiedenen Abgaben an die Stadt-Commune beliefen sich auf . .	30,771	„

Die Einnahme für das ganze Jahr betrug 927,320 Dollars, davon von Passagieren 836,514 Dollars.

Den Actionären wurden 12 % Dividende bezahlt. Die erste Anlage mit Ankauf von Land, Ausgaben für den Bau von Stationsgebäuden, Anschaffung von Waggons, Pferden u. s. w. hatte 1,958,384 Dollars gekostet. Von Unglücksfällen, die im Verlaufe des Jahres auf dieser Bahn vorgekommen, waren verzeichnet: 6 Getödtete und 11 Verwundete, grösstentheils durch eigene Schuld, indem die Betheiligten während der Fahrt hinauf oder herabspringen wollten. Wenn man bedenkt, dass in New-York ausserdem noch 11 andere Eisenbahngesellschaften existiren, deren Betriebsthätigkeit, wenn auch nicht von solcher Ausdehnung, doch immer eine sehr bedeutende ist, so kann man sich annähernd eine Idee machen von dem Eisenbahnverkehr in dem Innern der Stadt. Hiezu kömmt noch, dass die vielen grossen Dampfeisenbahnen, die sich in New-York concentriren, Hauptstationen in der Mitte der Stadt haben, und dass sie ihre Passagiere auf eigenen Pferdeeisenbahnen von dort abholen oder hinbringen, weil ihre Dampfmaschinen ausserhalb der Stadt verbleiben müssen.

Sehenswürdigkeiten, wie wir sie in den Grossstädten Europa's besitzen, darf man in New-York nicht suchen; die Geschichte der Stadt ist noch zu jung, um historische Merkwürdigkeiten aufweisen zu können. Die wenigen Monumente, die man auf einigen Plätzen sieht, sind unbedeutend. Mit Ausnahme vielleicht eines Dutzend architectonisch schöner Gebäude, trägt die ganze Stadt die Physiognomie dessen, was sie ist, — einer Welthandelstadt.

Im Südende, in der Nähe des Hafens, wo die Börse, das Posthaus, die Banken sich befinden, wo die Kaufmannswelt ihre Comptoire und Niederlagen hat, im Hafen selbst und auf den Schiffswerften an den verschiedenen Quais an der West- und Ostseite der Stadt, da zeigt sich das eigentliche Leben von New-York, da concentriren sich die Thätigkeit, der Unternehmungsgeist und die kaufmännische Speculation nicht nur der Million Einwohner der Stadt, sondern des ganzen Nordens und Westens Amerika's, sowie der anderen Welttheile, die ihre Schiffe hieher senden. Man kann sich keine Vorstellung von der Grossartigkeit des Bildes machen, das sich hier täglich dem Beschauer darstellt und wohl kaum von irgend einem anderen in der Welt übertroffen wird, aber in die-

-sem Bilde ist auch Alles inbegriffen, was man in New-York Sehens-
werthes findet. Während Paris und London, mit denen New-York
-seiner Grösse wegen zusammengestellt wird, ausser ihrer Gewerbs-
und Handelsgrösse, noch einen Hof besitzen, eine hohe Aristokratie,
kostspieliges Militärgepränge aller Art, die grössten wissenschaftlichen
und Kunstsammlungen, überschwängliche Lust- und Vergnügungs-
-anstalten, kurz Alles, was zur höchsten Ausbildung und Verfeine-
rung, aber auch zum Verderben der menschlichen Gesellschaft bei-
trägt, hat New-York nichts auch nur Annäherndes aufzuweisen.
Sehens- und bewunderungswürdig sind nur seine Handelseinrichtungen und — seine Wohlthätigkeitsanstalten.

Handel und Industrie haben in New-York ihren weltbeherr-
schenden Thron aufgeschlagen. Würde Gott Merkur sich eine
Haupt- und Residenzstadt auf Erden wählen wollen, er könnte
keine passendere finden, als New-York. Wenn die New-Yorker
dem Merkur-Cultus mit allen ihren Kräften obliegen, so muss es
ihnen doch zum Ruhme nachgesagt werden, dass sie einen grossen
Theil der Reichthümer, mit denen der Handelsgott ihre Geschäfte
segnet, zum Wohle ihrer bedürftigen Mitmenschen verwenden.

Als Beleg für den Vermögenszustand der New-Yorker führe
ich hier die Zahlen an, die der Hauptsteuereinnehmer in seinem
Bericht vom Jahre 1863, also während des Krieges, veröffentlicht
hat. Nach demselben belief sich das Grund- und Personalvermögen
der Einwohner in New-York auf 594,196,813 Dollars. — Die
Steuer für dieses Vermögen mit 2 Dollars 3 ½ Cents per 100 berechnet, betrug 12,091,905 Dollars.

Alle Handelseinrichtungen sind in den verschiedenen Anstal-
ten New-York's wohl geordnet und geregelt. Ein grosses Handels-
Collegium, vom Staate autorisirt, überwacht den Gang und die
Entwicklung der Handelsunternehmungen und -Interessen. Der
Präsident, sowie alle Mitglieder desselben werden auf ein Jahr
gewählt. Niemand darf öfter als dreimal nach einander dasselbe
Amt bekleiden, doch können durch einstimmige Wahl Ausnahmen
stattfinden.

Die Mitglieder erhalten nicht nur keine Besoldung, sondern
Jeder muss bei seinem Eintritte 10 Dollars zahlen und ausserdem

noch 5 Dollars jährlichen Beitrag. Gesetzesvorschläge, die sich auf
Handel und Gewerbe beziehen, gehen von hier aus; Fragen und Strei-
tigkeiten über Handelsgegenstände werden von diesem Collegium er-
ledigt. Die Einrichtungen der verschiedenen Banken und Geld-
anstalten sind weltbekannt. Besondere Erwähnung verdienen die
Sparkassen, deren es in jeder grösseren Stadt mehrere gibt. Im
Staate New-York befanden sich im Jahre 1864 73 Sparkassen mit
einem Kapitale von 119,341,393 Dollars, eingelegt von 456,403
Personen. Da vorauszusetzen ist, dass der grösste Theil der
sich daran Betheiligenden kleine Gewerbsleute, Handwerker, Dienstboten und ähnliche sind, so lässt sich wohl daraus auf den Verdienst, wie auf die Sparsamkeit dieser Klasse von Menschen
schliessen. Das Grund- und Personal-Eigenthum in dem Staate
New-York belief sich nach dem Census vom Jahre 1860 auf
1,080,309,216 Dollars. Es lässt sich aber mit Sicherheit annehmen, dass es trotz der Kriegsereignisse in den darauf folgenden
vier Jahren sich noch bedeutend vermehrt haben muss.

Im Verhältniss zu der enormen Produktivität des Landes und
der Geschäftsthätigkeit des Volkes stehen dann auch die Ver-
kehrswege, welche Handel und Gewerbe eigentlich erst in Blüthe
bringen. New-York, als Handelscentrum des ganzen Nordens
von Amerika, ist durch den Atlantischen Ocean in direkter Verbindung mit allen Welttheilen. Alle Haupteisenbahnen Nordamerika's laufen hier zusammen. Die Wichtigkeit des Eriekanals in
Verbindung mit dem des Champlainsees nebst ihren Verzweigun-
gen haben wir schon erwähnt. Die Länge des Eriekanals beträgt 361 Meilen, des Champlain 81, mit den Nebenzweigen
erstreckt sich das ganze Kanalsystem auf über 900 Meilen. Seit
1856 waren auf diesem Canal 43 grosse Seeschiffe aus dem Innern
von Amerika, aus Chicago, Buffalo, Detroit, Cleveland direct über
den Ocean nach England, Spanien, Hamburg und Norwegen ge-
segelt und 31 solcher Schiffe waren von dort eingegangen. Ich erwähne hiebei, dass nach der Erfindung der Dampfschiffe durch
Fulton das erste Dampfschiff 1819 auf den Binnenwässern von
Buffalo nach Machenaco ging. Im Verlaufe des Jahres 1864 belief sich die Tonnenzahl aller aus dem Innern auf diesem Kanal-

wege in New-York angelangten Schiffe auf 1,907,136 mit einem Frachtinhalt von 239,498 Tonnen. Die ganze Tonnenzahl aller Waaren und Gegenstände, die sich auf dem Kanal auf- und abbewegten, betrug während des letzten Jahres 4,852,941; der Werth derselben wird folgendermassen angegeben:

Waldproducte	22,589,060	Doll.
Animalische Producte . . .	15,158,907	,,
Vegetabilische Nahrungsmittel	99,381,523	,,
Andere Agriculturgegenstände	1,511,134	,,
Manufacturwaaren	22,582,718	,,
Maschinen und Fabrikwaaren	80,391,550	,,
Verschiedene andere Artikel	32,785,747	,,
Summe	274,400,639	Doll.

Die Zollabgaben auf dem Kanal für diese Gegenstände beliefen sich auf 3,983,982 Dollars.

Der Handel mit Zucker in New-York im Jahre 1863/64 betrug	139,127	Tons à 2240 Pfd.
Melasse (Zuckersyrup) . .	17,479,897	Gallons à 10 Pfd.
Kaffee	118,890,045	Pfd.
Petroleum *) . .	21,335,784	Gallons.
Tabak	5,432,772	Pfund.
Häute und Felle im Werthe von	1,422,023	Dollars.
Importirt wurde davon für . .	1,942,660	,,
Stiefel und Schuhwaaren exportirt		
im Werthe von	748,122	,,

Die Zahl der Schiffe, die auf den Wallfischfang gingen, hatte in den Kriegsjahren bedeutend abgenommen. Während im Jahre 1847 die Zahl am grössten war: 735 mit 232,189 Tonnen Gehalt, wurden im Jahre 1864 nur 276 Schiffe mit 79,699 Tonnen Gehalt dazu verwendet.

Im Hafen von New-York wurde im Jahre 1864 importirt:

Spermacet (Wallrath) . .	64,372	Fässer.
Thran	12,955	,,

---

*) Der Export dieses Artikels aus ganz Nordamerika war im Jahre 1864 31,792,972 Gallons.

Fischbein . . . . . .   202,650 Fässer.

Manufacturwaaren in Wolle,

    Seide, Leinen u. s. w. im

    Werthe von . . . .   71,619,752 Dollars,

trotzdem dass die Abnahme in den Südstaaten während des Krieges fehlte; ein Beweis von der Wohlhabenheit des Nordens, die
durch die enormen Abgaben für den Krieg nicht gelitten hatte.
Der höchste Import an diesen Waaren fand im Jahre 1859 statt
in einem Werthe von 113,174,489 Dollars. Rohe Wolle wurde im
Jahre 1864 für 20,783,124 Dollars eingeführt, zum Theil wohl wegen
des bedeutenden Ausfalles an Baumwolle aus dem Süden. Ein anderer
bedeutender Handelsartikel ist das Salz. Im Staate New-York sind
vier Districte, in welchen sich Salzquellen befinden, die theils in
Gradirwerken durch Verdunstung, theils durch Einkochen ausge-
beutet werden. 1864 wurden 7,378,874 Scheffel gewonnen. Der
Werth dieses einen Artikels wird jährlich auf 4—5,000,000 Dollars
geschätzt. Auf dem Eriekanal werden jährlich davon 1,135,000
Scheffel nach New-York verschifft.

Ich beschränke mich auf diese wenigen Angaben, um nur in
einigen Zügen die colossalen Verhältnisse zu zeigen, die der Handel in New-York angenommen hat.

In nächster Beziehung zu der Handelsgrösse New-York's stehen
seine Schiffswerfte, deren Zahl bedeutend ist. Die grössten Schiffe
werden hier gebaut, sowohl für den Handel, als für die Kriegsmarine. Bestellungen aus allen Ländern der Welt werden hier
ausgeführt. Das Material an Holz und Eisen ist vorzüglich; die
technische Geschicklichkeit im Schiffsbau weltberühmt. Die amerikanischen Schnellsegler, Klipper genannt, sind bis jetzt von keiner anderen Schiffsart übertroffen worden. Während des Krieges
wurden auf den Werften von New-York eine bedeutende Zahl
von Kriegs- und Transportschiffen gebaut, und Millionen damit gewonnen. Das berühmteste dieser Schiffswerfte ist das von
Webb, der jährlich viele Aufträge für die europäischen Marinen
zweiten Ranges bekömmt.

Während meines Aufenthaltes in New-York wurde der „Dunderberg" vom Stapel gelassen. Ich erhielt von Herrn Webb die

freundliche Einladung, diesem interessanten Schauspiele beizuwohnen, und befand mich auf dem Schiffe, als es in das Meer gelassen wurde. Der Dunderberg ist das einzige Schiff seiner Art, das in der Welt existirt. Mit dem Plane zu einem solchen Kriegsschiffe hatte sich Webb schon beschäftigt, bevor noch Erikson seine Monitors erfunden hatte. Viele Zeichnungen und Modelle wurden gemacht und abgeändert, ehe der letzte Plan von der Admiralität angenommen ward und Webb den Auftrag zur Ausführung desselben erhielt. Der Dunderberg, so genannt nach einem Vorgebirge im Hudson bei West-Point, ist eine Widder-Eisenpanzerfregatte von 5000 Tonnen Register mit einer Dampfmaschine von 5000 Pferdekraft. Das Schiff trägt auf seinem oberen Verdeck eine aus schweren Eisenplatten gebaute bombenfeste Casematte, in welcher die Geschütze angebracht sind. Vier Stück 15zöllige Rodmann-, und 12—14 Stück 11zöllige Dalgreen-Kanonen sind zu ihrer Armirung bestimmt. Anfangs hatte man die Absicht, auf dieser Casematte noch zwei drehbare Thürme anzubringen, was aber als nicht ausführbar abgeändert wurde. Die Länge des Schiffes beträgt 380 Fuss 4 Zoll, die Breite 72 Fuss 10 Zoll, die Höhe der Casemattenwände über dem Verdeck 7 Fuss 9 Zoll, der Widder am Vordersteven (the ram) ist 50 Fuss lang. Der Schiffskörper ist aus den stärksten Holzbalken gebaut und mit Eisenplatten von $3\frac{1}{2}$ Zoll Dicke, an den Casemattenwänden von $4\frac{1}{2}$ Zoll in verticaler Richtung belegt. Jede Eisenplatte, 12—15 Fuss lang und 3 Fuss breit, ist mit eisernen Bolzen von 18 Zoll Länge und $1\frac{1}{2}$ Zoll Dicke an den Holzwänden befestigt. Das Schiff wird 2 Dampfmaschinen haben von ungeheuren Dimensionen mit 6 Haupt- und 2 Hilfskesseln. Jeder der beiden Cylinder hat 100 Zoll Durchmesser mit 45 Zoll Kolbenbewegung. Die Schraube wiegt 34,536 Pfund. Ein Normandy-Destillirapparat, um aus Seewasser gutes Trinkwasser zu machen, kann 2000 Gallons täglich liefern. Die Kosten des Schiffes beliefen sich laut Contract auf 1,400,000 Dollars, die der Maschine auf 500,000 Dollars. Die Armirung mit Kanonen, die Ausrüstung mit Tauwerk, Segeln, Anker u. s. w., sowie die innere Einrichtung der Kajüten und Räume wird höchst wahrscheinlich noch über 1 Million kosten, so dass das ganze Schiff schlagfertig ausgerüstet auf gegen 3 Millionen

Dollars kommen wird. Die Bemannung soll aus 600 Mann bestehen.

Wohlthätigkeits-Anstalten.

Ein Gegenstand, auf den die New-Yorker mit vollem Rechte
stolz sein können, sind ihre Wohlthätigkeits-Anstalten für Kranke
und Gebrechliche, für Arme und Bedürftige, für verwahrloste Kinder und für Besserung sittlich Verdorbener. Die obere Leitung
aller dieser verschiedenartigen Anstalten ist einer besonderen Commission (Commission of public charities and correction) anvertraut, die mit redlichstem Eifer und uneigennütziger Aufopferung
ihre Zeit und Kräfte dieser Aufgabe widmet. Es muss dabei bemerkt
werden, dass fast alle diese Anstalten nur aus Privatmitteln und
aus freiwilligen Beiträgen errichtet und erhalten werden, dass die
Vorsteher und alle höheren Beamten der Commission keine Besoldung erhalten und dass jährlich ein vollständiger gedruckter Re-
chenschafts-Bericht dem Volke vorgelegt wird.

Die meisten dieser Anstalten sind auf den kleinen Inseln angelegt, die an der Ostseite von New-York in dem Sund, welcher Manhattan von Long-Island trennt, liegen: Blackwell, Randall, Wards-
Island. Durch ihre gesunde Lage, entfernt von dem Gewühl der
grossen Stadt, mit der sie nur durch kleine Dampfschiffe in Verbindung stehen, eignen sich diese Inseln besonders für solche Anstalten, indem die nothwendige Beaufsichtigung und Controle sich
durch die Abgeschiedenheit leichter ausüben lässt. Man kann sogar behaupten, dass die Vorzüglichkeit aller dieser Institute zum
Theile durch ihre Lage bedingt ist. Mit besonderem Wohlgefallen
bemerkt man auch die grosse Reinlichkeit und Ordnung in allen
Räumlichkeiten, die wahrhaft humane Behandlung, die selbst den
sittlich Verworfenen hier zu Theil wird, und die darauf gegründet
ist, dass in jedem Menschen, mag er noch so tief gefallen sein,
dennoch ein Funke besseren Gefühles in der Seele zurückbleibt, der
durch zweckmässig angewandte Milde, gepaart mit strenger Gerechtigkeit neu angefacht, eine günstige Umwandlung bewirken kann.

Aus dem öffentlichen Berichte der Commission für das Jahr 1864 geht hervor, dass in diesem Jahre in den verschiedenen Stadtgefängnissen 31,231 Gefangene gewesen waren, davon

weisse Männer 16,281, Neger 445

· weisse Frauen 14,153, Negerfrauen 352

30,434   797

In Beziehung auf Nationalität

Irländer . . . Männer 8110, Frauen 9630 = 17,740

aus den Vereinig-

ten Staaten   „   5271,   „   3577 = 8848

Deutsche . .   „   1924,   „   656 = 2580

Der Rest gehört verschiedenen anderen Nationen an.

Verheirathet waren . . 12,510

Unverheirathet . . . 15,443

Wittwer und Wittwen . 2793

Unbekannt bei 485

Von dieser ganzen Zahl konnten lesen und schreiben 15,833.

Alter der Verbrecher.	Männer.	Frauen.	Summe.
Unter 15 Jahren	1965	295	2260
Von 20—25 „	2895	2781	5676
„ 25—30 „	3037	3630	6667
„ 30—35 „	1832	1710	3542
„ 35—40 „	2252	2060	4312
„ 40—45 „	977	605	1582
„ 45—50 „	910	619	1529
„ 50—55 „	418	149	567
„ 55—60 „	330	146	476
„ 60—65 „	137	62	199
„ 65—70 „	81	50	131
über 70 „	56	29	85

Die Zahl der männlichen Verbrecher war im Ganzen um 2000 grösser, als die der weiblichen. Die grösste Zahl der Verbrechen wurde im Alter zwischen 25—30 begangen, und zwar von den Weibern um 600 mehr. Vom 40. Jahre an nehmen die Verbrechen ab, bleiben sich dann ungefähr gleich bis zum 50. Jahre. Vom 40. Jahre vermindern sie sich bei den Weibern in auffallender Weise.

Wegen unordentlichen Lebenswandels und Herumtreibens ohne gesetzlichen Erwerb waren in den verschiedenen Besserungsanstalten eingesperrt . .   . . 7136.

Davon 1106 Männer.

5535 Frauen,

u. z.	1 mal	5366			
	2 „	402	16 mal	29
	3 „	237	20 „	85
	4 „	173	25 „	42
	5 „	208	30 „	27
	6 „	124	40 „	41
	7 „	7	46 „	1
	8 „	36	50 „	22
	10 „	125	60 „	22
	12 „	20	70 „	1
	13 „	1	75 „	2
	14 „	13	80 „	3
	15 „	19	100 „	135

Die grosse überwiegende Zahl der Frauen ist ein trauriger Beweis von dem tiefen Versunkensein dieser unglücklichen Geschöpfe.

Die Strafanstalt Penitentiary auf Blackwells-Island enthielt 921 Sträflinge, davon weisse Männer   380,

Neger . . .   41,

weisse Frauen   458,

Neger-   „   42.

Die Sträflinge werden zu Arbeiten in und ausser dem Hause verwendet. Diejenigen von ihnen, die ein Handwerk verstehen, beschäftigen sich in Werkstätten, die anderen arbeiten in Hospitälern, Versorgungsanstalten, Wäschereien, im Garten, an Strassen u. s. w. Sie werden streng zu ihren Beschäftigungen angehalten, indem man dieses Mittel hauptsächlich als bessernd für ihre Moralität betrachtet; zugleich aber, damit sie durch ihre Arbeit zu den Kosten ihres Unterhaltes beitragen.

Die Strafzeit für die verschiedenen Individuen belief sich auf

1 Monat	für	43	Männer,	48	Frauen,	zus.	91,
2 ,,	,,	102	,,	93	,,	,,	195,
3 ,,	,,	114	,,	105	,,	,,	219,
4 ,,	,,	91	,,	132	,,	,,	223,
6 ,,	,,	48	,,	105	,,	,,	153,
9 ,,	,,	1	,,	—	,,	,,	1,
1 Jahr	,,	15	,,	11	,,	,,	26,
2 ,,	,,	7	,,	5	,,	,,	12,
3 ,,	,,	—	,,	1	,,	,,	1.

Bestraft wurden

1 mal	396	Männer,	322	Frauen,	zusammen	618,
2 ,,	56	,,	84	,,	,,	140,
3 ,,	15	,,	40	,,	,,	55,
4 ,,	18	,,	13	,,	,,	31,
5 ,,	12	,,	15	,,	,,	27,
6 ,,	8	,,	7	,,	,,	15,
7 ,,	7	,,	9	,,	,,	16,
8 ,,	5	,,	4	,,	,,	9,
9 ,,	2	,,	3	,,	,,	5,
10 ,,	2	,,	3	,,	,,	5.

Als ich an die Pforte trat, um die Strafanstalt zu verlassen, hatten sich noch mehrere Personen dort eingefunden, um, wie es gebräuchlich ist, zu derselben Zeit hinausgelassen zu werden. Ich bemerkte unter diesen ein junges Mädchen, das durch ihre auffallend geputzte Kleidung, Seidenhut und Blumen einen traurigen Contrast zu dem Orte bildete, den sie im Begriffe stand, zu verlassen. Ich erkundigte mich bei dem Direktor, der mich bis hieher begleitete und der einige ernste Worte an sie richtete, über die Veranlassung ihres Hierseins. Er theilte mir mit, dass sie kaum 20 Jahre alt, schon oft wegen unordentlicher Lebensart von der Polizei aufgegriffen, hieher geschickt worden sei und heute ihre Strafzeit von 4 Tagen abgebüsst habe, zu der sie verurtheilt worden, weil man sie in der Nacht auf der Strasse in betrunkenem Zustande gefunden hatte. Er sei, fügte er hinzu, überzeugt, dass sie nach kurzer Zeit wieder eingebracht würde.

Solche Personen, die oft wiederkehren, werden hier Revolvers genannt. Als die Pforte sich öffnete, und wir hinaustraten, stand schon ein junger Matrose auf der Strasse und erwartete sie. Sie hing sich an seinen Arm und beide eilten lachend und schäkernd, wahrscheinlich weiter auf dem Wege des Lasters, von dannen.

Auf Randall-Island befindet sich die Anstalt für verwahrloste Kinder, die als Bettler oder Herumtreiber auf der Strasse aufgegriffen, oder von ihren Angehörigen hieher gesendet worden sind. Die Anstalt enthielt im Jahre 1864: 1528 Knaben, 813 Mädchen im Alter von 2—16 Jahren. Im Verlaufe des Jahres waren 293 auf das Land zu Farmern oder in die Lehre zu Handwerkern entlassen, 133 zu ihren Angehörigen zurückgekehrt, desertirt waren 15 Knaben, gestorben 48 Knaben, 29 Mädchen, zusammen 77. In den gut eingerichteten Schulen erhielten 584 Kinder regelmässigen Unterricht; Geistliche und Frauen sind bemüht, ihnen moralische und religiöse Begriffe beizubringen. Die Kinder werden ebenfalls mit Strenge zum Arbeiten angehalten, die Knaben theils in den Werkstätten, theils in den Blumen- und Küchengärten, die Mädchen zu weiblichen Handarbeiten. Die Behandlung und Verpflegung der Kinder in dieser Anstalt ist eine ganz vorzügliche und macht auf den Besucher einen sehr günstigen Eindruck. Reinlichkeit und Ordnung ist in allen Räumlichkeiten vorherrschend. Die Schlafsäle mit guten Betten versehen, Schulzimmer, Arbeits- und Erholungssäle, Speisezimmer wie in den besten Erziehungsanstalten. Das zur Anstalt gehörige Hospital lässt nichts zu wünschen übrig. Epidemien kommen auf der Insel selten vor, aber viele von den Kindern sind mit chronischen Uebeln behaftet, die sie entweder mit auf die Welt gebracht haben, oder die als Folge ihrer Armuth und ihres Elendes entstanden sind. Viele litten an Skropheln in den verschiedensten Formen, hauptsächlich au Augenkrankheiten. Die Sterblichkeit ist trotzdem eine sehr geringe.

Laut Aussage der Vorgesetzten erholen sich die Kinder, die hiehergebracht werden, auffallend schnell. Die frische, gesunde Seeluft, musterhafte Reinlichkeit, gute Nahrung und strenge aber liebevolle Behandlung wirken oft Wunder. Die Zahl der unverbesserlichen Kinder soll eine sehr geringe sein. Strafen werden verhältnissmässig selten angewendet und körperliche Strafen nie. Man sucht ihr besseres Gefühl anzuregen, ihr Ehrgefühl durch Aufmunterung und Beispiel der Besseren unter ihnen zu beleben. Von den Frauen, welche der Mädchenabtheilung vorstehen, gehören einige zu religiösen Orden. Ein liebevoller Geist der Sorgfalt durchweht das Ganze. Das Unglück wird hier nicht verachtet, sondern gibt im Gegentheil ein Anrecht auf Theilnahme und Hilfe. Man lässt die Kinder nie fühlen, dass sie hier bloss aus Gnade aufgenommen sind und sich desshalb in einem erniedrigenden Zustande befinden. Die Rechte des künftigen amerikanischen Bürgers werden selbst in dem armen Kinde geachtet und dieses Bewusstsein von frühester Jugend in ihm genährt. Die Vorsteher sind dem ganzen Volke gegenüber verpflichtet, aus dieser Masse verwahrloster Kinder sorgfältig zu retten, was für das Gesammtwohl des Staates später noch von Nutzen werden kann. Es wurde mir ein sehr sprechender Beleg für diese Ansicht mitgetheilt: Vor einigen Monaten besuchte der Staatssekretär des Nachbarstaates, begleitet von den ersten Gemeindebeamten New-York's diese Anstalt und wurde mit der, seiner Stellung gebührenden Auszeichnung empfangen. Nachdem er mit ganz besonderer Theilnahme die Anstalt in allen ihren Einzelnheiten besichtigt hatte, hielt er eine Ansprache an die Knaben, in der er die grosse Wohlthat schilderte, welche ihnen durch ihre Aufnahme zu Theil geworden und wie sie durch Fleiss und eigenes Streben es ermöglichen könnten, sich selbst eine ehrenvolle Stellung in der Welt zu verschaffen: „to be a selfmade man," das grösste Lob, das man einem Amerikaner nachsagen kann. Er selbst, der ein so hohes Amt in der Regierung seines Staates jetzt einnehme, sei als kleines Kind im verwahrlostesten Zustande hiehergebracht worden und erkenne mit dem dankbarsten Herzen hiemit öffentlich an, dass er seiner Erziehung auf Randall-Island Alles, was er sei und habe, verdanke. Ein solches Selbstbekenntniss von einem Manne in einer so hohen Stellung ist eben so ehrenvoll für ihn als für die Anstalt. Der Inspektor, der mir dieses erzählte, fügte hinzu: »ich bin zwar

kein so hoher Beamter, wie jener geworden, aber auch ich
bin hier aufgewachsen und nachdem ich mich in der Welt ausgebildet und umgesehen habe, bin ich auf meine liebe Insel zurückgekehrt und fühle mich glücklich in der Verwaltung der Anstalt,
deren Vorstand ich jetzt bin«.

Die schwere Aufgabe, solchen Knaben die Gewohnheit des Gehor-
sams und der Ordnung beizubringen, wird besonders dadurch erleichtert, dass man eine Art militärischer Organisation unter ihnen eingeführt hat. Sie sind in Compagnien eingetheilt, jede mit einem
Chef, der Capitän genannt wird, und einigen Gehilfen als Lieute-
nants. Das ganze Bataillon von 5—600 Knaben wird von Einem
unter ihnen als Oberst befehligt. Es versteht sich, dass nur die
ausgezeichnetsten Zöglinge zu diesen Ehrenposten gelangen und
es ist wahrhaft bewunderungswürdig, mit welchem Ernst und welcher Würde diese 14—16jährigen Knaben ihr Amt ausüben.
Ihr Einfluss auf ihre Kameraden ist ein sehr grosser. Sie haben
die Aufsicht und die Verantwortung für Alles, was Ordnung, Reinlichkeit und Pflichterfüllung unter ihren Mitschülern betrifft, und
der Inspektor versicherte mich, dass diese Art Self-Government
unter den Knaben weit strenger und zuverlässiger sei, als wenn
Erwachsene den Befehl übernähmen. Die Knaben wählen jährlich
ihre eigenen Offiziere durch Ballotage, und zwar jede Compagnie die
ihrigen. Die Einmischung Erwachsener würden sie als einen Ein-
griff in ihre Rechte betrachten. Sie gehorchen demjenigen, den
sie sich selbst zum Vorgesetzten gewählt haben, weil sie ihn in
Folge ihrer Wahl als den Würdigsten betrachten; auf diese Art wird
der Knabe schon von früh an in dem Geiste der Verfassung erzogen.

Auf dem grossen Platze vor dem Hauptgebäude führen die
Knaben gymnastische Spiele aus und werden in Reih und Glied
in kleinen Exercitien, im Marschiren und in Schwenkungen eingeübt, aber ohne Waffen. Nur ihre Offiziere tragen bei solchen Gelegenheiten kleine Säbel. Es wurde mir eine besondere Ehrenbezeugung zu Theil, die ich als einen Beweis des Geistes,
der unter diesen Knaben herrscht, erwähne. Nachdem ich
alle Einrichtungen der Anstalt besichtigt hatte, führte man

mich auf den grossen Platz vor dem Gebäude. Ich fand die Knaben dort, 600 an der Zahl in Frontlinie aufgestellt. Der kleine Oberst mit gezogenem Säbel in der Hand commandirte die Schwenkungen und defilirte dann mit seinem Bataillon, mit der Fahne und 4 kleinen Tambours an der Spitze, an mir vorüber, mit dem vollsten Ernst einer Militärparade und ich darf sagen, nicht der schlechtesten. Nachdem das Bataillon sich wieder in Linie aufgestellt, trat einer der kleinen Offiziere von 14 Jahren aus der Fronte, stellte sich auf 20 Schritte vor mich hin, salutirte mit seinem kleinen Säbel und hielt mit lauter Stimme und ohne die geringste Verlegenheit eine Anrede an mich, die mich in Erstaunen setzte: er wünsche mir Glück zu meiner Ankunft in diesem Lande und hoffe, dass meine hier gemachten Erfahrungen meinen Erwartungen entsprechen werden. Die Knaben von Randall-Island wissen sehr gut, dass der Kaiser von Russland ihr treuester Verbündeter sei und als solchen würden sie ihn stets hochschätzen. Er bitte mich, wenn ich zurückkehre, dem Kaiser dies zu sagen. Hierauf drehte er sich um und rief: »Jungens, dreimal Hoch für den Kaiser von Russland«, die auch mit grossem Jubel ausgebracht wurden, indem die Knaben die Mützen schwenkten, die Fahnen gesenkt wurden und die Trommeln wirbelten. Dann wurde mir dieselbe Ehre zu Theil, wie er sich ausdrückte, als dem würdigen Manne, den der Kaiser zu ihnen geschickt habe. Der Inspektor forderte mich auf, einige Worte an die Knaben zu richten, weil das hier so Sitte sei. Meine Verlegenheit dabei war sicher grösser, als die des kleinen Jungen, der mir eine Anrede gehalten hatte; ich musste mich aber dazu bequemen, trat einige Schritte vor, zog meinen Hut ab und sagte ihnen, wie sehr ich ihnen für ihre Wünsche und für die Ehre, die sie mir erwiesen, danke, wie ich nicht unterlassen werde, bei meiner Rückkehr ihren Gruss an den Kaiser zu bestellen, dass ich sie schon jetzt versichern könne, es werde dem Kaiser lieb sein, zu erfahren, wie sehr die Knaben auf Randall-Island ihn verehren und noch mehr würde es ihn freuen, wenn sie durch Fleiss und gute Aufführung sich vorbereiten, brave amerikanische Bürger zu werden; dann brachte ich ein dreimaliges Hoch aus für die Jungen auf Randall-

Island und war froh, meinen diplomatischen „maiden-speech" so gut überstanden zu haben. Als ich später an das Ufer hinabkam, um in mein Boot zu steigen, fand ich die Knaben alle dort aufgestellt, um mir mit Hurrahs und Trommelgewirbel das Geleite zu geben.

Die Ausgaben für Hospitäler, Irrenhaus, Armen- und Strafanstalten, die zu dem Ressort dieser Commission gehören, beliefen sich laut Rechnungsablage für 1864 auf die bedeutende Summe von 891,040 Dollars; hiebei ist mit eingerechnet 100,123 Dollars für Unterstützung an Geld und Feuerungsmittel (Holz und Kohlen) für Hausarme.

Eine besondere Erwähnung verdient die Einrichtung zur Aufnahme verlorener Kinder. Aus den Polizeiberichten geht hervor, dass in der Stadt New-York jährlich über 10,000 Kinder in dem Alter von 3—7 Jahren in den Strassen gefunden werden, die sich verirrt haben, indem sie vor den Häusern spielend oder sich herumtreibend, irgend einem vorbeiziehenden Gegenstande neugierig nachfolgen, oder im Gedränge mitgeschoben werden und sich auf diese Weise von ihrer Wohnung entfernen, worauf sie sich nicht zurechtfinden können und auch keine Auskunft über ihre Eltern zu geben im Stande sind. Zur Aufnahme solcher kleiner Findlinge sind in gewissen Theilen der Stadt Häuser eingerichtet, wohin sie von der Polizei gebracht werden. Die Kinder werden dort freundlichst empfangen, gewaschen, beköstigt und in reinliche Betten gelegt. Sie verbleiben daselbst, bis sie von ihren Angehörigen abgeholt werden und wenn dieses nach einigen Tagen nicht geschieht, lässt man sie nach Randall-Island hinüberbringen.

Unterrichts- und Erziehungswesen.

Wohl in keinem Lande der Welt ist die Wichtigkeit der Volkserziehung so allgemein anerkannt, als in den Vereinigten Staaten Nordamerika's, wo jeder Bürger, selbst der Aermste berufen ist, an der Regierung seines Landes theilzunehmen und die Verfassung

einem Jeden das Recht einräumt, diejenige Stellung im Staate ein-
zunehmen, zu der er sich durch seine besonderen Fähigkeiten
eignet. Der Einfluss, den jeder hervorragende Mann auf seine
Mitbürger ausüben kann, ohne durch Geburt oder Standesvorur-
theile irgend einer Art gehindert zu werden, ist zu anregend, um
nicht vielen zu dem Streben danach Veranlassung zu geben, aber
auch in anderer als politisch socialer Beziehung sind Wissen und
Können die Mittel, durch welche jeder Einzelne in den Stand gesetzt
wird, sich und den Seinigen ein glückliches Dasein zu erwerben und
desshalb liegt in jedem Amerikaner das Bedürfniss, sich Kenntnisse
anzueignen oder, wenn er selbst schon über die Lehrjahre hinaus ist, wenigstens seinen Kindern diese Wohlthat zu verschaffen.

In den verschiedenen Gesetzgebungen der Einzelstaaten ist auf
Schulunterricht besondere Rücksicht genommen. Unter den wenigen Abgaben, welche das amerikanische Volk vor dem Kriege zu
zahlen hatte, war die Schultaxe eine verhältnissmässig sehr bedeutende. In allen öffentlichen Lehranstalten ist der Unterricht frei;
jeder Bürger zahlt zu diesem Zwecke die gesetzliche Abgabe und
erhält dadurch das Recht, seine Kinder an dem Unterrichte theilnehmen zu lassen, welches Recht sich ebenfalls auf diejenigen
Kinder erstreckt, deren Eltern wegen ihrer Armuth abgabenfrei
sind. Der Grundsatz der Gleichheit ist in den öffentlichen Schulen
und Erziehungsanstalten bis zur äussersten Consequenz durchgeführt. Es gibt hier keine vornehmen oder geringen, keine reichen
oder armen Kinder (mit Ausnahme der allerärmsten und verwahrlosten, für die besonders gesorgt wird). Der Sohn des Millionärs
sitzt neben dem des Handwerkers, der des Präsidenten neben dem
des Krämers. Zwar findet man auch Privatanstalten, in denen ver-
mögende Eltern ihre Kinder erziehen lassen, aber ihre Zahl ist verhältnissmässig gering. Es gibt auch Lehrer, die Privatunterricht
ertheilen, aber im Ganzen genommen sind alle Unterrichtsanstalten
Volksschulen, Schulen für das Volk vom ersten Elementarunterricht bis zur höchsten wissenschaftlichen Ausbildung. Das Prinzip,
welches in allen diesen Anstalten vorherrscht, ist mehr darauf gerichtet, eine auf das praktische Leben hinzielende, moralische, intellectuelle
Entwickelung der verschiedenen Geistesfähigkeiten anzubahnen, als

Vielwisserei zu verbreiten. Die Grundidee bei dem Unterrichte ist nicht, dem Schüler eine Masse von Bücherkenntnissen beizubringen, sondern ihn zum Selbstdenken, zum Ueberlegen anzuleiten und das aus diesen geistigen Thätigkeiten erlangte Resultat auf das praktische Leben richtig anzuwenden. Besonders wird in den Elementarschulen darauf hingewirkt, dass das Kind jeden sich ihm darbietenden Gegenstand so auffasst, wie er wirklich ist. Die gründliche Darstellung desselben und seiner Verwendung mit allen Folgerungen, entweder für sich allein oder in Verbindung mit anderen Gegenständen, bildet den leitenden Grundsatz beim Unterrichte. Nicht das viele Auswendiglernen aus Schulbüchern wird von den Schülern verlangt, sondern der Lehrer muss jede Gelegenheit benützen, um ihnen solche Gegenstände zu zeigen und zu erklären, die im täglichen Leben vorkommen, wenn sie auch nicht in absoluter Beziehung zu seinem Lehrfache stehen. Es gibt Schüler, die mit allem Fleisse ihre Schulbücher auswendig lernen und trotzdem höchst unwissend bleiben. Nicht Gelehrsamkeit, sondern allgemeine Verstandesbildung mit beständiger Hinweisung auf das praktische Leben ist der Zweck der amerikanischen Volksschulen. Als Grundlage alles Wissens wird Mathematik und Logik betrachtet; was die erste für den Verstand, ist die zweite für den Geist.

Zur Ausführung eines solchen Programmes bedarf es vorzüglicher Lehrer u. z. nicht bloss mit den ausgezeichnetsten Kenntnissen ihres Faches ausgerüsteter, sondern hauptsächlich solcher, die im Stande sind, ihr Wissen bei dem Unterrichte auf eine richtige Weise zu verwenden. Wie der berühmte Pädagog Everett sich ausdrückt: „Der Lehrer muss verstehen den Diamant, den er in der Hand hält, im Sonnenlichte so zu bewegen und zu wenden, dass der Schüler die Strahlen sieht, sonst wird er trotz der besten Erklärung niemals einen Begriff von dem Diamanten erhalten." An solchen Lehrern fehlt es übrigens in Amerika noch sehr. Die Wichtigkeit gebildeter Lehrer für die Erziehung des Volkes ist ein Gegenstand, der nicht bloss in der neuen, sondern wohl auch noch in der alten Welt nicht hinlänglich anerkannt wird, und doch ist und bleibt der Volksunterricht die einzige und wahre Grundlage, auf welcher das Glück und die Wohlfahrt jeder

Nation ruht, sowohl in politischer, wie in moralischer Beziehung. Unwissenheit, Armuth und Verbrechen stehen in genauestem Zusammenhange mit einander und bedingen sich gegenseitig. Es ist statistisch nachgewiesen, dass von den Gefangenen kaum die Hälfte schreiben und lesen kann und dass kaum 1 von 1000 eine einigermassen bildende Erziehung genossen hat. Ich habe Gelegenheit gehabt, mit Amerikanern der verschiedensten politischen Gesinnungen über diesen Gegenstand zu sprechen und alle stimmten in dem einen Punkte überein, dass die Grösse und Wohlfahrt der Vereinigten Staaten auf der Erziehung und Bildung der kommenden Geschlechter beruhe und dies besonders aus dem Grunde, weil die Rechte, welche hier jedem einzelnen Bürger durch die Verfassung gewährt sind, so wie auch die Pflichten, die er auszuüben hat, einen gewissen Grad von Bildung voraussetzen, ohne welchen die grössten Missbräuche entstehen und die Constitution dem Lande zum Fluche statt zum Segen werden kann. Je grösser die Freiheit ist, die dem Menschen gegeben ward, um so mehr hat er sich vor dem Missbrauche derselben zu hüten; nur durch moralische und intellectuelle Ausbildung wird es ihm möglich, sich Selbstbeschränkung aufzulegen, wo kein Gesetz ihn in seinen Handlungen beschränkt.

Eine vom Staate autorisirte Behörde hat die Leitung aller öffentlichen Schul- und Unterrichtsanstalten in Händen und zwar mit ausgedehntester Vollmacht in jeglicher Beziehung. In jedem der 7 Hauptdistricte, in welche die Stadt New-York eingetheilt ist, werden von den Bewohnern derselben drei Mitglieder, zusammen also 21 erwählt, welche die Erziehungsbehörde (the board of Education) bilden; ausserdem werden 5 Bevollmächtigte und 21 Inspectoren von dem Mayor der Stadt und der Unterrichtsbehörde gewählt. Alle diese Männer ernennen dann aus ihrer Mitte einen Präsidenten sowie einen Secretär mit so vielen Gehilfen, als zur Schriftführung nothwendig sind. Die Erziehungs-Behörde verwaltet durch eigene, aus ihren Mitgliedern gebildete Commissionen die Ausgaben und Einnahmen der Lehranstalten, so wie alles bewegliche und unbewegliche Vermögen derselben; sie ernennt und verabschiedet Lehrer, Beamte und das übrige Dienstpersonal; sie erlässt alle Verordnungen und Bestimmungen für die Anstalten, sowohl in administrativer, als in wissenschaftlicher Beziehung und übt die richterliche Gewalt in denselben in Uebereinstimmung mit den verfassungsmässigen Gesetzen des Staates aus. Ueber sämmtliche Gegenstände berichtet sie jährlich an den Superintendenten der Volkserziehung des Staates und an den Gemeinderath in New-York.

Die Lehranstalten, die unter der Erziehungsbehörde stehen, sind folgende:

Die Freiakademie . . . 1
Grammatikschulen) Bezirksschulen 96
Elementarschulen) 90
Abendschulen 44
Negerschulen 14
Verschiedene Schulen in Waisenhäusern, Verpflegungs- und
    Strafanstalten 15

Zusammen 260

In diesen Anstalten wurde im Jahre 1864 Unterricht ertheilt an 204,481 Schüler. Die Zahl aller Kinder und jungen Leute, die Unterricht bedürfen, wird annäherungsweise auf 250,000 angegeben, von diesen benützten den Unterricht regelmässig bloss 90,000, die anderen nur zeitweise.

Die Zahl aller in den Bezirksschulen beschäftigten Lehrer war 2259, davon 202 Männer, 2057 Frauen (die letzteren werden besonders in den Elementar- und Abendschulen verwendet, sowie in den Waisenhäusern und Strafanstalten).

Zur Bestreitung der Ausgaben für alle diese Anstalten war im Jahre 1863—64 die Summe von 1,951,777 Dollars angewiesen u. z. aus folgenden Quellen:

vom Staate 200,855
Schultaxe 1,480,355
Aus anderen Quellen 799
Vom vorigen Jahre 269,768

Zusammen 1,951,777

Die Ausgaben beliefen sich in demselben Jahre auf 1,795,573 Dollars.

Die Bezirksschulen bestehen aus Elementarschulen und einer Art Untergymnasium, Grammar-schools genannt.

Die Elementarschulen sind in fünf Klassen eingetheilt. In der fünften wird nur Buchstabiren und Lesen gelehrt; in der vierten Lesen, Rechtschreiben und Anfangsgründe der Arithmetik. In der dritten Lesen, Rechtschreiben, höhere Arithmetik. In der zweiten dieselben nebst Zeichnen. In der ersten dieselben nebst Uebungen in Gewicht-, Mass- und Zeitbestimmungen. Dessgleichen wird Unterricht im Gesange und in einigen naturwissenschaftlichen Gegenständen gegeben. Zwei Stunden täglich werden zum Erlernen und Repetiren verwendet.

Die Grammar-schools haben 6 Klassen:

6te Arithmetik, Münzberechnungen, Geographie;

5te Bruchrechnen, Geographie;

4te Arithmetik, Decimalrechnungen, Geographie, Englische Grammatik mit Analyse;

3te Arithmetik mit Handelsrechnen, Geographie Südamerika's und Europa's, Englische Grammatik, Geschichte der Colonien Amerika's;

2te höhere Arithmetik, kaufmännisches Rechnen, Geographie von Asien und Afrika, Englische Grammatik, Specialgeschichte der Vereinigten Staaten, Anfangsgründe der Algebra.

1te Arithmetik und Geographie, englische Grammatik, Composition, Etymologie, Geschichte der Vereinigten Staaten, Algebra, populäre Astronomie, kaufmännische Buchhaltung, Verfassung der Vereinigten Staaten.

Ausser diesen Classen kann die Behörde in jeder Bezirksschule, wo sie es nöthig findet, einen Supplementarkurs einrichten, wenn sich eine gehörige Zahl Schüler findet, die besonders dafür befähigt sind. In einem solchen Supplementarkurs werden folgende Lehrgegenstände vorgetragen: Mathematik, Geometrie, Algebra, Astronomie, Physik, alte und neue Geschichte, Rhetorik, französische und deutsche Sprache.

Für solche Kinder, die sich ihren Lebensunterhalt durch Arbeit erwerben müssen, sind die Abendschulen eingerichtet, in welchen denselben ein ihren Fähigkeiten und der beschränkten Zeit angemessener Unterricht ertheilt wird.

Die sogenannten Normalschulen zur Ausbildung von Lehrern und Lehrerinnen sind noch nicht so organisirt, dass sie ihrem Zwecke gänzlich entsprechen.

Die F r e i a k a d e m i e ist eine höhere Lehranstalt, in der die Schüler, welche den Lehrkurs in den Bezirksschulen beendigt haben, eine höhere wissenschaftliche Bildung erhalten.

Das Institut wurde durch einen Congressbeschluss vom Juni 1847 errichtet und bildet — so zu sagen — den oberen Theil des Lehrgebäudes, welches der Staat für das Volk errichtet hat. Wir werden später sehen, dass es noch eine Menge anderer Lehr- und Schulanstalten gibt, die Privatunternehmungen sind und für deren Benützung die Schüler zahlen müssen, während in der freien Akademie der Unterricht für alle unentgeltlich ist. Die ganze Zahl der Studirenden, die seit der Errichtung der Akademie im Jahre 1849 bis zum Jahre 1862 hier aufgenommen worden sind, belief sich auf 3821, von denen aber nur 292 ihre vollen Studien beendigten und Diplome erhielten.

Die Zahl der Zöglinge ist mit jedem Jahre im Zunehmen und belief sich am Ende des Jahres 1864 auf 648. Als Schüler ist berechtigt aufgenommen zu werden, wer den Unterricht in einer Bezirksschule wenigstens 12 Monate genossen, ein gutes Zeugniss vorzuweisen hat, über 14 Jahre alt und geimpft ist. Behufs der Aufnahme muss der Kandidat die Prüfung in folgenden Gegenständen bestehen: Lesen, Schreiben, englische Grammatik, Arithmetik, Algebra, Geographie, Geschichte und Buchhaltung.

Die Lehrgegenstände, welche in der Akademie vorgetragen werden, sind:

1) Moral und Staats-Philosophie,
2) Alte Sprachen, griechisch und lateinisch,
3) Chemie und Physik,
4) Reine Mathematik, Algebra, Geometrie und Trigonometrie, Differential- und Integralrechnung, Logarithmen, Navigationslehre,

18

5) Angewandte Mathematik, Mechanik, Optik, Akustik, sphärische Astronomie, Civilingenieurkunst, Feldbefestigungslehre, Artilleriewissenschaft,

6) Geschichte, Rhetorik,

7) Neuere Sprachen: englisch, französisch, spanisch, deutsch und deren Literatur,

8) Naturgeschichte, Anatomie, Physiologie und

9) Zeichnen.

Der ganze Lehrkurs dauert fünf Jahre und ist in 4 Klassen eingetheilt. Es finden jährlich 2 öffentliche Prüfungen statt, nach der zweiten werden die dazu befähigten Schüler in die höhere Klasse übergeführt. Die Akademie hat das Recht, akademische Grade zu ertheilen durch Diplome als »Bachelors of science« oder »of arts«, dessgleichen den höheren Grad »Master of arts« oder »of sciences«, der unserem Doktortitel entspricht.

Ausser diesen Lehranstalten, die vom Staate und der Stadt unterhalten und desshalb öffentliche genannt werden, gibt es noch eine grosse Anzahl von Schulen und Collegien, sowohl für den ersten Elementarunterricht, als für die höchste wissenschaftliche Ausbildung, die von einzelnen Männern oder von Privatgesellschaften gestiftet sind und erhalten werden. Dazu gehören die sogenannten Universitäten und die höheren Fachschulen. Zu näherer Erklärung diene folgende Darstellung:

Es gehört zu den Eigenheiten des amerikanischen Volkes, dass es selbst die Initiative ergreift in allem, was zur Entwicklung und Bildung des Volksgeistes dienen kann. Die Regierung, von dem Volke mit executiver Gewalt betraut, hat nur dafür Sorge zu tragen, dass die Bestimmungen der Gesetze auch gesetzlich ausgeführt werden. Bei der unbeschränkten Gewerbefreiheit, welche der Staat jedem gestattet und bei dem Unternehmungsgeist, der dem Amerikaner eigen ist, haben einzelne Personen, die sich dazu befähigt fühlen, ihre Thätigkeit dem Studienwesen besonders zugewendet. Im Besitze der dazu erforderlichen Geldmittel, sei es nun eigenes Vermögen des Einzelnen oder einer Association von Mehreren, wendet man sich mit dem Gesuche, eine Hochschule stiften zu dürfen, an die Regierung. Das Programm, der Nachweis der Mittel und der unbescholtene Ruf der Unternehmer sind massgebend bei Ertheilung der Bewilligung (charter), für welche an die Regierung eine gewisse Abgabe zu erlegen ist. Im Besitze eines solchen »Charter« schreitet man nun zur Ausführung. Ein passendes Gebäude wird zu dem Zwecke eingerichtet; Büchersammlungen und alle erforderlichen Gegenstände werden angeschafft, Lehrer und Professoren werden angenommen. Während dessen wird in Zeitungen, auch in eigens dazu verfassten Schriften, in öffentlichen Versammlungen u. s. w. auf das im Werden begriffene Institut aufmerksam gemacht. Das Interesse dafür wird durch alle möglichen Mittel, in welchen die Amerikaner sehr erfinderisch sind, angeregt, besonders, wenn es glückt, einflussreiche Männer für dasselbe zu gewinnen, — und endlich tritt die neue Schöpfung in's Leben. Die Zweckmässigkeit der ganzen Einrichtung, die Vorzüglichkeit der Lehrer, die wissenschaftlichen Hilfsmittel, welche das Institut besitzt, die Vortheile, die es seinen Schülern bieten kann, bedingen den Ruf desselben, vorausgesetzt, dass seine Entstehung überhaupt Bedürfniss war. Auf diese Weise sind die verschiedenen höheren Lehranstalten unter den Namen: Hochschulen, Collegien, Universitäten entstanden. Die vorzüglichste derselben in den Vereinigten Staaten Amerika's ist

Die Universität Cambridge,

und da sie in ihrer inneren Einrichtung im Wesentlichen mit der von New-York übereinstimmt, so erlaube ich mir hier eine kurze Schilderung derselben zu liefern.

In dem kleinen Städtchen Cambridge in der Nähe von Boston, mit dem es durch eine Pferdeeisenbahn verbunden ist, befindet sich die Universität, die älteste von ganz Amerika. Ihr Charter datirt aus der ersten Colonialregierung vom Jahre 1642 und wurde später im Jahre 1650 erneuert. Die Universität besteht aus verschiedenen Abtheilungen und Stiftungen unter der Oberleitung eines besonderen Rathes, »the board of overseers«; dessen Mitglieder sind: der jedesmalige Gouverneur des Staates Massachusetts, zu welchem

Cambridge gehört, der Vicegouverneur, der Senatspräsident, der Sprecher des Hauses der Repräsentanten und der Secretär des Erziehungsrathes; ausserdem sind der Präsident und der Schatzmeister der Universität beständige Mitglieder dieses Rathes. Die eigentliche Universitätsbehörde besteht aus einem Präsidenten, 5 Mitgliedern und 1 Schatzmeister, die wie alle Beamte im Staate von ihren Mitbürgern gewählt werden. Der Präsident hat das Recht, die Versammlung zu berufen und zu leiten; er besitzt die executive Gewalt, alle von der Behörde gefassten Beschlüsse auszuführen.

Die verschiedenen Abtheilungen, aus der die Universität besteht, sind: das Harvard College, die theologische, juridische und medicinische Schule, die Lawrence-Stiftung und das astronomische Observatorium. Jede von diesen Anstalten hat ihre eigene Facultätseinrichtung mit einem Decan an der Spitze und ihre besonderen Statuten, sämmtlich sind sie aber wiederum der Universitätsbehörde untergeordnet.

Das Harvard-College für die wissenschaftliche Ausbildung junger Leute ohne eigentliches Fachstudium, ist eine Art höheres Lyceum, und nach seinem Gründer so benannt. Um aufgenommen zu werden, muss der Candidat folgende Prüfungen bestehen:

Latein (Virgil, Caesar's Commentare, Cicero).

Griechisch (Anabasis von Xenophon, die ersten drei Bücher der Iliade).

Mathematik, Geometrie, Geschichte und Geographie.

Ausserdem soll er ein gutes Sittlichkeitszeugniss über seinen bisherigen Wandel beibringen. Dessgleichen muss jeder Zögling, bei seinem Eintritt eine Geldverschreibung auf 500 Dollars hinterlegen, die von Zeit zu Zeit erneuert wird, und aus der die Kosten seines Aufenthaltes bestritten werden.

Die jährlichen Ausgaben für den Zögling bestehen in Folgendem:

für Unterricht, Benützung der Bibliothek u. s. w. .	104 Dollars
„ Zimmer	28 „
„ Beköstigung (Ferienzeit abgerechnet) . . .	240 „
Schulbücher	16 „
Extra-Ausgaben	2 „
Summe	390 Dollars.

Für Beleuchtung und Heizung der Zimmer wird noch besonders bezahlt.

Für arme Studirende gibt es hier 40 Stipendien von 100—300 Dollars jährlich. Doch werden solche nur für ein Jahr verliehen und jeder daran Theilnehmende muss von neuem wieder erwählt werden. Zöglinge, die nicht im College-Gebäude selbst Platz finden, werden in Privathäusern, die aber von der Universitätsbehörde dazu berechtigt sein müssen, eingemiethet. Jeder Zögling ist verpflichtet, die Wohnung anzunehmen, die ihm angewiesen wird. In solchen Fällen wird für ein Zimmer 50—150 Dollars jährlich, für Tisch 5 bis 7 Dollars wöchentlich gezahlt. Die Disciplin ist eine sehr strenge. Der Zögling darf ohne besondere Erlaubniss der Universitätsbehörde keine Waffen besitzen, weder Hund noch Pferd halten, während der Studienzeit kein Theater besuchen oder an dramatischen Vorstellungen theilnehmen, ebenso ist es ihm untersagt, ohne Begleitung eines Verwandten oder Vorgesetzten ein Hotel, Wirthshaus oder ähnliche öffentliche Orte zu besuchen, wo Bier, Wein oder Branntwein ausgeschenkt wird.

Die Zöglinge müssen jeden Morgen und an allen Festtagen dem Gottesdienste in der Kapelle beiwohnen. Das Studienjahr ist in zwei Hälften getheilt, jede von 20 Wochen. Dazwischen treten 2 Ferienzeiten ein, jede von 6 Wochen, in welchen die Zöglinge zu ihren Eltern oder Verwandten entlassen werden. Allgemeine Lehrgegenstände, die vorgetragen werden, sind: Latein, Griechisch, Englisch mit Rhetorik und Composition, französisch, deutsch, Mathematik, Physik, Astronomie, Chemie, Naturgeschichte, Moral und Philosophie, Geschichte, politische Oekonomie, Verfassung der Vereinigten Staaten und Religion. Ausserdem werden als Extragegenstände, die der Schüler nach eigenem Wunsche wählen kann: hebräisch, italienisch, spanisch, Geologie, Anatomie, Zoologie vorgetragen. Der volle Kurs dauert 4 Jahre und ist in 4 Lehrklassen eingetheilt, die freshmen, sophomore, junior und senior Klassen genannt werden. Eine hinlängliche Zahl Hilfslehrer sind als Repetenten und Aufseher angestellt, welche die Privatübungen, sowie die Aufführung der Zöglinge überwachen. Die Aufsicht ist eine sehr strenge und wird durch Nummern controlirt. Es ist ein eigenes Bureau vorhanden, in welchem für jeden Zögling ein Conto geführt wird über die guten und schlechten Nummern, die er sowohl in Fleiss als Aufführung erhält. Nach Verhältniss des Credit und Debet eines solchen Conto's, wie es auch hier echt kaufmännisch genannt wird, wird das Aufrücken des Zöglings zu einer höheren Klasse bestimmt und zugleich bildet dies Conto am Ende des Lehrkurses den Massstab für seine Fähigkeiten. Nach Beendigung der Studienzeit findet die grosse Prüfung statt; wenn der Zögling dieselbe besteht, so erhält er bei seiner Entlassung das Diplom als »Bachelor of arts«. Bei Fortsetzung seiner Studien kann er auch den Grad als »Master of arts« erlangen. Wer das College verlässt, ohne den ganzen Lehrcursus durchgemacht zu haben, erhält ein einfaches Zeugniss, dass er hier Schüler gewesen ist.

Die theologische Schule ertheilt den Unterricht in allen zur Theologie gehörigen Wissenschaften. Wer in dieselbe eintreten will, muss Bachelor of arts sein, oder sich einer diesem Grade entsprechenden Prüfung in den betreffenden Fächern unterwerfen. Bei der Aufnahme sind 200 Dollars für jährlichen Unterricht, Wohnung und Beköstigung zu erlegen. Die Studienzeit währt 3 Jahre. Die Studirenden werden im öffentlichen Reden geübt, die ältesten derselben predigen im Sommer abwechselnd in der Universitätskapelle. Nach Beendigung des vollen Lehrkurses werden sie bei tadelloser Aufführung ohne Schlussprüfung mit Diplom entlassen und sind zur Uebernahme jedes geistlichen Amtes berechtigt.

In der juridischen Schule besteht ein zweifacher Lehrkurs: der eine für allgemeine Jurisprudenz, der andere speciell für Handelsrecht. Dem Studenten steht die Wahl frei, falls er nicht beide absolviren will. Es findet bei der Aufnahme keine Vorprüfung statt. Der Candidat muss 19 Jahre alt sein, ein Zeugniss seiner guten sittlichen Aufführung beibringen und 200 Dollars im Voraus erlegen. Einmal wöchentlich werden praktische Gerichtsübungen abgehalten, in welchen ein voraus angekündigter Gerichtsfall von vier Studenten verhandelt wird. Der ganze Lehrkurs ist nur auf 2 Jahre berechnet. Das Diplom als »Bachelor of law« wird durch Zeugniss der Professoren über den fleissigen Besuch der Vorlesungen und Uebungen während der Studienzeit ohne besondere Schlussprüfung ertheilt. Nach dem eigenen Ausspruche der Vorgesetzten ist die Einrichtung der juridischen Schule in vieler Beziehung noch sehr mangelhaft und viele der Zöglinge gehen zur Fortsetzung ihrer Studien später nach Europa.

Die medizinische Schule ist in Boston etablirt. Zur Aufnahme in dieselbe bedarf es keiner Prüfung. Der Candidat muss 21 Jahre alt sein, ein Sittlichkeitszeugniss beibringen und die bestimmte Summe entrichten. Der volle Lehrkurs dauert 3 Jahre. Nach Beendigung desselben hat der Candidat eine von ihm verfasste schriftliche Abhandlung einzureichen. Disputationen über diese finden nicht statt. Er wird dann in allen Fächern der Heilkunst mündlich, schriftlich und am Krankenbette geprüft. Wenn er vor dem Beginne seiner Studien nicht Bachelor oft arts war, muss er sich ausserdem noch einer besonderen Prüfung in Latein und Experimentalphilosophie unterwerfen. Der Grad als Doctor der Medizin wird ihm nur durch Stimmenmehrheit der Professoren ertheilt. Die medizinische Schule hat den Ruf, die vorzüglichste in den Vereinigten Staaten zu sein; sie besitzt ausgezeichnete Lehrer, hat gute klinische Anstalten und reiche Sammlungen wissenschaftlicher Gegenstände.

Ausser den Lehranstalten für diese Fachstudien ist mit der Universität noch ein anderes Institut verbunden, das nach seinem Stifter die Lawrence-Gelehrten-Schule genannt wird. Es enthält besondere Katheder für höhere Mathematik, Chemie, Zoologie, Geologie (der berühmte Professor Agassiz hält hier seine Vorträge; er war jedoch auf einer wissenschaftlichen Expedition in Südamerika abwesend, als ich die Universität besuchte), Botanik, Physiologie, vergleichende Anatomie.

Die Studirenden wählen nach eigenem Gutdünken die Vorlesungen, welche sie besuchen wollen. Die Bedingungen der Aufnahme sind: das Alter von 18 Jahren, allgemeine Schulbildung und die Erlegung von 200 Dollars jährlich. Der Cursus ist für jedes dieser Fächer auf 1 Jahr eingerichtet. Es finden Prüfungen statt und der Abiturient erhält das Diplom als Bachelor.

Das astronomische Observatorium hat dieselbe Einrichtung, wie die anderen Schulen.

Im Jahre 1864 war die Zahl der Zöglinge im Har-
vard College 379,
Studirende der Theologie 17,
    „   „ Jurisprudenz 125,
    „   „ Medizin 216,
in verschiedenen anderen Fächern 72,
Astronomie 1,
Graduirte, die ihre Studien fortsetzten . . . . 9.

In Allem . . 819.

Das Studiensystem in der Universität ist dem alten englischen
nachgebildet. Der Schüler ist mehr auf Selbststudium hingewiesen,
als es in den meisten europäischen Universitäten der Fall ist. Der
Lehrer zeigt ihm eigentlich nur den Weg, den er zu gehen, und
die Mittel, die er anzuwenden hat, um sein Ziel zu erreichen. Die
Hilfslehrer (Monitors und Tutors) stehen dem Schüler durch specielle Anleitung bei, überwachen aber zugleich sowohl seinen täglichen Fleiss, als auch seine Aufführung. Es wird viel und oft
examinirt; dadurch wird der Schüler einigermassen zu anhalten-
dem Arbeiten gezwungen, weil jede Nachlässigkeit oder Versäum-
niss ihn zurückbringt und das Einholen des Versäumten später um
so grössere Anstrengungen kostet.

In dem Geiste des Amerikaners liegt ein ungemeiner Trieb
zur Thätigkeit und Arbeitsamkeit. Die Geschichte der Entstehung
seiner Nation ist noch jung und wirkt lebhaft auf ihn ein. Die Entschlossenheit und Beharrlichkeit der Voreltern, die über das Weltmeer hieher kamen, um im Kampfe mit einer rohen Natur und
gegen wilde Völkerstämme sich ein neues Vaterland zu gründen,
haben sich auf die Nachkommen bis zum heutigen Tage vererbt.
Von frühester Jugend ist der Amerikaner darauf hingewiesen, selbst
zu denken, selbst zu handeln, »take care of yourself« rufen ihm
Vater und Mutter zu; »to be a selfmade man« gereicht ihm zu
grösserem Ruhme, als dem Europäer das älteste Adelsdiplom; dazu
kommt noch eine richtige Berechnung des Gewinns und Verlustes bei
jeder Unternehmung, wie sie einer so grossen Handelsnation eigen ist.

Aus diesen Gründen finden wir bei dem jungen Amerikaner zwar kein so vielseitiges Wissen, keine so feine Politur und glatte Aussenseite, wie bei seinen Altersgenossen jenseits des Oceans, statt dessen aber viel häufiger einen gediegenen Kern von gründlichem Verständniss dessen, was er gelernt hat; ein richtigeres Auffassen der verschiedenen Lebensverhältnisse und eine praktische Verwendung seiner Kenntnisse. Aus diesen Grundeigenschaften erklärt sich auch der ausserordentliche Unternehmungsgeist des Amerikaners und die Beharrlichkeit, mit der er sein Ziel verfolgt. Er lässt sich nicht leicht durch Erfolglosigkeit oder durch Unglücksfälle von seinem Vorhaben abbringen. Durch anhaltendes Nachdenken und eine gewisse Zähigkeit und Ausdauer, jahrelang fortgesetzt, glückt es ihm oft, unter den schwierigsten Verhältnissen durchzuführen, was er angefangen hat. Misslingen seiner Pläne, grosse Verluste in Handels- oder anderen Unternehmungen, durch die der Amerikaner sich bisweilen zu Grunde richtet, entmuthigen ihn nicht, im Gegentheil wird ein solches Ereigniss für ihn ein Sporn, um von neuem mit seiner ganzen Kraft und Energie wieder von vorne anzufangen. Nicht selten sind seine Gläubiger diejenigen, die ihn dabei am kräftigsten unterstützen, in der richtigen Voraussetzung, dass er nur dadurch im Stande sein werde, sich wieder empor zu arbeiten und folglich auch ihre Verluste ersetzen zu können. Durch seine ganze Erziehungsweise und die allgemeinen Kenntnisse, die er besitzt und die er überall und in Allem zu verwerthen weiss, ist der Amerikaner vorzugsweise geeignet, das Verschiedenartigste zu ergreifen, ohne dafür speciell ausgebildet zu sein, und oft gelingt es ihm, in einer ihm bis dahin gänzlich fremden Sphäre nach einiger Uebung Unternehmungen auszuführen, welche ein Anderer unter ähnlichen Umständen nie gewagt hätte.

Zeitungen.

Von grösster Tragweite für die Volksbildung ist das Zeitungslesen. Man kann sich keinen Begriff machen von der allgemeinen Verbreitung desselben. Alles liest Zeitungen, Männer und Frauen, jung und alt. Die Zeitung ist dem Amerikaner eben so nothwendig, als das tägliche Brod. Im Hause wie auf Spaziergängen, auf Eisenbahnen und Dampfschiffen, überall, wohin er sich begibt, begleiten ihn die Zeitungen. Nicht bloss die politischen und socialen Verhältnisse im Staate, sondern Alles, was auf Handel und Industrie Bezug hat, lernt er täglich daraus kennen. Nur das Innerste des Familienlebens und selbst dieses nicht immer, ist der Oeffentlichkeit entzogen, sonst wird alles in den Zeitungen besprochen, und zwar oft mit einer Ungebundenheit und Rücksichtslosigkeit, wie nirgends sonst. Der kleinste Theil des amerikanischen Volkes beschäftigt sich mit Bücherlesen; dennoch findet man selbst in den unteren Schichten Interesse und Theilnahme für alle öffentlichen Angelegenheiten. Man hört oft den einfachen Handwerker und Arbeiter mit Einsicht und Verstand über Gegenstände urtheilen, die gewöhnlich weit über dem Gesichtskreise dieser Classen zu liegen pflegen. Dass der Missbrauch, durch Zeitungsartikel auf das Volk einzuwirken, um selbstsüchtige Parteizwecke zu erreichen, ebenfalls sehr allgemein ist, lässt sich nicht leugnen — und die Quelle, aus welcher der Amerikaner sein Wissen schöpft, ist selbstverständlich nicht immer die reinste.

In den Vereinigten Staaten wurden im Jahre 1863 4052 verschiedene Zeitungen und periodische Schriften gedruckt, und zwar in der enormen Auflage von 27,951,548 Exemplaren. In New-York erscheinen täglich 7 Hauptblätter ausser einer Unzahl von Flugschriften, die wie Eintagsfliegen entstehen und verschwinden. Im Jahre 1864—65 betrugen die Einnahmen von

Herald	1,095,000	Dollars,
Times	368,150	,,
Tribune . .	252,000	,,
Evening Post .	169,427	,,
The World	100,000	,,
Sun	151,079	,,
Express	90,548	,,

Summe 2,226,204 Dollars.

Weibliche Erziehungs-Anstalten.

In den weiblichen Erziehungsanstalten, die ebenfalls Privatunternehmungen sind, ist das System mit Modificationen, welche
die Natur und die Stellung des Weibes nothwendig machen, im
Wesentlichen dasselbe, wie in den männlichen. Von früher Jugend
nach rechtlichen Grundsätzen selbst zu denken und zu überlegen,
und die so gewonnenen Ansichten in allen Lebensverhältnissen
richtig anzuwenden, bildet ebenfalls die Grundlage des Erziehungs-
programmes für Frauen. Moral, Logik und Mathematik sind die
Hauptelemente des Unterrichtes. Die Stellung des jungen Mädchens in Amerika ist eine wesentlich von unseren europäischen
Begriffen verschiedene. Wenn der Knabe von frühester Jugend an
zur Selbstständigkeit erzogen wird, weil die politischen Institutionen des Landes es erheischen, so ist dieser Geist und das Gefühl
der Unabhängigkeit so allgemein im ganzen Volke verbreitet, dass
auch das weibliche Geschlecht im vollsten Masse daran theilnimmt.
Das junge Mädchen von 16 Jahren nennt sich eine freie Amerika-
nerin mit demselben Stolz und Selbstgefühl, wie der strengste
Republikaner. Ich habe einige solche reizende Kinder gekannt,
die, während sie dies aussprachen, einige Zoll höher wurden und,
indem sie ihr Köpfchen zurückwarfen, mit so erhabenem Bewusstsein herabschauten, als ob sie nur zum Herrschen geboren wären.
Das junge Mädchen wird als selbstständiges Mitglied in der Familie betrachtet und nimmt als solches an Allem Theil, was in
derselben vorgeht. Im Hause ihrer Eltern geniesst sie eine fast
unabhängige Stellung; in dem Umgange mit Männern wird sie nur
durch das eigene Gefühl der Schicklichkeit beschränkt. Dieses
Gefühl ist aber stark und massgebend in ihr ausgeprägt und gibt
ihr eine Würde, die so leicht Niemand zu verletzen wagt. Die
Gefühlsseite ist bei ihr weniger vorherrschend.

Sie kennt die Angelegenheiten des Staates eben so gut, wie
die Männer, wie jeder Andere im Hause liest sie täglich die Zeitungen, sie hat ihre eigenen politischen Meinungen, nimmt Partei

für oder wider eine öffentliche Angelegenheit und übt durch ihren Einfluss auf die Männer oft eine grössere Macht aus, als man vermuthen sollte. Bei alledem verleugnet sie nicht ihre weibliche Natur, und wenn auch die zarteren Empfindungen des Herzens bei ihr weniger entwickelt sind, so geben sie dafür um so seltener Anlass zu Verirrungen. Als Ehefrau ist ihre Herrschaft im Hause eine fast unumschränkte. Die Männer, die ihre ganze Zeit den Geschäften widmen, kümmern sich wenig um die inneren häuslichen Angelegenheiten. Diese werden von der Frau mit eben so viel praktischer Sachkenntniss als Pflichtgefühl und Würde geleitet. Die Amerikaner heirathen jung und das eheliche Verhältniss ist gewöhnlich ein glückliches.

Die Rücksichten, mit welchen die Männer in Amerika das weibliche Geschlecht behandeln, finden nirgends ihres gleichen; jedes weibliche Wesen wird Lady genannt und in diesem Worte liegt die Verpflichtung für den Mann, zuvorkommend und höflich zu sein. Ich habe Gelegenheit gehabt zu sehen, wie rohe Männer, im betrunkenen Zustande auf Eisenbahnen lärmend und tobend, plötzlich wie umgewandelt wurden, sich ruhig und anständig betrugen, als eine Lady in den Waggon eintrat. Ein junges Mädchen kann ohne Begleitung sich auf Reisen begeben, sich in jedem Hotel aufhalten, ohne befürchten zu müssen, beleidigt zu werden. Jeder Mann fühlt sich verpflichtet, ihr Schutz und Hilfe zu gewähren, wenn sie dessen bedarf. In den belebtesten Strassen von New-York, auf dem Broadway sicht man häufig Polizeibeamte den ganzen Strom von Reitenden, Gehenden und Fahrenden aufhalten, um einige Frauen von einer Seite der Strasse zur anderen hinüber zu begleiten. In den Eisenbahnwaggons oder in den Omnibussen wird jeder Mann, selbst der ungebildetste, aufstehen, um einer Frau Platz zu machen. Ich habe junge, elegant gekleidete Männer aussteigen sehen, um ihren Sitz einer Frau einzuräumen, die weder in ihrer äusseren Erscheinung, noch in ihrem Benehmen besonders liebenswürdig war. Die Frauen in Amerika, selbst die der niederen Klassen sind an solche rücksichtsvolle Behandlung so gewöhnt, dass sie dieselbe als ein ihnen zukommendes Recht fordern, ohne dass sie es der Mühe werth halten, dafür zu danken.

Selbst die weiblichen Dienstboten in den Familien machen Ansprüche, die schwer zu befriedigen sind. Eine Dame, die unlängst aus Europa angelangt und an diese Verhältnisse noch nicht gewöhnt war, erzählte mir: als sie eines Tages in ihr Toilettezimmer trat, fand sie ihre Kammerjungfer in einem Sessel sitzend mit der Zeitung in der Hand, ohne ihre Stellung bei dem Eintritte ihrer Gebieterin zu ändern; da letztere sie desshalb zur Rede stellte und ihr bemerkte, sie sei nicht gewöhnt, dass ihre Dienerin sitzen bleibe, wenn sie in das Zimmer trete und mit ihr rede, antwortete die Zofe: Madame, ich bin nicht Ihre Dienerin, ich bin Ihre Gehilfin (I am not your servant, Ma'm, I am your help).

In den meisten Familien werden die jungen Mädchen nur bis zum 12. — 14. Jahre im Hause behalten und dann in eine Erziehungsanstalt gegeben, wo sie bis zu ihrem 18. Jahre verbleiben. Eine der vorzüglichsten derselben ist die von Maplewood bei Pittsfield im Staate Massachusetts, in einer der schönsten und gesündesten Gegenden gelegen, 6 Stunden auf der Eisenbahn von Boston entfernt. Das Institut hat für die ersten Anfängerinnen eine vorbereitende Elementarklasse und 4 Klassen für höhere wissenschaftliche Ausbildung. Latein, Mathematik, Philosophie, Weltgeschichte, Geographie, Naturgeschichte, Chemie, Botanik, neuere Sprachen, Musik und Zeichnen sind die Lehrgegenstände. Religiöse und moralische Ausbildung im täglichen Leben machen einen wesentlichen Theil der Erziehung aus. Für Wohnung, Beköstigung und allgemeinen Unterricht werden jährlich 300 Dollars bezahlt. Die Ausgaben für speciellen Unterricht und verschiedene Extras belaufen sich ausserdem noch auf 150—200 Dollars. Das Institut besitzt schöne naturhistorische Sammlungen, ein kleines chemisches Laboratorium, mikroskopische und andere physikalische Apparate, durch welche der Unterricht praktisch erläutert wird. In sogenannten weiblichen Handarbeiten werden die Schülerinnen hier nicht geübt, auch findet kein Tanzunterricht statt, wohl aber werden täglich gymnastische Uebungen vorgenommen. Der volle Lehrkursus dauert 4 Jahre; bei der Entlassung erhält der Zögling ein Diplom über diejenigen Kenntnisse, in denen er sich besondere Fertigkeiten erworben hat.

Emancipation der Frauen.

Eine Frage, deren Erörterung seit einigen Jahren auch in Europa angeregt wurde, ist die Zulassung der Frauen zu den verschiedenen Fachwissenschaften in den Universitäten und hauptsächlich als Studenten der Medizin. In wie fern die Emancipation des weiblichen Geschlechtes von allen Beschränkungen, die Gesetz oder Sitte demselben auferlegt, der Gerechtigkeit entspricht, ist bis jetzt noch unentschieden. Die Stellung der Frauen in Amerika ist, wie schon gezeigt, eine in mancher Beziehung unbeschränkte. Die Gesetzgebung der verschiedenen Staaten legt ihnen, so viel ich weiss, kein Hinderniss in den Weg, sich für jeden Beruf, für den sie sich selbst befähigt glauben, auszubilden. Da nun aber die meisten Lehranstalten Privatunternehmungen sind, so hängt es gänzlich von den Bestimmungen der Vorstände eines jeden derselben ab, ob sie weibliche Studenten bei sich aufnehmen wollen oder nicht. In einigen medicinischen Schulen ist es gestattet, in anderen nicht. Es lässt sich vieles dafür und dawider anführen. Meines Erachtens liegt in der Verschiedenheit der Geschlechter zugleich die Verschiedenheit ihrer Bestimmung auf Erden, und ohne der Frau die geistige Befähigung abzusprechen, sich dasselbe Mass von Wissen aneignen zu können, als der Mann, glaube ich doch, dass was dem Manne selbst im strengsten moralischen Sinne in der Ausübung dieses Wissens zu unternehmen gestattet ist, dennoch sich nicht immer für die Frau eignet. Die ganze Natur, das Denken und Fühlen der Frau ist ein anderes, als das des Mannes; folglich muss naturgemäss auch ihr Handeln ein anderes sein. Wenn es einzelne Beispiele gibt, dass Frauen durch Muth und Tapferkeit in der Schlacht sich vor vielen tausend Männern ausgezeichnet haben, so folgt daraus noch nicht, dass die Frauen zur Conscription zugezogen werden müssen. Es gibt Frauen, die sich in einzelnen Wissenschaften und Künsten den höchsten Ruhm erworben haben, ob sie aber dabei nicht ihre eigentliche Bestimmung und ihre schönste Eigenschaft — ihre Weiblichkeit — eingebüsst haben, ist eine andere Frage.

Die Zahl der Frauen, die sich in Amerika dem ärztlichen
Stande widmen, ist nicht unbedeutend, obschon sie noch mit der
öffentlichen Meinung zu kämpfen haben, welche ihnen in dieser
Angelegenheit der Mehrzahl nach nicht günstig ist. In der medizinischen Schule der Universität New-York's werden keine weiblichen Studenten zugelassen. Seit dem Jahre 1847, in welchem
das erste junge Mädchen nach beendigtem Cursus in einem medizinischen College examinirt und als Doctor der Medizin promovirt
wurde, hat unter den Frauen die Neigung für dieses Fach bedeutend zugenommen. Um die Schwierigkeiten, die ihrer Aufnahme
als Studenten an den medizinischen Schulen entgegenstehen, aus
dem Wege zu räumen, wurde schon im Juli 1850 in Philadelphia
eine eigene medizinische Schule für weibliche Studenten errichtet,
mit einer vollständigen Facultät, aus den vorzüglichsten Professoren
und Lehrern bestehend.

Ungefähr 180 weibliche Studenten haben dieselbe bis jetzt
besucht, von denen 29 als Doctoren der Medizin promovirt wurden. Zu Boston ward im Jahre 1848 eine ähnliche Schule gegründet,
die von Beginn bis jetzt 120 Schülerinnen zählt, von welchen derzeit 8
in Boston practiciren. In den medizinischen Schulen von Rochester,
Cincinnati, Cleveland, Ohio und Chicago werden ebenfalls weibliche
Studenten gleichmässig mit männlichen zugelassen; die Zahl aller
weiblichen Aerzte, die in den verschiedenen Städten die Praxis ausüben, mag schon über 100 betragen. So viel ich Gelegenheit gehabt habe, Erkundigungen über diesen Gegenstand einzuzichen,
ist die Praxis der weiblichen Aerzte, wenigstens in New-York,
bis jetzt noch eine sehr beschränkte, und obschon sie wohl nur
Frauen und Kinder behandeln, ist die Concurrenz mit den männlichen Aerzten für sie noch eine sehr ungünstige. Nur die Doctoren Elisabeth Blackwell, ihre Schwester Emilie, und Marie
Sakerszewska, die in Paris, London und Berlin ihre Studien ver-
vollkommnet haben, gehören zu den Frauenärzten in Amerika, welche
einen besondern Ruf erlangt haben. Besonders die erste, Dr. Elisabeth Blackwell, deren persönliche Bekanntschaft ich gemacht
habe, ist unermüdlich bestrebt, ihrer Ansicht von dem grossen
Nutzen der weiblichen Aerzte Anerkennung zu verschaffen. Sie

hat diesen Gegenstand in einigen kleinen Schriften mit vielem Scharfsinn behandelt. Nachdem sie durch ihr eigenes und Anderer Beispiel die Befähigung der Frauen, Medizin zu studiren, darge-than hat, sucht sie mit einleuchtenden Gründen zu beweisen, dass weibliche Aerzte in vieler Beziehung geeigneter sind, kranke Frauen und Kinder zu behandeln, (und auf diese Praxis beschränkt sich ihre Thätigkeit) als männliche Aerzte. Ausserdem gibt sie noch zwei andere Richtungen an, in denen weibliche Aerzte Besonderes zu leisten im Stande wären, und zwar in der Ausbildung von Krankenpflegerinnen und in der Verbreitung richtiger Ansichten und Begriffe von hygienischen Gegenständen unter Frauen. Wenn das Vorurtheil gegen das Studium der Medizin von Seiten der Frauen überwunden sein wird, dann, meint sie, werden Hausfrauen und Mütter durch Sachkundige ihres eigenen Geschlechtes viel leichter die Ueberzeugung von der grossen Wichtigkeit der zur Wahrung des physischen und dadurch zum Theil auch des moralischen Wohles ihrer Angehörigen beitragenden Massregeln gewinnen. Die Mutter soll der natürliche Wächter der Gesundheit ihrer Kinder und ihres ganzen Hausstandes sein. Zwar ist kein Mangel an Schriften, welche diesen Gegenstand schon behandeln, aber es lässt sich wohl denken, dass der Einfluss eines weiblichen Arztes, der sich das Vertrauen der Hausmutter erworben hat, eindringlicher und über-redender wirken kann, als der eines Mannes. Wie viel die Ver-breitung nützlicher hygienischer Kenntnisse unter Frauen zum Wohle ihrer Familien beizutragen im Stande wäre, ist ein Gegen-stand, der bis jetzt nicht hinlänglich beachtet worden ist.

Die Gesundheitsverhältnisse.

New-York sollte durch seine Lage, sein Clima und die kräf-tige Race seiner Bewohner zu den gesündesten Städten gehören, was aber nicht der Fall ist. Die Sterblichkeit ist sehr be-deutend und steigert sich in dem Masse, als die Bevölkerung zunimmt. Im Jahre 1863 starben von 900,000 Einwohnern 25,196. In allen grossen Städten, in denen die Menschen sich massenhaft zusammendrängen, entstehen ungünstige Gesundheitszustände; einige Ursachen derselben sind ihrer Entstehung nach nicht abzuändern, andere jedoch durch geeignete Massregeln zu verbessern oder gänzlich zu heben, und zwar können selbst solche Krankheitsursachen, die absolute Folgen des Klimas oder der Lage der Stadt sind, wenn auch auf indirekte Weise in ihren Wirkungen geschwächt werden. Hauptsächlich ist es die Uebervölkerung gewisser Stadttheile, der Mangel an hinlänglichem und gesundem Trinkwasser und die unzureichende Sorge für Reinlichkeit, welche den Gesundheitszustand in New-York gefährden. Die Zunahme der Bevölkerung steigert sich dermassen, dass das Unterkommen der weniger Wohlhabenden schon sehr erschwert ist und auf ein Minimum von Raum beschränkt werden muss. Die Armen, deren Zahl eine bedeutende ist, sind in Gebäuden zusammengepfercht, wo die natürlichen Bedingungen des Lebens, Licht und Luft, fast gänzlich fehlen und aus diesem einen Grunde sind sie schon dem Siechthum verfallen. Die Schilderung des tiefen Elendes, in welchem Tausende von Menschen ihr Dasein fristen, will ich dem Leser ersparen. Der Friede hat wie der Krieg seine Siege aber auch ebenso seine Verluste an Menschenleben, u. z. sind diese viel bedeutender, weil sie anhaltend und täglich sind. Um einen Begriff von der Uebervölkerung New-York's zu geben, will ich nur Folgendes anführen: Nach einem genauen Berichte von 1864 wohnen in 15,300 Miethshäusern 495,592 Menschen, von denen 15,309 in Kellerräumen untergebracht sind. Der Flächenraum, den diese Wohnungen einnehmen, beträgt ungefähr 2 englische Quadratmeilen, es kommen also über 240,000 Menschen auf die Quadratmeile, die nicht unbedeutende Zahl derer abgerechnet, welche ohne Obdach auf den Strassen, in Winkeln, Scheunen, Ställen und auf Böden ihr Nachtlager aufsuchen. In London findet man in den meist übervölkerten Stadttheilen, the East District, 175,816 auf eine englische Quadratmeile, also 65,000 weniger, als in New-York. Dass physisches und moralisches Verderben sich aus diesem engen Zusammendrängen einer solchen Volksmasse entwickeln muss, lässt sich wohl begreifen.

Der Hauptbedarf an Trinkwasser wird von dem Crotonfluss, ungefähr 40 Meilen von New-York, zum Theil in unterirdischen Kanälen hergeleitet. Das grosse Reservoir auf Yorkshill im Centralpark gelegen, ist 20 Fuss tief und kann 150 Millionen Gallons Wasser enthalten. Ausser dem Crotonflusse, der zu diesem Zwecke durch einen Damm aufgestaut ist, wird das Wasser von 31 verschiedenen Seen und Teichen in einem Areal von 352 Quadratmeilen dazu verwendet. Trotz dieser bedeutenden Wassermasse ist die Stadt dennoch nicht hinlänglich in allen ihren Theilen mit Wasser versehen; auch ist das Wasser nicht zu allen Zeiten rein. Eine Anzahl von Brunnen werden ebenfalls in der Stadt benützt; das Wasser vieler derselben ist aber schädlich. Durch chemische Untersuchung ist nachgewiesen, dass in einem Gallon 48 und mehr Gran fauliger fester Substanzen enthalten sind.

Die grosse Unreinlichkeit, die in den übervölkerten Häusern, in den Höfen derselben und in den engen Strassen herrscht, wird ausserdem noch durch die höchst mangelhafte Einrichtung der Aborte, Abzugskanäle und Strassenrinnen vermehrt, dann durch die Menge Schlachthäuser im Innern der Stadt, deren Zahl sich auf 173 beläuft. Einen wichtigen Beitrag zum Verderben der Luft liefert die schlechte Beschaffenheit des zur Beleuchtung verwendeten Gases. Dass Siechthum, Armuth, Laster und Verbrechen als nothwendige Folgen solcher wesentlichen Mängel entstehen müssen, würde nicht schwer zu beweisen sein. Die Gefahr, die aus einem derartigen verwahrlosten Zustande eines Theiles der Bevölkerung zugleich für die wohlhabenden Klassen hervorgeht, schwebt wie ein Damoklesschwert beständig über deren Häuptern und steigert sich hauptsächlich bei dem Ausbrechen epidemischer Krankheiten. Unter den Armen nistet sich der Würgengel der Seuchen ein, und wenn er unter ihnen aufgeräumt und diejenigen vom Leben befreit hat, für die dasselbe eine Last war, dann tritt er als Rächer unter die Wohlhabenden und bestraft die Gleichgiltigkeit und Fahrlässigkeit, welche das Elend unter ihren Mitmenschen hat aufkommen lassen. Der Tod tritt auch an sie heran, oder sie erleiden durch Unterbrechung und Stockung des Handels und der Gewerbe Verluste, die weit grösser sind, als die Geldopfer gewesen wären, mit welchen sie das hereinbrechende Unglück wenigstens zum Theil hätten abwehren können.

Es fehlt dem Amerikaner nicht an Wohlthätigkeitssinn; die

enormen Opfer, die von dem ganzen Volke in dem letzten Kriege gebracht wurden, sprechen dafür. Wenn daher für diese dringliche Angelegenheit bisher weniger gethan worden ist, als die Nothwendigkeit verlangt, so geschah diess nur, weil man noch nicht allgemein die Ueberzeugung von der grossen Dringlichkeit und Wichtigkeit des Gegenstandes erlangt hat. England ist dasjenige Land, welches in der Uebervölkerung einiger seiner grossen Fabrik- und Handelsstädte New-York am nächsten kommt, und auch dort ist man erst seit wenigen Jahren durch besondere Veranlassungen auf die drohende Gefahr aufmerksam geworden und hat angefangen, Vorkehrungsmassregeln zu treffen. Auch in Amerika folgt man jetzt diesem Beispiele und der Erfolg ist in kurzer Zeit schon ein so günstiger gewesen, dass dadurch der Beweis von dem unberechenbaren Nutzen einer zweckmässigen Sanitätsorganisation geliefert worden ist.

Die Sterblichkeitsverhältnisse in den früheren Jahren waren

$$
\begin{array}{ll}
\text{in London} & 1:20 \\
\text{„ Liverpool} & 1:28 \\
\text{„ New-York } . . & 1:32\,^1\!/_2 \\
\text{„ Philadelphia } . & 1:39
\end{array}
$$

Seitdem Sanitätsmassregeln gesetzlich eingeführt, besserte sich das Verhältniss folgendermassen:

$$
\begin{array}{ll}
\text{in London } . . . & 1:45 \\
\text{„ Liverpool } . & 1:44 \\
\text{„ New-York } . . & 1:46\,^1\!/_2 \\
\text{„ Philadelphia } . & 1:57
\end{array}
$$

Es ist statistisch nachgewiesen, dass die Sterbefälle in New-York sich um 30% vermindern liessen, wenn alle die Ursachen entfernt würden, deren Hebung im Bereiche der Möglichkeit liegt. Da nun zugleich dargethan ist, dass 28 Krankheitsfälle auf einen Sterbefall kommen, so würden dadurch also 200,000 Krankheitsfälle weniger vorkommen; welche Consequenzen lassen sich daraus ziehen! Die auffallende Besserung in dem Sterbeverhältnisse in New-York in den letzten Jahren, ist ohne Zweifel nur der grösseren Sorgfalt zuzuschreiben, die man den Auswanderern zuwendet und zwar den gesunden wie den kranken. Sehr oft brachten dieselben den Typhus mit an das Land, und fielen nicht bloss selbst zum Opfer, sondern

19*

verbreiteten oft auch durch Anstockung diese bösartige Krankheit in den ärmeren Stadttheilen.

Erst im Jahre 1864 hat sich in New-York der Bürgerverein »Citizens' Association« gebildet, der sich die Förderung des physischen und moralischen Wohles seiner Mitbürger zur Aufgabe macht. Von dem Grundsatze ausgehend, den schon Franklin ausgesprochen hat: »public health is public wealth«, entwickelt dieser Verein seine ganze Thätigkeit auf diesem Felde. Eine eigene Commission von Aerzten unter dem Namen »Council of hygiene and public health« unterstützt durch ihre Fachkenntnisse den Verein in seinen Bestrebungen. New-York ist in 29 Distrikte eingetheilt, für jeden derselben ist 1 Inspektor ernannt (ich muss bei dieser Gelegenheit wiederholen, dass alle solche Unternehmungen freiwillig sind und die Mitglieder für die Ausübung ihrer Pflichten keine Besoldung erhalten). Die erste Aufgabe dieses Vereins war, sich eine genaue Uebersicht über alle Gegenstände, die auf das öffentliche Gesundheitswesen Bezug haben, zu verschaffen. Zu dem Ende werden von den Inspektoren in ihren betreffenden Distrikten folgende Untersuchungen auf das Genaueste angestellt:

a) Beschaffenheit des Bodens, künstliche und natürliche Drainage, allgemeine Unreinlichkeitsursachen, Zustand und Beschaffenheit der öffentlichen Gebäude, Kirchen, Schulen, Theater sowie anderer Vergnügungsorte, vorwaltende Beschäftigung und Charakter der Bewohner.

b) Beschaffenheit der Höfe, Strassen, Plätze, Rinnen und Abzugskanäle, des Strassenpflasters, und deren Reinhaltung.

c) Specielle Untersuchung der Wohnhäuser, ihrer Lage nach Norden, Süden u. s. w., ihrer Höhe, Baumateriale, der Zahl der Thüren und Fenster, der Ventilation, Abtritte, Wasserversorgung, der Zahl der Bewohner und ihrer Verhältnisse, der Kellereinrichtungen.

d) Vorherrschende Krankheiten, ihre Charakter- und Sterbeverhältnisse.

Die Berichte werden wenigstens einmal wöchentlich abgestattet. Allgemeine Berathung findet jede Woche einmal statt. Durch Erfahrung überzeugt, dass gesetzliche Bestimmungen und polizei-

liche Massregeln allein nicht hinreichend sind, die rohe Masse zu
besserem Verständniss ihres eigenen Wohles zu bringen, sucht
man durch Aufsätze in Zeitungen und durch kleine populäre Schriften, die unentgeltlich unter das Volk vertheilt werden, nützliche
Kenntnisse über alles, was auf Gesundheitspflege Bezug hat, zu
verbreiten, und dadurch dem gemeinen Manne einleuchtend zu
machen, dass eine kräftige Gesundheit das Grundcapital ist, wodurch er sich und die Seinigen erhält. Reine Luft, Licht und
Wasser sind die wichtigsten Elemente dafür, ohne welche selbst
die stärkste Gesundheit zu Grunde geht. (Es hat Jemand behauptet, dass die Civilisation eines Volkes sich nach dem Quan-
tum Seife, das es verbraucht, berechnen liesse.)

Die Ausführung dieser Arbeiten, die mit den grössten Schwierigkeiten verbunden ist, hat bis jetzt fast die ganze Thätigkeit der
Commission in Anspruch genommen, und erst wenn das Material
vollständig gesammelt sein wird, können die Mittel berathen, angeschafft und verwendet werden, um den wohlthätigen Zweck, den
sich die Commission gestellt hat, zu erreichen, und dazu gehören
vor Allem reinliche, luftige Wohnungen, sei es nun in gemein-
schaftlichen, grossen Gebäuden oder in einzelnen abgesonderten
kleinen Häusern. Die Frage, welches von diesen beiden Systemen
den Vorzug verdiene, wird jetzt noch von allen Seiten erörtert
und man ist daher noch zu keiner Entscheidung gekommen.

Ausser den auf den Inseln gelegenen Hospitälern und Heilanstalten, die schon besprochen worden sind, befinden sich in der
Stadt New-York selbst eine Menge grösserer oder kleinerer Institute zur Aufnahme und Verpflegung von Kranken und Bedürftigen.
Zu den wichtigsten derselben gehören:

Das Stadthospital auf Broadway, welches schon im
Jahre 1770 gegründet wurde und seinen Charter von Georg III. erhielt. Es hat 500 Betten, die grösstentheils mit Seeleuten und
Arbeitern von den Schiffswerften, in deren Nähe das Spital liegt,
belegt werden. Es sind wöchentlich von einem Mann 4 Dollars, von
einer Frau 3 zu zahlen, doch gibt es ein Viertel Freibetten. Es
kamen im Jahre 1864

in Behandlung   3370 Kranke,

davon wurden geheilt . 1865,

starben . . . . . . 399.

Das Bloomendal Asylum für Irre steht unter derselben Behörde, wie das oben benannte Hospital;

in demselben waren in Behandlung 281 Irre

entlassen. . { geheilt . . . 52 „

gebessert . . 30 „

ungebessert . . 12 „

gestorben . . . . 17 „

Die Bezahlung variirt von 6 bis 30 Dollars wöchentlich. Es darf Niemand in demselben ohne Beibringung eines Zeugnisses aufgenommen werden, das von einer Magistratsperson und von zwei bekannten Aerzten über den wirklich geisteskranken Zustand des Aufzunehmenden ausgefertigt sein muss.

In New-York befinden sich ferner zwei Augenhospitäler, in denen die Aufnahme unentgeltlich geschieht. Ueber 8000 Augenkranke wurden hier im letzten Jahre behandelt.

Mit Bellevue Hospital, das im Jahre 1826 gegründet, 1200 Betten hat, im letzten Jahre 7491 Kranke aufnahm, von welchen 5997 entlassen wurden und 846 gestorben sind, ist ein medicinisches College verbunden, das zu den besten in den Vereinigten Staaten gehört.

St. Lucks Hospital, 1858 eröffnet, ist mit den neuesten, verbesserten Hospitaleinrichtungen versehen, es wird ungemein rein und luftig gehalten und ist eines der vorzüglichsten Hospitäler, die ich je gesehen habe. Die ganze innere Einrichtung trägt mehr den Charakter einer Privatwohnung, als den eines Hospitals. Für jeden Kranken wird monatlich 24 Dollars gezahlt. Im Verlaufe des Jahres waren

aufgenommen 737

geheilt entlassen . . 374

gestorben 116

Die grosse Sterblichkeit erklärt sich durch die Menge rettungsloser Fälle, die in diesem Jahre ausnahmsweise vorkamen. — Es enthält 23 Freibetten.

Das St. Vincent Hospital (1849 errichtet) wird gänzlich von

den Schwestern dieses Ordens verwaltet. Es hat 150 Betten, Männer zahlen 5 Dollars, Frauen 4 Dollars wöchentlich.

Aufgenommen waren in diesem Jahre 882 Kranke

geheilt und gebessert . . . . . 604 „

gestorben . . . . 133 „

Ausserdem gibt es verschiedene Frauenhospitäler, für Wöchnerinnen und Kinder, die von Damen-Comités verwaltet werden. Gegen 5000 kranke Kinder wurden im Laufe des Jahres hier behandelt.

Das Judenhospital (1854) mit 402 Kranken, davon geheilt und gebessert 336, gestorben 30.

Das Negerhospital für Erwachsene hatte 605 Kranke, geheilt 287, gestorben 103.

Ein anderes für Negerkinder.

Die grösste ärztliche Thätigkeit entwickeln die sogenannten »Dispensatorys«, sowohl durch ärztliche Behandlung in- und ausserhalb der Anstalten, als durch unentgeltliche Verabfolgung von Medicamenten und Verpflegungsgegenständen verschiedener Art. Im Jahre 1864 wurden auf diese Art behandelt:

Im New-York-Dispensatory .	36,068	Kranke
Im Nord-Dispensatory . .	3,751	„
in ihren Wohnungen . .	2,144	„
Im Ost-Dispensatory . . .	25,864	„
in ihren Wohnungen . .	5,316	„
geimpft wurden	2,805	„
Im Nordwest-Dispensatory .	8,516	„
in ihren Wohnungen . .	2,040	„
Im Nordost-Dispensatory .	4,334	„
in ihren Wohnungen . .	937	„
geimpft	162	„

Die Gesammtzahl aller in dieser Anstalt Hilfesuchenden soll sich jährlich auf ungefähr 80,000 belaufen. Ausser den genannten Instituten besitzt New-York noch eine grosse Zahl Kleinkinderbewahr- und Verpflegungs-Anstalten, dann ein Blinden- und Taubstummen-Institut.

Einen besonderen Ruf hat sich das Colton'sche zahnärzt-

liche Institut erworben (the Colton dental association). Alle Zahn-
operationen werden unter dem Einflusse des nitrat ammonium
Gases gemacht, welches die Amerikaner das Lachgas (laughing gas)
nennen, weil es ausser seiner narkotischen Wirkung, welche gegen
jeden Schmerz unempfindlich macht, während der Operation
ein eigenes, wonniges Gefühl verursacht, dessen der Operirte nach
dem Erwachen sich noch mit Behagen erinnert. In demselben
Zimmer, wo die Operationen vorgenommen werden, liegt ein grosses
Buch auf, in welches die Zahnlosen gleich nach der Operation ihre
Bemerkungen niederschreiben. Einige von denselben scheinen noch
unter dem Einflusse des Gases geschrieben worden zu sein. So
las ich z. B.: »Ich weiss nicht, was grösser ist, der Schmerz, des-
senthalben ich den Zahn ausreissen liess, oder die Wonne, die ich
dabei empfand.« — »Das Laughing gas ist kein humbug, aber der
Zahnschmerz ist es dadurch geworden.« — »Es thut mir leid, dass
die Operation nur so kurz dauerte.« — »Ich habe nie eine ange-
nehmere Empfindung gehabt, als während Herr Colton mir 4 Zähne
ausriss« u. s. w.

Die Bereitung des Gases geschieht folgendermassen: 1 $\frac{1}{4}$ Pfd.
Nitrat. ammoniae wird in eine Glasretorte gethan und durch eine
Spirituslampe zum Schmelzen gebracht, wozu eine Hitze von 400⁰
Fahrenheit erforderlich ist. Die sich entwickelnden Dämpfe werden durch eine Röhre in ein nebenstehendes Glasgefäss geleitet,
welches mit warmem Wasser gefüllt ist, das dann von dem ein-
strömenden Gase ausgetrieben wird. Man lässt das Gas 4 Stunden stehen, ehe man es zum Einathmen verwendet. Wenn es rein
ist, muss es beim Einathmen ein angenehmes Gefühl in den Lungen hervorbringen, reizt es dagegen zum Husten, dann ist es un-
rein. Zu der Verwendung bei den Operationen wird es in einen
Kautschukschlauch geleitet, der mit einer Röhre und einem Mundstück versehen ist. Für einen Mann sind 6 Gallons, für eine Frau
3—4 Gallons nöthig. Nachdem man durch ein starkes Ausathmen
die Luft aus den Lungen entfernt hat, wird das Mundstück an
den Mund gebracht. Der Operateur drückt dem Einathmenden
die Nase zu und dieser athmet nun das Gas in langen Zügen in
sich hinein. In $\frac{1}{2}$ oder $\frac{3}{4}$ Minuten tritt unter schnarchendem

Athemholen der anästhetische Zustand ein und dauert ungefähr ½ Minute. Es wird versichert, dass niemals unangenehme, noch weniger gefährliche Folgen nach dem Gebrauch dieses Gases, wenn mit Vorsicht angewendet, entstehen und es verdient desshalb den Vorzug vor allen anderen betäubenden Mitteln. Es ist hier seit einigen Jahren in vielen tausend Fällen angewendet worden, ohne dass ein einziges mal eine unangenehme Wirkung eingetreten wäre.

Die Zahl der promovirten Aerzte, die in New-York ansässig sind, beläuft sich auf ungefähr 643, wozu 133 kommen, welche Homöopathie ausüben. Dann gibt es aber noch eine ziemlich bedeutende Zahl Personen beiderlei Geschlechts, die unter verschiedenen Namen und durch verschiedenartigste Mittel sich mit dem Curiren abgeben. Da jeder das Recht hat, über seine eigene Gesundheit zu verfügen, wie er will, so überlässt man es auch jedem, Hilfe zu suchen, wo er sie zu finden glaubt. Trotz dieser Berechtigung ist die Zahl der Heilpfuscher und Quacksalber in New-York nicht grösser, als in den Grossstädten Europa's, wo die Gesetze zwar dawider, aber Unwissenheit und Aberglaube dafür wirken.

Religion.

In Beziehung auf Religionsunterricht, Religiosität und Kirchenwesen herrscht eine Toleranz, die fast an Gleichgültigkeit grenzt. In der Verfassung von 1777 ist die vollständigste Glaubens- und Religionsfreiheit ausgesprochen. Jeder kann glauben oder nicht glauben, wie er will. Um zu einem öffentlichen Amte zu gelangen, wird kein besonderes Religionsbekenntniss gefordert, eben so wenig bei der Aufnahme in Schulen und Collegien. In dieser Beziehung sind die Bewohner der Nordstaaten wesentlich von dem strengen Puritanerthume ihrer Vorfahren abgewichen. Die moralischen Begriffe von Recht und Unrecht, von sittlich und unsittlich sind in Nordamerika vielleicht durchgehends nicht weniger verbreitet, als in Ländern, wo strenge kirchliche Zucht herrscht, aber tiefe Religiosität und orthodoxer Glaube scheinen im Volke wenig vorhanden zu sein. Es gibt nicht nur keine Staatsreligion, sondern auch keinerlei gesetzliche Verpflichtung, irgend einer Kirche anzugehören. Die Religion ist dem Amerikaner ein Conto, welches er mit Gott allein abzumachen hat und in das er Niemand gestattet, sich einzumischen; er gehört dieser oder jener Kirche an, wie er Mitglied in diesem oder jenem Club ist; er zahlt seinen Beitrag und erfüllt die Statuten, weil er sie selbst gegeben hat und Ordnung sein muss. Viel weiter geht er aber in seinem Kirchenbegriff nicht. Jeder, der Lust und Mittel dazu hat, kann eine Kirche bauen, wie er ein jedes andere Haus aufführen kann, und wenn er sich dazu befähigt glaubt, kann er auch darin predigen. Wenn aus dieser Unbeschränktheit kein grösserer Unfug entsteht, als wirklich der Fall ist, so liegt das theils in dem gesunden Sinne des Volkes, das so ziemlich richtig über alles urtheilt, was ihm geistig und leiblich zusagt, anderntheils und hauptsächlich in der Oeffentlichkeit, mit der auch religiöse Gegenstände hier behandelt werden. Nach hiesigen Begriffen unterliegt Alles was im echten, wahren christlichen Glauben begründet ist, keinem Zweifel und kann daher auch kein Gegenstand zu Streit und Uneinigkeit werden. Unfug und Missbrauch in kirchlichen Angelegenheiten werden wie jeder andere Gegenstand vor das Forum der Oeffentlichkeit gezogen und dort gerichtet.

New-York hat 2 geistliche Seminarien, in denen junge Priester gebildet werden. Man findet unter den Geistlichen viele ausgezeichnete Männer, die der Stolz einer jeden Gemeinde sein würden, aber der geistliche Stand im Allgemeinen ist kein so ausschliesslicher, wie in anderen Ländern, und es kommt nicht selten vor, dass ein Prediger sein Amt niederlegt und ein anderes Geschäft anfängt, das er für zuträglicher hält. (General Pope, einer der ausgezeichnetsten Militärs in der conföderirten Armee, war in der Militärakademie zu West-Point erzogen, studirte nachher Theologie, wurde Priester und später zum Bischof ernannt. Als der Krieg ausbrach, verliess er die Kanzel, zog in's Feld, wurde General und starb als solcher auf dem Schlachtfelde.)

Der grösste Theil der Einwohner New-York's gehört zur protestantischen bischöflichen Kirche; ausserdem sind aber noch alle Sekten, in die sich die christliche Kirche zersplittert hat, vertreten.

Man findet Papisten, Presbyterianer, Unitarier, Methodisten, Ana-
baptisten u. s. w. Es sollen über 300 Kirchen in New-York sein
und ausserdem 12 Synagogen.

Die politischen Verhältnisse.

Für diejenigen, welche mit den politischen Verhältnissen der
Vereinigten Staaten nicht bekannt sind, erlaube ich mir, eine kurze
Schilderung der wichtigsten Gegenstände, die darauf Bezug haben,
zu geben.

Jeder von den 34 Staaten, die zur Union gehören, hat seine
eigene, vom Volke gewählte unabhängige Regierung. Jeder Staat
hat dieselben Behörden mit derselben Machtvollkommenheit und
demselben Geschäftsgang, wie die Unionsregierung, nur mit Ausnahme einiger ausschliesslich dieser Centralregierung vorbehaltenen
Verwaltungsgegenstände; es sind dies das Kriegswesen, die Marine,
die Posten und die Münzen, welche für alle Staaten gemeinschaftlich
geleitet werden. In Folge dessen besteht die Regierung jedes einzelnen Staates aus dem Gouverneur und denjenigen Staatsbeamten, welche
die ausübende, gesetzgebende und richterliche Gewalt in Händen
haben. Jeder Staat hat seinen eigenen Senat und sein Abgeordnetenhaus, in welchem die Deputirten des Volkes im Namen desselben die
Gesetze erlassen. Der Gouverneur ist in dem Einzelstaate, was
der Präsident in der Union, der erste Beamte, von dem Volke mit
der executiven Gewalt beauftragt und desshalb beginnt jedes Gesetz mit den Worten: »das Volk des Staates N., repräsentirt im
Senate und in der Volksversammlung, beschliesst« u. s. w. (the
people of the state represented in senate and assembly do enact
as follows . . .).

Das Wahlrecht ist in allen Staaten mit wenigen Abänderungen
dasselbe. Der Gouverneur und die höheren Staatsbeamten werden
gewöhnlich auf 1 Jahr gewählt, doch ist dies in einigen Staaten
verschieden. In New-York gilt die Wahl für zwei Jahre, in
Pennsylvanien für vier. Trotzdem, dass die allgemeine Verfassung
jedem Staate das Recht einräumt, in allen seinen inneren Ange-

legenheiten, mit Ausnahme der oben benannten, eine selbstständige souveräne Regierung auszuüben, sind doch Conflicte der Unionsregierung und der Einzelstaaten nicht zu vermeiden. Im Verlaufe der Zeiten ist die Entwicklung der Einzelstaaten so mächtig geworden, und ihre Interessen sind so weit auseinander gegangen, dass Misshelligkeiten herbeigeführt worden sind, die noch durch leidenschaftliche Parteiführer vergrössert, zur Entstehung des letzten furchtbaren Krieges die Veranlassung gegeben haben, und selbst jetzt, nachdem der Krieg beendet, liegt die grösste Schwierigkeit der Verwickelung der staatlichen Verhältnisse in der verschiedenen Auffassung von der Unabhängigkeit der Einzelstaaten der Union. Die Verfassung von 1777 hatte einen ähnlichen Zustand nicht vorhergesehen, und die einzelnen Bestimmungen, welche man auf einen solchen beziehen könnte, sind nicht klar und präcis genug. Man wird genöthigt sein, wesentliche Aenderungen in der Verfassung vorzunehmen; da nun aber solches nur durch Uebereinstimmung von ²/₃ aller Staaten geschehen kann, die Südstaaten aber nach dem Kriege bis jetzt noch nicht in dem Congresse zugelassen worden sind, so kann gesetzmässig in der Verfassung keine Aenderung stattfinden. Das Dilemma, in welchem sich der Congress von 1865 befindet, besteht darin: entweder betrachtet man die Südstaaten, mit denen man Krieg geführt, als ausserhalb der Union stehend, dann muss ihnen überlassen werden, ob sie die ohne ihre Zustimmung gemachten Veränderungen annehmen wollen oder nicht, — oder man betrachtet sie als integrirende Theile der Union, dann kann ihnen das Stimmrecht nicht entzogen und müssen ihre Abgeordneten zugelassen werden.

Wenn die durch die Verfassung bestimmte Regierungsform der Vereinigten Staaten dem Volke auf der einen Seite so ausserordentliche Vortheile bietet, aus denen die Grösse und die Machtentwicklung der Republik zum Theil herzuleiten ist, so lässt sich andererseits nicht läugnen, dass eine solche unbeschränkte Volksregierung ihre grossen Schattenseiten hat. Das jedem Bürger bis in die untersten Schichten hinab zukommende Recht, durch sein Ja oder Nein Gesetze zu geben oder aufzuheben, wird von Parteiführern oft auf die gewissenloseste Weise gemissbraucht. In einem Staate, wo es jedem, der sich dazu befähigt glaubt, gestattet ist, an der Regierung theilzunehmen, sind die Versuchungen und Veranlassungen, sich Macht und Einfluss zu erwerben, für ehrgeizige und habsüchtige Menschen zu verlockend, um sie nicht zu ihrem eigenen Vortheile auszubeuten. Um selbst ein Staatsamt zu erhaschen oder Jemand dazu zu verhelfen, werden oft die unredlichsten Mittel angewendet, und da alle Aemter nur auf kurze Zeit besetzt werden, dauern die Wahlumtriebe und Intriguen beständig fort. Als Folge davon geschieht es, dass viele der angesehensten Bürger sich gänzlich von diesem schmutzigen Treiben entfernt halten, dadurch aber dem Uebel noch mehr Vorschub leisten. In diesem Gebrechen liegt die Gefahr für die Zukunft der Vereinigten Staaten. Unerschöpflich und reich noch auf Jahrhunderte sind die Quellen des Landes. Der Zuwachs von Millionen Einwanderer würde durch ihren Fleiss und ihre Arbeitsamkeit die Macht und Grösse der Nation vermehren. Von aussen haben die Vereinigten Staaten nichts zu befürchten, aber ihre gefährlichsten Feinde nähren sie in ihrem eigenen Innern. Das sind die Parteien, die sich mit leidenschaftlichem Hasse gegenseitig zu vernichten streben. Abolitionisten, Republikaner, Demokraten, oder wie sie sich sonst nennen, bilden feindliche Lager, die sich gegenseitig bekriegen, und dadurch eine sittliche und gesellschaftliche Verderbniss hervorbringen, durch welche sich die Nation zu Grunde richten kann. Der besonnene Amerikaner, der sich entfernt von diesem Getriebe hält, kennt die ganze Grösse dieser Gefahr. Abänderungen an den Grundgesetzen der Verfassung hält man für gewagt und gefährlich und sucht das einzige Heilmittel gegen dieses, seit dem letzten Kriege noch gesteigerte Uebel in der intellectuellen und sittlichen Erziehung des zukünftigen Geschlechtes; damit sind alle Bessergesinnten einverstanden, dahin ist ihr ganzes Bestreben gerichtet und dafür werden keine Opfer gespart.

Die sehr zahlreiche Partei der Abolitionisten, deren Ziel die Abschaffung der Sklaverei war, ist jetzt durch die Freimachung der Neger aufgelöst. Da aber der eigentliche Beweggrund bei Vielen dieser Partei nicht immer eine rein menschliche Theilnahme für ihre schwarzen Brüder war, so sind die Mitglieder derselben je nach ihren individuellen Ansichten oder aus Nebenzwecken jetzt in die anderen Lager übergegangen, wodurch diese noch bedeutenden Zuwachs erhalten haben.

Republikaner nennt sich die Partei, welche für die Centralregierung in Washington eine grösstmögliche und in die Einzelstaaten mehr eingreifende Macht anstrebt und dadurch also die Regierungsgewalt der Einzelstaaten beschränken möchte. Nach ihrer Ansicht ist die Machtstellung der Vereinigten Staaten von der Grösse der Gewalt abhängig, welche die Unionsregierung in Washington ausübt, und in dieser Beziehung sind sie die Stützen der Regierung oder die Regierungspartei.

Die Demokraten hingegen als Volkspartei bestreiten der Centralregierung das Recht, sich an den inneren Angelegenheiten der Einzelstaaten zu betheiligen und verlangen für dieselben eine möglichst geringe Beschränkung.

Wenn diese Spaltungen in den politischen Meinungen schon vor dem Kriege vorhanden waren, so sind sie jetzt nach Beendigung desselben noch bedeutend vergrössert worden. Ob die Südstaaten, mit denen Krieg geführt wurde, das Recht haben, und unter welchen Bedingungen, jetzt ihre Abgeordneten in den Congress zu senden, welche Stellung den freigelassenen Negern und welche Rechte ihnen einzuräumen sind, das sind Fragen, welche die Republikaner von der Unionsregierung entschieden wissen wollen, während die Demokraten behaupten, dass alle diese Gegenstände als innere Angelegenheiten der Entscheidung der Einzelstaaten allein anheimfallen, ohne alle Einmischung von Seite der Unionsregierung. Ebenso wird von ihnen die Zurückziehung der Unionstruppen aus den Südstaaten verlangt, sowie sie überhaupt jede Art von Ueberwachung und Bevormundung dieser Staaten, jetzt wo der Krieg ein Ende hat, als Eingriffe in deren verfassungsmässige Rechte erklären und die Wiederaufnahme in den Bund mit allen Rechten, die ihnen als Bundesstaaten gebühren, unbedingt ansprechen.

Eigenthümlich ist es, dass der jetzige Präsident sich zur Demokratenpartei bekennt, während er früher Republikaner war, und jede Einmischung seiner Regierung in die Angelegenheiten der Einzelstaaten als verfassungswidrig zurückweist.

Die Uebel, die aus einer solchen Verwirrung der Begriffe entstehen, sind tief eingreifend in die socialen Verhältnisse des ganzen Volkes und führen oft zu Uneinigkeiten und Zerwürfnissen in dem innersten Familienleben. Nicht selten steigern sich solche bis zu Hass und Feindschaft zwischen den nächsten Verwandten. Selbst während des Krieges waren die politischen Meinungen in den Nordstaaten nichts weniger als übereinstimmend. Viele Anordnungen der Unionsregierung wurden als ungesetzlich und gegen die Rechte der Einzelstaaten feindlich beurtheilt. Die Willkür, mit welcher der Präsident oft verfuhr, die Aufhebung der Habeas-corpus-Akte und der Civilgerichte in solchen Staaten, die vom Kriegsschauplatze entfernt lagen, wurden als despotische Handlungen verpönt und ihnen jede gesetzlich bindende Kraft abgesprochen. So hatte z. B. der Kriegsminister das Fort Lafayette im Hafen von New-York zum Staatsgefängniss für politische Gefangene einrichten lassen, ohne die Zustimmung der Stadtbehörde zu verlangen. Als ich im August das Fort besuchte, waren übrigens nur vier Gefangene dort. Der alte Commandant erzählte mir, dass er selbst seit drei Jahren sein eigener Gefangener sei, indem er es nicht wagen dürfe, an das Land zu gehen, um nicht verhaftet und dem Gerichte überliefert zu werden. Die Stadt New-York hatte die Aufhebung der Habeas-corpus-Akte und der Civilgerichte in ihrem Gebiete nicht als gesetzlich bestehend anerkannt, folglich war die Gefangenhaltung von Personen ohne gerichtlichen Prozess eine Gewaltthätigkeit, die sich der Commandant hatte zu Schulden kommen lassen, wofür er gerichtlich belangt werden könne, trotzdem er nur den Befehl eines Anderen ausgeführt habe; denn nach amerikanischen Gesetzen ist auch derjenige für eine ungesetzliche Handlung verantwortlich, welcher sie auf Befehl eines Vorgesetzten begeht.

Die Gemeindeverwaltung der Stadt New-York besteht aus dem Bürgermeister, den Rathsherren, die auf 2 Jahre, und den berathenden Mitgliedern, die nur auf 1 Jahr gewählt werden (the mayor, the aldermen and the councilmen).

In den Rechten und Pflichten jedes Einzelnen, wie in der Organisation des Geschäftsganges ist die Stadtbehörde der Staatsregierung so weit als möglich nachgebildet. Der Mayor hat wie der Präsident die executive Gewalt in Händen, ist aber verpflichtet, dem Stadtrathe über alle Angelegenheiten der Stadt: Finanzen, städtische Verbesserungen, Gesundheitszustand u. s. w. zu berichten. Alle Beamten werden zwar von dem Mayor ernannt, müssen aber von dem Stadtrathe bestätigt werden. Dieser hat mit einer Majorität von ⅔ Stimmen das Recht, jeden Vorschlag des Mayors zu verwerfen. Die Stadtbehörde besteht aus 6 verschiedenen Departements: das der Finanzen, der Gesetzgebung und Polizeiverwaltung, der Strassen und Bauten, der Wasserversorgung, des Armenwesens und der Gesundheitspflege. Jeder Beamte wird bei dem Antritte seines Amtes auf die treue Erfüllung seiner Pflichten beeidet; Untreue in der Verwaltung, grobe Missbräuche, Bestechung u. s. w. werden mit schweren Strafen belegt, mit Einsperrung in Strafanstalten bis zu 2 Jahren und Geldbussen bis 5000 Dollars. Bei der grossen Masse unzuverlässiger Wähler in New-York ist die Wahlcorruption eine tief eingreifende und nicht immer werden die ehrenhaftesten Männer zu Stadtämtern gewählt. Das Uebel, welches daraus entsteht, ist so bedeutend, dass der grösste Theil der wohlgesinnten Bürger sich für die Beschränkung des Wahlrechts für gewisse Aemter ausspricht und zwar aus dem billigen Grunde, dass solche Wähler, die kein Vermögen besitzen und desshalb auch keine Abgaben zahlen, nicht das Recht haben müssten, über Vermögensangelegenheiten Anderer abzustimmen.

Miliz. Feuerwehr. Polizei.

Wie schon früher gesagt wurde, war die reguläre Armee bei dem Ausbruche des letzten Krieges der Zahl nach eine sehr unbedeutende. Die Abneigung des Amerikaners gegen stehende Heere ist auch jetzt nach Beendigung des Krieges dieselbe geblieben. Durch eine zweckmässige Einrichtung der Volksbewaffnung glaubt man jeder Kriegseventualität begegnen zu können und dadurch ein grosses Militärbudget in Friedenszeiten zu ersparen. Von dem

Gesichtspunkte ausgehend, dass jeder Bürger verpflichtet ist, sein Land zu vertheidigen, wenn es angegriffen wird, ist jeder Mann vom 18. bis 45. Lebensjahre milizpflichtig. Laut 1. Section, 8. Artikel der Verfassung hat der Congress das Recht, die Miliz eines jeden Staates einzuberufen, wenn er es für nöthig findet, um die Gesetze der Union zu schützen und in Ausführung zu bringen, um Aufruhr zu unterdrücken oder feindliche Angriffe abzuwehren. Den Einzelstaaten bleibt es überlassen, ihre Offiziere zu ernennen, sowie die Ausrüstung und Organisirung ihrer Miliz selbst anzuordnen. Schon im Jahre 1792 war eine organisirte Volksbewaffnung durch einen Congressbeschluss in's Leben gerufen worden; diese genügte für die damalige Zeit und den damaligen Krieg. Selbst in dem späteren Kriege mit England in den Jahren 1813 und 1814 wurde ein Theil dieser Miliz in's Feld gerufen und zeichnete sich sowohl durch Tapferkeit als durch Disciplin aus. In der langen Periode, die darauf folgte, blieben zwar die gesetzlichen Bestimmungen für die Volksbewaffnung mit zeitweisen Abänderungen in Kraft, in der Wirklichkeit aber sank das ganze Institut in Nichts herab, oder artete in Lächerlichkeiten aus. Im Jahre 1854 erhielt der Staat New-York ein neues Reglement, um seine Miliz wieder in's Leben zu rufen und ihr eine solche Organisation zu geben, dass sie bei eintretenden Fällen ihre Pflichten gegen den Staat erfüllen könne. Thatsächlich aber ruhte die Ausführung bis zum Ausbruche des letzten Krieges. Erst im Jahre 1862 erhielt die Miliz von New-York ihre jetzige Gestalt, die als ihrem Zwecke entsprechend sich auch in den letzten Kriegsjahren vorzüglich bewährt hat.

Die Miliz des Staates New-York besteht aus zwei Körpern: der Nationalgarde, die uniformirt und zum Dienste verpflichtet ist, und der Reserve, die nur in ausserordentlichen Fällen in Anspruch genommen wird und aus der die Nationalgarde recrutirt werden kann, wenn die Zahl der freiwillig Eintretenden nicht ausreichen sollte. Die ganze Volksbewaffnung ist in 6 Divisionen eingetheilt, jede von einem Generalmajor befehligt; diese Divisionen zerfallen in 32 Brigadedistricte mit einem Brigadegeneral für jeden. Die Regimenter sollen, wenn sie vollständig sind, aus 10 Compagnien bestehen, jede derselben darf nicht weniger als 32 und nicht mehr

als 100 Mann zählen. Die Compagnien wählen ihre Offiziere bis
zum Capitän einschliesslich; diese wieder die höheren Offiziere bis zum
Oberst. Die Generale werden vom Gouverneur ernannt und vom
Senate bestätigt. Der Gouverneur des Staates ist der Befehlshaber
aller Milizen und ein hoher Offizier mit der Benennung General-
Adjutant steht an der Spitze der Administration der ganzen Volksbewaffnung, deren Stärke, wenn alle Districte vollständig organisirt wären, 128,000 Mann betragen würde. Von dieser Zahl soll
die Nationalgarde, vollständig uniformirt und dienstbereit, nicht
über 30,000 Mann ausmachen. In Friedenszeiten ist ihre Bestimmung, der Civilbehörde zur Verfügung zu stehen, um die öffentliche Ordnung, wo es nothwendig erachtet wird, zu erhalten und
dem Gesetze Geltung zu verschaffen, wann es von der Civilbehörde
verlangt werden sollte. Ein Theil der Nationalgarde ist beritten
und ein anderer zum Artilleriedienste eingeübt. Jeder Gemeine
erhält täglich, wenn er zum Dienst im Lager oder in den Befestigungen verwendet wird, 1 Dollar; Offiziere je nach ihrem Range,
der General 8 Dollars täglich. Sobald sie zum regulären Militärdienst einberufen sind, erhalten Offiziere und Gemeine dieselbe
Löhnung und Verpflegung, wie die reguläre Armee, sind aber dann
auch dem Kriegsgesetze und allen militärischen Anordnungen wie
die reguläre Armee unterworfen. Die Dienstzeit bei der Nationalgarde ist auf 7 Jahre bestimmt, doch ist auch nach dieser Zeit ausnahmsweise bei Aufruhr oder Krieg eine Einberufung von Neuem zu-
lässig. Während ihrer Dienstzeit sind die Nationalgarden von allen
communalen Dienstleistungen und von den allgemeinen Vermögens-
taxen bis zu 500 Dollars befreit. Einige von den Milizregimen-
tern haben an dem letzten Kriege theilgenommen und sich mit
Ruhm bedeckt. Die New-Yorker Regimenter gehörten zu den
muthigsten im Heere. Die grossen Verluste an Mannschaft und
Offizieren, die sie auf den Schlachtfeldern erlitten haben, sprechen
für ihre Tapferkeit und Hingebung für das allgemeine Vaterland.

Ausser der Miliz gibt es in New-York noch eine andere Corporation, die sich halb militärisch organisirt hat, nämlich die

städtische Feuerwehr. Sie besteht aus verschiedenen Compagnien, die in den verschiedenen Stadtdistricten vertheilt sind. Man kann sich kaum einen Begriff von der Ueberspanntheit machen, mit der sich die Amerikaner der Bekämpfung der Feuersbrünste hingeben. Die Compagnien wetteifern unter einander mit einer wahren Leidenschaft, um die besten und kostbarsten Dampfspritzen und Schlauchapparate aufzustellen. Es gibt deren aus den kostbarsten Holzarten mit reichen Silberbeschlägen verfertigt, die mehrere tausend Dollars kosten. Die Mitglieder dieser Compagnien sind gewöhnlich Leute von Vermögen, wie man sie in anderen Ländern in den Jockey-Clubs findet. Die Aufnahme in eine solche Compagnie geschieht erst, nachdem man sich über die persönlichen Eigenschaften des Nachsuchenden erkundigt hat und dann auch nur durch Ballotirung, u. z. dürfen keine 3 Stimmen gegen ihn sein. Jedes Mitglied zahlt bei seiner Aufnahme 5 Dollars und ausserdem monatlich 1 Dollar; jede Compagnie hat ihre Reglements, die für die Theilnehmer gesetzlich bindend sind. Nichterfüllung der Vorschriften wird mit bedeutenden Geldbussen oder mit Ausstossung bestraft. Ich hatte Gelegenheit, eine solche Corporation die Metamore hose- (Schlauch-) Compagnie Nro. 29 für den IV. und V. District kennen zu lernen. Sie besitzt ihr eigenes Gebäude, in dem zu ebener Erde der Schlauchwagen, ein wahres Prachtstück aus Rosenholz verfertigt, Nacht und Tag zum Löschdienst bereit steht. Es werden bei den Löschapparaten keine Pferde verwendet, und es gewährt einen eigenen Anblick, eine solche Maschine zu sehen, wie sie an langen, an der Deichsel angebrachten Seilen von der betreffenden Mannschaft im schnellsten Laufe durch die Strassen gezogen wird. Man zeigte mir als Trophäe eine zerbrochene Deichsel, die man in einem Wettkampf mit einer anderen Compagnie, wer zuerst auf dem Brandplatze erschiene, erbeutet hatte; denn der Sieg in solchem Wettlaufe macht hauptsächlich den Stolz der Compagnien aus. Die Wachposten auf den Thürmen telegraphiren den Ausbruch eines Feuers an die verschiedenen Stationen der Löschcompagnien; zugleich wird von den Kirchthürmen durch Glockensignale der District bezeichnet, in welchem das Feuer ausgebrochen ist; die betheiligten Mitglieder verlassen nun eiligst ihre Geschäfte, um sich in ihren Stationen einzufinden. Man zeigte mir ihre Bücher, in denen mit der grössten Genauigkeit alle Feuersbrünste, bei deren Löschung die Compagnie sich betheiligt hatte, mit Angabe der Stunden und Minuten, wann sie auf dem Platze erschienen waren u. s. w., verzeichnet werden. Im oberen Stockwerke war ein grosser Schlafsaal eingerichtet, mit 24 Betten für Mitglieder, die in ihrem Diensteifer so weit gehen, dass sie hier übernachten, ohne dazu verpflichtet zu sein. Man versicherte mir, dass mehrere von ihnen seit 2 Jahren fast jede Nacht hier zubringen, um bei dem ersten Signale gleich bei der Hand zu sein. Als ich mein Erstaunen über die excentrische Art eines solchen Eifers nicht verbergen konnte, beschrieb man mir »the excitement« in dem Erwarten eines Brandes und die Aufregung, vor allen Compagnien zuerst auf dem Platze zu erscheinen, mit solcher Leidenschaftlichkeit, dass mein Erstaunen über ihren Feuereifer dadurch noch vergrössert wurde. Beim Löschen erscheinen die Mitglieder der Feuerwehr in wollenen Blousen, gewöhnlich von rother Farbe, sie tragen hohe Stiefeln; der Kopf ist durch eine starke lederne Kappe geschützt. Sie sind während ihrer Dienstzeit und wenn sie 5 Jahre in der Löschmannschaft gedient haben, für immer von allen anderen Communaldiensten und Militärverpflichtungen, mit Ausnahme bei Ausbruch einer Rebellion oder eines Krieges, befreit.

Die Polizei-Organisation in New-York gehört zu den besteingerichteten ihrer Art und ist selbstverständlich in einer Stadt von so bedeutender Ausdehnung, in der eine solche Masse Gesindel aller Art zusammenströmt, von grösster Wichtigkeit. Nur Personen, von deren Zuverlässlichkeit man sich überzeugt hat, werden zum Polizeidienste verwendet. An der Spitze derselben steht ein Generalsuperintendent. Das ganze Corps besteht aus 26 Capitänen, 105 Sergeanten, und ungefähr 1500 Mann. Man sieht diese grossen stattlichen Männer in ihrer blauen kleidsamen Uniform mit den kurzen, aber starken Stäben in der Hand (aber auch mit einem Revolver in der Tasche) Tag und Nacht auf ihrem Posten stehen. Durch ihr höfliches Benehmen und ihre anerkannt strenge Redlichkeit geniessen sie allgemeine Achtung. Unordnungen auf der Strasse werden von ihnen mit grosser Ruhe und Besonnenheit geschlichtet. Jeder Fremde wird von ihnen mit Artigkeit behandelt und jede Auskunft mit grosser Bereitwilligkeit ertheilt. Alle Polizeistationen sind telegraphisch mit einander verbunden, so dass der Dienst dadurch sehr erleichtert und gefördert wird.

New-York ist nur gegen einen Angriff von der Seeseite mit Befestigungen versehen, und zwar wurden während des letzten Krieges, als die Conföderirten einige Kriegsschiffe ausgerüstet hatten, die mit der grössten Kühnheit sich längs den Küsten bewegten, neue Vertheidigungswerke hinzugefügt, um die Stadt gegen einen Ueberfall vom Meere aus zu schützen. Die Batterien Hamilton und Lafayette auf der einen Seite der Einfahrt, sowie Fort Richmond und Tomkins auf Staten-Island auf der anderen Seite, die zwei letzten nach dem neuesten Fortificationssysteme gebaut, machen die Durchfahrt einer feindlichen Flotte unmöglich; ausserdem ist der innere Hafen durch Fort Columbus und Castell William auf Govenors-Island hinlänglich gesichert. Die nördliche Einfahrt zwischen Manhattan und Long-Island ist bei der Enge des Fahrwassers, da sich auf beiden Seiten starke Batterien befinden, ebenfalls unmöglich zu passiren. Das Nordende der Stadt ist zwar vollkommen ungeschützt, liesse sich aber in vorkommendem Falle bei der günstigen Formation der Insel leicht befestigen.

Der Central-Park.

Zu den interessantesten Sehenswürdigkeiten New-York's gehört der Centralpark, eine Anlage im Norden der Stadt, die erst seit einigen Jahren, und zwar mit ungeheuren Kosten auf einem Areal von 3 Meilen in der Länge, ³⁄₄ in der Breite zu Stande gebracht worden ist. Früher wurde diese Einöde, aus Hügeln und Thälern mit grossen Granitblöcken bestehend, zwischen welchen

Buschwerk und verkrüppelte Tannen wuchsen, nur von der irlän-
dischen Emigration benützt, die hier ihre ärmlichen Bretterhütten
und Zelte aufschlugen, bis sie in der Stadt selbst oder weiter im
Innern des Landes ein Unterkommen fanden. Jetzt ist diese grosse
Strecke zu einem wundervollen Parke umgeschaffen; Hügel sind
abgetragen, Seen angelegt, Wege durchgeführt, kurz jedes Terrain
ist mit grosser Sachkenntniss und mit Kunstsinn benützt worden,
um etwas Schönes daraus zu schaffen. Dem Mangel an schat-
tengebenden Bäumen, der bei der glühenden Sommerhitze jetzt
sehr fühlbar ist, wird begreiflicher Weise trotz fortgesetzter An-
pflanzungen erst nach Jahren abgeholfen sein; mit der Zeit wird
der Centralpark in New-York eine der schönsten Anlagen werden,
die es in der Welt gibt.

Die New-Yorker sparen keine Ausgaben für diesen ihren Lieb-
lingsort, auf den sie mit Recht stolz sind. Alle Haupt-Avenuen der
Stadt münden in den Park. Verschiedene Eisenbahnen führen bis zu
demselben und bringen jeden Nachmittag tausende von Besuchern
hieher, um freie, frische Luft zu geniessen. Es werden durch ein
gutes Musikkorps hier öffentliche Concerte gegeben. Es gehört
zu den Gewohnheiten der New-Yorker, jede freie Stunde ausserhalb der Stadt in der wunderschönen Umgebung zuzubringen, wozu
die vielen Dampfschiffe und Eisenbahnen ihnen die beste Gelegenheit bieten. Dem Europäer ist das dichte Gedränge, welches bei
solchen Gelegenheiten stattfindet, sehr unangenehm; der Amerikaner
aber, von Kindheit an daran gewöhnt, weiss sich leicht zurecht-
zufinden, und ein gewisses anständiges Betragen im Volke verhindert jede vorsätzliche Belästigung.

Oeffentliche Versammlungen.

Der Amerikaner liebt öffentliche Versammlungen, oft sind die
Veranlassungen dazu ganz eigener Art. Besprechungen über politische Gegenstände, Einleitungen und Vorbereitungen zu den
öffentlichen Wahlen, oft nur das Verlangen, Volksmann zu werden,
oder Einfluss zu gewinnen, dienen als Vorwand grössere oder klei-

nere Versammlung n zu veranstalten. So wurde mir Gelegenheit gegeben, an einem Clam bak theilzunehmen, einem Muschelessen, das im Freien abgehalten wird und noch von den Indianern herstammt. Die Versammlung fand in einem kleinen Wäldchen am linken Ufer des Hudson, einige Meilen von New-York, statt. Die Eingeladenen, aus einigen hundert Personen bestehend, gehörten alle zu der Partei des Festgebers, eines reichen, angesehenen Mannes. Die Gesellschaft war übrigens aus den verschiedensten Elementen zusammengesetzt: man sah dort die höchsten Militär- und Civilbeamten, einen katholischen Bischof, einige berühmte Gelehrte, aber auch Personen, nach deren intimerer Bekanntschaft man nicht verlangte. Zu meiner Verwunderung bemerkte ich auch einige Polizeibeamte in ihrer Amtskleidung, die sich in der Menge herumbewegten. Auf mein Befragen darüber wurde mir geantwortet, dass ihre Gegenwart nichts Auffallendes sei; im Gegentheil sehe man bei solchen Versammlungen gerne einige der gesetzlichen Ordnungserhalter, die ja alle geachtete Persönlichkeiten sind, um etwaige Störungen oder rohe Ausbrüche, die vorkommen könnten, zu beschwichtigen.

Die Zubereitung des Muschelessens wurde vom Festgeber und seinen Gehilfen mit grossem Ernste betrieben. Eine Grube von 6—8 Fuss Tiefe und ungefähr 30 Fuss Umfang wurde ausgegraben und eine Anzahl grosser, heissgemachter Steine hineingelegt. Auf diese wurden hierauf Massen der verschiedensten Seefische, Muscheln, Krabben, Austern, Hummern, sowie Kartoffeln, Zwiebeln, türkischer Weizen nebst verschiedenen Gemüsesorten in Lagen über einander geschüttet; das Ganze wurde mit frischem Seegrase belegt und mit wollenen Decken zugedeckt. Während dieser Zubereitung stand die ganze Gesellschaft dabei und schaute zu. Vor und nachher bildeten sich verschiedene Gruppen, in denen einzelne Hauptsprecher das Wort führten. Auf dem gelichteten Erdreiche waren lange Tische und Bänke aus ungehobelten Brettern aufgestellt und für jeden Gast ein Teller aus Eisenblech nebst Messer und Gabel von der geringsten Sorte hingelegt. Nur auf den einen der Tische war für die Honoratioren ein weisses Tischtuch gebreitet. Die ganze Zurüstung geschah absichtlich mit der grössten Einfachheit, obschon — wie man mir sagte — der Wirth bei seinem Reichthum allen seinen Gästen auf Silber hätte serviren können. Als nach ungefähr einer Stunde der Inhalt der Grube gar geworden war, stellten die Gäste sich wieder um dieselbe her. Die Decken wurden abgenommen, das Seegras, welches dem Ganzen einen eigenthümlichen Geschmack gibt, wurde entfernt, die dampfenden Fische, Seethiere und Gemüse mit hölzernen Schaufeln in grosse eiserne Kübel geschüttet, dann eilten die Gäste auf ihre Plätze und das Mahl begann. Die Kübel wurden von Negern herumgetragen und jeder Gast fischte aus denselben, was ihm zusagte. Die Seemuscheln bilden das eigentliche Hauptgericht, die anderen Zuthaten sind nur das Gefolge; das Ganze ist aber ein eben so schmackhaftes, als eigenthümliches Gericht. Durch die schöne Scenerie in dem Wäldchen an dem prachtvollen Hudsonfluss bekam das Mahl einen Reiz, den das reichste Gastmahl in der Stadt nicht hätte gewähren können. Der Wirth machte mit grosser Liebenswürdigkeit die Honneurs, eilte mit den Kübeln, die rasch geleert und eben so rasch gefüllt wurden, von einem Tisch zum andern und empfahl seine Muscheln, Hummern, Seekrebse mit viel Humor und Gutmüthigkeit. Die Gesellschaft war sehr gesprächig und in der besten Laune; ich muss noch hinzufügen, dass, trotzdem ein grosses Fass Bier unter einem Baume lagerte und Bowlen mit Claret-Punsch fleissig herumgetragen wurden, die Gäste im Trinken eine so grosse Mässigkeit bewiesen, wie man es bei ähnlichen Gelegenheiten in Europa schwerlich finden würde. Am Schlusse des Mahles wurden einige der beliebtesten Sprecher zum Reden aufgefordert. Einer derselben stellte sich sodann auf den Tisch und improvisirte in den witzigsten Anspielungen einen Vergleich zwischen den Sitten der jetzigen Yankees und ihrer indianischen Vorfahren mit passenden Stichworten auf Rebellion, Negerfreiheit und andere Tagesangelegenheiten. Eigentlich politische Reden von Bedeutung wurden nicht gehalten. Man trennte sich spät Abends in der heitersten Stimmung, um theils zu Wasser, theils zu Lande nach New-York zurückzukehren.

Die Emigration.

Seit der Entdeckung Nordamerika's bis zum heutigen Tage ist die Colonisirung durch Auswanderer aus Europa ein Gegenstand von höchster Wichtigkeit. Es würde zu weit führen, auf die Ursachen zurückgehen zu wollen, durch welche die Hunderttausende von Menschen jährlich veranlasst werden, Vaterland, Heimath, Verwandte und Freunde, Alles, was dem Menschen auf Erden theuer und heilig ist, zu verlassen, um jenseits des Weltmeeres sich ein neues Dasein zu gründen. Ob Europa so übervölkert ist, dass es seine Bewohner nicht mehr ernähren kann, ob die politischen und socialen Zustände derart sind, dass der Druck für den Einzelnen unerträglich wird? — Ich rede hier nicht von den verhältnissmässig wenigen, die als politische Flüchtlinge oder aus anderen Gründen dem Gesetze verfallen, in Amerika eine Freistätte suchen, auch nicht von Abenteurern, die dorthin gehen, um für ihre Schwindeleien einen neuen Markt zu finden, sondern von derjenigen Klasse Menschen, die trotz allen Fleisses und aller Arbeitsamkeit es kaum dahinbringen, sich und ihrer Familie ein nothdürftiges Auskommen zu verschaffen und die in ihrer Heimath keine Hoffnung auf eine günstige Gestaltung ihrer Verhältnisse hegen zu können glauben. Während meines Aufenthaltes in New-York habe ich mehreremale Gelegenheit gehabt, die Ausschiffung der deutschen Einwanderer, die aus Bremen und Hamburg ankamen, mit anzusehen. Sie Alle betraten in ihren Festkleidern den neuen Welttheil, in welchem sie eine neue Heimath suchten und ein besseres Geschick als dasjenige, welches ihnen die alte Welt hatte bieten können. Viele Männer trugen kleine Kinder auf den Armen, einige Frauen hatten ihre Säuglinge an der Brust. Ich habe keine Jammergestalten unter ihnen bemerkt, ernst und entschlossen betraten sie das Land ihrer Zukunft. Ich habe mich oft mit ihnen unterhalten; die Männer waren grösstentheils kräftige Gestalten in den mittleren Jahren und redeten die verschiedenen Dialekte ihrer Geburtsorte; alle waren von dem besten Muthe und von fester Zuversicht beseelt. Die Frauen hingegen, weicher gestimmt, äusserten, dass sie Alles, was ihnen bevorstände, geduldig ertragen würden, wenn sie nur ihren Kindern ein glücklicheres Loos verschaffen könnten. Die Aufnahme der Auswanderer in New-York ist jetzt durch die menschenfreundliche Fürsorge einer eigenen Commission gesichert. In früheren Jahren wurden sie bei ihrer Landung gleich von einer Schaar schlechter Menschen in Empfang genommen, die ihre Unkenntniss des Landes und der Sprache ausbeuteten, um ihnen das wenige Geld und Gut, das sie mitbrachten, zu rauben und sie dann hilflos dem tiefsten Elende preiszugeben oder sie als weisse Sklaven in das Innere zu verkaufen.

Jetzt ist dieser Missbrauch gründlich abgestellt. Die Commission, in reinster menschenfreundlicher Absicht und von der Ueberzeugung von der Wichtigkeit der Einwanderung für die Vereinigten Staaten durchdrungen, hält alle Mittel in Bereitschaft, nicht bloss um den Ankömmling während seines Aufenthaltes in New-York zu schützen, sondern ihn auch weiter zu befördern und in gewisser Beziehung für seine Zukunft Sorge zu tragen. So lange die Auswanderer nur auf Segelschiffen über den Ocean kamen, waren sie oft durch Ueberfüllung der Schiffe, durch schlechte Verpflegung sowie durch die Länge der Seereise, die zuweilen über 3 Monate dauerte, dem traurigsten Schicksal preisgegeben. Ansteckende Krankheiten, als Folge anhaltender Entbehrungen und Leiden, lichtete ihre Zahl, während sie noch auf dem Meere waren; Andere brachten den Keim mit an das Land, der sich bald bei der gänzlichen Hilflosigkeit nach der Ankunft zur tödtlichen Krankheit entwickelte, oder in langes Siechthum überging, und so gingen Tausende zu Grunde. Durch statistische Tabellen ist nachgewiesen worden, dass im Jahr 1847 auf der See und in den Hafenhospitälern 30,000 Emigranten am Schiffstyphus gestorben sind.

Durch verschiedene Congressbeschlüsse sind jetzt Schiffsrheder, Schiffscapitäne und alle, die bei dem Transporte von Auswanderern betheiligt sind, gesetzlich verpflichtet, in Beziehung auf die Zahl der aufzunehmenden Passagiere, ihre Verpflegung und Behandlung während der Reise die geeigneten Massregeln zu treffen, um jede Ueberfüllung und jeden Missbrauch zu verhindern.

Auf die Uebertretung dieser Bestimmungen sind harte Strafen gesetzt. Die im Jahre 1847 in New-York gesetzlich bestätigte Commission für Auswanderer ist jetzt mit ausged·hnten Vollmachten versehen, um ihren Zweck thatsächlich erfüllen zu können. Die Commission ist verpflichtet: 1) solchen Ankömmlingen, die durch besondere Unglücksfälle oder Krankheiten herabgekommen sind, gleich bei ihrer Ankunft mit ärztlicher Pflege oder kleiner Geldunterstützung zu Hilfe zu kommen, und zwar so lange sie sich in einem Zustande der Arbeitsunfähigkeit befinden oder nicht im Stande sind, ihre Reise weiter fortsetzen zu können. 2) Die Auswanderer gegen jede Art von Betrug in Schutz zu nehmen, gegen: gewissenlose Wirths-leute, Wohnungsvermiether oder betrügerische Commissionäre, die sie auf Eisenbahnen oder Flussdampfschiffen weiter zu beför-dern unternommen haben, oder ihnen Ländereien, Häuser oder sonstige Gegenstände betrügerischer Weise zu verkaufen suchen.

Bei der Ankunft eines Auswandererschiffes müssen alle Passa-giere mit ihrem Gepäck auf dem Landungsplatz bei Castellgarden ausgeschifft werden. Castellgarden ist ein rundes, aus Stein auf-geführtes Gebäude und war früher eine Festung, die während des Unabhängigkeitskrieges den Hafen von New-York vertheidigte und später als Depot für verschiedene Gegenstände diente. — Als Jenny Lind nach Amerika kam, wurde das Innere des Gebäudes zu einem ungeheuren Concertsaal hergerichtet, in welchem 5000—6000 Men-schen Platz fanden. Die Einrichtung der Logen mit ihrem zum Theil verblichenen und vermoderten Theaterschmuck ist noch bis jetzt vorhanden und steht im grellsten Contrast mit der gegen-wärtigen Bestimmung des Gebäudes. Castellgarden ist für die Landung und erste Aufnahme der Auswanderer der Commission von der Stadt-Gemeinde eingeräumt. Es wird Niemand ohne besondere Erlaubniss der Zutritt in das Innere gestattet. In den verschie-denen Bureaux, die in diesem Gebäude angebracht sind, werden die Namen der Ankömmlinge und die Angaben über ihre Verhält-nisse in eigene Bücher eingeschrieben. Kranke und solche, die einer besonderen Pflege bedürfen, werden von dort unmittelbar nach Ward-Island gebracht, wo das Hospital und andere Heil-anstalten sich befinden.

So bald als nur möglich, oft schon nach einigen Tagen, werden die Auswanderer, die nicht in New-York verbleiben wollen, weiter in das Innere gebracht, nach den Gegenden, die sie entweder selbst schon früher gewählt, oder für die sie durch die Vermittlung der Commission sich bestimmen. Die Commission übernimmt ihre Beförderung auf Eisenbahnen oder Flussdampfschiffen. In bestimmten Städten werden sie von Agenten der Commission in Empfang genommen, die für ihre weitere Beförderung bis zur Erreichung ihres Reiszieles Sorge tragen und auf diese Weise gelangen die Auswanderer an den Ort ihrer Bestimmung ohne weitere Belästigung und ohne grosse Beschwerden.

Bei der Ankunft in New-York zahlt jeder Auswanderer 2½ Dollars, und hat dafür das Recht auf Schutz und Fürsorge der Commission in kranken wie gesunden Tagen für die nächsten fünf Jahre. Die Zahl der Dampfschiffe, die jährlich Auswanderer nach New-York bringen, ist in stetem Steigen. Von 22 Dampfern, die im Jahre 1856 hier landeten, ist die Zahl im Jahre 1864 auf 203 angewachsen. Vom Mai 1847 bis April 1864 sind in Allem im Hafen von New-York 3,153,394 Auswanderer gelandet; über ein Drittel dieser Zahl haben Hilfe und Unterstützung von der Commission erhalten, sei es durch Geld in Vorschüssen und Auslagen, zum Theil auch ohne Rückzahlung, oder in anderen Dienstleistungen. Die Zahl der Kranken, die in den Hospitälern und Verpflegungsanstalten der Commission aufgenommen worden sind, beträgt ungefähr 200,000. Auf der kleinen Insel Ward-Island an der Ostküste von New-York hat die Commission theils durch Schenkungsacte von der Stadtgemeinde, theils durch Ankauf ein grosses Stück Land erworben, auf welchem ihre Hospitäler und andere Heilanstalten aufgeführt sind. Alle Gebäude sind von gebrannten Ziegelsteinen, welches Material sich durch Erfahrung als das geeignetste erwiesen hat. Das Hospital ist im Pavillonsysteme, wie ich es bei den Militärhospitälern beschrieben habe, aufgeführt. Durch die Zunahme der Einwanderung ist auch die Vergrösserung der Krankenzahl bedingt worden und man hat desshalb ein neues Hospital für äussere Krankheiten errichtet, um alle vorhandenen Pavillons für innere Krankheiten verwenden zu können. Dieses neue Hospital, zu welchem der Grundstein im August 1864 gelegt wurde, war, als ich es besuchte, in seinem Innern noch nicht vollständig ausgebaut, doch hoffte man, es noch im Herbst beendigen zu können. In der Bauart und Einrichtung dieses Hospitals sind die neuesten Verbesserungen, welche die Erfahrung gelehrt hat, ausgeführt worden. Das Gebäude, ebenfalls aus rothem Ziegelstein, besteht aus 5 Pavillons, jeder von 3 Stockwerken. Alle Pavillons sind an der Rückseite durch einen grossen breiten Corridor mit einander verbunden, bilden aber jeder für sich ein vollständiges Ganzes. Der Corridor ist so luftig und weit, dass er zum Aufenthalte der Genesenden benützt wird, wesshalb er mit bequemen Armsesseln, Tischen, Bibliothek und anderen Annehmlichkeiten für die Kranken versehen ist. In den 10 Krankensälen sind 300 Betten aufgestellt und für jeden Kranken 1200 Cubicfuss Luft berechnet. In dem unteren Geschoss sind die verschiedenen Bureaux, Apotheke, Laboratorium und Inventariendepots angebracht. In dem mittleren Pavillon befindet sich im dritten Stocke Operationssaal, Bibliothek, Museum und ein besonderes Zimmer für schwere chirurgische Fälle. Hinter dem Hauptgebäude, und zwar gegen Norden, sind Küche, Vorrathskammern, Wäscherei, Dampfmaschinen und die anderen Wirthschaftseinrichtungen errichtet und stehen durch einen verdeckten Gang mit dem Hauptgebäude in Verbindung. Die Lage der Krankensäle ist so, dass sie von drei Seiten Sonnenlicht haben. Im Winter werden die Räume mit Dampfröhren geheizt; die Ventilation aller Krankensäle geschieht durch ein eigenes System von Luftröhren, von welchen man sich den besten Erfolg verspricht.

Aus den verschiedenen mir vorliegenden Jahresberichten theile ich Folgendes aus dem Jahre 1864 mit:

Es landeten in diesem Jahre im Hafen

von New-York in Allem . .	222,338	Passagiere,
von dieser Zahl in Castellgarden .	184,700	Auswanderer,
u. z. aus Irland	89,706	
aus Deutschland	57,572	„
aus England	23,871	„
aus verschiedenen andern Ländern	11,767	„

in den Hospitälern auf Ward-Island
wurden aufgenommen . . . . . 6073 Kranke,
davon mit typhösen Fiebern . . 1434 ,,
Syphilis . . . . . . 244 ,,
Augenkrankheiten 178 ,,
Masern . . . . 125 ,,
Hautkrankheiten . . . . 118 ,,

In der Gebäranstalt wurden geboren 89 Kinder. In der Irren
anstalt aufgenommen 185 Geisteskranke. — Die Sterblichkeit in
den verschiedenen Heilanstalten belief sich auf 8,64%.

Die Zahl aller Auswanderer, die in den letzten fünf Jahren von
der Commission Unterstützung oder ärztliche Hilfe erhielten, belief
sich auf 28,957.

Um die grosse Wichtigkeit der Emigration für die Zunahme
der Bevölkerung in den Vereinigten Staaten klar darzustellen,
theile ich einige von den Resultaten hier mit, die der ausgezeichnete Mathematiker und Statistiker Louis Shade in Washington
durch seine Zusammenstellungen und Berechnungen erlangt hat.

Wenn die Bevölkerung in den Vereinigten Staaten Nordamerika's von 1790—1863 o h n e Aufnahme von Auswanderern nur durch
die Ueberzahl der Geborenen über die Gestorbenen mit 1,38%
zugenommen hätte, welches im Vergleiche mit allen europäischen
Ländern das Maximum gewesen wäre, dann würde die Zahl der
Bevölkerung im Jahre 1863 8,789,969 gewesen sein, statt dessen
betrug sie 29,902,174. Aus einer anderen Berechnung geht hervor, dass die Zahl der Auswanderer mit ihren Nachkommen seit
dem Jahr 1790 sich auf 21,112,205 beläuft.

In vollster Würdigung der Wichtigkeit der Emigration für die
steigende Bevölkerung des Landes hat die Regierung es ihrerseits
nicht an Schutzmassregeln fehlen lassen, um die Answanderung zu
fördern und ebenfalls um ihr auf die billigste und leichteste Weise
die Erwerbung von Ländereien möglich zu machen.

Durch einen Congressbeschluss vom 20. Mai 1862, das sogenannte
h o m e s t e a d l a w, erhält jeder, der das Alter von 21 Jahren erreicht
hat, der in der Armee oder Marine gedient, Bürger der Vereinigten
Staaten ist oder in gehöriger Form erklärt, ein solcher werden

zu wollen, wenn er nie Waffen gegen die Regierung der Vereinigten Staaten getragen, oder ihrem Feinde Hilfe geleistet hat, vom
1. Januar 1864 ein freies Anrecht auf 160 Acres zu 1 Dollar
65 Cents pr. Acre oder 80 Acres zu 2 Dollars 50 Cents pr. Acre
der öffentlichen Ländereien. Der Käufer ist verpflichtet, das Land zu
eigenem Gebrauche anzubauen und zu cultiviren, nicht aber weder
direct noch indirect zum Gebrauche oder Vortheile für einen Anderen. Der Käufer zahlt gleich 10 Dollars und nimmt das Land
in Besitz, aber erst nach 5 Jahren erhält er die gesetzliche Be-
stätigung seines Eigenthums, wenn er während dieser Zeit die
Bedingungen erfüllt hat. Ist das Land seit mehr als 5 Monaten
nicht bebaut, verliert er sein Recht darauf und es fällt an die
Vereinigten Staaten zurück. Gläubiger haben kein Anrecht auf
solches Land. Diese Erleichterung, Land erwerben zu können,
wird einen neuen Aufschwung in der Auswanderung hervorbringen
und es ist mit Gewissheit vorauszusehen, dass die Zahl der Emigranten sich in den nächsten Jahren bedeutend vermehren wird.
Ackerbau und was damit in Verbindung steht, ist diejenige Beschäftigung, die der bei weitem überwiegenden Zahl der Auswanderer
am angemessensten ist und in gleichem Masse für die Vereinigten
Staaten das Ergiebigste, indem dadurch die ungeheuren Strecken
der fruchtbarsten Ländereien im Westen cultivirt und der Wohlstand und die Macht der Union noch bedeutend gesteigert werden. Die deutschen Arbeiter sind die Pioniere, die mit dem Spa-
ten in der Hand immer weiter nach Westen vordringen, bis das
ganze Land vom Atlantischen bis zum Stillen Weltmeer bevöl-
kert und bearbeitet sein wird. Welche Zukunft für diesen Staat,
falls seine Bewohner durch Mässigung und Klugheit sie zu fördern wissen werden! Ausser den 34 Staaten, die jetzt die Union
bilden und in denen grosse Länderstrecken noch unbebaut liegen,
gehört zum Verbande der Vereinigten Staaten ein Ländercomplex
von vielen hunderttausend Quadratmeilen, deren Grenzen noch nicht
festgesetzt sind. Diese bilden die sogenannten Territorien, deren
es bis jetzt 9 gibt. Sie stehen unter dem Schutze der Unionsregierung und in einem gewissen politischen Zusammenhang mit derselben,
ohne aber die Rechte der eigentlichen Staaten zu geniessen. Erst

wenn die Zahl ihrer Bewohner eine gewisse Höhe erreicht hat und ihre Organisation eine feste, gesetzliche geworden ist, haben sie das Recht, die Aufnahme als gleichberechtigte Staaten in die Union nachzusuchen, die ihnen auch selbstverständlich nicht verweigert wird. Nach dem letzten Census von 1860 betrug alles zur Union in Staaten und Territorien gehörende Land 2,820,000 Quadratmeilen. Die Fruchtbarkeit des Bodens, der Reichthum an Metallen, Kohlen, Petroleum, die Producte der Wälder, das gesunde Klima und die Verfassung dieses Landes sind die günstigen Verhältnisse, unter denen der Mensch nur seine Thätigkeit zu verwenden braucht, um sich ein glückliches Dasein zu verschaffen, und die noch auf lange Zeit vielen Millionen Menschen hier eine Wohnstätte bieten, wie sie eine solche in keinem anderen Theile der Welt finden. Wohl gehört für den Eingewanderten eine Reihe von Jahren dazu, um sich mit seinem Denken und Streben auf amerikanischem Boden einzuwurzeln; wohl müssen viele durch bittere Enttäuschungen und manche missglückte Versuche ihre Erfahrungen theuer erkaufen, aber durch beharrlichen Fleiss und unerschrockenen Muth können alle diese Hindernisse überwunden werden, und der Einwanderer lernt das Land lieben und hochschätzen, das er sich als neue Heimat erwählt hat, in welchem er sein und seiner Nachkommen Glück zu gründen im Stande ist.

In wie fern die, durch die Aufhebung der Sklaverei veränderten Verhältnisse in den Südstaaten den Zug der Emigration vielleicht dorthin lenken werden, lässt sich jetzt noch nicht voraussehen. Die Erfahrung hat aber genügend bewiesen, dass der deutsche Arbeiter nicht für das tropische Klima geeignet ist. Alle Versuche, welche in dieser Hinsicht angestellt worden sind, haben ein für ihn unglückliches Ende gehabt. Nur in der gemässigten Zone kann sein Körper ausdauern. Dass die Baumwollkultur sich durch deutsche Colonisten betreiben liesse, wird von allen Sachkundigen verneint und desshalb wäre es zu wünschen, dass die deutschen Auswanderer sich nicht verlocken noch verleiten liessen, sich nach dem Süden zu wenden und am allerwenigsten auf die Bedingungen hin, die man ihnen in der allerneuesten Zeit durch das Gesetz vom 4. Mai 1864 gestellt hat. Durch dieses Gesetz nämlich werden alle contractmässigen Verpflichtungen, die der besitzlose Emigrant in Europa eingegangen, um seine Ueberfahrt zu ermöglichen, rechtskräftig anerkannt und aufrecht erhalten; dadurch aber ist er gänzlich in die Macht des oft betrügerischen Speculanten gegeben, der dann über die Arbeitskraft des in den Vereinigten Staaten Angelangten verfügt und sie ausbeutet, wie und wo er will. Auf diese Art wird das Schicksal eines solchen Colonisten fast nicht besser, als das des früheren Negersklaven.

Die socialen Verhältnisse des Deutschen dem eingebornen Amerikaner gegenüber sind viel weniger günstig, als man glauben sollte. Ich meine natürlich nur, wie sie sich in den grossen Städten gestalten, wo die Bevölkerung eine gemischte ist. Im Westen und in denjenigen Städten, wo die Bevölkerung überwiegend deutsch, ist auch das deutsche Wesen das vorherrschende. Fleiss, Sparsamkeit, Einfachheit und Redlichkeit sind Eigenschaften, die sowohl dem Handwerker in den Städten, wie dem Farmer auf dem Lande eigen sind und die von den Amerikanern gern anerkannt werden, aber die Befähigung für grosse politische Thätigkeit spricht man hier den Deutschen ab. Die Vereine derselben beschränken sich grösstentheils auf Liedertafeln, Turnen und Sängerfeste und — Lagerbier, Dinge, für die der echte Amerikaner gar keinen Sinn hat. Die Zahl derjenigen Deutschen, die im Heere oder in der Civilverwaltung einen höheren Posten einnehmen, ist bis jetzt eine verhältnissmässig sehr beschränkte. Es ist Thatsache, dass man den Deutschen keine bedeutende politische Stellung einräumen will. Für die Masse des amerikanischen Volkes sind und bleiben dieselben Fremde, Eindringlinge, die aus armen Ländern jenseits des Oceans hergekommen sind, um hier ihr Glück zu suchen; was sie dafür leisten, welchen Gewinn nach den statistischen Belegen die Vereinigten Staaten von diesen Einwanderern haben, davon weiss die unwissende Masse nichts. Hiezu kommt, dass der Deutsche oft durch eine zur Schau getragene Verläugnung seiner Nationalität und durch die Annahme eines carikirten Amerikanerthums selbst die Veranlassung gibt, dass er weniger geachtet wird, oder aber er fällt in das entgegengesetzte Extrem und verharrt mit einem gewissen starren Eigensinn an den äusseren Formen seines Deutschthums und schliesst sich mit seinen Landsleuten zunftartig von dem Volke ab, wodurch er ebenfalls Anstoss gibt.

Jeder, der durch triftige, für ihn bestimmende Gründe den Entschluss gefasst hat, sein Vaterland zu verlassen und in einem fremden Lande eine neue Heimath zu suchen, ist desshalb nicht gezwungen, die Bande, die ihn an den Ort seiner Geburt knüpfen, zu zerreissen — er kann sie lösen; die natürlichen Gefühle, die ihm für seine Geburtsstätte geblieben, braucht er nicht gewaltsam zu ersticken, es sind dies im Gegentheile sittliche Empfindungen, die ihn nicht hindern, sein Adoptivvaterland lieb zu gewinnen, und so kann auch der Deutsche die wirklich guten Eigenschaften, die er mit über den Ocean gebracht hat, beibehalten und doch dahin streben, ein rechtlicher und tüchtiger Bürger der Vereinigten Staaten zu werden.

Wenn ich über die Emigration der Irländer mich nicht geäussert habe, so geschieht es aus dem Grunde, weil ich diese Nationalität nicht näher kennen lernte. Das Urtheil der Amerikaner über die irischen Einwanderer ist ein höchst ungünstiges. Die Irländer werden als roh, faul, jähzornig und dem Trunke ergeben geschildert. Sie sind gewöhnlich massenhaft in den grossen Städten angehäuft, wo sie sich nicht immer mit den ehrenhaftesten Beschäftigungen ihren Lebensunterhalt erwerben. Bei Wahlumtrieben und anderen Massenvereinigungen, wo die Majorität massgebend ist, wird die irische Bevölkerung durch Geld und Whisky von gewissenlosen Parteiführern oft zu eigennützigen Zwecken verwendet.

IX.

Der Hudson.

Durch anhaltende Anstrengungen, denen ich mich in der tropischen Sonnenglut monatelang ausgesetzt hatte, wurde meine Gesundheit so angegriffen, dass ich dem Anrathen der Aerzte folgend,
eine Erholungsreise nach dem Norden unternahm.

Auf dem Hudson nach Albany, von dort auf der Eisenbahn
nach Saratoga und Niagara, auf dem Ontariosee und dem St. Lo-
renzstrom hinab nach Montreal, Quebeck, dann über das Weisse
Gebirge (the white mountains) nach Boston ist ohne Zweifel der
schönste Ausflug, den ein Reisender in Nordamerika unternehmen
kann, und zwar sowohl wegen der unübertroffenen Naturschönheiten aller dieser Gegenden, als auch wegen der grossen Bequemlichkeit, mit der eine solche Reise auszuführen ist. Der Hudson-
River ist die grosse Verkehrsader Nordamerika's, durch welche
Schifffahrt und Handel vom Atlantischen Ocean bis tief hinein in
das Innere der Vereinigten Staaten sich bewegen. Die Breite und
Tiefe des Flusses ist so bedeutend, dass die grössten Seeschiffe hunderte von Meilen aufwärts gehen können. In malerischen Schönheiten seiner Ufer übertrifft der Hudson den Rhein, die Donau und
jeden der übrigen berühmten Flüsse Europa's. In der Nähe von
New-York am rechten Ufer sieht man die „Pallisaden," einen hohen
schmalen Felsenzug, der wie eine von Menschenhand aufgeführte
ungeheure Mauer aussieht; dann wechseln Gebirgszüge, Einschnitte,
Buchten mit den schönsten Wäldern bewachsen, die noch in unserem Jahrhundert von Indianerstämmen bewohnt waren, mit freund-

21*

lichen Städten, Ansiedlungen und eleganten Landhäusern ab, unter welchen man uns die Villa Washington Irwing's in der Nähe von Piermont, in der schönsten Parkanlage unter uralten Bäumen versteckt, zeigte.

Aber nicht bloss seiner Naturschönheiten wegen ist der Hudson einer der berühmtesten Flüsse, sondern seine Ufer sind zugleich der heilige Boden, auf dem die Nordamerikaner den Krieg für ihre Unabhängigkeit ausfochten. An vielen Stellen bis nach West-Point hinauf sieht man noch Ueberreste der verschiedenen Befestigungen, durch welche sie den englischen Schiffen Widerstand leisteten, die von Europa kommend, den Fluss hinaufgingen, um sich mit der aus Canada nach dem Süden ziehenden Armee zu vereinigen. An den Ufern des Hudson war es, wo George Washington sein militärisches Talent entwickelte, wo er seine grossen Siege erfocht. Zur damaligen Zeit war die Sperrung des Flusses durch Ketten und Pallisaden eine Hauptaufgabe, um das Vordringen des Feindes zu verhindern. Der polnische Held Kosciusko, der damals Washington's Adjutant war, hatte als ausgezeichneter Ingenieur die wichtigsten Punkte, wo die Sperrung des Flusses vorzunehmen sei, bezeichnet, sowie auch die Construction der eisernen Kette angegeben. Ein kleiner Theil dieser Kette wird noch als Reliquie in West-Point aufbewahrt. Einzelne Ringe derselben wiegen 130 Pfund. Die ganze Kette, die den Fluss absperrte, soll über 160 Tons schwer gewesen sein.

Die Fahrt auf dem Hudson macht man auf den riesenmässigen Dampfschiffhotels, die man gesehen haben muss, um einen rechten Begriff davon zu bekommen. Nur der Unterbau ist eigentlich schiffartig, sonst gleicht das Ganze mehr einem schwimmenden Hotel, welches 800—1000 Passagiere beherbergt, und zwar mit allem denkbaren Comfort und Luxus, die der verwöhnteste Reisende nur beanspruchen kann. In dem unter Wasser befindlichen Theile des Schiffes ist der Speisesalon, in welchem 500 Menschen sich zu Tische setzen können. An den Seitenwänden sind in drei Reihen über einander die Schlafstellen angebracht mit dem reinlichsten Bettzeug und jedes mit einer Gardine zum Vorziehen versehen. In dem vorderen Ende ist das grosse allgemeine Toilettezimmer eingerichtet mit einer

Menge von Waschapparaten aus weissem Marmor und grossen Spiegeln an den Wänden. Friseur und Barbier stehen zur Bedienung bereit. Auf dem Mitteldeck befinden sich die Dampfmaschinen, Kohlenbehälter, Packräume u. s. w. Am hinteren Theile ist ein prachtvoller Damensalon mit kleinen abgesonderten Kajüten an den Seiten; eine breite, mit Teppichen belegte Treppe führt nach oben, zu dem grossen allgemeinen Salon, der durch die ganze Länge des Schiffes von einem Ende zum andern hindurchgeht, mit den reichsten Teppichen belegt und mit Sammtmöbeln nach dem neuesten Geschmack ausgestattet; die Wände mit den seltensten Holzarten eingelegt und mit Vergoldungen verziert; Wasserbehälter mit Eiswasser zum Trinken angefüllt stehen an verschiedenen Orten; an den Seitenwänden sind in langen Reihen die einzelnen Kajüten, „the state rooms," angebracht; jede bildet ein kleines, elegant eingerichtetes Zimmer mit Bett und allem Toilettezubehör. Auf dem Vorder- und Hintertheil des Schiffes sind grosse bedeckte Balcone, auf welchen die Passagiere freie Aussicht und frische Luft geniessen. Das Steuerhäuschen hat wie auf allen Flussschiffen auf dem Vordertheile seinen Platz. Das Schiff sitzt nur einige Fuss tief im Wasser und kann daher über die seichtesten Stellen hinwegkommen. Die amerikanischen Capitäne sind in der Führung der Flussschiffe sehr geschickt, aber ihre Tollkühnheit im Schnellsegeln, um begegnenden Schiffen zuvorzukommen, wird oft für ihre Passagiere lebensgefährlich, indem bei solchen Veranlassungen nicht selten Unglücksfälle durch Aneinanderrennen oder durch Platzen der Dampfkessel vorkommen.

X.

Badeleben und Vergnügungsreisen in Amerika.

Es ist auffallend, dass in einem so grossen Gebiete wie das der Vereinigten Staaten, in dem es so hohe und so viele Gebirgsgegenden gibt, bis jetzt fast keine Mineralquellen entdeckt worden sind. Die Amerikaner kennen nur die Saratoga-Quellen und von diesen nur das Congresswasser, das schon von den Indianerstämmen, bevor noch die Europäer so weit vorgedrungen waren, in Krankheiten angewendet wurde. Noch bis zum heutigen Tage sind die Quellen zu Saratoga, die zu den kräftigsten ihrer Art gehören, nicht genügend wissenschaftlich analysirt. Ebenso ist die Anwendung derselben eine höchst empirische und nicht sehr verschieden von der Art, wie sie die Indianer gebrauchten. Auf meiner Reise nach dem Norden habe ich mich einige Tage in Saratoga aufgehalten, die Quellen gesehen, das Wasser versucht und die Lebensweise der Brunnengäste daselbst kennen gelernt. Die ersten Nachrichten, die über diese Quellen vorliegen, sind vom Jahre 1687. Aus dem damaligen französischen Canada hatten sich 600 bis 700 Indianer hieher übersiedelt. Das Land, reich an Wäldern und Seen, in der Nähe eines grossen Flusses, des Hudson, bot ihnen im reichsten Masse alles, was sie zu ihrem Lebensunterhalte nöthig hatten. In den Wäldern erlegten sie die Thiere, deren Felle für sie einen reichen Handelsartikel abgaben, in den Binnenseen fanden sie einen grossen Reichthum an Fischen und so blieb diese Gegend eine lange Reihe von Jahren der Lieblingsaufenthalt der Indianer.

In der Geschichte des Unabhängigkeitskrieges wird Saratoga als der Ort erwähnt, wo ein englisches Armeecorps, das unter dem General Bourgoyne aus Canada eingerückt war, 7000 Mann stark, am 19. Oktober 1777 kapituliren, und sich dem amerikanischen General Gates ergeben musste.

Erst im Jahre 1819 erhielt die Gegend, in der die Quellen liegen, ihre Communalverfassung. In der neuesten Zeit ist hier ein kleiner Ort entstanden, der aber grösstentheils nur aus Hotels und Kaufläden besteht und nur im Sommer, während der Kurzeit bewohnt ist. Auch haben einige wohlhabende Einwohner der nächstgelegenen Städte sich hier Landhäuser angebaut, die sie im Sommer beziehen. Nach dem Schlusse der Saison werden sie von allen Besitzern gewöhnlich verlassen. Saratoga liegt im Staate New-York, 36 ½ Meilen in nordnordöstlicher Richtung von der Hauptstadt Albany und 181 Meilen von New-York entfernt. Die Quellen entspringen auf einer Ebene, 300 Fuss über dem Meeresspiegel, die gegen Westen und Norden in einem Abstande von 10—12 Meilen von den 2000 Fuss hohen Cayaderosseras-Bergen, gegen Osten in einer Entfernung von 20 Meilen von den Green mountains begrenzt wird. Die hohen Spitzen des Catskillgebirges sieht man in weiter Ferne im Süden. Die Luft hat den Ruf, besonders gesund zu sein und selbst in der heissesten Sommerzeit herrscht hier eine angenehme erfrischende Kühle, die durch den balsamischen Harzgeruch der umliegenden Tannenwälder besonders stärkend und belebend auf alle kränklichen Personen einwirkt. Der Reichthum an mineralischen Quellen, die hier in einem engen Raume zu Tage kommen, ist ein sehr bedeutender. In der ganzen Länge des Thales von dem hohen Ufer des Hudsonflusses bis Albany, um das Dorf Ballston und von da bis Saratoga findet man eine Menge, grösstentheils salinisch-kohlensäurehaltiger Quellen, von denen aber nur die wenigsten gefasst sind und benützt werden. Von den verschiedenen Quellen in und um Saratoga, die jetzt im Gebrauch sind, nenne ich nur: Hairok, Columbia, Hamilton, Pavillon, Empire und Washington. Die wichtigste von allen, deren Wasser am häufigsten getrunken wird, ist die Congressquelle. Ein Engländer, Namens John Clarke, derselbe der durch die Erfindung der Maschine für Bereitung des Sodawassers, dessen jetzt in Amerika so allgemeinen Gebrauch eingeführt hat, brachte im Jahre 1826 durch Kauf die Congressquelle an sich. Durch bessere Fassung und den Bau des hübschen kleinen Pavillons über derselben, sowie durch das Austrocknen der morastigen Gründe und Anlegung eines kleinen Parkes hat er viel dazu beigetragen, den Ruf dieses Wassers zu verbreiten und die Zahl der Trinkenden zu vergrössern. Er war der erste, der das Füllen auf Flaschen und die Versendung des Wassers einführte. Jetzt ist das Congresswasser in allen grösseren Städten in ganz Nordamerika zu haben und es gehört zu den beliebtesten und allgemein getrunkenen Mineralwassern. An der Quelle ist das Wasser sehr kühl, hat einen zwar salzigen, aber durch den grossen Ueberschuss an freier Kohlensäure sehr angenehmen, prickelnden Geschmack. Die übrigens nichts weniger als genaue, chemische Analyse desselben hat bis jetzt folgende Bestandtheile ergeben:

In einem Gallon (= 10 Pfund) sind enthalten:

Chlornatrium	360,560 Gran
• Kohlensaure Soda	8,000 „
Kohlensaurer Kalk	82,321 „
Kohlensaure Magnesia	78,242 „
Kohlensaures Eisen	3,645 „
Hydriod: Soda	4,531 „
Kieselsäure	0,510 „
Alaun	0,231 „
Feste Bestandtheile	538,040 Gran
Kohlensäure	340,231 „
Athmosphärische Luft	4,000 „
Zusammen Gasbestandtheile	344,231 Gran

Das Wasser kömmt also dem von Ems am nächsten.

Nach der Congressquelle ist die „Empire" die wichtigste. Sie wurde erst 1846 gefasst und zum Gebrauch verwendet, findet aber sehr viele Verehrer.

Die Quelle gibt jetzt 75 Gallons in der Stunde. Die chemische Analyse hat in einem Gallon entdeckt:

Chlornatrium . . .	270,000
Kohlensauren Kalk .	144,321
Kohlensaure Magnesia	43,123
Kohlensaure Soda	30,304
Hydriod: Soda . .	8,000
Kohlensaures Eisen	3,000
Kieselsäure . . .	1,000
Feste Bestandtheile	499,748

Das specifische Gewicht beträgt 1,046.

Die Wirkung beider Wasser ist auflösend, abführend und urintreibend und kann durch die Erwärmung auf einige Grad bedeutend verstärkt werden. Die Anwendung geschieht bei einer grossen Reihe von Krankheiten des Unterleibes und der Nieren mit dem besten Erfolge. Viele Amerikaner trinken das Congresswasser das ganze Jahr hindurch als ein Hausmittel gegen Verdauungsbeschwerden.

Die Art und Weise, wie die Brunnengäste die Kur hier gebrauchen, ist sehr verschieden von dem, was wir in Europa zu sehen gewohnt sind. Die Regel ist zwar: des Morgens Früh nüchtern 1—3 Gläser mit halbstündiger Bewegung dazwischen, zu trinken. Darauf beschränken sich aber auch alle Kurregeln. Der Arzt wird selten zu Rathe gezogen. Man geht nach Saratoga eben, weil es Mode ist; man trinkt mehr oder weniger, früher oder später, wie es eben beliebt. In den täglichen regelmässigen vier Mahlzeiten duldet der freie Amerikaner keine Beschränkungen; dagegen werden von den Damen mit grösster Gewissenhaftigkeit alle Toiletteregeln beobachtet, die an den berühmtesten europäischen Badeorten eingeführt sind, und wenn man die lange Reihe ballgeputzter Damen sieht, die nicht spazieren gehen, sondern den ganzen Tag auf den Balcons vor den Hotels spazieren sitzen, dann wäre man versucht zu glauben, der Tag sei nur die Vorbereitung zu dem Balle, der regelmässig des Abends stattfindet; denn getanzt, und zwar nach schlechter Musik, wird hier nach Herzenslust. Auch die anderen obligaten Zerstreuungen, wie sie an den europäischen Modequellen stattfinden, haben den langen Weg über

den Ocean nach Saratoga gefunden. Theater, Concerte, Pferde-
rennen und Hazardspiel üben ihren Einfluss in der neuen wie in
der alten Welt.

Das Reisen im Sommer ist dem Amerikaner zum Bedürfniss
geworden. Nicht bloss der Wohlhabende, der seinen eigenen hübschen Landsitz in der schönsten Gegend besitzt, verlässt diesen,
um einige Monate mit Frau und Kindern von einem Hotel zum
anderen zu nomadisiren. Es gibt viele Handwerker und kleine
Kaufmannsfamilien, die das ganze Jahr hindurch fleissig arbeiten
und in grösster Einfachheit leben, um nur so viel zusammen zu
sparen, dass sie sich im Sommer für einige Wochen mit ihren Familien den Genuss des Reisens verschaffen können. Der heutige
Amerikaner reist des Reisens wegen. Die Eisenbahn oder das
Dampfschiff führen ihn im Fluge von einem Hotel zum andern.
Dasselbe kleine Schlafzimmer mit grossem Bett, dasselbe „break-
fast, luncheon, dinner, tea and supper," dieselben zwei Stühle,
die jeder Amerikaner braucht, nämlich den einen, um sich darauf
zu setzen, den anderen, um seine Beine darauf zu legen, denselben
braunen hässlichen Spucknapf, und endlich dieselben in colossal-
stem Format gedruckten Zeitungen, ohne welche kein Amerikaner
existiren kann, alle diese Lebensbedingungen trifft er überall, wo er
hinkommt, fast in derselben Form und von derselben Beschaffenheit. Wo er einkehrt, findet er sich bald zurecht, das heisst, auf
seinen Sitz, den er selten verlässt, ausser wenn die verhängnissvolle
Glocke oder der chinesische Tam-tam ihm das Zeichen gibt, dass
eine der grossen Tagesbegebenheiten für ihn: seine Mahlzeit sich
zu vollziehen beginnt.

Seit einigen Jahren hat die Mode folgendes Reiseprogramm
bestimmt: Juni und Juli werden in Saratoga zugebracht, August
und die erste Hälfte September im Seebade Newport, ferner die
zweite Hälfte September und ein Theil Oktober in West-Point,
hauptsächlich um das Herbstlaub der Bäume zu bewundern, von

welchem die Amerikaner jedem Fremden als einer der grössten
Schönheiten ihres Landes mit Entzücken erzählen. Die lebhafte
Farbenpracht, welche die Blätter dann annehmen, soll alle Vor-
stellungen übertreffen. Es ist zu verwundern, dass so wenige
Landschaftsmaler diese Herbstschönheit des Waldes in ihren Ge-
mälden darstellen.

Um diesen Völkerwanderungen genügen zu können, sind die
grossen Hotels nach Ausdehnung und Luxus vollkommen entsprechend eingerichtet u. z. nicht bloss in den Hauptstädten, wie Boston,
New-York und Philadelphia. Washington macht darin, wie in vielem Anderen eine Ausnahme und vielleicht nirgends in der Welt
sind die Hotels schmutziger und in ihrer ganzen Ausstattung
schlechter und theurer, als in der Haupt- und Residenzstadt der
Unionsregierung.

Ueberall, wo eine Eisenbahn hinführt, wo ein Landungsplatz
für ein Dampfboot sich befindet, entstehen die Riesenhotels, die
400—800 Reisende aufnehmen können, mit allen Bequemlichkeiten,
ja oft mit einem Luxus ausgestattet, wie die wenigsten der Reisenden ihn in Privathäusern kennen. In den Vereinigten Staaten werden die Eisenbahnen nicht gebaut, um eine Stadt mit der
anderen zu verbinden, sondern im Gegentheil, erst werden die
Eisenbahnen angelegt und nachher entstehen die Städte, Fabriken,
Handelsplätze u. s. w.; oft sind die grossen prachtvollen Hotels
die ersten und einzigen Gebäude, die an der Eisenbahn errichtet
sind. Es gibt aber auch Beispiele, dass Städte, die später aus
irgend einem commerciellen Grunde an den Eisenbahnen angelegt
wurden, oft in kürzester Zeit eine fast fabelhafte Ausdehnung
gewinnen, wie u. a. die Stadt Chicago, die erst 27 Jahre alt,
jetzt schon über 120,000 Einwohner zählt und einer der grössten
Kornhandelsplätze der Welt ist.

Die Einrichtung der grossen Hotels ist fast überall dieselbe,
aber gänzlich von der in Europa üblichen, verschieden. Sie sind
von ausserordentlicher Grösse, oft 4 — 5 Stock hoch, mehrere
100 Fuss lang und enthalten nicht nur die vielen Zimmer zur
Aufnahme der Reisenden, sondern ausserdem noch eine Menge
Räumlichkeiten, deren Verwendung bei uns ungebräuchlich ist. So

ist gleich beim Haupteingang die grosse geräumige Halle, in
der sich das Bureau befindet. Hier liegt das Fremdenbuch, in
welches der Reisende bei seiner Ankunft seinen Namen einschreibt;
erst wenn alle Angekommenen der Reihe nach diese Formalität
erfüllt haben, erhält man den Schlüssel zu seinem Zimmer. Diese
Halle, mit hölzernen Bänken rings an den Wänden, ist den ganzen
Tag mit einer Menge Menschen angefüllt, die Tabak rauchend oder
kauend sich mit einander unterhalten oder Stunden lang stillschweigend neben einander sitzen, und zwar begegnen sich in derselben nicht bloss die im Hotel Logirenden, sondern jeder kann
ungehindert von der Strasse hereintreten, um hier Gesellschaft zu
finden. An dem einen Ende der grossen Halle ist gewöhnlich die
Schenkstube (the bar-room) in welcher allerlei Getränke verkauft
werden, dann Barbier- und Frisirzimmer, Lese- und Schreibzim-
mer, Rauchkabinet u. s. w. Eine grosse breite Prachttreppe, mit
Teppichen belegt, führt durch das ganze Gebäude.

In einigen der grössten Prachthotels ist unten in der Halle
eine Winde angebracht, durch welche die Gäste hinauf in die oberen Stockwerke und wieder hinab befördert werden, um ihnen das
Treppensteigen zu ersparen.

Im ersten Stock befinden sich die Gesellschaftssäle für Herren und Damen; die letzteren sind gewöhnlich mit grossen Spiegeln, Vergoldungen und kostbaren Möbeln aus seidenen Stoffen
ausgestattet. Auch fehlt nie ein, wenn auch zuweilen schlechtes
Fortepiano. Zu den Damensalons werden nur diejenigen Herren zugelassen, die mit ihren Frauen oder Töchtern im Hotel wohnen oder
die formell einer Dame vorgestellt worden sind. Auch der grosse
Speisesalon ist gewöhnlich in diesem Stockwerke; es können
darin 500—600 Gäste an kleinen Tischen für je 10—20 Personen
Platz finden.

Es werden fünf regelmässige Mahlzeiten gehalten; das erste Früh-
stück wird von 7—10 Uhr Morgens servirt, das zweite von 12—2,
Mittagessen von 4—6; Thee von 8—10 und Abendessen von
10—12. Jedem Gaste wird bei dem Eintritte in den Speisesalon
vom Oberkellner sein Platz angewiesen. Das „menu" zu diesen verschiedenen Mahlzeiten ist ein sehr reichhaltiges. Man wählt aus

demselben die Speisen, die man zu essen wünscht und nach einigen Minuten bringt der Aufwärter zu gleicher Zeit alle Gerichte
auf kleinen Schüsseln und stellt sie vor den Gast hin. Die Küche
ist im Allgemeinen zwar nicht schlecht, aber auch nicht vorzüglich. In der Wahl der Speisen gleicht der Amerikaner dem Engländer; Rostbeef, Seefisch, Hammelfleisch, Gemüse, Pudding oder
Torte ist seine tägliche Nahrung, aber in einem Punkte unterscheidet
er sich auffallend von allen Europäern, nämlich darin, dass er bei
Tische nur Wasser trinkt; es ist dies so allgemein, dass, wenn ausnahmsweise eine Flasche Wein aufgezogen wird, sich alle Augen dahin wenden, um zu sehen, wer sich einen solchen Excess erlaubt,
und man kann versichert sein, dass es in den meisten Fällen ein
Ausländer oder ein europäisirter Amerikaner ist.

Der Amerikaner ist im Allgemeinen nicht gesprächig, selten
lässt er sich in eine Unterhaltung mit seinem Tischnachbarn ein;
man hört fast nur das Klappern von Messern und Gabeln auf den
Tellern. Jeder ist ausschliesslich beschäftigt, sein Mahl so schnell als
möglich zu verzehren, um zu seinem Geschäfte zu eilen oder mit der
Cigarre im Mund in der specifisch amerikanischen Lage mit auf-
gehobenen Beinen sich dem dolce far niente hinzugeben. Die
Preise in den Hotels waren während des Krieges durch die Entwerthung des Papiergeldes sehr gestiegen. Man zahlt den vollen
Preis von 3½—4½ Dollars täglich für ein kleines Schlafzimmer
und die Beköstigung, ob man im Hotel speist oder nicht, ändert
nichts daran. Der Amerikaner gibt keine Trinkgelder, höchstens
an den Portier, wenn er das Hotel verlässt.

Der Reisende ist verpflichtet, seine Wäsche im Hotel selbst
waschen zu lassen, was sehr schnell und sehr gut besorgt wird. Sie
wird pro Stück bezahlt und zwar gross und klein zu demselben
Preise. Die Behandlung der Gäste von Seiten des Hoteleigenthü-
mers und der Aufwärter ist eine mehr als gleichgültige oder mit
anderen Worten, man bekümmert sich gar nicht um den Gast —
»take care of yourself«, damit ist Alles ausgedrückt. In jedem
Zimmer ist an der Innenseite der Thüre auf einem gedruckten
Zettel zu lesen, zu welchen Stunden die Mahlzeiten servirt werden,
nebst der Mahnung mit dem Gaslicht vorsichtig zu sein (es wird

nämlich kein anderes gegeben) Geld und Pretiosen in das Bureau abzuliefern, damit sie nicht gestohlen werden, des Nachts die Thüre von innen fest zuzuriegeln u. s. w. Man zahlt seine Rechnung unten im Bureau, wenn man das Hotel verlässt und reist eben so unbeachtet fort, als man ankam. Einen freundlichen Empfang bei der Ankunft oder höfliche Begleitung bei der Abreise, wie in Europa, darf man in den amerikanischen Hotels nicht erwarten.

XI.

Niagara.

Wenn ich, trotz dem Vielen, was schon von Anderen über dieses grösste Wunderwerk der Natur gesagt worden ist, dennoch meine Empfindungen bei dem Anblick desselben zu schildern versuche, so geschieht es nur in der Ueberzeugung, dass keine Beschreibung, auch nicht die der geübtesten Feder im Stande ist, mehr als einzelne Züge zu dem prachtvollen Bilde zu liefern, das in seinem vollen Umfange widerzugeben allen Beschreibungen zusammengenommen nicht gelingen würde.

Während der Fahrt von Saratoga auf der Eisenbahn nach Niagara, wird man von der Aermlichkeit und Unschönheit der Gegend überrascht, wie sich diese auf allen Seiten den ungeduldigen Blicken des Reisenden darbietet. Man erwartet eine bedeutungsvolle Einleitung zu dem wundervollen Schauspiele, dem man entgegeneilt und gerade das Gegentheil ist der Fall. Mit jeder Stunde, die man dem Ziele näher kömmt, wird die Gegend flacher, morastiger, die Vegetation unbedeutender; kleines Gesträpp und umhergestreute Steinblöcke, hie und da eine einzelnstehende, hölzerne, halbverfallene Hütte, kleine mit Latten eingefriedete Felder, auf denen mageres Vieh seiner spärlichen Nahrung nachgeht, erinnern an die ärmlichsten Gegenden Finnlands und des Nordens von Russland. Keine Stadt, kein Dorf, kein menschliches Wesen begegnet dem suchenden Blicke. Die Erwartung dessen, was kommen werde, der Gedanke, in der Nähe des Niagara zu sein, findet keine Nahrung mehr; die Phantasie wird herabgestimmt — und so führt uns die Eisenbahn bis an das kleine Städtchen „Niagara-Fall," das sein Dasein dem Wasserfalle allein zu verdanken hat. Nur an einer einzigen Stelle, wo die Bahn eine Biegung nach links macht, erhascht der Blick im Vorbeifluge die berühmte Brücke, die „Suspension-bridge."

Von der Eisenbahn-Station bis zu dem Hotel „Cataract house," wo ich einkehrte, sieht man nichts von dem Wasserfall, trotzdem dass das Hotel in unmittelbarer Nähe desselben erbaut ist. Tritt man nun aber auf den Balcon des grossen Gesellschaftssalons im oberen Stock, so erfolgt die erste plötzliche Ueberraschung, indem der Katarakt in unmittelbarer Nähe, fast unter den Fenstern vorbeirauscht.

Staunend und sprachlos bleibt der Beschauer bei diesem grossartigen Anblick stehen; sein Auge, sein Gehör, alle seine Sinne sind gefesselt von dem ersten Eindrucke dieses so plötzlich sich darstellenden Bildes und — doch ist das nicht der Wasserfall, es ist nur die Einleitung, nur ein Theil des wunderbarsten Schauspieles, welches das menschliche Auge je erblicken kann.

In Begleitung eines freundlichen Amerikaners, der nebst seiner Familie mit mir die Reise hieher gemacht hatte, stieg ich hinab an das Ufer. Eine lange, schmale, hölzerne Brücke, auf Steinblöcken im Katarakte selbst längs dem Ufer erbaut, führt bis zu der kunstvollen Hängebrücke, die quer über den Katarakt nach Goat-Island führt.

Der erste Eindruck, den man auf der Mitte dieser Brücke stehend empfängt, lässt sich nicht mit Worten wiedergeben. Schäumend und wogend rauschen die Wassermassen über die zertrümmerten Klippenstücke in einer Breite von gegen 300 Faden in schräger Richtung abwärts mit unwiderstehlicher Gewalt und reissender Schnelligkeit an unseren Blicken vorüber und unter unseren Füssen dahin. Das Bild, das sich dem Auge darstellt, schliesst sich nach oben, wo plötzlich die stärkere Senkung des Felsenbettes anfängt, in einer scharfen Linie ab, wodurch uns der Anblick der von Weitem heranströmenden Wassermassen entzogen wird, während weiter hinab die Aussicht auf den senkrechten Sturz des sogenannten amerikanischen Wasserfalls ebenfalls verhindert ist.

Lange stand ich in Betrachtung der Gewalt vertieft, mit welcher die mächtige Wassermasse herabstürzt und den ewigen Kampf gegen die zertrümmerten Felsblöcke, die ihrem Laufe entgegenstarren, wüthend und schäumend ununterbrochen durch Jahrtausende fortsetzt.

Dieser furchtbare Kampf der brausenden Wasserwogen mit dem todten Gestein erstreckt sich noch weit hinab, bis die letzte Grenze erreicht, jeder Widerstand überwunden und die tosenden Wogen dicht vor dem äussersten Rande der scharfen Klippe in einer einzigen gewaltigen Wassermasse vereint, den senkrechten Sturz in die Tiefe vollbringen.

Geht man nun weiter über die zweite kleinere Brücke, so kommt man auf das reizende kleine Eiland, »Goat-Island« (die Ziegeninsel) genannt, das einem Privatmanne gehört, welcher sie vor zehn Jahren von der Regierung für eine unbedeutende Geldsumme gekauft hat. Die Insel, ungefähr eine englische Meile im Umfang, ist mit den herrlichsten Bäumen bewachsen. Der Eigenthümer hat Fahr- und Fusswege angelegt, Bänke zum Ausruhen an den schönsten Punkten aufgestellt, Durchhaue durch den Wald machen lassen, um die herrlichsten Ansichten auf den Wasserfall zu gewinnen und lässt sich dafür von jedem Besucher eine Abgabe zahlen.

Diese kleine Insel bildet einen wesentlichen Theil in dem Niagarasysteme. Indem die ganze Wassermasse von weit her in ihrer vollen Breite sich absenkend, an diese Insel anprallt, trennt sie sich in zwei Theile, der rechte nach der amerikanischen Seite hin, der linke nach der canadischen, wodurch die Entstehung der zwei grossen Wasserfälle bedingt wird. Nach Jahrtausenden wird diese Insel durch den ewigen Anprall der Gewässer vernichtet sein und die zwei grossen Fälle werden dann einen einzigen bilden. — Welch' gigantisches Bild! grösser als die kühnste Phantasie es sich ausmalen kann. — Ein Weg führt längs dem Ufer um die Insel herum, an deren westlicher Spitze eine Bank steht, von der man die freie ungehinderte Aussicht auf den oberen Fluss weit

22

hinauf geniesst, wo er noch schiffbar, unbefangen und ruhig seinen
Weg fortsetzt, nicht ahnend, welche felsigen Hindernisse ihm bald
den Weg versperren werden, bis er durch einzelne Steinblöcke als
Vorläufer stutzig gemacht, seine Wogen zu heben beginnt. Ungefähr eine englische Meile oberhalb der Insel fängt das Flussbett
an, sich plötzlich zu senken; tausende von scharfen, zackigen Klip-
penfragmenten ragen überall in der ganzen Breite einer englischen
Meile aus dem Wasser empor und von da an beginnt der entsetz-
liche Kampf der Wogen, die sich wilder und wilder überstürzen,
um ihr Endziel, den letzten Fall in die schwindelnde Tiefe hinab zu erreichen.

Langsam verfolgte ich diesen Kampf auf dem linken Ufer der
Insel, das sich in dem Masse höher gestaltet, als das Flussbett
sich tiefer hinabsenkt, bis ich, an dem Rande des Waldes heraus-
tretend, plötzlich bei dem Hauptsturze anlangte. Da stand ich also
an dem grossen Niagarafall! Mein erstes Gefühl war, dass ich
erstaunte, nicht in grösseres Erstaunen zu gerathen. Eine leise
Anwandlung von Enttäuschung wollte mich beschleichen; dann stieg
ich den steilen Weg hinab, der von oben bis an den Rand des
Kataraktes hinab führt, nur wenige Schritte entfernt von dem
Hauptsturze.

Auf Steinblöcken ist im Katarakte selbst eine schmale, hölzerne Brücke, ungefähr 120 Schritte weit quer hinein gebaut; das
Ende dieser Brücke reicht fast bis zur Mitte des Hauptsturzes; auf
derselben befindet sich der bekannte kleine Thurm, von dessen
oben angebrachtem runden Balcon man die Aussicht über den
ganzen Fall hat. An dem äussersten Ende dieser Brücke steht
man, so zu sagen, mitten in den Wasserwogen, nur einige Schritte
entfernt von dem scharfen Bogenrand der Klippe, über den die
ganze Wassermasse hinabstürzt. Das ist der bekannte »Horse-
shoe« (Hufeisen) der eigentliche Niagarafall, wie man ihn aus
Zeichnungen kennt.

Nur nach und nach war ich im Stande, die ganze Grösse,
die volle Schönheit dieses in seiner Art einzigen und grössten
Schauspieles der Schöpfung fassen und geniessen zu können.
Erst bei längerem Verweilen vermag die Seele die verschiede-

nen Eindrücke in sich aufzunehmen, und in demselben Masse, wie die Vorstellung klarer wird, steigert sich die Bewunderung und das Entzücken. Bei dem ersten Eintreten in die St. Peterskirche in Rom, bei dem ersten Anhören eines grossen musikalischen Werkes geht es uns ja eben so; die Seele hat noch nicht den rechten Massstab gefunden, um den vollen Eindruck zu erfassen, weil sie Aehnliches nie empfunden. Es ist nicht die unermessliche Wassermasse, die sich seit Jahrtausenden ohne Ab- und Zunahme von dieser Höhe herabstürzt und die so gross ist, dass sie weder von den ungeheuren geschmolzenen Schneemassen im Frühjahr, noch durch die stärksten Regengüsse im Herbst sichtbar verändert wird; — es ist nicht die wundervolle, reinste Smaragdfarbe, die sich beim Sonnenlicht gleichmässig über einen Theil des Kataraktes und bis hinab zur Hälfte des Sturzes ausbreitet; — es ist nicht das melodische Gebrause und Getöse in den tiefsten Tönen mit Donnerrollen und Zischen des zerstäubenden Wassers untermischt, welches so unbeschreiblich harmonisch wirkt, dass man mit seinem Nachbar sprechen könnte, ohne die Stimme zu erheben, wenn hier Jemand zu sprechen im Stande wäre; — nicht der schneeweisse Nebelschleier, der von den aufsteigenden Wasseratomen gebildet wird und sich hoch hinauf gen Himmel erstreckt; — es ist die göttliche Harmonie des Ganzen, die uns für dieses grösste Meisterwerk der Schöpfung mit Bewunderung erfüllt und mit Anbetung für dessen Schöpfer. Unwillkürlich falteten sich meine Hände, meine Seele war in einem stillen Gebet ohne Worte aufgelöst. Ich habe Niagara bei Tag und bei Nacht gesehen, bei Morgen- und Abendbeleuchtung, im vollsten goldenen Sonnenschein des Mittags und beim hellen Sternenglanze der Nacht; ich habe den Abendstern in seinem wundervollsten Glanze sich in dem Wasser abspiegeln sehen — aber ich wäre nicht im Stande, zu sagen, welches Bild am schönsten, bei welchem mein Entzücken am grössten war.

Der zweite Wasserfall, der von dem Strome gebildet wird, welcher rechts an der Insel herabkömmt, wird der »amerikanische« genannt. Der Felsenkamm, über den er sich hinabstürzt, bildet eine gerade scharfe Linie, statt dass jener des Horse-shoe eine Curve beschreibt, wesshalb der amerikanische Fall senkrechter, in seinen

Verhältnissen etwas kleiner scheint. Der dritte, viel kleinere Wasserfall, der für sich allein schon ein bedeutender sein würde, stürzt sich nur einige Faden von dem amerikanischen entfernt, von der gleichen Höhe, parallel mit demselben in die Tiefe hinab. Von einer Anhöhe rechts hat man die schönste Profilansicht von allen drei Wasserfällen.

Die freieste und vollkommenste Uebersicht über das ganze Bild erhält man von der canadischen Seite. Es muss bemerkt werden, dass der Strom, der in der Tiefe durch die drei herabstürzenden Wasserfälle gebildet wird, ebenfalls Niagara genannt wird und noch mehrere Meilen lang brausend und schäumend durch ein zerklüftetes Felsenbett weiterströmt, bis er nach und nach ruhiger wird, und sich endlich sanft und anspruchslos in den Ontariosee ergiesst.

Um über den Niagarafluss nach der canadischen Seite hinüberzukommen, benützt man eine überdeckte, hölzerne Bahn, die von dem hohen Ufer an der steilen Felsenwand hinab bis an den Rand des Flusses gebaut ist. Man setzt sich auf einen kleinen hölzernen Karren, auf dem 9 Personen Platz finden und rollt die 240 Fuss lange steile Holzbahn mit so grosser Schnelligkeit abwärts, dass man sich mit den Füssen anstemmen muss, um nicht hinausgeschleudert zu werden. Das Hinaufziehen geschieht ebenfalls ziemlich rasch, indem der Karren an starken Tauen durch hydraulische Kraft gehoben wird. Unten am Ufer steht ein kleines Boot bereit, in welchem ein erfahrener Führer den Fremden hinüberrudert durch Stromschnellen und Wasserwirbel, die den Aengstlichen wohl beunruhigen können, obschon dabei keine Gefahr ist. In der Mitte des Stromes geniesst man den bezaubernden Anblick aller drei Wasserfälle von unten herauf. Nachdem man das steile Ufer jenseits hinaufgeklommen, zu Fuss oder in Wagen, die dort gewöhnlich in Bereitschaft gehalten werden, befindet man sich in Canada.

Von dieser Seite hat man die freieste und vollständigste Uebersicht aller drei Wasserfälle »en face«; es ist dasjenige Bild, welches von Künstlern am häufigsten dargestellt wird. Das Hotel »Clifton-house«, auf dem günstigsten Punkte gelegen, bietet von seinen Fenstern, seinen Balcons und seinem Garten eine Aussicht,

wie man sie in der Welt kaum wiederfinden wird. Wenn man den
Weg hier auf der canadischen Seite bis zum grossen Wasserfall
verfolgt, kommt man auf eine kleine Platte, die über den Strom
hinausragt und jetzt nur noch einen unbedeutenden Rest des einst
grossen »Table-Rock« bildet, einer Felsenmasse, die zu verschiedenen Zeiten von der Macht der tief unten an seinem Fusse toben-
den Wogen unterwühlt wurde und hinabgestürzt ist. — Fast in
unmittelbarer Nähe des grossen Wasserfalles ist eine überdeckte
hölzerne Treppe an der Felswand heruntergeführt; unten angekommen, kann man hinter den Wasserfall gelangen. Um dieses
Unternehmen zu bestehen, muss der Besucher es sich gefallen
lassen, vor dem Hinabsteigen einen Ueberzug aus Wachsleinwand anzuziehen, der zwar im Gehen beschwert, aber gegen
das Nasswerden — nicht schützt. Obschon ich auf meinen
vielen Reisen durch Erfahrung gewitzigt, gegen alle solche
Wagnisse eingenommen bin, weil der Genuss dabei selten
die damit verbundenen Beschwerden und Unannehmlichkeiten
aufwiegt, so konnte ich der Ueberredung meines Neger-Cicerone's
doch nicht widerstehen, liess mich von ihm »water-proof« machen
und schliff die vielen Stufen hinab bis zur hinteren Fläche des
Wasserfalles. Da die ganze gewaltige Wassermasse, indem sie
oben über den scharfen Curven-Rand der Klippe hinabstürzt,
einen Bogen bildet, so entsteht dadurch unten zwischen dem Was-
sersturze und den Felsen ein schmaler, freier Raum, der sich
aber nach ungefähr zwanzig Schritten so verengt, dass man
zuletzt nur einzelne schmale Stufen findet, auf welchen der Fuss
auftreten kann.

Diese Partie ist nicht ohne Gefahr; durch die Erschütterung
der Luft, die durch den furchtbaren Wasserdruck hier unten am
Ende des Wassersturzes bewirkt wird, zerstäubt das Wasser
in einen dichten beständigen Regen; die Klippenwand, an der man
sich mit den Händen anklammert, die schmalen Stellen, auf welchen
der Fuss kaum mehr Platz findet, alles ist nass und schlüpfrig;
dabei treibt einem der Wind oft das Wasser in das Gesicht, so
dass man fast geblendet nur ein schauerliches Toben und Brausen
um sich herum vernimmt. Ich war trotzdem so weit, als mein

Fuss noch einen Anhalt fand, vorgedrungen, bis mir mein Neger zurief, hier sei das Ende und ich hatte keine Ursache, daran zu zweifeln, denn ein einziger Fehltritt, ein einziges Ausgleiten auf diesem schlüpfrigen Pfade hätte das Ende meiner ganzen irdischen Wanderung zur Folge gehabt und zwar wären meinen Hinterbliebenen die Begräbnisskosten erspart worden, denn die Atome, in die mein Körper in den tiefen Felsenklüften durch das wüthende Element zertrümmert worden wäre, hätten sich kaum am Tage des jüngsten Gerichts wieder zusammengefunden. Nur einige Momente war ich im Stande, in dieser fürchterlichen Lage zu verharren, dann wurde der Rückweg angetreten; es erforderte aber die grösste Vorsicht und die Geschicklichkeit meines Negers, um mich nur umdrehen zu können. Als ich wieder auf der Höhe stand, die nassen Kleider abgestreift hatte und den vollen bezaubernden Anblick im hellen Sonnenscheine wieder genoss, freute es mich doch, auch die Kehrseite des Bildes gesehen zu haben.

Die Entdeckung des Niagarafalls ist erst 187 Jahre alt. Ein französischer Jesuitenmissionär, Pater Hennepin, war zu den Indianern gesandt worden, um sie das Christenthum zu lehren; im Jahre 1678 kam er auf seinen Wanderungen in diese damals wilde Einöde; seine Berichte darüber lauteten fabelhaft; später suchten einzelne Reisende den Niagarafall auf, bis zuletzt die Schönheiten desselben in Erzählungen, Beschreibungen und Zeichnungen dargestellt, fast jedem Kinde bekannt geworden sind.

Die Amerikaner wallfahrten jetzt hieher im Sommer und im Winter; der Anblick im Winter, wenn grosse mächtige Eiszacken, wie Stalaktiten, in den verschiedensten Formen das Bild einrahmen, soll wunderbar sein.

Wie schon oben bemerkt, ist der Niagara nicht ein einzelner Wasserfall, sondern es sind deren drei von einander getrennte; um aber eine richtige Vorstellung von dem ganzen Wunderwerk zu haben, muss man sich erinnern, dass vier der mächtigsten und grössten Binnenseen, der Superior, der Michigan, der Huron und der Erie ihre Wasser in einander ergiessen und dass diese ganze ungeheure Wassermasse in einem verhältnissmässig kurzen, engen Strom sich zusammendrängt und erst eine Meile oberhalb Goat-

Island in das zackige Felsenbett eintritt, wodurch die Stromschnellen gebildet werden, welche durch die Insel in zwei Arme,
getheilt, dann erst die eigentlichen Wasserfälle bilden. Der
grösste, der sogenannte horse-shoe misst 144 Yards in der
Breite und 158 Fuss in senkrechter Höhe. — Sonderbarer Weise
wird die Grenze zwischen den Vereinigten Staaten und Canada
gerade in die Mitte des Falles verlegt. — Nach den Berechnungen des Professors Lyell sollen 1500 Millionen Cubikfuss Wasser in der Minute hinabströmen. Der Quer-Durchmesser des
Sturzes dicht oberhalb des Randes wird auf 20 Fuss geschätzt.
Von dem Eriesee, aus dem der Niagarastrom entsteht, bis zum
Hauptsturz sind genau 22 Meilen, 75 Fuss; von da bis zum Einfluss in den Ontariosee 13 Meilen, 89 Fuss; in Allem beträgt der
ganze Lauf vom Erie- bis zum Ontariosee 36 Meilen, 339 Fuss.
Die senkrechte Höhe des amerikanischen Sturzes wird auf
164 Fuss geschätzt.

Besondere Erwähnung verdient die über dem Niagarafluss,
2 Meilen unterhalb der Wasserfälle erbaute Hängebrücke (suspension-bridge); sie misst von einem Ufer zum anderen 800 Fuss
Länge bei einer Höhe von 230 Fuss über der Oberfläche des
Flusses. Sie hängt an 4 aus Eisendraht geflochtenen Kabeltauen,
jedes von 10 1/4 Zoll im Durchmesser, bestehend aus 3659 in einander gewundenen Eisendrähten, die äusserste Spannkraft ist mit
12,400 Tons erprobt worden, die Tragkraft wird auf 7309 Tons
berechnet. Die Brücke wurde von einer Privatgesellschaft erbaut und hat eine halbe Million Dollars gekostet. Die grosse
Westeisenbahn geht über dieselbe, um sich mit der New-Yorker
Centralbahn zu verbinden.

XII.

Quebeck. Boston.

Vom Niagara führt eine kleine Zweigeisenbahn längs dem Flusse bis nach der Einmündung desselben in den Ontariosee. Hier besteigt der Reisende wieder eines jener grossen Dampfboote, auf welchen man den See durchfährt, dessen Wellen bei stürmischem Wetter selbst dem erprobten Seemann nicht verächtlich vorkommen. Die Wasser des Ontariosee's ergiessen sich in den St. Lorenzostrom, dessen Ufer zwar nicht so malerisch schön wie die des Hudson sind, aber dennoch grosse Reize bieten. Wie bekannt scheidet dieser Strom das Gebiet der Vereinigten Staaten von Canada. Wenn man sich Montreal nähert, passirt man verschiedene Stromschnellen, von denen die letzten so bedeutend sind, dass die Dampfmaschine rückwirkend gestellt werden muss, weil das Gefälle zu reissend ist; besonders die letzte Durchfahrt ist so eng, und macht in der Mitte der Stromschnelle eine so scharfe Wendung, dass man sie nicht ohne ein gewisses ängstliches Gefühl passirt, auch kommen Unglücksfälle an dieser Stelle nicht selten vor. Dicht vor Montreal fährt man unter der langen Eisenbahnbrücke hindurch, die hier quer über den Fluss gebaut ist, vielleicht die längste, die es in der Welt gibt.

Quebeck, die Hauptstadt Canada's und eine der ältesten Städte in den englischen Colonien, macht auf den Reisenden, der aus den Vereinigten Staaten kömmt, einen sehr ungünstigen Eindruck. Zwar ist die Lage der Stadt auf dem hohen Ufer eine der schönsten, die man sich denken kann. Die Aussicht von der berühmten

Esplanade über den Fluss und auf das waldreiche jenseitige Ufer,
die steile Felsenwand, an der General Wolfe mit seinem Regimente
hinanklomm, dann die Fläche Abram hinter der Stadt, wo ihn
eine Kugel tödtete, und wo das ärmlichste Monument, das ich
je gesehen, zu seinem Andenken errichtet ist, sind so ziemlich alle
Sehenswürdigkeiten Quebeck's. Die schmalen, schlecht gepflaster-
ten Strassen, die alten, baufällig und unreinlich aussehenden Häuser
geben dem Reisenden den Eindruck einer alten verkümmerten
Provinzialstadt. So hatte ich mir Quebeck nicht vorgestellt! Der
Ruf der Stadt ist nur ein geschichtlicher und in jeder anderen
Beziehung wird sich der Reisende getäuscht fühlen. Der Vergleich
mit den Städten der Vereinigten Staaten liegt zu nahe, um ihn
nicht anzustellen, und welcher Unterschied! Während die Hauptstadt der englischen Colonien über 100 Jahre alt, kaum 60,000
Einwohner zählt, haben die Nachbarstädte in den Vereinigten
Staaten, Chicago 120,000, Detroit 70,000, Buffalo 80,000. Während die Unionsländer nur durch den Strom von Canada getrennt,
durch Ackerbau, Handel und Gewerbe in einem Vierteljahrhundert
zu einer Grösse und Wohlhabenheit herangewachsen sind, deren
gleichen es nicht gibt, ist in den Colonien England's eine Stagna-
tion eingetreten, die jede grössere Entwicklung lähmt, trotzdem
dass die physische und geographische Beschaffenheit beider Länder
dieselbe ist. Fragt man nach den Ursachen dieser auffallenden
Erscheinung, die sich schon beim ersten Anblick bemerklich macht,
so findet man sie wahrscheinlich in der Verschiedenheit der beiden
Bevölkerungen und in der Regierungsform. Das Franzosenthum
der Ansiedler Canada's, das sich trotz der Hunderte von Jahren,
die schon seitdem vergangen sind, noch in Sprache, Religion
und Sitten bei der Masse des Volkes erhalten hat, scheint für Colonisirung weniger geeignet zu sein, als das anglosächsische Element, aus dem die Bewohner der Vereinigten Staaten bestehen.
Der Canadier besitzt weder die Ausdauer, noch den Unternehmungsgeist und die Arbeitstüchtigkeit seiner Nachbarn jenseits des
Stromes. In den am Ufer gelegenen Theilen von Quebeck, in der
Vorstadt S. Roch, in dem naheliegenden grossen Dorfe Beauport
hört man nur das französische Patois reden. Schmutz, Unord-

nung und Aermlichkeit in den Gassen könnten Einen glauben
machen, man sei in einem kleinen französischen Landstädtchen,
wenn man nicht durch rothröckige Soldaten und englische Kraft-
ausdrücke eines Anderen belehrt würde. Was nun die Regierungsform anbelangt, so besitzt zwar Canada sein eigenes Gouvernement,
so ziemlich vom Mutterlande unabhängig, aber Stiefkinder sind die
Canadier doch und abhängig von England bleiben sie, und wäre
es auch nur durch ein schwaches Band; aber eben dieses Gängel-
band verhindert das Bewusstsein, ein selbstständiges, manneskräf-
tiges Volk zu sein, und ohne dasselbe wird die Entwicklung der
Nation stets gehemmt bleiben, trotz aller von England den Colonien gewährten Begünstigungen, und zwar eben aus dem Grunde,
weil sie nur Begünstigungen und nicht natürliche Rechte sind.

Von Quebeck führt eine Eisenbahn bis an den Fuss des
weissen Gebirges (the white mountains) wo das Städtchen Gorham
liegt. Von hier aus wird die Reise in das Gebirge zu Wagen oder
zu Pferd gemacht. Die Schönheiten desselben liegen besonders in
seinen Formen, seiner Vegetation, und den herrlichen Aussichten, die man von einigen Punkten geniesst. Die Besteigung
des Mount Washington, ungefähr 6000 Fuss über der Oberfläche des
Meeres, gehört zu den genussreichsten, die man sich denken kann.
Zwar findet man hier keine grossartige Alpennatur, auch keine
Seen und Gletscher, aber anmuthig, lieblich und doch zugleich
erhaben gross ist die Natur hier in den white mountains, die
Luft im heissesten Sommer erfrischend und labend.

Die Hotels, in denen man die Nächte zubringt, sind auf den
ausgesuchtesten Punkten gelegen und mit allem amerikanischen
Comfort ausgerüstet. Das Fuhrwerk, in welchem man von einem
Hotel zum anderen befördert wird, ist leicht und bequem, mit einem
Zeltdache versehen, für 10—12 Personen eingerichtet und mit
4 kräftigen Pferden bespannt. Man fährt im raschesten Trabe
Berg auf und Berg ab und reist gewöhnlich 6—8 Stunden täglich.
Auf der Station angekommen, werden die Ausflüge in der Umge-
gend zu Pferd oder zu Fuss unternommen, und auf diese Weise
kann man das ganze Gebirge in 5—6 Tagen durchreisen.

Meinen kurzen Aufenthalt in Boston benützte ich hauptsäch-

lich, um die naheliegende Universität in Cambridge genau kennen
zu lernen. Boston gehört zu den grössten Handels- und Hafen-
städten der Vereinigten Staaten und steht in dieser Beziehung nur
New-York und vielleicht Baltimore nach. Sein grosser geräumiger
Hafen mit den malerisch schönen kleinen Inseln ist weltberühmt.
In dem Innern des Hafens von Boston war es, wo am 18. September 1773 einige junge Leute als wilde Indianer verkleidet auf
die im Hafen liegenden englischen Schiffe sprangen und drei ganze
Schiffsladungen Thee in das Meer warfen, um die Entrichtung
des Zolles dafür an die Regierung zu verhindern. Mit diesem
Akt fing die Revolution an. Von allen Städten der damaligen
englischen Colonien war Boston diejenige, welche den Krieg mit
England am heftigsten und entschiedensten aufnahm. In der Nähe
von Boston bei Concord und Lexington wurden am 19. April 1775
die englischen Soldaten angegriffen, als sie sich dort im Versteck ge-
haltener Waffenvorräthe bemächtigen wollten. und bei dieser Gelegenheit ward das erste Blut im Unabhängigkeitskriege vergossen. Bald
darauf folgte die Schlacht von Bunkershill, in der zwar die Amerikaner zurückgeschlagen wurden, aber mit so enormem Verlust für die
Engländer, dass diese sich genöthigt sahen, Boston zu räumen,
und von dem Tage an, dem 17. März 1776 war die Stadt frei.

Das dicht hinter Boston auf Bunkershill errichtete Monument,
in welchem eine Treppe im Innern bis zur Spitze hinaufführt,
zeichnet sich zwar, wie alle ähnlichen Monumente in Nordamerika,
nicht durch architektonische Schönheit aus, aber die Aussicht von
dort oben über Stadt und Hafen ist eine der schönsten, die es gibt.
Die Schiffswerfte und Marineanstalten Boston's gehören zu den vorzüglichsten nicht nur in Amerika, sondern in der ganzen Welt.
Während des Krieges wurde die Marineschule aus Annapolis hieher verlegt, weil man dort einen Ueberfall von den feindlichen
Schiffen befürchtete. Als ich in Boston war, befanden sich die
Cadeten noch in See, aber die Ueberführung der Anstalt nach
Annapolis zurück war schon wieder angeordnet, so dass ich die-
selbe nicht zu sehen bekam. Die grossartigen Eisenmanufacturen
Boston's wurden im Kriege alle zur Waffenfabrication verwendet,
besonders wurden Kanonen des grössten Kalibers hier verfertigt.

Die Einwohner Boston's sind ausser ihrer industriellen und commerciellen Thätigkeit besonders bekannt wegen grösserer Sittlichkeit, strengeren religiösen Lebenswandels, und höherer intellectueller Ausbildung. Schulen und alle Dinge, die auf Volkserziehung Bezug haben, werden in Boston mit grossen Opfern an Geld und mit ausserordentlicher Sorgfalt gepflegt, und in dieser Beziehung steht Boston vielleicht an der Spitze der civilisatorischen Bestrebungen aller vereinigten Staaten Nordamerika's. Die grosse Stadtbibliothek, zu deren Unterhalt der durch seinen Reichthum, wie auch durch seine patriotische Verwendung desselben rühmlichst bekannte Mr. Bates enorme Summen beigetragen hat, gehört sowohl durch ihre äussere und innere architectonische Schönheit, als durch ihre ganze Einrichtung und Leitung zu den berühmtesten Sehenswürdigkeiten in Boston. Die Aufstellung der Bücher in Galerien übereinander, geordnet nach der Nationalität ihrer Verfasser und nach den verschiedenen wissenschaftlichen Fächern soll musterhaft sein, auch ist die Catalogisirung eine ganz eigenthümliche, indem die Titel der Bücher auf kleine Karten geschrieben sind und nach dem Inhalt in Cartons gesammelt werden; dadurch ist es möglich, neue Bücher einzuschalten, oder andere Veränderungen vorzunehmen, ohne die Reihenfolge des Cataloges zu stören. Kostbare Manuscripte und Antiquitäten werden dem Besucher vorgezeigt. Die Bibliothek besitzt eine vollständige Sammlung aller Reden, die im englischen Parlamente seit dessen erster Eröffnung gesammelt worden sind. Eine grosse Wand ist mit Folianten, welche diese Reden enthalten, bedeckt. Bei dem Anschauen derselben fiel mir die Ermahnung des Erlösers ein: »Eure Rede aber sei ja, ja, nein, nein, was darüber ist, das ist vom Uebel.« — Wie viel vom Uebel mag hier angehäuft sein!

Nach der Bestimmung dieser Anstalt ist nicht bloss jedem Bewohner von Boston der freieste Zutritt in den grossen Lesesaal gestattet, um sich dort literarisch beschäftigen zu können, sondern es ist jedem freigestellt, die gewünschten Bücher nach Hause zu nehmen, ohne andere Sicherheit dafür zu leisten, als in der Verbindlichkeit liegt, welche Rechtsgefühl und Gewissen-

haftigkeit dem Leihenden auferlegen. Dieses unbedingte Vertrauen
wird höchst selten gemissbraucht, wie mir versichert wurde, und
es soll fast nie vorkommen, dass ein ausgeliehenes Buch nicht
wieder zurückgebracht würde. Für Ausbesserung der Beschädigun-
gen an Büchern ist eigens eine bestimmte Summe ausgesetzt. Mit
Ausnahme des gelehrten Directors und einiger seiner Gehilfen sind
alle in der Bibliothek Angestellte — Frauen.

————— · ·

Nach einem dreiwöchentlichen Ausfluge kehrte ich Anfangs
September nach New-York zurück. Die Zeit meiner Abreise näherte
sich und ich benützte die letzten Wochen, um das Material meiner
Erfahrungen in diesem Welttheile zu vervollständigen. Der Krieg
war jetzt gänzlich beendigt, die grosse Armee aufgelöst und die
Kämpfer zu ihren früheren bürgerlichen Beschäftigungen zurückgekehrt. Nur in einigen der Südstaaten standen noch Unionstruppen,
um die Ordnung bei der Freilassung der Neger aufrecht zu erhalten.
Auch in Texas wurde noch ein grösseres Truppencorps zur Beob-
achtung an der mexicanischen Grenze zurückgelassen. Kaum aber
war der letzte Kanonenschuss auf dem Kriegsschauplatz im Süden
verhallt, als schon die feindlichen politischen Parteien im Innern
sich von Neuem zu rüsten begannen, um mit gesteigerter Erbitte-
rung ihre Ansichten gegen einander geltend zu machen. Dieser
innere Kampf bildet den grossen Krebsschaden, an dem die Vereinigten Staaten leiden, und der, wenn er nicht durch Mässigung
und Versöhnung der Parteien beigelegt wird, zuletzt das Bestehen
der Union in Frage stellen kann.

Die Südstaaten sind zwar überwunden, aber nicht überzeugt;
das Verlangen, dass sie aufrichtig und mit unbedingter Loyalität in
die Union zurückkehren sollen, und heute das als recht und gesetzlich anerkennen, was sie gestern mit Gut und Blut als unrecht
und ungesetzlich bekämpft haben, wäre unnatürlich. Ihre Wiederaufnahme als Bundesglieder davon abhängig zu machen, wäre grau-
sam. Dem starken Sieger allein kommt es zu, durch Milde und
Grossmuth die Versöhnung aufrichtig zu machen und nur solche

Massregeln zu ergreifen, durch welche dem Ueberwundenen die Wiederaufnahme des Kampfes unmöglich gemacht wird.

In Beziehung auf die politische Stellung der 3 Millionen frei-gemachter Neger, unterliegt es wohl keinem Zweifel, dass diese als Bürger der Vereinigten Staaten, als welche sie anerkannt sind, auch in den vollen Besitz aller Bürgerrechte eintreten müssen; jede andere Bestimmung wäre inconsequent und verfassungswidrig. Von der Gerechtigkeit und Klugheit der Regierung hängt es ab, so wenig Beschränkungen als möglich und nur für so kurze Zeit als nothwendig, anzuordnen, um den Uebergang von der Sklaverei zur Freiheit für die Neger selbst, sowie auch für die Weissen unschäd-lich zu machen. Was aber durch keine gesetzliche Bestimmung vernichtet werden kann, das Vorurtheil, wird dann durch die Zeit und durch die civilisatorische Entwicklung der Neger von selbst verschwinden. Jede über dieses Mass hinausgehende Beschränkung wird den Racenhass nur unterhalten und einen Widerspruch gegen alle göttliche und menschliche Gerechtigkeit erzeugen, dessen ver-derbliche Folgen nicht ausbleiben werden.

Indem ich Amerika verlasse, scheide ich mit Bewunderung für das viele Grossartige und Schöne, welches ich in diesem Welt-theile erlebt habe. Das Andenken an die freundliche Aufnahme, die mir von so vielen Personen geworden ist, wird in meiner Seele fortleben. Am 15. September 1865 schiffte ich mich auf dem fran-zösischen Dampfer Europe ein und am 28. landete ich in Havre.